Lições de economia
Pensamento e história

FUNDAÇÃO EDITORA DA UNESP

Presidente do Conselho Curador
Mário Sérgio Vasconcelos

Diretor-Presidente / Publisher
Jézio Hernani Bomfim Gutierre

Superintendente Administrativo e Financeiro
William de Souza Agostinho

Conselho Editorial Acadêmico
Luís Antônio Francisco de Souza
Marcelo dos Santos Pereira
Patricia Porchat Pereira da Silva Knudsen
Paulo Celso Moura
Ricardo D'Elia Matheus
Sandra Aparecida Ferreira
Tatiana Noronha de Souza
Trajano Sardenberg
Valéria dos Santos Guimarães

Editores-Adjuntos
Anderson Nobara
Leandro Rodrigues

FUNDAÇÃO PERSEU ABRAMO

Instituída pelo Diretório Nacional do Partido dos Trabalhadores em maio de 1996.

Diretoria

Presidente
Paulo Okamotto

Vice-presidente
Brenno Cesar Gomes de Almeida

Diretores
Elen Coutinho, Monica Valente,
Naiara Raiol, Alberto Cantalice,
Alexandre Macedo de Oliveira,
Carlos Henrique Árabe, Jorge Bittar,
Valter Pomar

Conselho editorial
Albino Rubim, Alice Ruiz, André Singer,
Clarisse Paradis, Conceição Evaristo,
Dainis Karepovs, Emir Sader, Hamilton
Pereira, Laís Abramo, Luiz Dulci, Macaé
Evaristo, Marcio Meira, Maria Rita Kehl,
Marisa Midori, Rita Sipahi, Tassia Rabelo,
Valter Silvério

Coordenador editorial
Rogério Chaves

Assistente editorial
Raquel Costa

PAUL SINGER

Lições de economia
Pensamento e história

Curso de Introdução à economia política
O que é economia
O capitalismo: sua evolução, sua lógica e sua dinâmica

ORGANIZAÇÃO André Singer, Helena Singer e Suzana Singer
APRESENTAÇÃO Ladislau Dowbor

Coleção Paul Singer volume 5

© 2024 EDITORA UNESP

Direitos de publicação reservados a:

Fundação Editora da Unesp (FEU)
Praça da Sé, 108
01001-900 – São Paulo – SP
Tel.: (0xx11) 3242-7171
Fax: (0xx11) 3242-7172
www.editoraunesp.com.br
www.livrariaunesp.com.br
atendimento.editora@unesp.br

Fundação Perseu Abramo
Rua Francisco Cruz, 234 – Vila Mariana
04117-091 São Paulo – SP
Fone: (11) 5571 4299
www.fpabramo.org.br

DADOS INTERNACIONAIS DE CATALOGAÇÃO NA PUBLICAÇÃO (CIP)
DE ACORDO COM ISBD
Elaborado por Vagner Rodolfo da Silva – CRB-8/9410

S617l

Singer, Paul
    Lições de economia: pensamento e história / Paul Singer; organizado por André Singer; Helena Singer; Suzana Singer; apresentação de Ladislau Dowbor. – São Paulo: Editora Unesp; Fundação Perseu Abramo, 2024.

    Inclui bibliografia.
    ISBN: 978-65-5711-264-9 (Editora Unesp)
    ISBN: 978-65-5626-140-9 (Fundação Perseu Abramo)

    1. Economia. 2. Economia brasileira. 3. História econômica. 4. Política econômica. 5. Políticas econômicas. 6. Políticas públicas. 7. Macroeconomia. 8. Teoria econômica. 9. Filosofia econômica. 10. Marxismo. 11. John Maynard Keynes. 12. Ciência política. I. Singer, André. II. Singer, Suzana. III. Singer, Helena. IV. Dowbor, Ladislau. V. Título.

2024-3849   CDD 330
                                                          CDU 33

Editora afiliada

Sumário

Coleção Paul Singer, *9*

Apresentação – *Ladislau Dowbor*, *11*

CURSO DE INTRODUÇÃO À ECONOMIA POLÍTICA

Explicações e agradecimentos, *25*

Primeira aula: Teorias do valor, *29*

Segunda aula: Repartição da renda, *47*

Terceira aula: O excedente econômico, *67*

Quarta aula: Acumulação de capital, *85*

Quinta aula: A concentração do capital, *103*

Sexta aula: Moeda, *121*

Sétima aula: Crédito, *137*

Oitava aula: O nível de emprego, *153*

Nona aula: O capital e o capitalismo em perspectiva histórica, *171*

Décima aula: Comércio internacional, *187*

Décima primeira aula: Análise do desenvolvimento econômico, *201*

Décima segunda aula: Economia planificada, *217*

O QUE É ECONOMIA

Os vários significados do termo "economia", *237*

A economia como atividade, *239*

A economia como ciência, *245*

A regulação pelo mercado do modo de produção capitalista, *249*

Um pouco de história da economia, *257*

Os temas contemporâneos da economia, *275*

Adendo, *289*

Sugestões de leitura, *293*

O CAPITALISMO: SUA EVOLUÇÃO, SUA LÓGICA E SUA DINÂMICA

Introdução: À procura da essência, *301*

1. Economia de mercado e capitalismo, *307*
   A economia de mercado anterior ao capitalismo, *307*
   O capitalismo manufatureiro, *309*
   O capitalismo industrial, *312*
   A economia de mercado se torna capitalista, *316*

2. A lógica do capitalismo, *321*
   Produção simples de mercadorias e capitalismo, *321*
   A especificidade do capital como relação de exploração, *324*
   Valor, valor de uso e valor de troca, *327*
   Valor e lucro, *329*
   A origem do lucro, *331*
   Os conflitos pela apropriação do valor, *332*
   A lógica do capital: aparência e realidade, *334*

3. A dinâmica do capitalismo, *339*
   O ciclo de conjuntura, *339*
   O ciclo "regular", *342*
   A retomada (cada vez mais difícil) da acumulação, *348*
   Lord Keynes e a política de pleno emprego, *352*
   A longa prosperidade do pós-guerra, *356*
   A crise do capitalismo contemporâneo, *360*

4. O capitalismo no Brasil, *371*
   As origens do capitalismo brasileiro, *371*
   A hegemonia capitalista no Brasil, *375*
   O capitalismo monopólico no Brasil, *380*

5. O futuro do capitalismo, *389*

Sugestões de leitura, *397*

Coleção Paul Singer

Paul Singer nasceu em Viena, Áustria, em 1932. Em 1940, fugiu do nazismo levado pela mãe, viúva, para São Paulo. No Brasil, completou a escolaridade fundamental, tornando-se eletrotécnico no ensino médio. Antes de ingressar na Universidade de São Paulo (USP), em 1956, para estudar economia, foi operário e tornou-se militante socialista, condição que manteria para o resto da vida, tendo intensa participação partidária até a morte, em 2018.

Diplomado pela Faculdade de Economia e Administração (FEA) da USP, fez carreira acadêmica, a qual passou por doutorado em Sociologia, livre-docência em Demografia e titularidade na própria FEA, onde se aposentou em 2002. A segunda metade de sua existência foi marcada pela gestão pública, na qual exerceu os cargos de secretário do Planejamento do município de São Paulo (1989-1992) e secretário nacional de Economia Solidária do governo federal (2003-2016). Neles teve oportunidade de implementar ideias e propostas que havia desenvolvido desde a juventude.

O legado dessa trajetória inclui 24 livros próprios e seis em coautoria, algumas dezenas de artigos científicos publicados em diversos países, várias centenas de textos e entrevistas a jornais, além de relatórios e comunicações orais, hoje no acervo do Instituto de Estudos Brasileiros (IEB) da USP. A Coleção Paul Singer, da Fundação Editora da Unesp, visa disponibilizar ao público uma seleção de trabalhos do autor, cuja obra se estendeu não somente a assuntos econômicos, mas relacionados à política, urbanismo, demografia, saúde e história, entre outros.

André Singer, Helena Singer e Suzana Singer

Apresentação

Ladislau Dowbor

> Há os marxistas que assim se consideram e há outros cuja concepção de mundo é inspirada em Marx. Incluo-me entre eles. (p.239)
>
> É difícil imaginar uma instituição mais autoritária do que a empresa capitalista. (p.303)
>
> Paul Singer

Você tem em mãos um volume precioso. Nesta era em que se usa a chamada ciência econômica para justificar a desigualdade, as catástrofes ambientais, o caos financeiro; em que se usam fórmulas complexas para dar aparência de legitimidade a formas escandalosas de apropriação de recursos da sociedade, no quadro da financeirização; em que a teoria econômica se diz "técnica" e "objetiva", portanto sem necessidade de prestar contas à ética nem de contribuir para a construção de um mundo melhor – é profundamente estimulante voltar a um pesquisador e batalhador que via na economia política uma ferramenta para o progresso. Progresso de todos, evidentemente, e não de minorias privilegiadas. Este eixo central, da economia política voltada para o bem comum, coloca Paul Singer na linha dos grandes pensadores humanistas.

Não se trata de um simpático idealista, cheio de boas intenções: na linha de um Josué de Castro com as denúncias sobre a fome, de um Celso Furtado centrado nas soluções práticas que a economia pode trazer, de um Octávio Ianni na ciência política, de um Florestan Fernandes na análise integrada das transformações sociais, de um Paulo Freire na libertação pelo conhecimento, e de tantos outros que poderíamos mencionar, Singer era um batalhador pela justiça social, pela redução das desigualdades, por uma "sociedade menos malvada", como o expressou Paulo Freire. O que move Singer e outros batalhadores, e eu me coloco nesta linha, é um profundo sentimento de indignação.

As pessoas nem sempre têm a noção da barbárie que enfrentamos. A desigualdade no planeta, com os novos mecanismos da financeirização, está atingindo níveis indecentes. O 1% dos mais ricos no mundo tem hoje uma fortuna acumulada da ordem de 250 trilhões de dólares, enquanto a metade mais pobre, quatro bilhões de pessoas, têm apenas 5 trilhões. Ou seja, bastariam 2% das fortunas no topo para dobrar o patrimônio na base da população mundial. O Brasil nisso? Ainda pior, estamos entre os 10 países mais desiguais do planeta.

Temos hoje no mundo 750 milhões de pessoas passando fome, e mais de 2 bilhões em insegurança alimentar, sem saber da próxima refeição. Passam fome cerca de 200 milhões de crianças. A FAO constata que o que produzimos de alimento é suficiente para 12 bilhões de pessoas, ante nossa população mundial de 8 bilhões. No Brasil, só de grãos, produzimos mais de 4 quilos por pessoa e por dia, e tínhamos, em 2022, 33 milhões passando fome e 125 milhões em insegurança alimentar. Com medidas simples dos governos Lula e Dilma, o Brasil tinha sido retirado do mapa da fome, que voltou durante os governos de direita, para começar a se reduzir de novo com o novo governo Lula a partir de 2023. Essa conta é básica: basta melhorar um pouco as condições de vida na base da população para resolver o problema. Não é um problema de falta de recursos, e sim de quem se deles apropria. É uma problema político, de gestão voltada para o bem-estar da população.

APRESENTAÇÃO

Paralelamente ao drama da pobreza e da fome, temos a questão ambiental. A mudança climática é catastrófica: não é preciso mais estudar os relatórios da ONU, basta ver as queimadas, a inundações, o derretimento das geleiras e das calotas polares, os furacões cada vez mais violentos, a acidificação dos oceanos. Mas temos também a liquidação da cobertura florestal, em particular no Brasil, no Congo e na Indonésia, bem como a perda de solo agrícola por excesso de química e de monocultura, a trágica perda de biodiversidade com o desaparecimento de tantas espécies, a poluição da água doce com esgotos e resíduos químicos, o plástico que invade todos os espaços, inclusive nos nossos corpos, sangue e até no cérebro. Os cientistas estão roucos de alertar para os desmandos, mas o interesse corporativo imediato fala mais alto.

Os nossos dramas são hoje bem documentados, temos estatísticas sobre cada transformação, e conseguimos o acordo do conjunto dos 193 países membros da ONU para a Agenda 2030, os 17 objetivos, detalhados em 169 metas, e temos até os indicadores para seguir a sua implementação. Pelo andamento das mudanças, apenas 17% desses objetivos serão atingidos em 2030. Ou seja, conhecemos os dramas, estamos vendo os impactos, os governos assinaram os documentos, mas as coisas não acontecem. O curto prazo fala mais alto, interesses imediatos dos mais ricos.

Portanto, sabemos quais são os desafios, sabemos o que deve ser feito, temos as tecnologias correspondentes, e temos os recursos financeiros necessários. Uma conta simples ajuda: o PIB mundial, o que produzimos anualmente em bens e serviços, atingiu 110 trilhões de dólares em 2024. Isso representa um PIB *per capita* médio de 13.750 dólares por pessoa e por ano, conta que encontramos em tantos relatórios. Mas, para que as pessoas possam dimensionar o que isso significa, basta constatar que esse número é equivalente a 4.600 dólares por mês por família de 4 pessoas: cerca de 25 mil reais. Ou seja, o que hoje produzimos no mundo é amplamente suficiente para que todos vivam de maneira digna e confortável, bastando para isso reduzir moderadamente a desigualdade.

A conclusão pode ser estendida ao Brasil: com um PIB de 11 trilhões de reais em 2024, dividindo por 210 milhões habitantes, temos um PIB *per capita* anual de 52 mil reais, equivalente a 17 mil reais por mês por família de 4 pessoas. Não há nenhuma razão econômica, no sentido de falta de recursos, para termos tanta fome, miséria, sentimento de abandono, angústia nas famílias, fome das crianças, favelas insalubres. Não é uma questão econômica, é uma questão de organização política e social.

E ao ver através de que mecanismos minorias extraem a riqueza sem comum medida com o aporte produtivo, ao mesmo tempo que geram os dramas ambientais que destroem a base da nossa sobrevivência, nos damos conta de que o arcabouço teórico que tudo justifica, em nome dos "mercados", da "mão invisível", até da liberdade (liberalismo, neoliberalismo), é uma construção cuja força não repousa na ciência, mas na busca de justificar os interesses mais poderosos.

Paul Singer, ao baixar a chamada ciência econômica para o chão, ao denunciar "a privatização dos serviços públicos e a desregulamentação das finanças mundiais, submetendo as economias nacionais, sobretudo na periferia, aos ditames do grande capital financeiro global", abre caminho para uma ciência econômica propositiva: a economia deve ser útil para a sociedade, não o inverso. Nos seus numerosos textos, Singer desmonta as justificativas da ciência econômica dita ortodoxa, mostrando em particular a fragilidade da escola marginalista, mas também evita as simplificações de marxistas que se contentam em citar Marx, sem se darem conta do mundo novo que surge com as novas tecnologias, com a atual revolução digital, e que exige novas construções teóricas.

Nos três textos aqui apresentados, o *Curso de introdução à economia política*, de 1975, *O capitalismo: sua evolução, sua lógica e sua dinâmica*, de 1987, e *O que é economia?*, de 1998, temos um denominador comum, a análise das deformações estruturais, em particular da desigualdade, e a apresentação de propostas para um desenvolvimento equilibrado, a serviço da humanidade. Mas, se olharmos as datas, essas análises coincidem com as transformações profundas da sociedade de forma geral, envolvendo tanto a economia como a política, e em particular a transição do capitalismo da fase do Estado de bem--estar (*Welfare-State*) do pós-guerra, para o neoliberalismo que atualmente impera.

Paralelamente, mudam os equilíbrios internacionais, com a transformação da União Soviética, dos países que dela faziam parte, bem como da Europa do Leste socialista, no final dos anos 1980. O capitalismo se expande, o domínio do que hoje chamamos de Norte Global se reforça, e o que chamávamos de Terceiro Mundo afunda novamente na troca desigual, produzindo matérias-primas e se industrializando apenas parcialmente, em geral com investimentos das corporações dos países dominantes: é o Sul Global atual, a serviços dos países desenvolvidos. A desigualdade profunda dentro dos países pobres se acompanha de uma desigualdade crescente no plano internacional, atingindo hoje um nível catastrófico.

Terceiro elemento de transformação, a China surge como potência que avança de modo avassalador, sobretudo a partir de 1978, mostrando que uma articulação inteligente do Estado, de mecanismos de mercado, e de sistemas descentralizados e participativos no nível local, pode permitir ao mesmo tempo crescimento acelerado, redução das desigualdades e proteção ambiental. No centro desse avanço, está a emergência da ciência e da tecnologia como motor principal das transformações.

Para dar uma perspectiva dessa dinâmica, lembremos que a China sai destroçada pelas guerras e o colonialismo em 1949, e em 2017 ultrapassa o PIB dos Estados Unidos. Em 2024, a China tem um PIB real (em equivalência de poder de compra, Purchasing Power Parity, portanto descontando as diferenças de taxa de câmbio) de 30 trilhões de dólares, os Estados Unidos 25 trilhões. Foram tirados 800 milhões de chineses da pobreza, uma demonstração cabal de que a economia inclusiva e sustentável não só é possível, como mais dinâmica e sustentável.

Singer escreve, portanto, numa fase de transformações planetárias extremamente aceleradas e profundas, o que vai se refletir na evolução dos textos aqui apresentados. O curso de introdução à economia política, de 1975, ainda reflete o contexto dinâmico e distributivo do capitalismo do pós-guerra, e leva o autor a privilegiar a discussão teórica entre os defensores do livre mercado, essencialmente a escola marginalista, e a teoria marxista, diretamente afetada pelo autoritarismo do socialismo realmente existente, como se chamava na época. Singer busca o que podemos chamar socialismo democrático, e afirma inclusive que não pode haver socialismo sem democracia.

Nas doze aulas que correspondem aos capítulos do primeiro livro, encontramos basicamente um detalhamento de como se articulam, no capitalismo da época, os problemas-chave da repartição da renda, da concentração do capital, dos mecanismos macroeconômicos (moeda, crédito, emprego), do comércio internacional. Esse primeiro livro fecha com um capítulo sobre a economia planificada, em que detalha a sua visão da fragilidade do processo decisório centralizado.

No texto de 1987, *O capitalismo*, pouco antes das transformações do Leste europeu, Singer reforça a visão: "A ausência de democracia, de liberdade de crítica e de oposição, a imposição de partido único, ideologia única e opções únicas perante todos os problemas fundamentais da sociedade, frustraram desde a origem a pretensão socialista dessas experiências. Não há como superar o capitalismo mediante a anulação de todas as conquistas democráticas da humanidade dos últimos dois séculos" (p.384). A derrocada se daria poucos anos depois.

Mesmo escrevendo numa fase muito dinâmica do capitalismo distributivo nos países ricos, resultante do papel equilibrador do setor público, Singer percebe claramente as ameaças, à medida que avança a concentração do capital, a formação dos oligopólios e dos monopólios, o avanço da financeirização no quadro ainda analisado como "capital fictício", levando-o a escrever o impressionantemente rico Capítulo 9 ("Nona aula: o capital e o capitalismo em perspectiva histórica"), em que descreve as transformações tecnológicas que desenham um novo sistema, no quadro da Segunda Revolução Industrial. Claramente, a tecnologia e as finanças estão transformando o sistema, e a capacidade de regulação do Estado se fragiliza.

Aparece aqui com força o processo fundamental de erosão da capacidade do Estado de regular o sistema: a economia se torna global, e os estados continuam nacionais. Presente já no livro de 1975, o tema se torna central no terceiro livro que aqui apresentamos, *O capitalismo: sua evolução, sua lógica e sua dinâmica*, de 1987. Não temos sistema global de regulação que corresponda à escala do grande capital. "A crise do capitalismo contemporâneo é, em grande medida, resultado da ruína do sistema de regulação nacional das economias capitalistas, sem que ele fosse substituído, ao menos até agora, por algum sistema de regulação internacional" (p.357).

Hoje, esse elemento central da crise mundial que vivemos, fica muito mais claro: tecnologias de ponta funcionam em escala global, enquanto a regulação internacional é de oitenta anos atrás, dos tempos dos acordos de Bretton Woods. Enfrentamos um desajuste estrutural entre a economia global e a política de nível nacional. No texto de Singer, ainda antes da desestruturação do comunismo no Leste, a perda de governança global do próprio capitalismo já está clara. Visão metodológica central, Singer tem muito presente o papel transformador essencial da ciência e da tecnologia: "E é a ciência, com sua dialética de continua renovação, em que verdades estabelecidas são incessantemente abaladas por novos dados e desafiadas por novas teorias, que nos permite distinguir a trama lógica que interliga os muitos aspectos paradoxais que compõem o capitalismo" (p.300).

No texto de 1998, *O que é economia?*, Singer acrescentou, como adendo, uma síntese impressionante dos nossos desafios atuais, de 2024:

> Um dos aspectos cruciais da globalização é a centralização dos capitais em um número limitado de empresas transnacionais, que atuam em dezenas de países, tomando parte na produção de milhares de mercadorias diferentes. Os governos nacionais, que abriram seus mercados internos aos capitais e mercadorias do exterior, são quase impotentes para condicionar a alocação de recursos desses imensos conglomerados capitalistas, que aparentemente se guiam apenas pela maximização dos lucros.
>
> Essa impotência dos estados nacionais é agravada pela privatização das empresas estatais produtivas, que tende a eliminar qualquer possibilidade de política fiscal anticíclica. Em suma, o capitalismo atual está tão instável como sempre foi, mas perdeu o contrapeso das políticas macroeconômicas de estabilização e de pleno emprego. De modo que o encanto com o capitalismo liberal-democrático, como vencedor definitivo da Guerra Fria, está passando, e a sucessão de crises financeiras internacionais está colocando cada vez mais na ordem do dia a necessidade de órgãos estatais globais ou plurinacionais que possam novamente controlar os capitais privados e assim superar suas contradições. (p.285)

Com décadas de antecipação, Singer já apresenta o caos que hoje constatamos: "O capitalismo se assemelha a um gigantesco cassino, em que pobres sonham com riqueza súbita, jogando no bicho ou na loto, ao passo que ricos acumulam afanosamente signos de valor (moedas, saldos bancários, títulos de dívida) a procura de uma segurança que jamais encontram" (p.296) Em 2024, podemos aqui substituir a loto pelo Bet, mas continuamos no mesmo sistema que se deforma cada vez mais, gerando o que hoje chamamos de "policrises", convergência dos dramas ambientais, da desigualdade explosiva, do caos financeiro e da violência.

Os textos aqui apresentados ajudam muito na compreensão dos mecanismos que nos levam aos desafios presentes. Em termos metodológicos, são contribuições poderosas, na medida em que o autor não "fatia" os problemas, antes mostra como os diversos mecanismos se articulam no processo global de reprodução do capital: é uma visão sistêmica. Por outro lado, ajuda muito o fato de Singer ter uma ampla cultura histórica, pois o que estamos enfrentando não é uma "situação", e sim uma dinâmica de transformação. Assim a explicitação dos mecanismos econômicos e sociais se acompanha, ao longo do texto, de exemplos.

Queria aproveitar para incitar o leitor para a leitura de outros textos, além dos que aqui publicamos. *Um governo de esquerda para todos*, de 1995, apresenta os quatro anos de experiência de Paul Singer como secretário de Planejamento da prefeita Luiza Erundina (1989-1992), um impressionante relato de quem viveu o cotidiano dos desafios de enfrentamento não teórico, mas prático, com todos os conflitos de interesses e dificuldades do que podemos chamar de economia aplicada. Eu mesmo acompanhei esses embates, como secretário de Negócios Extraordinários, vendo no dia a dia como interesses cristalizados, por exemplo das empresas de transportes, conseguem dificultar inovações necessárias, como no caso do bilhete único. A leitura desse livro equivale a um curso de economia política realmente existente.

Outro aporte fundamental é a *Introdução à economia solidária*, de 2002, em que Paul Singer apresenta a sua visão não de um mundo socialista ideal, mas a possibilidade prática de evolução para uma organização econômica, social e política diferente, através da gradual evolução da competição, da guerra de todos contra todos que vivemos, para sistemas colaborativos, no quadro de cooperativas e outras formas participativas de gestão econômica e social: "A economia solidária é outro modo de produção, cujos princípios básicos são a propriedade coletiva ou associada do capital e o direito à liberdade individual", exigindo tanto o resgate do papel do poder público, como mecanismos que assegurem uma renda básica para todos. (p.36)

Queria terminar esta breve apresentação reforçando o fato de que Paul Singer nos deixou, mas a construção de visões alternativas, buscando a reorganização econômica, social e política do sistema destrutivo que vivemos está se generalizando no mundo. Hoje temos as poderosas análises de Thomas Piketty sobre as transformações do capital, de Gabriel Zucman e Emmanuel Saez denunciando "o triunfo da injustiça", de Mariana Mazzucato sobre a "missão economia", de Michael Hudson sobre *junk economics*" denunciando as teorias que tentam justificar os absurdos, de Tom Malleson sobre a organização da luta contra a desigualdade, de Joseph Stiglitz sobre o desastre do neoliberalismo, de Hellen Brown sobre o resgate do sistema público de regulação financeira, de Kate Raworth sobre "a economia *donut*" que nos livre das simplificações do PIB, e de tantos pesquisadores, centros de pesquisa – penso no Roosevelt Institute nos Estados Unidos, no New Economics Foundation na Inglaterra, no Alternatives Economiques da França, nos trabalhos na Ásia e evidentemente também aqui no Brasil. Uma nova economia política está assumindo um papel norteador, e Singer faz parte desta construção mais ampla.

Isso é muito mais do que "economia heterodoxa", é uma demonstração cada vez mais poderosa de que em vez de estudar apenas "mecanismos", como se fossem leis às quais devemos obedecer, temos de passar a organizar as análises econômicas, e as medidas correspondentes, em função dos principais desafios: a destruição ambiental, a desigualdade, o dreno financeiro, as intermináveis guerras. Em vez de esperar "os mercados" para que solucionem os nossos problemas, temos de tomar o destino em nossas mãos. Os textos de Paul Singer constituem uma ferramenta poderosa, pois reforçam um movimento mundial que busca resgatar o bom senso onde hoje ainda imperam a ganância e o curto prazo, o oportunismo e a exploração. É uma questão de bom senso, e em particular uma questão ética. Deixar morrer milhões de crianças de fome todo ano, e justificar o sistema como sendo de "livre concorrência" é intolerável. Economia solidária é um conceito forte, e um rumo adequado. Saudade do amigo.

Ladislau Dowbor é economista, formado em Lausanne (Suíça) e doutor pela Escola Central de Planejamento e Estatística de Varsóvia. Como Paul Singer, migrou para o Brasil como consequência da II Guerra Mundial. Foi seu colega como professor na pós-graduação em Economia Política da PUC-SP, e como secretário municipal na gestão Luiza Erundina, além das reuniões no Partido dos Trabalhadores e nas iniciativas de economia solidária. Hoje é aposentado pela ONU, em que desempenhou funções inclusive de consultor do secretário-geral. Os seus trabalhos estão disponíveis *on-line*, gratuitamente (*Creative Commons*) no site https://dowbor.org

*Curso de Introdução
à economia política*

*A Vinicius e os demais
que compartilharam comigo
as agruras de ser suspeito.*

Explicações e agradecimentos

As aulas deste curso foram originalmente proferidas em 1968, no Teatro de Arena, em São Paulo, a convite de entidades estudantis da Faculdade de Filosofia, Ciências e Letras da Universidade de São Paulo. As aulas eram dadas aos sábados de manhã, a um auditório compacto que circundava o palco, numa atmosfera de entusiástica vontade de aprender, que explodia cm vivos debates ao fim de cada exposição. As gravações das aulas eram rapidamente transcritas das fitas, corrigidas e mimeografadas, a tempo de as primeiras ainda poderem ser vendidas aos frequentadores enquanto o curso estava em andamento.

Encerrado o curso, formulei um vago projeto de um dia reescrever as aulas e transformá-las num manual introdutório à economia política. Outros trabalhos, no entanto, iam impondo o adiamento sucessivo deste projeto, até que descobri, para minha surpresa, que as modestas aulas do Arena estavam sendo ativamente reproduzidas por estudantes de vários centros de ensino superior de diferentes cidades do país. Havia evidentemente uma lacuna que este material, apesar de suas insuficiências, estava preenchendo. Penso que essa lacuna decorre da recusa, cada vez mais frequente, por parte dos estudantes, de aceitar o dogmatismo com que são expostas as ideias das duas grandes escolas de pensamento que compõem a economia política. Não faltam manuais de introdução à economia, nem marginalistas-keynesianos, nem marxistas. O que falta, ao que parece, é uma exposição comparativa e crítica das duas correntes e foi precisamente este o conteúdo do Curso do Arena, do que decorre, acho eu, sua contínua reprodução e utilização.

Finalmente, chegou o momento de enfrentar a tarefa de dar ao curso caráter mais acabado, permitindo sua publicação sob a forma de livro. Das doze aulas dadas originalmente, havia a gravação corrigida de apenas nove. Três gravações se perderam, em circunstâncias que um dia, em outras condições, será possível esclarecer. Destas só me restaram os esquemas de itens, a partir dos quais eu desenvolvia a exposição. Passada meia dúzia de anos, naturalmente não me lembrava mais com precisão de como desenvolvi as ideias apenas indicadas nesses esquemas. Resolvi manter o texto das nove aulas gravadas, apenas melhorando o estilo, quando imprescindível, e preenchendo certas lacunas da exposição, que provavelmente foram objeto de indagações e esclarecimentos após o término da apresentação original, mas que não foram gravados. Deixei que o tom vivo da exposição oral permanecesse no texto e tratei de não "atualizar" tratamento dos problemas, embora seja provável que minha abordagem dos mesmos seria, hoje, em muitos pontos, diferente. Optei por essa solução porque, caso contrário, teria que escrever um novo livro, tarefa para a qual não disponho de meios, por ora. Quero frisar, no entanto, que tudo que consta neste texto revisto eu considero essencialmente correto.

Desenvolvi as três aulas faltantes do acordo com os esquemas de que dispunha, mas é óbvio que o tom do texto é outro e o tratamento da problemática é datado de 1974 e não de 1968, pois era impossível desconhecer o que pensei e li nestes últimos seis anos. O resultado é um curso algo desigual e não totalmente concatenado, o que não me desespera, pois esses defeitos, se é que o são, refletem as vicissitudes da vida intelectual e política no Brasil no atual período.

Devo agradecimentos aos que me estimularam a empreender essa tarefa, desde os que organizaram o Curso do Arena, os que assistiram a ele e mediante suas indagações e objeções me levaram a melhor precisar o pensamento até os que transcreveram as gravações e os que persistentemente as reproduziram, transformando-as em elemento vivo de nossa cultura. Quero também agradecer, pela eficiência e dedicação com que se empenharam na reprodução datilográfica destes originais, a Maria do Carmo Bayma de Carvalho e Raquel Lourdes de Paulo.

São Paulo, 1º de janeiro de 1975

PAUL SINGER

Primeira aula
Teorias do valor

Existe um conflito básico que divide a economia em duas escolas opostas. Essa divisão da economia em correntes, que se repelem e divergem e que, inclusive, não têm uma linguagem comum, distingue os partidários da economia marginalista dos da economia marxista. Tal divisão é muitas vezes escamoteada pelos representantes dos grupos opostos. Em obras de economia política marxista encontra-se, geralmente, apenas uma exposição do assunto do seu ângulo, sem nenhuma menção à existência de outra análise completamente diferente e oposta. E a mesma coisa ocorre com a literatura marginalista, até mesmo com o ensino nas universidades do mundo ocidental, em que o marxismo acaba sendo ou completamente esquecido ou então é aberto um parêntese ao longo da exposição, e se diz: existe uma escola arcaica que ainda se prende a conhecimentos superados, por motivos ideológicos: o marxismo; fecha-se o parêntese e se continua. O que se vai tentar fazer neste curso é mostrar como as duas orientações estão ligadas às divergências e às lutas do nosso tempo. Não é um debate que se dá meramente no plano da interpretação ou da constatação dos fatos. Está profundamente ligado à interpretação da vida social, da evolução da sociedade e dos rumos dessa evolução.

Dentro dos cânones da ciência positivista, é muito difícil entender um debate científico motivado dessa maneira. Este não é um debate "objetivo". Ele depende, em última análise, de uma tomada de posição anterior, pré-científica. Talvez a existência dessa dicotomia na ciência econômica seja um dos argumentos mais importantes contra esses cânones de objetividade científica. Não vou entrar nisto longamente; só gostaria de alertá-los para essa implicação dos debates que vão entremear todas as exposições que serão feitas.

Começaremos com o que me parece básico em economia, ou seja, com o problema do valor. A economia é uma ciência social que difere das demais ciências sociais, pois possui uma possibilidade de quantificação que as demais não têm. Por exemplo: em sociologia, quando falamos de relações sociais, estas podem ser distinguidas, analisadas, classificadas; podemos falar em relações simétricas e assimétricas, iguais e desiguais, antagônicas e de cooperação. Há diferentes formas de classificar as relações sociais e, uma vez classificadas, podemos passar à sua análise, ao entendimento de sua dinâmica, e assim por diante. Mas não podemos quantificá-las, não podemos dizer, por exemplo, que uma relação é três, seis vezes mais intensa que outra. Em psicologia, fala-se em percepção, em emoções etc., mas também quase sempre de um ângulo qualitativo.

Não pretendo me alongar na análise de outras ciências sociais, das quais não conheço muito, mas estou convicto de que a economia, nesse ponto em particular, é diferente. Porque ela é capaz de quantificar, se não a atividade econômica, pelo menos seus frutos, ou seja, o produto social. A maior parte das leis econômicas pode ser expressa matematicamente e verificada empiricamente. A lei da oferta e da procura, a lei do valor da moeda etc., quase sempre, ou talvez sempre, são passíveis de medição, e podem, portanto, ser avaliadas não somente em termos do que acontece ou não acontece, mas em que medida acontece. Essa possibilidade de quantificação decorre precisamente da teoria do valor. Ou seja, há um conceito básico na economia, que é o do valor, que permite a utilização de uma unidade de medição essencial para, praticamente, todos os fenômenos do mundo econômico. É por isso, evidentemente, que o conteúdo dessa medida – o valor econômico – é essencial, é a pedra fundamental de todo o edifício científico.

Existem, na ciência econômica moderna, duas maneiras completamente diferentes de se definir valor: uma delas retira o valor de uma relação do homem com a natureza, ou do homem com as coisas. Ela parte da ideia de que o homem sente uma série de necessidades e é na procura da satisfação dessas necessidades que ele se engaja na atividade econômica. Portanto, o que ele cria na atividade econômica, ou seja, *o valor*, é o grau de satisfação ou utilidade derivada dessa atividade. De acordo com essa abordagem, a atividade econômica se dá essencialmente entre o homem e o meio físico e o homem atribui valor aos objetos, ou aos serviços, na medida em que estes satisfazem suas necessidades. A abordagem oposta retira o valor não das relações do homem com as coisas, mas do homem com outros homens, isto é, das relações sociais. O valor, nesse caso, é o fruto das relações que se criam entre os homens na atividade econômica. E ele se mede pelo tempo do trabalho produtivo que os homens gastam nessa atividade. A primeira é a *teoria do valor-utilidade* e, a segunda, a *teoria do valor-trabalho*.

A *teoria do valor-utilidade* parte da relação entre uma necessidade humana e o serviço ou objeto que a satisfaça. Eu tenho fome, o alimento que pode satisfazer a fome é objeto de uma atividade econômica que valorizo na medida em que ele satisfaz essa necessidade. Para mim, essa necessidade é subjetiva. Ela depende de quanta fome eu sinto, de minha preferência por este ou aquele alimento. Em princípio, cada necessidade humana pode ser satisfeita por mais de um objeto. Estou, portanto, em condições de escolher e posso valorizar os objetos de acordo com minha preferência subjetiva. A teoria do *valor-utilidade* parte de um *comportamento subjetivo*. Não se trata da "verdadeira" necessidade do indivíduo, em termos de um critério objetivo. Em relação ao exemplo utilizado – a fome –, os nutrólogos podem dizer qual é a quantidade de calorias, de proteínas, de gorduras e vitaminas de que precisamos para nos alimentarmos adequadamente, quais as quantidades mínimas necessárias para a manutenção da saúde das pessoas. Tomarei isso como necessidade objetiva, que pode ser perfeitamente medida. Ela não interessa, no entanto, à teoria do valor-utilidade; o que interessa é a maneira como as pessoas *experimentam* essa necessidade, como elas a sentem e isto evidentemente varia de indivíduo para indivíduo.

O valor, nesse sentido, é uma manifestação de comportamento essencialmente subjetivo. É claro que, pelo fato de ser subjetivo, ele não está isento de análise. O comportamento subjetivo pode ser estudado, pode-se verificar em que medida ele é condicionado por vários fatores que, por sua vez, não são subjetivos. O caráter subjetivo do comportamento individual não foi mais que um reconhecimento, por parte dos marginalistas, de que, na realidade, há bastante variedade nas preferências dos indivíduos na escolha entre diferentes formas de satisfazer suas necessidades. Mas, curiosamente, o marginalismo nunca foi capaz de desvendar as leis que governam essa subjetividade. E não o conseguiu, apesar de ter feito do consumidor o centro do seu sistema, porque precisou justificar a "soberania do consumidor", supondo-o, no fundo, sempre racional e capaz de reconhecer suas necessidades e os modos de melhor satisfazê-las. Quando as grandes empresas descobriram que poderiam, através da publicidade, manipular a vontade do consumidor, impingindo-lhe uma "imagem da marca" e condicionando-o a se tornar "fiel" a elas, passaram a fazê-lo, transformando o comportamento supostamente "autônomo" do consumidor numa série de reflexos sabiamente condicionados. Porém o marginalismo não tomou conhecimento do que acontecia de fato no mercado e continuou postulando que as empresas se desdobravam para atender aos desejos livremente formulados do consumidor individual. Os capitalistas passaram a adotar uma atitude algo inconsequente: nas grandes ocasiões, as parábolas marginalistas acerca de "sua majestade, o consumidor" continuavam sendo proclamadas, o que não impedia que, no dia a dia, campanhas publicitárias cuidadosamente planejadas fossem desenvolvidas, visando levar o "rei do mercado" a comprar e consumir em medida muito maior e em direção muito diferente da que espontaneamente faria. (Isso foi demonstrado por J. K. Galbraith em *O novo estado industrial*.)

Por outro lado, a *teoria do valor-trabalho* parte da ideia de que a atividade econômica é essencialmente *coletiva*. Ou seja, ela não interessa, enquanto atividade individual, no estudo da ciência econômica. É claro que os indivíduos, vez por outra, fazem coisas para si próprios, isoladamente. Quando a enceradeira quebra, o dono da casa, tendo habilidade, conserta-a. Essa atividade poderia ser feita por um eletricista; se o eletricista é chamado, sua atividade é econômica, é um serviço remunerado, constitui uma mercadoria, portanto é objeto do estudo da economia. Se é o próprio dono da enceradeira que faz o trabalho, este não é, do ponto de vista da teoria do valor-trabalho, uma atividade econômica. É uma atividade *particular* que o indivíduo faz, assim como toma banho, que é uma atividade individual do adulto.

Ora, na medida em que a atividade econômica é uma atividade coletiva, essencialmente social, ela decorre da divisão social do trabalho, na qual as pessoas desempenham funções diferenciadas e complementares. Ou seja, não é todo mundo que faz a mesma coisa. Sem usar exemplos longe da nossa realidade, basta olhar para a economia urbana brasileira para verificarmos que cada indivíduo que participa da atividade econômica desempenha uma função muito especializada. Um é professor, outro motorista de ônibus, outro é médico, outro ator de teatro. E essas atividades só adquirem sentido caso as outras existam. O ator de teatro só pode desempenhar sua função na medida em que existe o eletricista, o marceneiro que faz os cenários, o bilheteiro que cobra as entradas. E se existir o agricultor que lhe produz a alimentação e que a troca, em última análise, pelos seus serviços artísticos. Ora, o valor, de acordo com a teoria do valor-trabalho, decorre precisamente dessa divisão social do trabalho. Imaginemos uma sociedade humana sem divisão social do trabalho (na realidade, a antropologia não nos revelou nenhuma, mas, para argumentar, pode-se pensar nela), em que cada indivíduo, como Robinson Crusoé sozinho em sua ilha, tenta sobreviver sem auxílio de ninguém, desempenhando todas as funções produtivas e se satisfazendo completamente em contato com a natureza. Em tal sociedade não haveria atividade econômica e a atividade produtiva não geraria valor. O *valor* é o valor do produto social, da atividade coletiva conjunta de todos os membros ativos da sociedade.

Na medida em que o valor é o valor do produto social, ele resulta de uma atividade coletiva e pode ser mensurado pelo tempo de trabalho social investido nesse produto. Esse tempo de trabalho equaliza todos os diferentes componentes do produto social. Então posso dizer que uma sessão de teatro é igual a tantas viagens de ônibus, que são por sua vez iguais a outros tantos pares de óculos, maços de cigarros e assim por diante, porque todos esses produtos resultam de uma mesma atividade social: o trabalho socializado, realizado mediante a divisão social do trabalho. Nesse sentido, o valor é objetivo, porque pode ser medido objetivamente.

Portanto, em resumo e quanto a essa parte, a teoria do valor-utilidade é uma teoria subjetiva, por refletir um comportamento subjetivo, que é objetivado enquanto objeto de estudo. A teoria do valor-trabalho parte da ideia de que o valor é algo social e objetivo. Do ponto de vista da teoria do valor-utilidade, o valor do mesmo objeto muda se a opinião das pessoas a respeito dele mudar. Seu valor pode aumentar ou diminuir: basta que as pessoas mudem de opinião a seu respeito, isto é, a respeito de sua capacidade de satisfazer uma necessidade humana. Por exemplo, um vestido que passou da moda perde o valor porque deixou de satisfazer uma necessidade. Fisicamente, ele é o mesmo. O trabalho social nele incorporado é o mesmo. Ele não mudou. Na loja custava Cr$ 100,00 enquanto estava na moda. No entanto, a moda mudou. O que mudou foi o gosto do consumidor, sua necessidade subjetiva do vestido. Então, esse vestido perde valor, seu preço cai a Cr$ 20,00, Cr$ 10,00, ou é dado de brinde a quem comprar um vestido novo, sem que, no entanto, física e socialmente tenha havido alguma mudança nele.

Um outro ponto em que as duas teorias diferem é no que diz respeito ao produto social. Este é concebido pela teoria do valor-utilidade como o somatório de todos os objetos e serviços produzidos pela sociedade num determinado período e seu valor é o somatório dos valores de cada um desses bens. Portanto, o valor do produto social não resulta apenas da massa de bens produzidos, mas da avaliação que deles fazem os agentes econômicos no momento em que os transacionam no mercado. É um somatório de cotações, aplicadas a diferentes quantidades de bens, e que variam segundo mudam os gostos, as preferências e as expectativas. Para a teoria do valor-trabalho, o valor do produto social resulta de um determinado tempo de trabalho socialmente necessário gasto na produção de certa quantidade de mercadorias. É claro que essas mercadorias devem satisfazer necessidades humanas, caso contrário não teriam valor. Dado o tamanho da população, sua composição etária e sexual e o poder aquisitivo das várias classes, a satisfação de cada necessidade do conjunto dos consumidores requer uma *determinada quantidade* de mercadorias. Qualquer mercadoria produzida *além* desse limite não é necessária, o trabalho gasto em sua produção não é socialmente necessário, portanto não tem valor.

Porém, objetam os marginalistas, a quantidade demandada de determinada mercadoria depende do seu preço: se este for maior, a quantidade que pode ser vendida será menor e vice-versa. Logo, a quantidade demandada, isto é, "necessária", depende do preço, ou seja, do valor, o qual não pode ser determinado independentemente da quantidade. A essa objeção, os partidários da teoria do valor-trabalho respondem que as mercadorias não chegam ao mercado sem preço, só o recebendo ali ao sabor das flutuações da oferta e da procura. Na verdade, as mercadorias provêm de empresas capitalistas, que almejam se manter e se expandir e, portanto, jamais poderiam vender seus produtos por um preço que não cobrisse adequadamente seus custos e lhes proporcionasse uma adequada margem de lucro. Ora, esse preço, determinado pela competição entre as empresas capitalistas, corresponde (embora transfigurado) ao tempo de trabalho socialmente necessário gasto na produção de cada mercadoria, e a soma dos preços vezes as quantidades de cada mercadoria produzida corresponde (diretamente) ao tempo de trabalho socialmente necessário dispendido no produto social como um todo.

A teoria do valor-utilidade pretende-se a-histórica, ou seja, o comportamento humano na área econômica é essencialmente idêntico *sempre*, embora possa mudar na sua manifestação concreta. A diferença entre a atividade econômica em relação ao valor, de um indivíduo em São Paulo agora, e de um indivíduo em São Paulo no tempo dos bandeirantes, não existe, ela é essencialmente a mesma, embora sua manifestação concreta seja muito diferente. Mas a manifestação concreta da relação do indivíduo com a sua atividade econômica hoje e anteontem é também diferente. Não há diferença entre hoje e anteontem, e entre hoje e trezentos anos atrás. As diferenças são colocadas num mesmo plano; se um bandeirante resolve se empenhar numa bandeira, penetrar no interior do Brasil, caçar índios para vendê-los como escravos, ele está basicamente agindo da mesma maneira que um indivíduo que sai de manhã, compra o *Diário Popular*, e procura um anúncio de emprego. Fundamentalmente, é a mesma coisa, ambos estão procurando colocar o seu esforço, que pode ser precisamente trabalhar num escritório ou ir para o mato buscar índios, em troca de objetos e serviços que satisfaçam suas necessidades.

Não há tempo histórico aí. As diferentes formas de organização social, de vida econômica, são englobadas no mesmo quadro de análise. Existe sempre o mercado, mesmo quando o indivíduo está sozinho. Acho que esse exemplo, bastante citado porque é extremo mostra bem esta concepção a-histórica do valor: Tarzan está deitado no seu galho de árvore e descansa. De repente, sente fome, mas não tanta a ponto de sair e procurar alimento. Ele prefere descansar, em vez de se movimentar, num esforço para satisfazer a fome que é uma necessidade pequena, ainda. Porém, à medida que o tempo passa, a fome aumenta e num momento qualquer ele se levanta e vai caçar. Esse comportamento de Tarzan é essencialmente econômico para a teoria do valor-utilidade.

O mesmo tipo de análise se faz do desemprego: se há desempregados é porque o nível de remuneração que o indivíduo pode alcançar não é suficiente para fazê-lo sair do seu ócio. Esta é a análise que se faz e que se fez e que foi absolutamente predominante na economia "ocidental", pelo menos até Keynes. Foi Keynes quem mostrou a existência do desemprego involuntário, que mesmo que o indivíduo queira trabalhar por muito pouco, ele pode não encontrar oportunidade na divisão social do trabalho. Mas, em teoria, nem isso se aceita. Em teoria, o sujeito pode sempre arranjar algum "bico", pode ajudar a mulher do vizinho a lavar a louça e ganhar um prato de comida. Dessa forma, sempre que o indivíduo está desempregado é porque ele prefere o ócio à pequena remuneração que lhe pode ser oferecida.

No entanto, de fato, a teoria do valor-utilidade não é a-histórica, porque não faz sentido numa sociedade em que as necessidades humanas são basicamente estáveis, e essas sociedades preencheram talvez 99% da história humana até hoje. Em contraste com a sociedade moderna, de pós-revolução industrial, as sociedades anteriores eram relativamente pouco dinâmicas no seu ritmo de transformação econômica. Entre o padrão de consumo de um camponês da Idade Média e de seu avô, não havia essencialmente grande diferença, o mesmo ocorrendo entre o padrão de consumo de um dono de fazenda paulista nos fins do século passado e o de seu pai. Nas sociedades que estudamos historicamente, as necessidades humanas que podem ser satisfeitas pela economia variam lentamente ou não variam. Ora, numa economia assim, o papel da preferência subjetiva, o papel do consumidor como elemento dinâmico da economia é nulo. Porque ele já é educado, já é criado num certo padrão de consumo com uma possibilidade de escolha extremamente limitada. E o aparelho produtivo da sociedade já está montado, construído e estruturado para satisfazer essa quantidade limitada e estática de necessidades. Logo, não teria e não tem sentido procurar explicar a atividade econômica e sua variação a partir das necessidades humanas, porque elas são um elemento quase constante.

A teoria do valor-utilidade passa a ter uma aceitação relativamente grande como ferramenta de explicação econômica na sociedade moderna, e apenas nesta. Porque, na sociedade moderna, o dinamismo, que é gerado no ato de produção, estimula constantemente o consumidor a escolher, a ampliar a escala de suas necessidades, a mudá-las. E à medida que responde a esses estímulos, à medida que seu comportamento muda, ele torna viável uma série de transformações econômicas. Explicar a economia capitalista moderna a partir do comportamento do consumidor é viável. Não queremos dizer que é certo, mas existe uma certa correspondência entre a teoria e os fatos, correspondência suficiente para se poder trabalhar nesse sentido. E é por isso que consideramos a teoria do valor-utilidade uma teoria histórica, porque ela está presa a uma realidade contingente no tempo.

A teoria do valor-trabalho é histórica por definição. Por explicar o valor do produto social pela divisão social do trabalho, ela só é válida se houver essa divisão social do trabalho. E cada transformação nessa divisão, que é a linha mestra da evolução econômica, influi sobre o valor criado. Em última análise, poder-se-ia dizer que, ao longo da história econômica, a divisão social do trabalho sempre se expandiu. No ponto de partida histórico, que não sei exatamente qual é, uma grande parte da atividade dos indivíduos é não econômica. Os indivíduos trabalham para si próprios e boa parte de sua atividade não contribui para o produto social. À medida que vamos caminhando das sociedades pré-históricas até as modernas, assistimos a uma ampliação da divisão social do trabalho. Ela vai englobando uma proporção cada vez maior da atividade humana, até chegarmos ao ponto (que não atingimos ainda, evidentemente, mas do qual estamos nos aproximando) em que praticamente toda a atividade humana adquire caráter econômico, porque se torna social. Ou seja, ela não é realizada primordialmente, diretamente, para satisfação de necessidades do próprio indivíduo que produz, mas de outros indivíduos, obtendo, em compensação, um produto equivalente, em tempo de trabalho, da atividade dos outros indivíduos. É essa ampliação da atividade econômica, no conjunto da atividade humana, que é revelada pela abordagem da teoria do valor-trabalho.

Gostaria de terminar esta exposição analisando várias implicações das duas teorias do valor, implicações estas que serão objeto de explicações mais aprofundadas nas próximas exposições. Por exemplo, a teoria do valor-utilidade, ao explicar o valor de cada objeto e de cada serviço, parte essencialmente desse segmento da realidade que é o *mercado,* ou seja, é na *troca* que o valor se manifesta concretamente. Qual é o valor que atribuo aos meus óculos? Todos nós usamos óculos para enxergar melhor. Mas isto não quer dizer que atribuímos aos óculos o mesmo valor. Não há uniformidade nessa relação subjetiva. Pode ser que a pessoa, por motivos estéticos, odeie os óculos. Há pessoas que preferem sentar em cima deles. Há outros que não podem viver sem os óculos. Portanto, há uma gama de valorizações do mesmo objeto por diferentes indivíduos. Não cabe à economia, nem ela tem condições para isso, estudar essa variação enquanto atividade de consumo, ou seja, enquanto eu uso os óculos, mas apenas na medida em que os estou trocando por outro tipo de objeto de uso qualquer.

Nesse caso, o valor, embora subjetivo, aparece no comportamento objetivo das pessoas na troca. E como a economia não é uma ciência meramente descritiva, mas tende ou pelo menos deve chegar a resultados operacionais, o que interessa a ela não é o comportamento na troca individual, mas na coletiva. O que interessa é o preço que os óculos atingem no mercado. Esse preço é uma média de diferentes preços que diferentes indivíduos pagariam pelos óculos. Se estes forem duas vezes mais caros do que o são, menos indivíduos os comprariam, mas alguns ainda fariam a compra; se os óculos custassem a metade, mais indivíduos os adquiririam. Isto é, há indivíduos dispostos a pagar qualquer preço pelos óculos e o número de indivíduos vai variando. O que interessa é o preço efetivamente pago. Portanto, a teoria do valor-utilidade encontra sua aplicação prática imediata na explicação dos preços efetivos no mercado. E na medida em que isto é assim, o seu ponto de abordagem é do indivíduo que se encontra no mercado. A teoria reduz efetivamente todo o comportamento econômico ao comportamento no mercado. O próprio ato de produção é assimilado a uma atividade de troca: o indivíduo está trocando seu ócio, que é gostoso, pelo esforço, que sempre é desagradável. A atividade do trabalho humano é encarada sempre como negativa. Na atividade produtiva o indivíduo está trocando um agradável (o ócio) pelo desagradável (o trabalho), que leva a um outro agradável (a satisfação de uma outra necessidade).

A teoria do valor-trabalho parte da produção: o valor não surge no mercado, ele surge na produção, no trabalho. Este não é encarado como algo negativo, como a renúncia ao ócio, ao descanso, mas como uma atividade que afirma o homem enquanto homem. O indivíduo é encarado como produtor social, como indivíduo integrado na divisão social do trabalho.

A teoria do valor-utilidade explica o excedente social a partir da renúncia. O excedente social é o que a sociedade produz e que não se destina ao consumo imediato. Esse excedente surge sob a forma física de máquinas, matérias-primas, edifícios não residenciais etc. Tudo aquilo, enfim, que serve para alguma coisa que não é consumo humano imediato constitui o excedente social. Pois bem, esse excedente social é explicado pela teoria do valor-utilidade como o resultado de uma renúncia ao consumo imediato a favor de um consumo futuro. O excedente social se produz porque há uma poupança, ou seja, porque alguns indivíduos, voluntariamente, por cálculo econômico, não gastam tudo o que ganham em consumo e poupam uma parte, que investem para obter no futuro um valor maior. Nesse sentido, o excedente é o resultado de um sacrifício, e, sendo assim, deve ser remunerado. Os indivíduos que poupam e, desse modo, tornam possível o excedente social, fazem um sacrifício em prol da sociedade e esta, para estimulá-los, compensa esse sacrifício por meio de uma remuneração que é a taxa de juros.

Aí aparece então um dos elementos importantes e verdadeiros, vamos dizer, na constatação *imediata* dos fatos, revelados pela teoria do valor-utilidade: sempre há uma preferência pelo consumo imediato em relação ao consumo mediato, ou seja, o consumo adiado. O tempo conta para o consumo humano. Se posso escolher entre ter um objeto hoje ou daqui a um mês, em igualdade de condições, prefiro tê-lo hoje. Portanto, se renuncio à sua posse imediata, se adio a posse e o uso de um objeto por um mês, corro o risco de não estar vivo até lá ou de mudar minha opinião a respeito de sua utilidade e ele não me servir mais daqui a um mês. Esse risco que corro é o sacrifício que faço e que tem que ser remunerado em relação ao espaço de tempo pelo qual renuncio ao uso do objeto.

Essa remuneração toma a forma de juros. Os juros são calculados em relação ao tempo; crescem à medida que o tempo passa. A produção do excedente social, por sua vez, explica o próprio crescimento da economia, pois é a reinversão desse excedente que faz a economia crescer. Tudo isso se explica, a partir da teoria do valor-utilidade, pela preferência pelo consumo imediato e pela valorização do tempo. Por exemplo, há alguns investimentos que levam um tempo relativamente longo para se materializar, como uma estrada de ferro, uma usina hidroelétrica, uma usina de aço etc. São empreendimentos que levam 5, 7, 10 anos até que sejam completados. O sacrifício feito é, portanto, muito grande, e o risco que os indivíduos correm de jamais usufruírem pessoalmente desse sacrifício também é grande. Consequentemente, esse sacrifício tem que ser remunerado com maior quantidade de recursos e o mercado de capitais funciona estritamente de acordo com essa lógica. Esses investimentos são financiados mediante a venda de ações, cujo preço sofre um deságio que é proporcional ao tempo de maturação dos investimentos. O reflorestamento é uma atividade cujos resultados demoram às vezes cinquenta anos, prazo que vai bastante além da expectativa de vida da maior parte dos indivíduos adultos que não podem esperar viver muito além de 50 anos. Numa sociedade capitalista, o reflorestamento quase nunca é deixado à iniciativa privada, ao comportamento individual essencialmente econômico; ele é quase sempre uma obrigação legal, uma imposição da sociedade aos indivíduos, ou então é feito pelo poder público.

Todo o comportamento do poder público, do Estado, na economia, não se explica pela teoria do valor-utilidade. Não tem lógica em termos da teoria do valor-utilidade. O comportamento econômico do poder público não obedece à mesma racionalidade que a do indivíduo, sempre procurando tornar máxima a utilidade a seu dispor.

Para a teoria do valor-trabalho, o excedente social é fixado de acordo com o tipo de sociedade que se analisa. A abordagem é essencialmente histórica. Nas sociedades em que o caráter social da economia é conscientemente reconhecido, isto é, quando ele não surge como uma resultante final de muitos comportamentos individuais desarticulados, como é o caso tanto nas sociedades coletivistas do passado como nas sociedades coletivistas do presente, o excedente social é a iniciativa mais importante do grupo. Numa sociedade comunista primitiva, por exemplo, a primeira coisa que o grupo faz é decidir quantos peixes vão pescar, quanto de mandioca vão plantar (mandioca é o tipo do produto que fica na terra quanto tempo se quer; é uma reserva), para depois decidir quanto vai ser produzido para o consumo imediato. Numa sociedade centralmente planejada hoje em dia, a fixação do excedente, ou seja, do produto que não será destinado ao consumo, mas à ampliação da própria economia, é uma decisão coletiva, consciente, deliberada, discutida. Se há um sacrifício, esse sacrifício é coletivamente deliberado e assumido.

Numa economia capitalista, de mercado generalizado, o excedente decorre de forças sociais que não são deliberadamente fixadas. Decorre essencialmente da produtividade do trabalho e do custo de reprodução da força de trabalho. Vamos analisar o que significam essas duas forças. De um lado, a sociedade dispõe de *força de trabalho*, ou seja, da capacidade física e mental de seus indivíduos de exercerem funções produtivas e sociais. Essa capacidade tem um custo, que é a soma dos recursos necessários para manter os indivíduos vivos e para garantir sua reprodução. Para que a força de trabalho exista e possa ser reproduzida, os indivíduos que a incorporam precisam estar vivos. É o mínimo fisiológico de sobrevivência e de reprodução de todos aqueles que trabalham em suas atividades. E, a isto, há que somar os recursos necessários para qualificá-los para exercer as funções diferenciadas e complementares definidas pela divisão social do trabalho. Isto é, a escola e vários outros tipos de organização que a sociedade cria para qualificar o trabalho humano. Somando isto ao custo de subsistência da população trabalhadora, temos a parcela do produto social que Marx chamou de "produto necessário", ou seja, sem a qual a economia não pode sequer se reproduzir, muito menos crescer. Ora, dado esse mínimo, temos, por outro lado, o produto social total dado pela *produtividade da força de trabalho*. A força de trabalho efetivamente usada produz uma certa quantidade de recursos que geralmente é maior do que esse mínimo, ou seja, o produto necessário. A diferença entre o produto social total, resultado do uso da força de trabalho, e o produto necessário é o *excedente social*.

A teoria do valor-utilidade começa com o indivíduo que poupa. Um indivíduo ganha 3.000 cruzeiros por mês, resolve gastar 2.000 e 1.000 ele poupa, tendo em vista que daqui a um tempo, graças aos juros que irá obter, ele possuirá mais que isso. Juntando-se todos esses indivíduos, a sua poupança constitui o excedente social. A teoria do valor-trabalho parte da ideia de que o produto social é uma grandeza dada e reflete a produtividade da força de trabalho. Deduzindo do produto social total o produto necessário, o que sobra é o excedente. Como é que o somatório das poupanças individuais, feitas por um cálculo individual, vai corresponder à diferença entre o produto total e o produto necessário? A explicação se encontra, e é a teoria do valor-trabalho que a dá, na concorrência que prevalece na sociedade capitalista. A sociedade capitalista tem um tal tipo de organização econômica que leva os detentores do excedente, os detentores dos meios de produção, a um comportamento tal que eles geralmente acumulam a maior parte dos recursos que vêm ter às suas mãos e que não são normalmente utilizados para o seu consumo. A teoria do valor-trabalho diz o seguinte: é absolutamente ocioso, diletante, bizantino, procurar explicar o comportamento de poupança do indivíduo que ganha uma fábula, dono de uma fábrica, dono de um banco, dono de uma fazenda, em função de suas necessidades de consumo. Ele ganha 5, 10, 15 vezes mais do que normalmente consome, ainda que consuma muito. E, assim, ele é incapaz de consumir $\frac{1}{3}$ ou $\frac{1}{4}$ do que normalmente ganha. É quase forçado a acumular pela competição entre as empresas econômicas; a necessidade de crescer enquanto capitalista o induz a essa atividade de acumulação.

Em última análise, a teoria do valor-trabalho explica o excedente possível e explica por que o excedente real tende a se aproximar do possível. A teoria do valor-utilidade tenta explicar a motivação humana, tenta explicar por que *A* poupa mais que *B,* por que alguns indivíduos são estimulados a poupar e outros não. A teoria do valor-trabalho é essencialmente macroeconômica, considera a economia sempre como um conjunto, e dá a grande medida do excedente social possível. Admite de antemão que essa possibilidade nem sempre tende a se realizar numa economia capitalista. O grande mérito da teoria do valor-trabalho é que ela explica a própria evolução do excedente, porque este sempre tende a crescer em relação à produtividade social do trabalho. Ela nos dá instrumentos econômicos e sociológicos para explicar como o produto necessário também cresce. Por que os indivíduos que trabalham tendem a lutar por uma participação pelo menos não decrescente do produto social, e como, apesar disso, o produto necessário como proporção social tende realmente a decrescer? Isto será mostrado mais adiante. Porém, ela não tem, *neste nível*, a possibilidade de explicar a variação do dia a dia, de ano a ano, do aparecimento concreto do excedente social. Assim como tem uma visão macroeconômica do conjunto da atividade total da economia, ela tende também a ter uma visão do tempo a longo prazo. Pelo fato de a teoria do valor-trabalho passar do mais abstrato ao mais concreto, ou seja, tenta explicar o excedente de um país capitalista específico, com suas características num certo momento, vamos dizer, um país não totalmente capitalista, não puramente capitalista como é o Brasil, país subdesenvolvido, em que a posse dos meios de produção não está em grande parte aqui, mas no exterior e em que o excedente social pode ser aplicado aqui ou não, pode ser exportado e em que parte do excedente de fato investido vem de fora para dentro, na medida em que a teoria do valor-trabalho passa a formas mais concretas e imediatas de análise, ela passa a incorporar o instrumental da teoria do valor-utilidade. A partir do momento em que queremos explicar o excedente preciso, o do Brasil em 1967, aí o comportamento de poupança, o raciocínio dos grandes grupos que detêm a mais-valia passa a ser o enfoque adequado. E como este é o enfoque desde o princípio da teoria do valor-utilidade, muitas das explicações encontradas pelos marginalistas passam a ser válidas.

O exemplo do excedente mostra bem em que medida as duas abordagens tendem a uma certa complementaridade. A abordagem da teoria do valor-trabalho é essencialmente macroeconômica, só se preocupa com a economia como um todo e a um prazo relativamente longo e nesse sentido ela é válida. Porém, ao atuar assim, essa teoria é pouco operacional em relação ao dia a dia da economia. A teoria do valor-utilidade, que parte de outra análise, de uma base que eu diria muito pouco válida, que é a base de se entender o comportamento social a partir dos indivíduos, preocupa-se muito mais com a sua operacionalidade, com a visão do dia a dia, com o comportamento concreto imediato e, ao fazer isso, dá contribuições válidas para o conhecimento econômico. Não acho que se possa pegar tudo que os marginalistas fizeram de 1870 para cá e jogar fora dizendo que tudo isso é ideológico, apologético, que tudo isso apenas justifica a atual organização da sociedade. Na medida em que essa teoria também é operacional, está sendo utilizada por economistas da escola da teoria do valor-trabalho, ou seja, pelos marxistas.

A polêmica feroz entre os representantes das duas tendências obscureceu esse fato. A tentativa e o desejo de negar integralmente a abordagem diferente não permitiram perceber que os economistas marxistas, ao se aprofundarem na análise do comportamento do dia a dia da economia capitalista, estavam incorporando uma série de conhecimentos que tinham surgido da economia marginalista. Foi com

Oscar Lange, o grande economista polonês, que esse reconhecimento pôde ser feito pela primeira vez, reconhecimento público por um homem bastante considerado no campo marxista. O marxismo é capaz de fazer isso sem cair em nenhuma incoerência básica, porque parte conscientemente de um ponto de vista histórico e macroeconômico. Na medida em que parte para o comportamento mais concreto, ele passa a incorporar os vários fatores peculiares, e chega evidentemente a um nível de concreção em que a própria atividade individual do capitalista desempenha um certo papel limitado. O próprio Marx faz isso. Quem leu *O capital* percebe que os grandes esquemas do primeiro e do segundo volumes se transformam, não que mudem essencialmente, mas adquirem vida, cor, cheiro, consistência, porque, no terceiro volume, ele passa a explicar como a mais-valia efetivamente aparece aos olhos de cada um dos participantes, dos atores do drama econômico. É esse trabalho do terceiro volume que, podemos dizer, foi cortado, interrompido durante meio século por mera polêmica, pelo esforço ideológico de afirmar uma ou outra abordagem. Se a teoria do valor-trabalho, sem sacrifício de sua coerência, incorpora as contribuições válidas da teoria marginalista, o inverso não é verdadeiro. Isto é, a teoria marginalista não pode passar para o macroeconômico aceitando as premissas da teoria do valor-trabalho. Keynes, que é realmente o fundador da macroeconomia moderna, precisou de uma medida objetiva do produto social. Macroeconomia só pode ser feita pensando-se num produto social global. Não adianta agregar utilidades; portanto, Keynes inventou uma unidade que chamou unidade-salário, introduzindo a teoria do valor-trabalho como um instrumento de medição do produto social, meramente; mas manteve, ao mesmo tempo, o seu instrumental marginalista. O resultado desse comportamento de Keynes mostra que ele era um homem bem inteligente, mas mostra, também, a completa incompatibilidade básica entre a teoria do valor-utilidade e a teoria do valor-trabalho. Ele não foi capaz de refazer a análise em termos da teoria do valor-trabalho, apenas usou um instrumento de medida que era o trabalho humano. Isto levou a uma atitude nihilista dos economistas keynesianos, pelo menos uma série deles, que é mais bem exemplificada por Joan Robinson, sem dúvida a discípula mais brilhante de Keynes. Joan

Robinson, em seu ensaio *Filosofia econômica*, arrasa com as duas teorias do valor e tenta mostrar que a teoria do valor é um elemento subjetivo, não científico, na economia e que se pode passar muito bem sem qualquer teoria do valor. Essa atitude, que chamo de nihilista, explica-se porque Robinson, mais que qualquer outro autor, sentiu o impacto das insuficiências do marginalismo, no qual ela foi educada, para a compreensão de processos históricos e macroeconômicos.

Espero que esta aula sirva de introdução para o que pretendemos fazer daqui por diante. Vamos abordar os aspectos mais importantes da economia moderna, a partir sempre desta dicotomia, e revelar as suas diferentes implicações.

Segunda aula

Repartição da renda

O problema da repartição da renda é um dos tópicos mais antigos e clássicos da economia política.
Ricardo, que foi um dos pais da ciência, considerava a repartição da renda como sendo o verdadeiro objeto da economia política. E dizia que a ciência econômica tinha muito pouco a dizer a respeito do volume total do produto. Mas poderia e deveria determinar as leis que presidem a repartição do produto social entre as diferentes classes que compõem a sociedade. De forma geral, a repartição da renda tenta explicar de que maneira o produto social é repartido entre as classes fundamentais da sociedade, ou seja, entre certos rendimentos, dos quais classicamente se estudam salário, o lucro, a renda da terra e o juro. Estas são as quatro categorias que quase sempre constituem a estrutura da repartição da renda.

Vamos tentar apresentar a teoria da repartição da renda, de acordo com as duas escolas fundamentais da ciência econômica, ou seja, a escola marginalista e depois a escola marxista, e, no fim, tentaremos confrontar as duas e mostrar em que medida a realidade da economia capitalista confirma ou não os pressupostos e os resultados de cada uma dessas teorias.

Comecemos com a teoria marginalista. Os economistas marginalistas dizem que a cada rendimento – ao salário, ao lucro, ao juro e à renda da terra – corresponde determinado fator de produção e esses rendimentos constituem a remuneração dos titulares ou proprietários desses fatores: ao salário corresponde o fator trabalho, ao lucro corresponde o fator empresa, ao juro corresponde o fator capital monetário e, à renda da terra, o fator recursos naturais. Parte-se do pressuposto de que qualquer atividade produtiva se faz mediante a combinação de três desses fatores: trabalho, capital e recursos naturais. O mais difícil na teoria marginalista é a distinção entre lucro e juro, porque, durante um longo período, lucros e juros foram mais ou menos colocados em pé de igualdade. Supunha-se que realmente os juros fossem a remuneração do capital, ou seja, aquilo que os capitalistas ganham e que o trabalho de combinar esses fatores, o trabalho de assalariar trabalhadores, arrendar a terra, pedir emprestado capital e, portanto, gerir a empresa seria remunerado pelo lucro. Esta seria a posição neoclássica. Keynes, no entanto, mostrou que o juro não é realmente a remuneração do capital como tal, porém a remuneração do capital na sua forma *monetária,* ou seja, na sua forma de liquidez máxima. Portanto, a remuneração propriamente dita do capital seria o lucro, e uma parte do lucro seria então passado adiante para o emprestador de dinheiro, que pode ser um banco, um investidor ou um agiota.

Vamos nos concentrar na versão mais moderna, que é a versão pós-keynesiana. De acordo com essa versão, portanto, temos basicamente fatores de produção, elementos necessários à produção que são propriedade particular de indivíduos livres, que podem alienar ou vender o uso desses fatores e em virtude disso fazer jus a uma remuneração que toma a forma desses rendimentos.

O centro do problema está em saber como se reparte o produto por esses vários rendimentos. Ou seja, qual é a parcela do produto que se transforma em salário, e portanto se transforma em remuneração do trabalho; qual é a parcela do produto que se transforma em lucros e se torna então remuneração do capital e do capitalista; qual é a parcela do produto que se transforma em juros; e qual em renda da terra. Esse problema é resolvido pela escola marginalista a partir da teoria dos rendimentos decrescentes. Na combinação dos fatores, e essa combinação é dada pela tecnologia, à medida que se aumenta a participação de um fator, *mantendo os demais constantes*, os rendimentos obtidos desse fator, decrescem. Esta é, em síntese, a lei dos rendimentos decrescentes. Vamos dar um exemplo para tornar isto mais claro. Suponhamos uma plantação de café. Se sou empresário, arrendo uma área de terra, pago uma renda por essa terra e assalario trabalhadores. Então combino terra, isto é, recursos naturais com trabalho. E usarei instrumentos de trabalho: enxadas, galpões, máquinas de beneficiar café, também numa certa proporção que a técnica de produzir café me ensina. Não posso, por exemplo, usar 200 trabalhadores para cuidar de um hectare de café. Os trabalhadores não teriam o que fazer. Também não posso usar um trabalhador para cultivar ou cuidar de 200 hectares de café. Portanto, a combinação quantitativa dos fatores de produção não pode ser arbitrária, ela é dada pela técnica. Na agricultura posso usar uma técnica mais moderna, mais avançada, com mais máquinas. Nesse caso, aumento a participação do fator capital e reduzo a participação do fator trabalho. O capital substitui X trabalhadores na produção da mesma quantidade de valores de uso. O uso de um arado de discos em lugar de um mais primitivo permite dispensar certo número de trabalhadores para obter o mesmo produto. A tecnologia me dá os limites em que posso usar os fatores, mas, dentro desses limites, existe uma certa flexibilidade. O mesmo se dá na produção industrial. Uma fábrica têxtil pode empregar *uma* turma de trabalhadores para colocá-la em movimento 8 horas por dia, pode empregar *duas* turmas para movimentá-la 16 horas por dia, ou *três* turmas para movimentá-la durante 24 horas por dia. Então combina-se a mesma quantidade de capital com diferentes quantidades de trabalho. Portanto, cada um desses fatores, recursos naturais, trabalho e capital (pensando agora no capital físico) podem ser combinados em proporções variáveis, porém nunca arbitrárias.

O ponto de partida básico da teoria é que, supondo dados dois dos fatores, pode-se variar o terceiro, porém, caso se forem introduzindo mais elementos desse mesmo fator, o rendimento do novo elemento introduzido é decrescente. Vamos voltar ao cafezal: se são usados três trabalhadores, uma família com três pessoas, produz-se uma certa quantidade de café. Suponhamos que a área do cafezal não aumente, isto é, usa-se a mesma quantidade de terra e a mesma quantidade de capital, porém só mais trabalho: um quarto trabalhador é empregado. O rendimento desse quarto trabalhador será menor, provavelmente, do que a média dos três anteriormente empregados. Se for empregado um quinto, aquilo que ele vai adicionar à produção será menor que aquilo que o quarto proporcionou e assim sucessivamente, até chegar o momento em que, caso se adicione um novo trabalhador à fazenda de café, ele não vai fazer que aumente a produção. Se ele for admitido, é possível que venha a ter o que fazer, porém os outros deixarão de fazer aquilo que faziam antes, haverá uma redistribuição das tarefas, mas o produto não crescerá mais. Este último trabalhador terá o que se chama "produtividade marginal" igual a zero. Estamos calculando na margem, mediante a adição de uma unidade elementar mínima, que não deveria ser um trabalhador, mas uma hora de trabalho a mais por mês. Então, poder-se-ia, a partir do número de horas-homem de trabalho, calcular a adição de cada hora-homem de trabalho ao produto. Ao se ir aumentando a participação do mesmo fator, fatalmente se chega a um momento em que o seu produto marginal, ou seja, o fruto que se consegue graças a essa adição, será cada vez menor até chegar a zero. Poder-se-ia inverter o exemplo: supor fixada a quantidade de trabalho e aumentar a terra. Então, com cinco trabalhadores e um hectare de terra obtém-se um certo produto. Se os mesmos cinco homens passam a trabalhar em dois hectares de terra, aumenta em certa medida o seu produto. Mas os cinco trabalhadores não vão produzir o dobro só porque dobrou a área. Então aquele hectare adicional dá um produto menor que o primeiro. Se a área trabalhada passar a três hectares, haverá um aumento do produto, mas já será consideravelmente menor e assim sucessivamente. Quando for adicionado o vigésimo hectare à mesma força de trabalho, eles já não poderão produzir mais, simplesmente porque a sua capacidade de produzir estará esgotada.

Esta é a essência da lei dos rendimentos decrescentes. Ora, todo o raciocínio marginalista se baseia num comportamento racional do empreendedor, esse fulano que faz jus ao lucro, o capitalista na realidade. Se ele deve se comportar racionalmente, nunca irá empregar um fator cujo produto marginal, quer dizer, aquilo com que ele contribui para o *aumento* do produto, não seja pelo menos igual ao rendimento que o empreendedor tem que pagar ao seu titular, ou seja, juros ao que lhe empresta dinheiro, ou salário ao trabalhador. Isto significa que cada um desses rendimentos será, *na margem*, igual à produtividade marginal do fator. Vejamos ainda o exemplo da fazenda de café: com cinco trabalhadores, ela produz café no valor de Cr$ 10.000,00 por ano; se forem empregados seis trabalhadores, o valor do café será, vamos dizer, de Cr$ 10.300,00; se sete, o valor produzido será de Cr$ 10.400,00; se forem oito, o valor continuará sendo de Cr$ 10.400,00. Isto significa que o produto marginal do sexto trabalhador é de Cr$ 300,00, ou seja, a diferença entre Cr$ 10.300,00 e Cr$ 10.000,00. Se ele não fosse empregado, a quantidade de café produzida valeria Cr$ 10.000,00. Com o seu emprego, o valor produzido é Cr$ 10.300,00. Já o sétimo trabalhador tem como produto marginal Cr$ 100,00. E o oitavo, zero. Então, é óbvio que o oitavo trabalhador não será empregado se o empresário agir racionalmente. Porque ele, em última análise, não lhe rende nada. Se o salário for, por exemplo, Cr$ 300,00 poder-se-ão empregar cinco ou seis trabalhadores, pois o produto marginal do sexto é exatamente Cr$ 300,00. Se o salário for Cr$ 250,00, o sexto trabalhador dá um lucro de pelo menos Cr$ 50,00. Mas o sétimo trabalhador dá prejuízo. Como supõe-se que os salários sejam todos iguais, porque há um mercado de trabalho no qual a concorrência faz que pelo mesmo tipo de trabalho se pague a mesma remuneração, então será empregado certo número de trabalhadores até o ponto em que a sua remuneração seja pelo menos igual ou inferior ao produto marginal que eles proporcionam. Essa teoria dá, portanto, dois elementos: o emprego total, quer dizer, o número de trabalhadores empregados vai depender da sua produtividade marginal e do nível de salários; e o nível de salários vai predeterminar o nível de emprego. Supõe-se que o nível de salários acaba sendo mais ou menos equivalente à produtividade marginal.

Agora vamos falar do outro lado da equação que é a oferta da força de trabalho. Supõe-se que o trabalhador raciocine como o empresário, isto é, tenha o mesmo comportamento "racional". A economia marginalista raciocina como se todos os personagens do drama se pautassem pelo mesmo tipo de lógica. No fundo, o trabalhador é como um pequeno empresário que tem uma mercadoria para vender, que é a sua própria força de trabalho. Supõe-se que o trabalhador raciocine assim: o sacrifício que eu faço de trabalhar me é compensado por um salário, vamos dizer, de Cr$ 200,00. Então, até Cr$ 200,00 por mês, eu trabalho. Por menos, não trabalho. O sétimo trabalhador não estará disponível porque o empresário não pode pagar a ele mais do que Cr$ 100,00; se pagar mais do que isso, terá prejuízo. Porém, por Cr$ 100,00, o trabalhador não se considera remunerado pelo sacrifício que faz na atividade produtiva. Então ele não se empregará. O nível de salários será dado pelo ponto de encontro entre o produto marginal do trabalho e a remuneração mínima aceita pelo trabalhador. Posso fazer o mesmo raciocínio em relação à terra. Então, em vez de 5, 6 ou 7 trabalhadores, tenho 5, 6 ou 7 hectares de terra. Na medida em que acrescento terra à empresa, o seu produto marginal vai decrescendo. Se o dono da terra diz que por menos de Cr$ 100,00 ou Cr$ 200,00 ele não arrenda a terra, pode não valer a pena, pois o produto marginal poderá ser menor que o valor da renda paga pelo seu uso. A quantidade de terra que será empregada será o ponto de encontro entre a renda mínima desejada pelo proprietário da terra e a sua produtividade marginal. E ainda se pode fazer o mesmo raciocínio em relação ao capital, ou seja, os capitalistas só empregarão os seus recursos na medida em que os juros que poderão obter remunerem a abstenção do consumo, para que poupem, e o risco que correm em emprestar o seu capital ao empresário. É claro que os juros oferecidos não podem ultrapassar o produto marginal do capital. Juros, salários e renda da terra serão determinados pelas produtividades marginais dos respectivos fatores, e pela reivindicação mínima dos titulares daqueles fatores.

A oferta dos fatores supõe um custo que é sempre medido subjetivamente. O custo do trabalho não corresponde, na teoria marginalista, ao nível normal de consumo da família do trabalhador. Ele corresponde a uma estimação subjetiva do sacrifício do trabalho. Considera-se que o trabalhador, quando não está empregado, está sempre voluntariamente desempregado, ou seja, ele não se sujeita a trabalhar por menos de um certo nível de salário. Da mesma forma, se parte do capital não é empregada, é porque o dono do capital subjetivamente estima que a remuneração oferecida sob forma de juros não é suficiente para compensar o risco do emprego ou o adiamento do consumo imediato daqueles recursos. Então ele prefere ou consumi-los ou guardá-los à espera de uma melhor oportunidade de emprego. Um resultado imediato desse tipo de teoria é que qualquer intervenção extraeconômica, que eleve a remuneração de um fator, cria uma maior margem de desemprego dele. Vamos supor que o salário mínimo fosse Cr$ 90,00. A quantidade de trabalhadores empregados seria, no nosso exemplo, de sete, pois a produtividade marginal do sétimo trabalhador é Cr$ 100,00, isto é, maior que Cr$ 90,00. Se a lei do salário mínimo eleva essa remuneração a Cr$ 130,00, então esse sétimo trabalhador, que dava lucro, passa a dar prejuízo. Ou seja, ele tem que ser remunerado, se a lei for obedecida, a Cr$ 130,00 por mês, no entanto ele apenas adiciona ao produto Cr$ 100,00. Então, ele é despedido. Portanto, de acordo com essa teoria, sempre que um elemento não econômico, que é principalmente o governo, mas pode ser também um sindicato, interfere no mercado de um fator (capital, trabalho ou recursos naturais) e eleva a remuneração desse fator, um certo número de titulares de fatores, de trabalhadores, de capitalistas ou de donos de terra, vai ter que ser desempregado, pois a sua produtividade marginal será inferior a esse novo nível de remuneração. Daí o argumento liberal, bastante comum, contra qualquer tipo de intervenção do governo no mercado de trabalho, no sentido do elevar os salários mais baixos, pois seu resultado seria aumentar o nível de desemprego.

Vamos agora examinar a outra teoria, a teoria marxista. Esta começa com uma definição do que há a repartir, ou seja, do que constitui o produto social. Como já foi visto, o produto social é o fruto do trabalho socialmente necessário de toda a população ativa da sociedade. Essa definição geral precisa agora ser melhorada com a distinção do que é trabalho produtivo e trabalho não produtivo. Diz-se que o trabalho é produtivo na medida em que ele é remunerado por uma parte do capital, ou seja, do *capital variável,* a parte do capital que se destina a remunerar o trabalho e se transforma em salário. Esta parte do capital é denominado capital variável porque ela vai retornar ao seu dono, ao capitalista, aumentada com a mais-valia, ou seja, com o mais-trabalho produzido pelo trabalhador. Seu valor *varia*, portanto, no próprio processo de produção. Trabalho produtivo é o trabalho que produz mais-valia, é um trabalho feito para um capitalista, que, portanto, não somente reproduz o valor da força de trabalho gasto, porém produz um valor a mais.

Vejam que isto é formalmente dizer que é um trabalho que produz um produto marginal maior que sua remuneração, com a diferença profunda, no entanto, de que para Marx esta é uma determinação não técnica, mas social. O trabalho produtivo é aquele que é feito como trabalho assalariado para um capitalista e que produz uma parcela, portanto, do excedente social, que toma a forma de mais-valia no regime capitalista. Outros tipos de trabalho são trocados por rendimentos e não são produtivos, ou seja, não produzem mais-valia. Um exemplo: uma cozinheira de um restaurante é uma trabalhadora produtiva, ela trabalha e o salário que ela recebe corresponde ao gasto de sua força de trabalho, porém o trabalho que ela produz, que ela entrega ao capitalista, é maior que o número de horas de trabalho socialmente necessário que ela recebe para a sua própria manutenção. Então, trabalhando para o restaurante, ela é uma trabalhadora *produtiva*. Se ela trabalha na casa de uma família, ela *não é uma trabalhadora produtiva*, embora fisicamente o seu trabalho seja idêntico, ela faça a mesma coisa, isto é, prepare a comida. Ela está recebendo uma parte da renda dessa família, que pode ser salário, juro, lucro ou o que for e está transformando essa renda monetária em um serviço que ela presta. Mas ela em nada contribui para a mais-valia, para o excedente social e, portanto, ela não contribui para o produto social. Ela transforma uma parte do produto social, que aparece na mão do seu empregador como dinheiro, em serviço.

Os serviços domésticos, de uma forma geral, não são considerados produtivos, pois em nada contribuem para o produto cuja repartição há que explicar. Essa distinção é essencial. Tomemos o exemplo de um médico. Se ele tem a sua clínica, não explora ninguém, trabalha sozinho, então o trabalho dele é um *trabalho não produtivo*.

Ou seja, ele troca rendimentos dos seus clientes por serviços médicos, na medida em que é remunerado. O serviço dele toma a forma de uma mercadoria, mas não é essencialmente uma mercadoria capitalista. Como o médico ou a empregada doméstica, numa sociedade em que se generalizou a produção de mercadorias, qualquer serviço prestado toma a forma de uma mercadoria e seu valor é determinado de uma maneira geral como o valor das demais mercadorias. No entanto, na medida em que alguém trabalha independentemente, em nada contribui para o excedente social e, portanto, em nada contribui para o produto social. Sua atividade só transforma o produto: aquilo que ele entrega sob a forma de serviços, ele recebe de volta sob a forma de dinheiro que vai gastar em outras mercadorias. Há uma transformação dos valores de uso, mas nenhuma adição ao valor global produzido naquela sociedade.

Supõe-se que o trabalhador que não trabalha para um capitalista não seja explorado. Isto significa que ele troca o fruto do seu trabalho por outro produto, no qual está incorporado o mesmo tempo de trabalho socialmente necessário. É claro que o produto social seria maior se nele fosse incluído o produto desses trabalhadores, mas o excedente, isto é, a diferença entre o produto social e o produto necessário, permaneceria o mesmo. Se um médico trabalha para um hospital ou uma firma de serviços médicos, dessas que fazem medicina coletiva para empresas, enfim, se ele se torna um assalariado, imediatamente ele entra para o rol dos *trabalhadores produtivos*. Formalmente, o trabalho do médico é vendido sempre. Você vai a uma clínica, lá está o médico, você recebe o seu serviço e paga a consulta. Esse é um ato de compra e venda. Na medida em que ele trabalha isoladamente o que fez ele? Pegou o seu dinheiro, que é fruto de uma renda, salário, lucro ou juro, e o transformou num serviço médico. Há uma troca de valores iguais em que cada parte saiu com um valor de uso diferente do que trouxe. Se, no entanto, ele trabalha para uma clínica, para um grupo médico, para algum grupo capitalista, ele pode exercer o mesmo tipo de trabalho, porém aquilo que ele vai receber como remuneração em termos de horas de trabalho socialmente necessário, será obrigatoriamente inferior ao número de horas de trabalho socialmente necessário que ele dispendeu no serviço. Essa diferença vai fazer parte da mais-valia global da sociedade ou do excedente social. O que interessa a Marx e aos marxistas é precisamente a divisão do produto, entre produto necessário e excedente. O interesse da teoria marxista, que é basicamente uma teoria macroeconômica, não está tanto em explicar como se reparte o produto por vários fatores, mas como é que se reparte o produto global entre a parcela necessária para a manutenção da capacidade produtiva, física e mental dos trabalhadores e aquela outra parte que é o excedente social.

Estamos agora interessados nesta primeira divisão, as outras são um segundo passo. Precisamos primeiro delimitar aquele tipo de trabalho que contribui para o produto necessário e para o excedente social, eliminando os trabalhos que não contribuem para o excedente social, que não produzem mais-valia, em essência, os trabalhos que não produzem mercadorias no sentido estritamente capitalista.

A repartição do produto entre "produto necessário" e "excedente social" se dá essencialmente pela luta de classes. Não existe nada de intrinsecamente econômico ou "técnico", como supõe a teoria marginalista, na determinação do nível de remuneração do trabalhador e portanto do "produto necessário". Estse nível depende, essencialmente, da sua capacidade de luta; se os trabalhadores estão ou não organizados em sindicatos, se têm ou não um partido que representa os seus interesses, capaz de pressionar e obter do Estado melhorias desse nível de remuneração. O salário não tem uma determinação econômica estrita, ele depende do equilíbrio das forças em presença no mercado de trabalho, sendo o mercado de trabalho o centro de toda economia social. Um dos aspectos rotineiros, diários, da luta de classes é precisamente a determinação e a redeterminação do nível de remuneração do trabalho. É uma luta constante, que se faz entre o conjunto dos assalariados e o conjunto dos empregadores e é dessa luta que resulta o nível de remuneração, que pode crescer ou não, dependendo precisamente das contingências dessa luta. Em qualquer momento há um certo nível de remuneração do trabalho, quer dizer, essa luta dá enfim resultados que podem ser influenciados por certas instituições, como o salário mínimo, limite legal da jornada de trabalho, férias pagas, participação nos lucros, previdência social etc. A cada momento que uma instituição dessas é criada ou é eliminada, o nível de remuneração sobe ou desce.

Pode-se dizer, por exemplo, que no Brasil o nível de remuneração dos trabalhadores diminuiu nos últimos anos, a partir de 1964, pela eliminação da estabilidade no emprego. A estabilidade do trabalho, que era um direito dos trabalhadores que se traduzia numa remuneração recebida pelo trabalhador por ocasião de sua demissão, está sendo eliminada. É um processo moroso, pois os empregados mais antigos puderam optar pela estabilidade, mas todo recém-admitido num emprego é obrigado a "optar" pelo Fundo de Garantia de Tempo de Serviço (FGTS). Na medida em que o número de empregados antigos "estáveis" vai decrescendo por morte, aposentadoria etc., a estabilidade no emprego está sendo eliminada, o que acarreta a queda da remuneração média do trabalhador não só diretamente (menos indenizações pagas), mas também indiretamente, pois o sistema do FGTS facilita às empresas demitirem empregados mais caros e em seu lugar admitir outros mais baratos. Isto aumenta a outra parte do produto, ou seja, o excedente social, a mais-valia. Ou, na medida em que um governo, através de sua política salarial, limita os aumentos de salário nominal, em dinheiro, abaixo do aumento do custo de vida, e com isso força a queda de nível de remuneração do trabalho, ele ao mesmo tempo aumenta a mais-valia recebida pela massa dos capitalistas.

É claro que a possibilidade de deprimir o nível de salários tem limites fisiológicos e políticos. Ultrapassados os primeiros, a força de trabalho não se reproduz mais plenamente, decaindo sua quantidade e/ou qualidade. No caso de serem ultrapassados os segundos (que dependem de circunstâncias históricas), o desespero pode levar a classe operária a formas de protesto que põem em perigo a continuidade do processo de produção e reprodução social. Há obviamente também um limite superior à elevação do nível de salários, que é dado pelo tamanho do excedente necessário ao sustento dos elementos improdutivos e ao processo de acumulação de capital. Se os trabalhadores conseguem elevar sua remuneração acima desse limite, a acumulação de capital se restringe, cai o nível de emprego e a economia entra em crise. Nessas condições, provavelmente os salários também acabam voltando a um nível "conveniente" para o sistema, pois a crise aumenta o desemprego e tende a debilitar o poder de barganha dos assalariados.

A repartição se dá essencialmente nesse sentido. Uma vez determinado assim, o excedente social, ou seja, a mais-valia, é repartida entre os demais personagens do drama por uma série de passos secundários.

O juro, por exemplo, depende essencialmente do mercado de capital monetário ou do mercado de dinheiro. A economia capitalista exige que toda sua produção seja metamorfoseada e passe pelo menos uma vez pela forma monetária. O produto sai da fábrica e é vendido, transformado em dinheiro. Se o comprador for um consumidor, o processo acaba. Mas, se for um comerciante, ele tem que voltar a ser vendido até acabar nas mãos do consumidor. O produto agrícola é geralmente vendido para o comerciante atacadista e este por sua vez o vende ao varejista, que depois o vende ao consumidor final. Cada vez que há uma metamorfose dessas, ou seja, cada vez que o produto passa para mãos diferentes, ele tem que passar pela forma monetária. Consequentemente, tem que haver um fluxo monetário, que pelo menos seja igual ao valor do produto. Existe, portanto, uma necessidade objetiva de dinheiro, ou seja, todo o capital social se transforma pelo menos em cada rotação, em cada ciclo de produção, uma vez em dinheiro, para depois poder voltar a funcionar como capital. Em virtude disso, existe uma certa demanda de meios de pagamento. E existem, por outro lado, indivíduos que possuem capitais sob forma de moeda. Então, conforme a oferta e procura de meios de pagamento, se determina uma taxa de juros. Essa taxa de juros tem que ser necessariamente inferior à taxa de lucros.

O capitalista financeiro é, na teoria, totalmente distinto do capitalista produtivo. O primeiro é o possuidor de capital que o oferece sob a forma de empréstimo, por não poder ou não desejar empregá-lo produtivamente. O segundo é o capitalista que realiza a metamorfose do capital, isto é, compra meios de produção e força de trabalho, põe em movimento o processo produtivo e vende as mercadorias produzidas com recursos próprios e emprestados. Na prática, tanto um como outro são empresas, na maior parte das vezes.

Em determinados momentos, a empresa converte parte do seu capital em dinheiro e/ou obtém lucros em forma de moeda sem poder convertê-los de imediato em capital produtivo, isto é, mais meios de produção e mais força de trabalho, seja porque o mercado em que ela atua não é favorável a uma expansão da produção ou seja porque o volume de moeda acumulado ainda não é suficiente para cobrir os custos das inversões planejadas. Nessas condições, convém à empresa não deixar esse dinheiro "ocioso" e ela pisará no palco do mercado financeiro como capitalista financeiro. Isso não impedirá que num outro momento essa mesma empresa decida que agora deve fazer inversões, ou seja, transformar capital-dinheiro em capital produtivo, e então ela não apenas recolherá os fundos que anteriormente tinha emprestado a terceiros, como procurará obter empréstimos. Nesse momento, então, ela vai despir sua identidade de capitalista financeiro e assumir a de capitalista produtivo. No mercado financeiro, as empresas estão mudando de lado o tempo todo, ora oferecendo empréstimos, ora os tomando. É preciso notar, ainda, que ao lado das empresas soem participar do mercado financeiro famílias e órgãos governamentais (além de outras entidades), ora como demandantes, ora como ofertantes de empréstimos.

Num momento de superabundância de dinheiro,[1] a taxa de juros pode ser negativa, como ela o foi no Brasil no período de inflação mais aguda, em que normalmente a taxa de juros era inferior à desvalorização do dinheiro. Portanto, os possuidores de dinheiro, que o emprestavam a juros, tiveram prejuízo, porque recebiam no fim um valor menor do que tinham emprestado e isto favoreceu evidentemente os empresários que iam usar esse dinheiro como capital produtivo. Numa situação de inflação, quando os juros são baixos e até negativos, o capitalista produtivo se apodera de uma parcela maior da mais-valia. Se, por outro lado, há uma situação inversa, de deflação ou uma situação de inflação decrescente, como a da economia brasileira entre 1964 e 1971, a taxa de juros tende a ser muito alta. Empréstimos a longo prazo, por exemplo, para fins imobiliários, são feitos a juros reais, isto é, acima da inflação, de 10% ao ano, o que é

---

1 A oferta global de meios de pagamento é analisada nas 6ª e 7ª aulas.

considerado juro de agiota em qualquer lugar do mundo: Há uma espécie de compensação e nesse momento, então, os possuidores de dinheiro, aqueles que têm capital sob a forma monetária, têm a possibilidade de obter uma taxa de juros mais alta, ou seja, uma parcela maior do bolo total da mais-valia. No entanto, essa parcela geralmente não pode ser maior que a taxa de lucros, pois quem está pedindo dinheiro emprestado para empregá-lo produtivamente para obter lucro, que é a mais-valia global, evidentemente não vai, a não ser por inadvertência, pagar juros maiores que os lucros obtidos. A única coisa que se pode dizer de certo, a respeito da taxa de juros, é que ela pode variar de negativa a positiva até o limite máximo dado pela taxa de lucro, que é por sua vez função da taxa de exploração, ou seja, da relação entre produto necessário e excedente social.

Outro elemento da teoria marxista da repartição é que a taxa de lucro, ou seja, o lucro dividido pelo capital invertido, é determinado, no plano macroeconômico, como resultado da luta concorrencial entre os capitais. Sabe-se que a taxa de lucros tende a ser equalizada sempre que há um mercado de capitais em que o capital tem certa liberdade de movimento. Na época de Marx, essa liberdade podia ser considerada total. No capitalismo contemporâneo, isto absolutamente não é verdade: Mas, em certa medida, o capital tem a possibilidade de se movimentar por diferentes ramos de produção. Os donos do capital, isto é, as empresas, podem hoje investi-lo mais na indústria farmacêutica, amanhã em maior proporção na indústria automobilística e depois de amanhã em maior medida na agricultura. E, devido a essa possibilidade de mudar de emprego do capital, há uma tendência à equalização de sua remuneração. Por isso, aqueles ramos que estão dando menos lucros serão aqueles abandonados pelo capital e isto fará com que o produto desses ramos seja mais escasso e o seu preço suba, o que fará que, enfim, eles tenham um maior lucro no futuro. Aqueles ramos que estão dando lucro maior terão um afluxo de capital, terão a preferência dos capitalistas e isto fará que, depois de algum tempo, aumentem sua capacidade produtiva e oferecerão uma maior quantidade de mercadorias, o que, por fim, fará que o preço destas baixe e o lucro que elas proporcionam também. Essa movimentação do capital produz uma tendência sempre à equalização da taxa de lucro, tendência essa que é permanentemente contrariada pelo dinamismo tecnológico do sistema, que faz que sempre surjam inovações que tornem um ou outro ramo mais lucrativo que a média. É uma tendência de equilíbrio que é destruída pelo avanço tecnológico, pelas mudanças na economia, e é permanentemente reestabelecida pela movimentação do capital.

Suponhamos que, num certo momento, o produto social, que é dado pelo trabalho produzido durante determinado ano, seja igual a 150. Suponhamos que o capital social, que é todo o trabalho passado acumulado sob a forma de máquinas, instalações, matérias-primas etc. seja igual a 500. E suponhamos que o produto seja repartido assim: 50 para repor o capital constante gasto, 40 para a mais-valia e 60 para a reposição da força de trabalho, ou seja, para o pagamento de salários. Então a taxa de lucros será dada pela mais-valia total, ou seja, 40 dividido, não pelo produto, mas pelo capital investido, ou seja, 500. Isto dá uma taxa média de lucro de 0,08, ou, em porcentagem, 8%. Esta seria então, nesse ano específico, a taxa de lucro média. Diante do exposto acima, deve-se admitir que: 1º) dificilmente a taxa de juros poderá ser maior que 8%; 2º) dificilmente um ramo de produção estará dando muito mais ou muito menos de 8% de lucros durante muito tempo. Poderá acontecer que algum ramo de produção dê 10%, outros darão 6%. Então, dos ramos que dão 6% de lucro sairão capitais que se encaminharão para o ramo que dá 10%. Depois de algum tempo, pela mudança de preços haverá um reequilíbrio.

A taxa de juros poderá ser, dependendo da conjuntura e da política monetária, desde negativa até de 5%, 6%, 7% ou 8%. É provável que algumas empresas tenham superestimado seus lucros futuros e tomaram empréstimos a juros maiores que os lucros efetivamente obtidos. Nesse caso, as empresas sofrem prejuízos financeiros, mesmo que, como capitalistas produtivos, elas tenham tido lucros.

Há também, na teoria marxista, um pressuposto de racionalidade. Supõe-se, em princípio, que os capitalistas sabem o que estão fazendo. E que aqueles que sobrevivem na selva econômica do capitalismo são aqueles aptos, que não agem irracionalmente. Existem, para ajudar os capitalistas a agirem racionalmente, desde a administração científica dos negócios, que se pretende científica e em certa medida até pode sê-lo, até a experiência acumulada, uma certa capacidade empírica de perceber as coisas. De modo que o conjunto dos capitalistas tende a agir racionalmente. É claro que um certo número deles sempre erra e desaparece, o que lembra a luta pela vida numa selva (não por acaso, Darwin inspirou-se num economista: Malthus). Porém, outros capitalistas, por sua vez, surgem e tomam o lugar dos que foram eliminados.

As duas teorias que tentam dar uma explicação racional de como se reparte o produto entre os diversos fatores de produção são bastante diferentes e partem de pressupostos básicos distintos. Para a teoria marginalista, o valor do produto final é uma incógnita, porque vai depender da sua utilidade, que é resultado de uma estimação subjetiva dos compradores. Os marginalistas têm que explicar a repartição a partir de um produto marginal que é, por sua vez, o exemplo da fazenda de café: na medida em que aumenta o número de trabalhadores, o seu produto marginal vai decrescendo; então aquele famoso sétimo trabalhador, que produzia 100, não poderia ser empregado se o salário fosse 200. No entanto, se o preço do café dobrasse e o preço do café dependesse essencialmente da vontade dos bebedores de café, o mesmo produto físico do sétimo trabalhador passaria a valer 200. Então passaria a ser interessante empregá-lo. A teoria da repartição marginalista tem um grau de indeterminação que é o valor do próprio produto final, que depende em última análise da preferência do consumidor, considerando cada ramo e cada empresa separadamente. Ela é, portanto, uma teoria que parte de uma visão microeconômica, parte de uma visão do empresário e da empresa, para o qual, num sistema concorrencial, o valor do produto será sempre uma incógnita, pois ele não tem a capacidade de dominar o mercado e não tem, portanto, a possibilidade de fixá-lo de antemão. Daí, então, a única coisa que a teoria marginalista de repartição pode dizer é que, se ele agir racionalmente, qualquer que seja o valor do produto, o nível de remuneração dos fatores não pode ser maior do que a sua produtividade marginal.

A teoria do valor-trabalho, entretanto, pressupõe conhecido o valor do produto, pois ele é a soma das horas de trabalho socialmente necessário. A repartição desse valor conhecido, determinado, se faz fundamentalmente por um elemento "extraeconômico", que é a luta de classes. E só depois que a luta de classes, no sentido mais rotineiro, diário, do funcionamento normal da economia capitalista, determinou esse nível de repartição, dividindo o produto em "necessário" e "excedente social" é que esse excedente é por sua vez repartido não só entre o empresário capitalista e o seu prestamista, como outro elemento que também venha a participar da mais-valia. É, portanto, uma teoria mais aberta, vamos dizer, matematicamente muito menos elegante; não dá para trabalhar com equações e curvas, como o fez a economia marginalista, mas é muito mais realista.

Para terminar esta exposição, vejamos um fato importante que vem confirmar a teoria marxista. É que, à medida que aumentou a remuneração do trabalho nas diversas economias capitalistas nas últimas décadas, não houve um decréscimo do emprego, mas, pelo contrário, aumentou o emprego. De acordo com a teoria marginalista, à medida que os trabalhadores foram conquistando uma remuneração mais elevada (e foram mesmo, durante grande parte da história do capitalismo industrial), deveria ter havido um emprego decrescente de trabalhadores, pois o seu produto marginal teria que ser cada vez maior para fazer jus a essa remuneração mais elevada, o que significa que um número menor deles teria emprego. Pois bem, sabemos que isto não é verdade; os países que dão melhor remuneração aos seus trabalhadores, os países industrialmente mais adiantados, são também os países que têm relativamente menor desemprego. Isso tem sido assim principalmente nos últimos vinte ou trinta anos. Mas, mesmo que pensemos na crise dos anos 1930, as várias crises conjunturais, *a longo prazo*, o sistema capitalista nos países industrializados sempre foi capaz de absorver uma quantidade crescente de trabalhadores e não decrescente de acordo com o pressuposto da lei dos rendimentos decrescentes. Como se pode explicar isto? É que, à medida que aumenta a remuneração dos trabalhadores, se eleva a demanda efetiva no sistema. Ou seja, existe mais amplitude de se vender coisas e uma diversificação do sistema produtivo. Ou seja, surgem novos ramos de produção, novos produtos. Para cada novo produto, aquela equação da produtividade marginal se reproduz para um novo grupo de trabalhadores. O que nós vemos na economia do consumo capitalista moderno é precisamente essa diversificação cada vez mais rápida do que se oferece ao conjunto da população em termos de bens de consumo. Isto significa que a teoria marginalista é incapaz de explicar o emprego global. Ela meramente explica o comportamento racional ao nível da empresa e foi um erro reconhecido por Keynes e pelos keynesianos: a mera generalização do raciocínio válido para uma empresa para a sociedade como um todo, que precisa ser pensada em termos radicalmente diferentes. Toda a escola marginalista sofreu um forte abalo quando se percebeu que a economia global da sociedade *não* é a mera soma da economia das empresas. E que, portanto, o ponto de vista do empresário não é o mais frutífero cientificamente para se entender a economia como um todo. Keynes, ao escrever a *Teoria geral do emprego*, mostra que o nível de emprego deve muito mais à política econômica posta em prática pelo governo e a certos fatores gerais macroeconômicos e não meramente ao somatório dos comportamentos individuais, microeconômicos, dos empresários.

A teoria da repartição da renda marginalista é altamente apologética porque ela induz quem a estuda a supor que sempre há justiça no processo, pois cada fator está sendo remunerado em proporção à sua contribuição para o produto, sendo que o seu emprego ou não emprego depende do dono do fator, é ele que resolve se vai participar da produção, de acordo com o nível de remuneração determinado pelo seu produto marginal. Essa teoria não funciona em termos macroeconômicos, ou seja, ela não explica os fenômenos da economia como um todo. Ao passo que a teoria marxista os explica, porque ela parte precisamente (e isto foi um debate essencial em toda a história do pensamento econômico) da ideia de que o nível de remuneração da força de trabalho não é economicamente determinado. Ou seja, não há nada de essencialmente "técnico" que leve a remuneração do trabalhador a ser igual à que é no presente. Evidentemente, há um limite para o produto necessário, que é o produto social total. O trabalhador nunca pode receber além daquele ponto em que o excedente fica igual a zero. Mas esse limite jamais é alcançado.

Alguém poderia pensar que, afinal, esta é uma discussão superada, mas não é: os economistas acadêmicos no mundo ocidental estão a nos azucrinar os ouvidos o tempo todo de que é devido ao rápido crescimento populacional nos países subdesenvolvidos que há neles tremendo desemprego disfarçado. Dizem eles que esse desemprego é fruto das elevações de salário, ou seja, do fato de que nos países subdesenvolvidos os salários são muito altos, devido a pressões políticas e sindicais. Na realidade, os salários em países não desenvolvidos não são elevados. Porém são considerados altos porque há desemprego. Aí se vê para que serve a teoria marginalista: para demonstrar que a responsabilidade pelo desemprego é dos trabalhadores que lutam por maiores salários. Portanto, esta é uma discussão central na economia política, hoje em dia, mesmo em termos operacionais: o que determina a repartição da renda e como a repartição da renda influi no próprio crescimento do produto.

Terceira aula

O excedente econômico

Nesta aula vamos primeiro definir e analisar a geração do excedente econômico do ponto de vista da economia marginalista e, depois, da economia marxista; por fim, verificaremos em que medida a realidade econômica confirma uma ou outra dessas abordagens, ou parte delas.

É preciso advertir, desde o início, que a definição do excedente econômico não é precisamente igual na análise marginalista e na marxista. Há diferenças, embora, em termos gerais, a concepção do que seja excedente econômico seja mais ou menos a mesma, isto é: o *excedente econômico* é aquela parte dos produtos que não é absorvida pelos gastos necessários à sua produção. Esta é a ideia mais geral do que é o excedente econômico. Os americanos usam os conceitos de *input* e *output,* que em português foram traduzidos por *insumos* e *produção.* O excedente seria a diferença entre o *output* e o *input,* ou seja, entre aquilo que foi colocado na produção (inclusive o trabalho humano) e aquilo que se obteve, medido por alguma unidade de valor.

Na análise marginalista, o excedente é identificado com a poupança. O que vem a ser precisamente "poupança"? *Poupança* é todo rendimento, recebido por alguma entidade, que não é consumido. Essa entidade pode ser: uma família, uma empresa econômica, uma empresa não econômica ou o próprio governo. Todas as entidades que tenham algum rendimento são suscetíveis de terem poupança, desde que não consumam integralmente esse rendimento.

Suponhamos que o rendimento de uma família seja a soma dos salários dos seus componentes; se essa família gasta integralmente esse salário, então a poupança dessa família é igual a zero. Se ela gasta *mais* do que o salário, e isto acontece, infelizmente, muitas vezes, então se poderia falar em poupança negativa. Agora, quando ela gasta *menos* do que seu rendimento, a poupança é positiva. O mesmo se dá com uma empresa que tem rendimento e gastos de consumo. Ela distribui uma parte dos lucros aos seus donos, isto é, aos acionistas, aos proprietários. Mas ela não precisa, necessariamente, distribuir *todo* o seu lucro; uma parte desse lucro pode ficar retida para a própria empresa investir mais tarde, ou constituir reservas etc. Essa parte da renda não distribuída nem consumida pela empresa para pagamentos de matérias-primas, salários etc. é a poupança da empresa. O governo tem a sua receita, que é principalmente tributária; existem outros itens de menor importância, mas, essencialmente, o que o governo recebe é o que cobra sob a forma de taxas e impostos. À medida que o governo gasta sua receita, pagando o funcionalismo público, comprando material etc., ele a está consumindo. Se não a consome integralmente, o que resta é a poupança do governo. Assim, *poupança é receita ou rendimento não consumido.* Na análise marginalista, o excedente econômico de uma sociedade, de um país, cada ano, é a diferença entre a renda nacional desse país, tudo o que nele se produziu em bens e serviços durante um ano, menos aquilo que foi consumido pelos indivíduos, famílias, empresas (econômicas ou não) e governo.

A grande questão está em saber o que determina o nível de poupança numa economia. A primeira análise marginalista propunha como explicação, como fator fundamental do nível de poupança numa economia capitalista (fala-se numa economia em geral, naturalmente), aquilo que a poupança viria proporcionar ao indivíduo ou à entidade poupadora como ganhos futuros. Uma família poupa porque com o dinheiro poupado poderá ganhar juros, poderá colocar o dinheiro num banco, por exemplo, ou então comprar uma apólice de seguro de vida, e essa poupança virá proporcionar a essa família uma receita com acréscimo no valor, num tempo futuro. Esse acréscimo será cada vez maior quanto mais tempo essa família se abstiver do consumo. A poupança era concebida como ato positivo, um ato deliberado de abstenção do consumo imediato, portanto um ato desagradável, contrário ao prazer, que é consumir, é aproveitar do que se tem imediatamente. Esse sacrifício, representado pela abstenção, teria que ser remunerado por um valor futuro maior, geralmente definido pela taxa de juros. Daí se propunha que a poupança seria tanto maior quanto maior fosse a taxa de juros. Portanto, a poupança seria em princípio proporcional à taxa de juros vigente em cada momento. Quanto mais altos os juros, tanto maior o excedente econômico, isto é, a poupança. Os marginalistas, evidentemente, entendiam que a taxa de juros é paga por alguém que toma esse dinheiro emprestado e o investe produtivamente. Portanto, a maximização da taxa de juros não é o que eles propunham. O que diziam é que, havendo, de um lado, um mercado de capitais em que há alguns que oferecem poupança, isto é, que oferecem o excedente aos empresários, e, de outro lado, uma demanda de capitais por parte dos empresários, nesse mercado de capitais se estabelece um preço do uso do capital, que é a taxa de juros. Essa taxa de juros é que vai, por sua vez, influir decisivamente sobre o nível de poupança.

Essa concepção é bem característica do pensamento marginalista, por isto, apesar de atualmente estar um tanto abandonada, não se pode deixar de mencioná-la. Ela praticamente põe no mesmo pé a poupança de uma família que ganha, por exemplo, dois salários mínimos por mês, e coloca Cr$ 10,00 por mês na Caixa Econômica e uma família milionária, que simplesmente resolve colocar 90% do que ganha por mês num banco suíço ou numa empresa siderúrgica. É claro que, sendo a distribuição da renda tremendamente desigual, é muito difícil dar à poupança uma mesma explicação de caráter subjetivo e psicológico, de modo a abarcar tanto o fenômeno de pessoas de renda baixa que poupam, como o de pessoas de renda tão alta que são praticamente *obrigadas* a poupar porque lhes é física e economicamente impossível gastar toda sua renda em consumo.

Para a teoria marginalista não havia diferença alguma entre a família que põe Cr$ 10,00 na Caixa Econômica e a família de um bilionário que simplesmente não consegue gastar toda sua receita; no fundo, a poupança sempre é um ato de sacrifício e, consequentemente, ela é tanto maior quanto maior for a remuneração esperada sob a forma de juros.

Keynes percebeu o óbvio, ou seja, que o grau de abstração ou o tipo de abstração usado pelo pensamento marginalista "clássico" simplesmente abstraía um elemento essencial da realidade, isto é, de que *o montante do rendimento em relação às necessidades normais de consumo* é realmente o elemento fundamental para explicar a poupança. A poupança de 90% da família milionária não tem a mesma significação que a poupança de 1% de uma família pobre. Portanto, a poupança está estreitamente vinculada ao volume de rendimentos e à necessidade de consumo da entidade que se considera. A partir daí, Keynes formulou o que chamou de *lei psicológica geral da propensão a consumir*. De acordo com essa lei, o que é preciso explicar não é a poupança, mas sim o *consumo*. A poupança é o que *sobra* do consumo.

De acordo com a distribuição da renda, as diferentes entidades (Keynes está pensando fundamentalmente nas pessoas e nas famílias) têm certos padrões de consumo que são socialmente dados: certas convenções sociais levam a certos padrões de consumo. As pessoas se vestem, se alimentam, habitam de acordo com convenções sociais, dependendo da classe social a que pertençam, ou da classe de rendimento de que fazem parte. Quando a receita de uma família aumenta, o consumo também aumenta, porém aumenta *menos* que proporcionalmente, isto é, se uma família ganha Cr$ 1.000,00 e de repente passa a ganhar Cr$ 2.000,00, é provável que ela reajuste seus padrões de consumo, que passe a consumir mais, porém *não* é provável que passe a consumir duas vezes mais do que consumia antes. A sua propensão a consumir, que é a percentagem da renda que a família consome, tende a cair quando sua renda aumenta, isto é, ela tende a poupar mais. Isto porque o consumo é socialmente condicionado, e é difícil, por vários motivos psicológicos e culturais, saltar de uma classe de consumo para outra. A família desse exemplo, que poderia ser uma família operária e que por algum motivo dobrou, em termos reais, sua receita, não irá imediatamente mudar do bairro operário em que mora para outro, por exemplo, de classe média. Isto demora e talvez ela nem chegue a fazê-lo. Não irá imediatamente adquirir padrões mais elevados de consumo alimentar, de vestuário etc. Portanto, o consumo é um elemento de estabilidade na economia. As pessoas, as famílias (isto também se refere às empresas) tendem, em princípio, a conservar seus padrões habituais de consumo. A mesma coisa é verdade no caso de uma redução do rendimento. Suponhamos que uma família tenha um rendimento de Cr$ 1.000,00 e, por algum motivo, perde uma parte desse rendimento e passa a ganhar Cr$ 500,00. Há uma grande resistência da família para reduzir seu padrão de consumo à metade. É claro que será obrigada a reduzir seu consumo após certo prazo. Ela poderá se endividar após algum tempo, depois reduzirá seu consumo, porém essa redução será menor que a do seu rendimento. Portanto, nesse caso, sua poupança se reduz e sua propensão a consumir aumenta. Denomina-se "propensão a consumir" a proporção da renda que uma determinada entidade (família, firma ou governo) gasta em consumo. A "propensão a poupar" é a proporção da renda que é poupada. Obviamente, a soma da propensão a consumir com a propensão a poupar de uma entidade ou conjunto de entidades tem que ser igual a 1 ou a 100%.

A propensão a consumir é inversamente proporcional às variações da renda da família. Se a família ganha Cr$ 1.000,00, o seu consumo poderia ser Cr$ 900,00. Se sua receita passar a Cr$ 2.000,00, não é provável que seu consumo também aumente na mesma proporção. O aumento do consumo será menor. Ele subirá, digamos, a Cr$ 1.600,00. Isto significa que a taxa de poupança dessa família, que é de 10% (Cr$ 100,00 em Cr$ 1.000,00), passa a ser de 20% (Cr$ 400,00 em Cr$ 2.000,00). Nesse exemplo hipotético, a família, ao dobrar sua renda, reduziu sua propensão a consumir de 90% para 80%. E, consequentemente, aumentou sua propensão a poupar de 10% a 20%. Suponhamos agora o contrário: a receita que era de Cr$ 1.000,00 passou a Cr$ 500,00 (estamos considerando variações muito grandes da renda meramente para tornar mais claro o fenômeno; se a variação for menor, os efeitos serão menores). Nesse caso, o consumo, que era Cr$ 900,00, não cai necessariamente à metade, ou seja, a Cr$ 450,00, porque há muita resistência por parte das pessoas em abrir mão de padrões de consumo. Assim, o consumo poderá cair para Cr$ 500,00. Nesse caso, a propensão a poupar que era de 10% passou a zero. Essa família, que poupava quando sua receita era de Cr$ 1.000,00, passa a não mais poupar porque sua receita caiu à metade. A poupança poderia inclusive se tornar negativa, se supusermos que a família passe a consumir, em vez de Cr$ 500,00, Cr$ 550,00. Nesse caso, teríamos uma propensão a poupar negativa. Pode-se perguntar: como é possível alguém ganhar Cr$ 500,00 e gastar Cr$ 550,00? É possível: a família pode ter acumulado valores no passado e está simplesmente agora se descapitalizando, isto é, consumindo os valores que acumulou; poderá se endividar, e então, pelo menos por algum tempo, será possível viver além de seu rendimento.

É claro que Keynes se aproximou muito mais da realidade, porque efetivamente a poupança é o *resíduo* de renda não consumida tanto de famílias pobres como de famílias bem ricas, tanto de empresas como do governo. Uma empresa tem um certo grau de consumo, isto é, tem um certo número de operários que devem ser pagos, o qual pode aumentar ou diminuir com o tempo, mas, basicamente, ela tem um quadro de pessoal, uma folha de pagamento, além do consumo normal de matérias-primas, energia elétrica, aluguel, impostos etc. Isto dá uma base para seu consumo. Se seus lucros aumentam, a empresa, geralmente, não tende a aumentar a distribuição desses lucros. Isto é hoje um fato comprovado, inclusive nas empresas de tipo monopolista. Elas, em geral, mantêm o mesmo padrão de dividendos pagos aos seus acionistas. Aumentando o lucro, a empresa tende a aumentar a poupança e a diminuir a sua propensão a consumir. Quando cai a receita, a empresa, por motivos óbvios – não se desprestigiar no mercado de capitais e não desvalorizar suas ações –, tende a não reduzir a sua distribuição de dividendos imediatamente. Pelo contrário, ela tem reservas, acumuladas na época das "vacas gordas", para poder então sustentar mais ou menos a mesma distribuição de dividendos aos acionistas na época das "vacas magras". E nesse momento ela se comporta como a família, que reduz sua propensão a poupar no momento em que sua receita cai.

Quanto ao governo, é mais difícil desenvolver qualquer tipo de análise geral, porque a sua política tende a ser, principalmente depois da aceitação da teoria keynesiana, uma política anticíclica, isto é, o governo tende a se comportar de uma forma oposta tanto às famílias como às empresas para compensar as variações e impedir a crise ou a inflação. Nesse sentido, o comportamento econômico do governo em termos de geração do excedente é um comportamento reflexo e compensatório. No momento em que tanto a família como a empresa tendem a manter seus padrões de consumo e reduzir a poupança, o governo pode achar necessário aumentar sua poupança, precisamente para impedir que daí ocorra uma pressão inflacionária.

Em última análise, o comportamento do governo é um comportamento que não se explica por esse mecanismo, porque ele é exatamente o oposto e tende a querer influenciar o próprio mecanismo explicado.

Qual é a consequência fundamental dessa teoria?

A de que o excedente, numa sociedade qualquer, será, num certo momento, tanto maior quanto mais desigualmente for distribuída a renda. Se compararmos dois países, A e B, que tenham a mesma renda nacional, mas no país A a renda é distribuída mais desigualmente que no país B, no país A, os 10% mais ricos da população recebem a metade da renda e no país B os 10% mais ricos recebem apenas 25% da renda, então, no país A, daqueles 50% da renda, que são apropriados pelos 10% mais ricos da nação, vai sair uma grande poupança, porque esses 10% de ricos dificilmente vão poder gastar tudo isto. Ao passo que no país B, em que a renda é distribuída mais igualitariamente, a poupança das famílias mais ricas será proporcionalmente menor. Uma consequência importante dessa teoria é que o próprio excedente é uma função da maior desigualdade da distribuição da renda. E é uma justificativa muitas vezes usada para que haja uma crescente desigualdade na repartição da renda. O economista João Paulo de Almeida Magalhães, que foi durante muitos anos o chefe da assessoria econômica da Confederação Nacional da Indústria, sustentou que a inflação, no Brasil, por redistribuir regressivamente a renda, ou seja, por tornar os ricos mais ricos e os pobres mais pobres, foi um mecanismo essencial para aumentar o excedente do país. Pois, ao transferir a renda de gente pobre que ia gastar para gente rica que não tem como fazê-lo e portanto vai poupar, a inflação criou um aumento do excedente econômico que foi utilizado para acelerar a industrialização do país. É o que se chama de poupança forçada.

Outra consequência, e no caso muito significativa, é que à medida que aumenta a renda, o excedente cresce ainda mais. Vamos supor um país em crescimento. A renda do país está aumentando ano após ano. Isto, aliás, é o normal em qualquer economia capitalista: a longo prazo, a economia cresce. Historicamente tem sido assim. A renda das famílias tende a crescer, não digo que cresça na mesma proporção; o grau de desigualdade na repartição da renda pode modificar-se, mas, a longo prazo, a receita da maior parte das famílias e das empresas tende a crescer. Nesse caso, a propensão a consumir tende sistematicamente a cair e a propensão a poupar tende sistematicamente a subir. Há uma tendência numa economia em crescimento que o excedente cresça mais que proporcionalmente em relação à renda nacional. Se a renda de um país foi num certo momento 100 e o excedente 10% dessa renda, quando a renda passou a 200, uns 10 ou 15 anos depois, o excedente não passou de 10 para 20, mas de 10 para 40. Há uma tendência do excedente para crescer com a economia e crescer mais do que proporcionalmente do que ela, isto é, ele se toma *uma parte cada vez maior do produto social.*

O próprio Keynes acabou afirmando que era necessário, a partir de um certo ponto, estimular de alguma maneira o consumo, porque o excedente cada vez maior pode levar a economia à estagnação e à depressão. O que é preciso constatar por enquanto é que a lei psicológica de Keynes nos leva a esta conclusão: à medida que a economia cresce, o excedente deve teoricamente crescer e mais que proporcionalmente.

Passemos agora à abordagem marxista. De acordo com essa abordagem, o excedente econômico coincide com a mais-valia total produzida na economia durante um certo tempo. Segundo Marx, o produto social (que chamaremos de P) é igual ao capital constante (c) mais o capital variável (v) e mais a mais-valia (mv):

$$P = c + v + mv.$$

O *capital constante* é constituído por todos os elementos produtivos gastos para obter-se esse produto *P*: matérias-primas, matérias auxiliares, máquinas e instalações, estas últimas formando o chamado *capital fixo*. O capital constante compõe-se de certos elementos que chamamos de *capital circulante*, que entram totalmente no produto, tais como matérias-primas, e de *capital fixo*, que são certos elementos que entram gradativamente no valor do produto, à medida que eles vão se desgastando, tais como os equipamentos, construções etc. O *capital variável* é a quantidade de salários pagos pelo trabalho produtivo, ou seja, é o valor da força de trabalho gasta na obtenção desse produto *P*. Ora, a diferença entre o valor total de *P* e a soma do capital constante gasto e do capital variável gasto dá o excedente econômico, que aparece sob a forma de mais-valia numa economia capitalista:

$$P - (c + v) = mv.$$

Esta é a definição de excedente e vê-se de imediato a diferença de abordagem entre a teoria marxista e a teoria marginalista. A abordagem marxista não depende de uma propensão ou de um comportamento subjetivo. Ela é objetivamente determinada. O excedente, a qualquer momento, é sempre o resultado dessa diferença objetiva. O *c*, *capital constante*, é determinado pela técnica da produção utilizada para obter *P*. Numa agricultura primitiva, por exemplo, como a brasileira, em que o capital constante usado é sobretudo a enxada, e muito pouco além disto, esse elemento *c* será muito pequeno. A maior parte do custo do produto agrícola será representada pela força de trabalho utilizada para obtê-lo *(v)*. Numa agricultura adiantada, moderna, *c* será representado pelo combustível gasto nos tratores, por sementes selecionadas que a empresa agrícola compra, por adubos químicos, inseticidas, pesticidas e pelo desgaste das máquinas agrícolas. Portanto, proporcionalmente, *c* será muito maior. A tecnologia usada para produzir *P* predetermina o montante do capital constante. O valor do capital variável, como já foi mostrado na aula anterior, é determinado em última análise pela luta de classes, isto é, pela capacidade que os trabalhadores têm de defender o seu padrão de vida, melhorá-lo, e pela capacidade que os empregadores têm de contrariar esse esforço e reduzir ao máximo a remuneração paga aos trabalhadores. Desse choque de interesses, que é regulado por vários fatores institucionais, já mencionados na Segunda Aula, resulta certo capital variável v, também socialmente determinado. Então, dado c, dado v e dado P, a mais-valia, o excedente econômico, é macroeconomicamente determinado:

$$mv = P - c - v.$$

Ele não é resultado de propensões subjetivas, mas resulta de uma configuração, que é ao mesmo tempo social e técnica, da estrutura produtiva do país.

O excedente marxista é, digamos, um excedente potencial, que a sociedade pode usar de uma ou outra maneira, o que é diferente do excedente keynesiano, que é um excedente real, *a posteriori*, isto é, aquilo que efetivamente a sociedade por algum motivo não consumiu. Para os marxistas, o ponto de partida da análise é o excedente *virtual*. Apenas as parcelas do produto que são representadas por c e por v não podem ser tocadas. Suponhamos, por exemplo, que a sociedade gaste improdutivamente, não somente todo o excedente (mais-valia), porém também uma parte de c, ou seja, uma parte do valor do produto que é representada pelo capital constante, não é reinvertida na produção. O que acontece é que, no ano seguinte, P será provavelmente menor: o volume disponível de matérias-primas ou de energia elétrica ou de maquinaria será reduzido, portanto a capacidade da economia de produzir será menor do que foi este ano. Assim, o excedente, do ponto de vista marxista, é tudo aquilo que sobra além do necessário para que os gastos de reprodução sejam satisfeitos, para que pelo menos o produto se mantenha no nível atingido. É, portanto, um *excedente virtual*, potencial, que de alguma forma será posteriormente utilizado pela sociedade, produtivamente, isto significa com toda a probabilidade que P aumentará também. Se não for usado produtivamente, P não aumentará. Enfim, a mais-valia terá duas utilizações possíveis: uma utilização produtiva ou uma utilização improdutiva.

Quais são as leis, do ponto de vista da análise marxista, que determinam o tamanho do excedente ao longo do tempo?

Essas leis se referem precipuamente ao montante do capital variável. Existem duas formas de aumentar o excedente, isto é, a mais-valia: a produção de *mais-valia absoluta* e a produção de *mais-valia relativa*.

A mais-valia absoluta decorre do fato de se aumentar o montante do trabalho humano gasto durante o ano, sem se aumentar a remuneração da força de trabalho. Isto gerará um acréscimo de mais-valia que Marx chamou de mais-valia absoluta. Lembremo-nos de que o produto é medido em horas de trabalho socialmente necessário, assim como o capital constante, o capital variável e a mais-valia. Suponhamos que certa quantidade de trabalho humano foi gasta durante o ano e que as pessoas trabalhem 8 horas por dia durante 250 dias por ano, o que é mais ou menos normal numa sociedade capitalista moderna. Isto dá 2 mil horas de trabalho pessoa-ano. Um milhão de pessoas vão produzir anualmente 2 bilhões de horas de trabalho socialmente necessário. Podemos supor que esses 2 bilhões de horas de trabalho sejam repartidos do seguinte modo: 1 bilhão e 200 milhões para remuneração da força de trabalho e 800 milhões constituindo o excedente. Se for possível fazer o empregado trabalhar, em vez de 2 mil horas, 2.200 horas por ano sem aumentar a sua remuneração, o valor de *v*, o capital variável, continuará sendo de 1 bilhão e 200 milhões de horas, porém a mais-valia passará de 800 milhões para 1 bilhão de horas. Esse acréscimo de 200 milhões de horas é o que Marx chamou de *mais-valia absoluta*. A mais-valia absoluta foi a forma de aumentar o excedente no início da industrialização, no princípio da Revolução Industrial. Procurou-se elevar ao máximo a jornada de trabalho. Trabalhava-se, então, 14, 15 e até 16 horas por dia e havia uma constante pressão por parte dos empregadores no sentido de aumentar essa jornada sem aumentar a remuneração dos trabalhadores, gerando com isto um aumento de mais-valia, isto é, aumentando o excedente.

Depois desse início heroico (heroico para os trabalhadores) da Revolução Industrial, a forma de aumentar o excedente já não foi a mais-valia absoluta, pelo contrário, a tendência foi reduzir a jornada de trabalho. Em vez de mais-valia absoluta passou-se à *mais-valia relativa*. Mas o que significa a mais-valia relativa? Tomemos esta cifra hipotética de 1 bilhão e 200 milhões de horas de trabalho socialmente necessário que servem, no exemplo acima, para reconstituir a força de trabalho de 1 milhão de pessoas, servem para que 1 milhão de pessoas se alimente, se vista, crie seus filhos. Este 1 bilhão e 200 milhões de horas de trabalho estão incorporados numa série de bens de uso, tais como roupas, alimentos etc. Se a produtividade aumenta, ou seja, se através do progresso tecnológico é possível produzir os mesmos bens de uso alimentos, vestuários etc. – em *menos* horas de trabalho, e este é o sentido do desenvolvimento tecnológico, pode-se reduzir *v*, o montante do capital variável no produto social, de 1 bilhão e 200 milhões de horas de trabalho para, digamos, 1 bilhão. Isto é possibilitado pelo aumento da produtividade do trabalho. Cada hora de trabalho, agora, produz mais alimentos, camisas ou móveis etc. Assim, sem reduzir o padrão de vida dos trabalhadores, cai o montante do capital variável e, consequentemente, aumenta o excedente social. Com esse aumento de 200 milhões de horas, o excedente passa, portanto, a 1 bilhão de horas: esta é a *mais-valia relativa*.

No caso de mais-valia absoluta, o volume total de trabalho socialmente necessário aumentou de 2.000 milhões para 2.200 milhões, a favor do excedente. No caso da mais-valia relativa, o volume total do trabalho socialmente necessário não varia, o que varia é a sua distribuição *v* e *mv*, ou seja, entre capital variável e mais-valia. Historicamente, foi a geração de mais-valia relativa a forma que o capitalista encontrou e utilizou para aumentar o excedente. A evolução do capitalismo nos últimos 150 anos torna isto mais ou menos óbvio. No começo da Revolução Industrial, por piores que fossem as condições de vida dos trabalhadores, certamente uma parte muito grande de trabalho vivo (*v* mais *mv*) deve ter sido destinada à manutenção da força de trabalho. Por mais pobres que fossem os trabalhadores, a produtividade era tão baixa que talvez 80% ou 90% do trabalho vivo era necessário para que os trabalhadores pudessem viver e trabalhar no dia seguinte e que, daí a alguns anos, seu filho pudesse tomar o seu lugar. Pois bem, nestes 150 anos, o avanço tecnológico foi tão fabuloso que foi possível proporcionar à massa dos trabalhadores, nos países mais adiantados, um padrão de vida substancialmente melhor, tendo baixado ao mesmo tempo a proporção de trabalho vivo destinado à reconstituição da força de trabalho no produto social. Marx, para medir a proporção em que o trabalho vivo se reparte entre capital variável (v) e mais-valia (mv), propôs o conceito de *taxa de exploração*, dada pelo quociente mv/v. No exemplo apresentado, sendo v igual a 1.200 milhões de horas de trabalho e mv igual a 800 milhões de horas, a taxa de exploração seria de $\frac{800}{1200}$ ou 67%. Isso significa que, em média, a cada hora do trabalho produtivo gasta para reproduzir a força de trabalho, correspondem 40 minutos (ou 67% de uma hora) de trabalho "explorado", ou seja, excedente que toma a forma de mais-valia.

No início da industrialização, devido ao prolongamento da jornada de trabalho, o aumento do trabalho socialmente necessário extraído dos trabalhadores se fez predominantemente sob a forma de *mais-valia absoluta*. Depois (a partir dos meados do século XIX) a tendência passou a ser aumentar a *mais-valia relativa*, isto é, usar o aumento da produtividade para tornar a distribuição do valor gerado durante o ano cada vez mais favorável à mais-valia, elevando o excedente. Isto não quer dizer que não existam, ainda, casos em que se use a geração de mais-valia absoluta. Um exemplo é Hong-Kong. Ela é uma das mais novas economias industriais do mundo; foi criada pelos refugiados da Revolução Chinesa e ali se trabalha, em média, 12 horas por dia, 7 dias por semana, 52 semanas por ano. Trabalham-se todos os dias, exceto 4 ou 5 feriados religiosos chineses. A vantagem de Hong-Kong no mercado mundial é, obviamente, a geração de mais-valia absoluta. Provavelmente, depois de algum tempo, com a melhoria tecnológica, também lá se dará o que se deu na Inglaterra, França, Alemanha e no Brasil, que é a utilização cada vez menor de horas de trabalho para produzir os elementos necessários para a reconstituição da força de trabalho, e, consequentemente, sobrar mais para o excedente.

Consequência: a mesma da teoria keynesiana. Isto é, o excedente sempre tende a crescer. Tanto na teoria keynesiana como na teoria marxista, a tendência do excedente é sempre ser maior ano após ano, porque a fração do produto social para reconstituir a força de trabalho tende a ser cada vez menor. Ao contrário, no entanto, da teoria keynesiana, que dizia que o excedente não só cresce absolutamente, mas cresce em proporção ao produto, Marx dizia que o excedente como *proporção* do produto não tende a crescer, porque ele supunha que o capital constante tenderia a crescer muito mais rapidamente que o trabalho vivo (*v* mais *mv*). O que permite a geração da mais-valia relativa é o aumento da produtividade, graças ao qual, cada vez menos horas de trabalho são necessárias para criar vestuário, alimentação etc. para toda a população trabalhadora. Isto se torna possível graças a uma utilização cada vez mais intensiva e extensiva do capital e portanto a parcela de *c* tende a ser cada vez maior. Em termos proporcionais, o excedente da economia capitalista não deve crescer, ele cresce em termos absolutos. Daquelas 2 mil horas de trabalho anuais de cada trabalhador, o excedente talvez fosse apenas de 100 horas há 150 anos; depois passou a 200, 500, 1.000 horas, pode ser até de 1.500. Porém, para que isso fosse possível foi preciso usar uma proporção de instalações e máquinas cada vez maior em relação ao produto.

Marx supunha que o excedente seria uma fração do produto, que poderia ser decrescente. Ele sempre se referiu a isto como a uma tendência histórica a longo prazo. Essa proposição marxista, de que a mais-valia é uma fração decrescente do produto, embora aumente em termos absolutos, não foi comprovada historicamente. Há estudos recentes feitos por economistas marxistas, particularmente pelo economista americano Gillman, que mostra, com dados estatísticos, em relação aos EUA e à Grã-Bretanha, que a mais-valia como proporção de todo o produto se manteve constante a longo prazo (100 ou 150 anos mais ou menos), embora flutuasse, é claro. Mas não houve nenhuma tendência ao decréscimo. No tempo de Marx não havia possibilidade de comprovação empírica dessa tendência. Foi preciso esperar até recentemente para que fossem acumulados, durante um longo período, dados estatísticos relativamente dignos de confiança que permitissem uma verificação dessa espécie.

Isto não vem desmentir, propriamente, Marx, porque ele mesmo nunca afirmou categoricamente que esse elemento *e* tende sempre a crescer mais do que a taxa de exploração. Ele diz que há uma *tendência* para isso. Porém, o próprio avanço da tecnologia, que barateia os elementos de sobrevivência da força de trabalho, alimentação, por exemplo, também tende a tornar cada vez mais baratos os elementos do capital constante. Lembrem-se que *c* não se mede em toneladas, nem em metros cúbicos, mas em horas de trabalho. Assim, se usamos, hoje, para produzir um ovo, toda uma construção – galinheiros modernos, com chocadeiras elétricas etc. – isto tudo é provavelmente mais barato, por ovo produzido, que o tradicional cercado onde se costumava criar galinhas. Da mesma forma, uma fábrica automatizada, embora mais cara que uma do tipo antigo, pode entrar com a depreciação do seu equipamento em menor grau no valor de cada unidade nela produzida do que a fábrica não automatizada.

A realidade capitalista (que Marx supunha, para fins de análise, competitiva ou concorrencial) reconhece-se hoje ser essencialmente monopolista. O que significa que a maioria dos ramos de produção são dominados por poucos produtores e o excedente cresce cada vez mais. Baran e P. Sweezy provam estatisticamente e analisam teoricamente a tendência ao crescimento do excedente econômico. Propõem, assim, a troca da lei da tendência à baixa taxa de lucro, de Marx, pela lei do crescimento constante do excedente.

Confesso que não me convenci, inteiramente, ao ler o livro de Sweezy e Baran, *O capital monopolista*, de que o que eles afirmam seja válido apenas para o capitalismo monopolista. Tenho a impressão de que, no fundo, as forças que fazem o excedente crescer já se achavam presentes na fase pré-monopolista ou mais competitiva do capitalismo. São, essencialmente, forças tecnológicas que o capitalismo evidentemente gera e aproveita. À medida que avança a tecnologia, aumenta a produtividade do trabalho humano seja para sustentar a população, seja para reconstituir a própria estrutura produtiva. Uma fração decrescente do produto precisa ser devotada à reposição dos insumos e, consequentemente, o excedente virtual tende a ser cada vez maior, tanto em termos absolutos como relativos.

Sweezy e Baran apresentam alguns argumentos que levam a crer que essa tendência de o excedente crescer acentuou-se no capitalismo monopolista: o capitalismo monopolista é algo mais planejado *dentro da empresa*, o que permite que a revolução tecnológica seja menos destrutiva do que foi no passado. Schumpeter, que não tem nada de marxista, mas foi um homem que dedicou toda atenção ao processo de inovação tecnológica, cunhou a expressão "destruição criadora" para designar o processo pelo qual a cada momento em que a tecnologia dá um passo à frente, ela não somente cria novas formas de produção como destrói as formas antigas. Cada inovação tecnológica tende a aumentar o excedente, porém, ao mesmo tempo, elimina uma parte do capital social por obsolescência, e há, então, uma tendência à compensação, ou seja, o vigor do efeito tecnológico no sentido de fazer crescer o excedente seria atenuado pelo aspecto destrutivo. Numa economia bem monopolizada como é a norte-americana, por exemplo, e não há dúvida alguma que a Europa está caminhando em direção a um capitalismo tão monopolista quanto o americano, essa "destruição criadora" fica cada vez menos necessária, porque o monopólio, a grande empresa, o truste tem condições de esperar o momento mais propício para introduzir a inovação, isto é, quando o equipamento que vai se tornar obsoleto já está fisicamente desgastado. Desse modo, não é preciso jogar fora máquinas quase novas porque se criaram máquinas melhores. Daí se verificar a *acentuação* de uma tendência, que na verdade é de toda a história do capitalismo: a de que o excedente virtual tende realmente a crescer.

Quanto ao excedente *a posteriori*, real, dado pela poupança, isso também é verdadeiro pelo menos em certa medida. A proposição keynesiana está se verificando, as taxas de poupança nos países capitalistas têm crescido quase sempre quando esses países não se encontram em guerra. A guerra tem sido geralmente o grande meio de reduzir o excedente. A guerra, do ponto de vista keynesiano, é uma forma de redução do excedente mediante o investimento destrutivo, um investimento que não aumenta a capacidade produtiva da economia. O excedente dado pela poupança, excedente *real*, tem uma tendência imanente para o aumento, que é permanentemente anulado pelas contínuas guerras em que as maiores potências imperialistas têm-se envolvido, como fruto do próprio imperialismo, nos últimos 20 ou 30 anos.

Convém considerar ainda que uma forma igualmente eficiente de reduzir o excedente (poupança) é o gasto em armamentos, mesmo que estes não sejam utilizados em guerras: o Estado reduz as rendas das famílias e empresas e aumenta os impostos, o que diminui mais do que proporcionalmente (como se viu) a propensão a poupar; com os recursos assim arrecadados, compram-se armamentos ou se financiam viagens interplanetárias, o que os "esteriliza" enquanto excedente, pois armamentos ou foguetes não servem para aumentar o produto (ou a renda) no período seguinte. Seria muito diferente se o governo usasse os recursos arrecadados para financiar investimentos produtivos para construir, por exemplo, estradas ou represas. Como consequência, no período seguinte o produto (e renda) cresceriam ainda mais, o que levaria a um crescimento mais que proporcional do excedente. Como o capitalismo não suporta um excedente "excessivo" (como ainda se verá), guerras e corridas armamentistas parecem ser formas essenciais de sustentação da prosperidade nos países capitalistas adiantados.

Quarta aula
Acumulação de capital

Ao estudar a acumulação de capital, vamos verificar o funcionamento geral do mecanismo de crescimento e de crise do sistema capitalista.

A acumulação de capital é o processo pelo qual uma parte do excedente econômico é convertida em novo capital. Isto é a essência daquilo que chamamos de "acumulação do capital", para a qual há sinônimos imperfeitos na literatura econômica, tais como investimento líquido e formação líquida de capital. Vamos ver agora como o excedente econômico é transformado, em parte, em novo capital e que vai se somar ao estoque de capital que a sociedade possui, ampliando a sua capacidade de produção. Isto quer dizer que o efeito da acumulação de capital é sempre aumentar a capacidade de produzir. Uma parte do produto social toma a forma física de meios de vida de mais trabalhadores e outra, de máquinas, de matérias-primas, instalações, prédios e que vão se somar ao equipamento produtivo já existente. Dessa maneira se amplia a potência produtiva, o que permite aumentar o nível de produção no período seguinte. Interessa saber como esse processo de acumulação de capital se dá, quais são os fatores que o condicionam, que o aceleram ou o retêm, em diferentes condições.

Vamos começar, dentro da sistemática adotada, com a abordagem marginalista mais moderna, que é aquela que provém de Keynes. Infelizmente não há tempo de se fazer um histórico econômico a respeito desse assunto, e assim vamos nos fixar no que é, contemporaneamente, a teoria aceita pela economia acadêmica ocidental.

A abordagem marginalista sempre parte da ação individual e de sua motivação subjetiva. Então, o problema se coloca assim: o que faz que os indivíduos apliquem a sua poupança em elementos produtivos? Supõe-se que o somatório das ações individuais deva dar a acumulação de toda a economia.

O que Keynes dizia é que o ritmo de acumulação do capital depende de dois fatores: *da eficiência marginal do capital* e *da taxa de juros*. O que ele chamou de eficiência marginal do capital é, em última análise, a perspectiva de rendimento de um novo investimento. Daí a palavra *marginal*, pois ele está focalizando um acréscimo ao estoque de capital já existente. Todo investimento capitalista (pelo menos no setor privado da economia) *é propriedade privada*. Essa propriedade privada dá um rendimento, que é a mais-valia distribuída entre os proprietários individuais desse capital (já descontada a parte que vai sob a forma de impostos, aluguel etc. para outros elementos improdutivos da sociedade). O que interessa para explicar a acumulação de capital não é o rendimento do investimento passado, mas o rendimento provável do acréscimo a esse investimento.

Quando um capitalista resolve ampliar a sua fábrica, construir uma usina, abrir uma agência de banco, construir uma nova fazenda ou ampliar a fazenda que tem, ele age em função de uma expectativa de rendimento que esse novo investimento vai lhe proporcionar dali em diante. O capitalista é sempre encarado como o indivíduo racional que age com um alto senso de oportunidade. Ele só vai investir em alguma coisa produtiva se o rendimento daí esperado for superior à taxa de juros mais baixa existente no mercado. A taxa de juros mais baixa é aquela que é totalmente isenta de riscos. O juro é o rendimento derivado de um empréstimo em dinheiro a alguém. E o juro varia evidentemente de acordo com o grau de risco que o empréstimo implica. Se empresto dinheiro a um banco ou a uma companhia de seguros (se alguém faz um seguro de vida, está emprestando dinheiro à companhia de seguros que vai devolvê-lo quando o segurado morrer ou, então, ao cabo de um certo prazo, com juros), o banco ou a companhia de seguros podem falir. Se isso acontecer, o dinheiro pago sob a forma de depósito no banco ou de prêmio à companhia de seguros se perdeu. Assim, qualquer empréstimo implica um certo risco. Esse risco varia muito e os juros variam em proporção aos riscos. Se alguém empresta dinheiro a curto prazo a um comerciante em dificuldades, pode cobrar juros de até 5% ao mês. São juros absurdamente altos, porém o risco também é muito grande: se o homem está em dificuldades, pode ser que o empréstimo o salve, mas pode ser também que ele afunde e o credor vá junto. Ao passo que, se alguém empresta a uma grande instituição bancária que é garantida pelo Banco Central, o risco é irrisório, é praticamente zero.

Segundo Keynes, o investidor, o acumulador de capital, compara a eficiência marginal do capital (a renda esperada do investimento adicional) com a taxa de juros que não importa em riscos. Contabilmente, o investimento é como se fosse um empréstimo que o capitalista faz a si próprio. É como se emprestasse dinheiro à sua própria empresa e ele sabe quais são os riscos que corre, se a empresa é capaz, realmente, de ir para frente, ou se ela pode soçobrar no caminho. Em parte, o empresário trabalha também com capital alheio. Por esse capital alheio ele tem que pagar juros. Em qualquer uma das duas hipóteses, trabalhando com capital próprio ou alheio, ele só vai fazer o investimento se a eficiência marginal do capital for *superior* à taxa de juros. A eficiência marginal do capital é sempre uma estimativa subjetiva, é algo que o investidor *espera* em função das informações que tem, que sempre são parcas e insuficientes para ter certeza, pois vai trabalhar num mercado cujo comportamento não pode prever com segurança. Ele só vai se decidir a fazer o investimento se aquilo que pode esperar de rendimento for maior que a taxa de juros vigente. Isso por dois motivos: em primeiro lugar, se o empresário toma dinheiro emprestado, a taxa de juros que ele vai ter que pagar é fixada por contrato. Não tem sentido tomar dinheiro, a 6% ao ano, se esta for a taxa de juros, esperando tirar 6% de lucro desse capital. Porque, assim, o empresário não vai ganhar nada, toda mais-valia gerada por esse investimento vai ficar no bolso do emprestador. Em segundo lugar, se estiver trabalhando com o seu próprio capital, também não faz sentido, porque é muito mais seguro para ele entregar dinheiro a 6% de juros a uma instituição financeira que praticamente não oferece riscos, do que investi-lo com os riscos inerentes a qualquer negócio.

Segundo Keynes ainda, a eficiência marginal do capital vai decrescendo à medida que os investimentos vão sendo feitos, como resultado da *lei dos rendimentos decrescentes*. Como foi visto, a lei dos rendimentos decrescentes afeta todos os fatores de produção. Ela afeta não só o trabalho, mas também o capital. À medida que *mais capital* vai sendo investido, os rendimentos que se pode obter desse capital vão decrescendo. Então, chega necessariamente o momento em que a eficiência marginal do capital cai ao nível da taxa de juros. Aí o investimento cessa. Existe, portanto uma certa quantidade de investimento, ou seja, uma certa acumulação de capital que é predeterminada pelo sistema. Esse volume de investimento é determinado por duas leis objetivas e um fato subjetivo: a lei dos rendimentos decrescentes do capital, que faz que a eficiência marginal do capital vá decrescendo de acordo com certas características do conjunto da economia, e a lei que determina a taxa de juros; e um aspecto subjetivo fundamental, isto é, como o investidor encara o funcionamento dessas leis, sobre cuja ação ele tem informações, por definição, insuficientes. Então, a acumulação depende também do seu estado de espírito, do seu estado de expectativa, na expressão de Keynes.

A eficiência marginal do capital depende, além da lei dos rendimentos decrescentes, da procura efetiva existente na sociedade, principalmente da procura por bens de consumo. Os bens de consumo são produzidos para atender uma certa procura do conjunto da população, que decorre da propensão para consumir, ou seja, da proporção do rendimento que as pessoas usam para o seu consumo. A produção de bens de produção é por sua vez dimensionada para satisfazer a demanda daquelas fábricas ou unidades de produção de bens de consumo. Os teares são produzidos à medida que as tecelagens precisam de teares. Ora, as tecelagens vão comprar teares à medida que vendem tecidos. Então, o conjunto da atividade produtiva vai depender da propensão para consumir. Evidentemente, esse raciocínio está simplificado, pois não considera a produção de meios de produção cujo uso é produzir mais meios de produção. Por exemplo: aço para fabricar teares. Não há dúvida, porém, de que a demanda por aço depende da de teares e esta da de tecidos, de modo que se mantém a conclusão de que o conjunto da atividade produtiva depende da propensão para consumir. A situação se coloca da seguinte forma: a propensão para consumir vai definir o tamanho do excedente poupado, como já foi visto. A sociedade vai destinar, vamos dizer, 80% da sua renda ao consumo, 20% à poupança. Esses 20% vão constituir o excedente, na concepção keynesiana, que podem ser acumulados. Os 80% vão definir o incentivo ao investimento. Os empresários que vão investir têm uma perspectiva de vender os seus produtos a determinado nível de preços e sabem os seus custos. A diferença entre custos e preços é que vai dar a eficiência do seu capital particular. Obviamente, se eles acham que a oferta adicional de mercadorias decorrente do investimento (o tecido a mais, fabricado com os novos teares, por exemplo) vai fazer que *baixem* os preços, fazendo cair o lucro, *não* vão realizar a inversão. Esta só será feita se a expectativa for de que a oferta adicional vai satisfazer uma procura adicional, de modo que os preços não vão precisar baixar e a margem de lucro será pelo menos mantida, se não aumentada. Em qualquer ramo, a acumulação de capital requer, portanto, que haja uma expectativa de procura crescente

A acumulação do capital é um fenômeno social que está sendo encarado como o somatório de *n* atos individuais de investimento. Cada empresa faz o seu cálculo, tendo em vista a demanda pelos seus produtos. Se a empresa for, por exemplo, uma estrada de ferro, ela faz o seu plano de investimento: comprar mais vagões ou não? É preciso saber se haverá carga para ser transportada por esses vagões. Essa carga vai depender, em última análise, da demanda de consumo. Se o estudo da demanda de carga para essa ferrovia mostrar que é viável colocar mais "tantos" vagões, que eles terão carga suficiente não somente para cobrir seus custos de operação e a sua amortização, mas que também vão dar um rendimento maior que a taxa de juros, então compram-se os vagões, o investimento é feito e torna-se uma parcela da acumulação do capital da sociedade. O que Keynes quis mostrar é que, dada uma certa propensão a consumir, ela limita e define a eficiência marginal do capital, que fundamenta o cálculo dos capitalistas que vão fazer o investimento. Dessa maneira, a propensão a consumir limita e define perfeitamente a acumulação do capital e ao mesmo tempo vai dar o excedente econômico que é acumulado. Se soubermos qual é a propensão a consumir numa dada sociedade e se soubermos qual é a taxa de juros, poderemos, colocando as devidas equações num computador, saber qual é a quantidade provável de acumulação, ou seja, qual a taxa de investimentos que vai ser realizada.

Isso não significa, porém, que *toda* poupança é sempre invertida. O que acontece, por exemplo, se houver uma alta propensão a consumir e portanto uma pequena propensão a poupar? Uma grande parte da renda é destinada ao consumo. *Há uma alta demanda efetiva*, o que aumenta a eficiência marginal do capital, mas existe um pequeno excedente, pois a poupança é reduzida. Haverá uma tendência, então, à superacumulação, ou seja, os capitalistas vão tentar investir bastante, porque eles estão em condições de vender bastante a bons preços, porém o excedente social gerado não vai permitir que isto se realize. O excedente será insuficiente diante das intenções de acumular dos capitalistas. O que vai acontecer é que os preços tendem a subir.

Isto será consequência de um aumento muito rápido da demanda efetiva, que é a soma da demanda por bens de consumo (que cresce devido à elevada propensão a consumir) e da demanda por bens de produção (que cresce devido ao desejo dos empresários de acumular muito). A demanda efetiva dispara na frente da oferta global de bens e serviços, o que acarreta a elevação dos preços. Essa elevação de preços vai fazer que o volume de meios de pagamento, composto não só por dinheiro, mas também pelos depósitos bancários, seja insuficiente ante a demanda por dinheiro.

Haverá então duas alternativas: uma supõe uma *política monetária neutra*, que será a de permitir que a taxa de juros aumente como resultado da maior demanda de dinheiro. Essa elevação da taxa de juros vai cortar a acumulação de capital, já que esta é sempre o resultado da comparação entre a eficiência marginal do capital e a taxa de juros vigente no momento. Suponhamos que a eficiência marginal do capital seja de 8% ao ano, isto é, os empresários esperam que o novo investimento lhes dê uma renda de 8% ao ano e vamos supor que a taxa de juros seja nesse momento de 5%. Nesse caso, os empresários tenderiam a acumular até que a eficiência marginal do capital caísse ao nível de 5%. Mas se o excedente for insuficiente, se não houver recursos físicos para esse investimento, haverá elevação de preços, maior escassez de meios de pagamento, o que poderá fazer que a taxa de juros suba a 8%, o que vai impedir que a acumulação prossiga. Então a acumulação verdadeira, real, será aquela que a poupança permitir, ou seja, aquela parte do produto social que não tenha sido consumida, pois ela não pode ir além disso. E é a elevação da taxa de juros o mecanismo que impede que a sociedade tente uma acumulação que é fisicamente inviável.

A outra possibilidade é o governo multiplicar os meios de pagamento e desse modo gerar uma certa inflação. Se o governo fizer isso, diz Keynes, e ao mesmo tempo não aumentar os salários, o que acontece é que ele vai transformar consumo em poupança, quer dizer, vai reduzir o poder aquisitivo da grande massa da população e redistribuir a renda a favor dos mais ricos contra os mais pobres, e como são os ricos que poupam mais (como vimos) aumentará a chamada *poupança forçada*. Assim aumenta o volume do excedente, reequilibrando poupança e o desejo de acumular. Consequentemente, haverá uma acumulação de capital maior, porque vai aumentar o excedente através de uma política inflacionária.

Resumindo: na hipótese de uma alta propensão para o consumo e um excedente pequeno, há uma tendência de a acumulação ultrapassar os limites do possível. Daí ocorrem duas saídas possíveis: ou se permite à taxa de juros subir e eliminar assim a acumulação que não é viável, ou se mantém a taxa de juros baixa, o crédito abundante, emitindo dinheiro de modo que aumente o nível de preços, do que resulta uma redistribuição regressiva da renda, com a consequente queda da propensão a consumir, o que faz aumentar o excedente e a acumulação será então maior do que no primeiro caso.

Vamos supor agora o contrário, ou seja, uma situação de baixa propensão a consumir, devido ou à distribuição muito desigual da renda ou ao alto nível dessa renda, que faz que uma grande proporção dela não seja consumida. Então, haverá uma boa parte do produto que não será consumida, mas também não será acumulada, pois a baixa demanda por bens de consumo desestimula o investimento. Os capitalistas não vão ter incentivo para aumentar a sua capacidade produtiva se o consumo não está aumentando. Parte da renda será poupada, mas o excedente não será acumulado. Ele será entesourado, ou seja, as pessoas manterão aquela parte do seu rendimento, que não consumirem, sob a forma de dinheiro, sem transformá-lo em bens reais. O entesouramento pode ser feito diretamente pelos poupadores ou estes podem depositar seu dinheiro em instituições financeiras, sem que estas encontrem empresários dispostos a tomar esses recursos emprestados para acumulá-los.

Sendo o excedente não totalmente acumulado, haverá uma tendência à subacumulação. Consequentemente, uma parte da renda não se transforma em demanda efetiva, o que fará os preços baixarem, pois haverá mais mercadorias produzidas do que aquelas que serão vendidas. Decorre daí a típica situação de crise capitalista, caracterizada por deflação.

A queda de preços, sem imediata redução de custos, torna uma série de operações produtivas não rentáveis, o que leva a que não sejam prosseguidas. Algumas empresas reduzirão suas atividades, eliminando as que dão prejuízo, ao passo que outras serão obrigadas a fechar inteiramente as portas. No conjunto, haverá uma queda no nível de atividades e, portanto, uma redução do produto. Este cairá até um ponto em que a propensão a consumir volte a ser suficiente para permitir a acumulação de capital, pois, como vimos na aula passada, uma diminuição da renda sempre acarreta uma diminuição menos que proporcional do consumo e, então, um aumento da propensão a consumir. Como se vê, nesse caso o equilíbrio é atingido mediante uma queda na produção.

No que se refere à repartição, Keynes parte da ideia de que, numa sociedade industrial moderna, o poder dos sindicatos é suficiente para preservar os salários *nominais* dos trabalhadores. Os sindicatos nem sempre têm condições de forçar a manutenção ou o aumento dos salários *reais*, ou seja, cada vez que aumentam os preços, nem sempre os sindicatos fazem greve para obtenção imediata de aumento dos salários. Mas, também, se os preços caem, os patrões não têm condições de imediatamente reduzir os salários nominais. No caso de haver deflação, a manutenção dos salários nominais faz os salários reais crescerem em detrimento dos lucros, e como os assalariados soem ter maior propensão a consumir, esta aumenta em toda a economia, incrementando a eficiência marginal do capital. Dessa maneira, a acumulação volta a se tornar viável e chega-se a uma nova situação de equilíbrio.

O que a análise de Keynes tenta mostrar é que o sistema capitalista possui um mecanismo bastante complexo, porém bem flexível, funcionando sobretudo através do mercado de capitais e das instituições financeiras, que fazem que nunca a acumulação seja por muito tempo diferente do excedente. No final, o excedente acaba sempre sendo acumulado. Para se alcançar o equilíbrio, existem duas alternativas muito diferentes: 1) o excedente começa por ser insuficiente e, nesse caso, ou a elevação da taxa de juros ajusta a acumulação à disponibilidade de excedente ou a inflação faz o excedente atingir o tamanho requerido; e 2) o excedente começa por ser excessivo e, nesse caso, a crise leva à sua diminuição, ao mesmo tempo que a redistribuição progressiva da renda, provocada pela deflação, age no mesmo sentido. As correções podem ser, evidentemente, dos dois lados. A propensão a consumir e a propensão a poupar, embora determinadas por uma lei psicológica geral, são condicionadas pelo processo de acumulação de capital. Na primeira situação, quando há excesso de consumo, levando a um excesso de vontade de acumular e o excedente é insuficiente, o nível de atividades pode subir ao máximo quando se cria uma *situação inflacionária*. Na segunda situação, pelo contrário, há um excesso de poupança, uma insuficiência de consumo, o nível de renda da sociedade tende a baixar e encontrar o equilibro num ponto inferior ao ponto de partida.

De um lado, temos crescimento econômico, do outro, decréscimo de atividade econômica. Diz Keynes que o ponto de equilíbrio é indeterminável em princípio. Teoricamente, não se pode dizer qual é o ponto em que a acumulação efetivamente feita vai esgotar o excedente, seja aumentando ou reduzindo o excedente, seja aumentando ou diminuindo o incentivo a acumular. Ninguém sabe quando o ponto de equilíbrio vai mudar, e é por isso que não se pode, como os seus predecessores marginalistas tinham dito, postular a ideia de que o equilíbrio numa sociedade capitalista *sempre* se dá ao nível de *pleno emprego*. Pelo contrário, é perfeitamente possível encontrar o equilíbrio muito abaixo do pleno emprego. Pode, portanto, haver uma situação em que realmente se reduz o excedente ao nível possível de acumulação, mas que implique que 5%, 6% ou 10% das pessoas que queiram trabalhar não encontrem lugar na divisão social do trabalho.

Keynes conclui, portanto, que apenas uma adequada política econômica pode fazer que esse ponto de equilíbrio seja coincidente com o grau de pleno emprego desejado. O ponto de equilíbrio entre acumulação e excedente (se a sociedade for deixada livre, se o governo se mantiver como um árbitro neutro, que somente faz respeitar as regras do jogo sem interferir no próprio jogo) pode-se dar, e ele afirma que *tende* a se dar, à medida que a renda sobe e a propensão a poupar também vai aumentando, em *um nível inferior ao pleno emprego*. As sociedades capitalistas, quanto mais prósperas, tanto mais tendem à depressão. Cabe pois ao governo, mediante a redução da taxa de juros e uma política deliberadamente inflacionária, impedir que essa tendência se realize.

Foi a partir de Keynes, efetivamente, que a política econômica da maior parte dos países capitalistas passou a incorporar, como um dos seus objetivos fundamentais, *o pleno emprego*. Hoje, a maior parte dos governos capitalistas tem todo um arsenal de medidas de política econômica para pelo menos tentar impedir que o ponto de equilíbrio entre excedente e acumulação do capital se dê numa situação de desemprego. Mas o ônus pago por tal política é uma certa inflação. Para forçar a elevação do nível de acumulação, o governo lança mão de medidas que geralmente tendem a ser inflacionárias. O sistema, no entanto, não comporta inflação infinita. As economias capitalistas funcionam, dependendo de sua estrutura social e política, com inflações de 2%, 3%, 4% ao ano, mas uma inflação de 20% ou 30% tende a se acelerar e tornar-se, a longo prazo, inviável. A política inflacionária, que Keynes sugere, para se manter o ritmo de acumulação próximo do pleno emprego, tende a forçar a adoção de uma política oposta, quando o nível de inflação passa a ser perigoso. Então, o governo passa deliberadamente a reduzir a demanda efetiva, a reduzir a propensão a consumir e com isto gera certo desemprego para reequilibrar monetariamente a economia. Esquematicamente, é esta a forma que as crises cíclicas assumiram depois de 1930.

Vamos, agora, tratar da análise marxista da acumulação de capital. A análise marxista chegou a resultados análogos quanto à suscetibilidade do capitalismo às crises e parte dos teóricos marxistas usa o instrumental analítico keynesiano para análise da conjuntura a curto prazo.

Marx, em *O capital,* supõe um capitalismo em que há muitos concorrentes em cada ramo de produção e que nenhum deles é tão grande que possa sozinho determinar o nível de preços do mercado em que atua. A definição do que é um mercado concorrencial pode ser resumida assim: uma situação, num ramo qualquer da produção (de tecidos, relógios, livros etc.) em que nenhum dos participantes, nenhum dos produtores ou compradores tem capacidade de sozinho determinar o preço. Nesse caso, cada um se submete ao preço do mercado, pois, se alguém tentar cobrar um preço maior do que os concorrentes, não vende nada; se alguém cobrar o preço do mercado, vende tudo; e, se alguém vender a um preço menor, também vende quanto quer, mas ganha menos do que poderia, o que seria irracional. O pressuposto de Marx, que correspondia mais ou menos à realidade da época em que viveu, foi a de um sistema competitivo.

Dizia ele que, num sistema dessa espécie, o impulso a acumular é decisivo, ou seja, o capitalista usa a mais-valia para acumular porque a luta pela sobrevivência num sistema competitivo força-o a isso. Aquele que não cresce, que não amplia sua empresa, tende a desaparecer. Vamos ver na próxima aula como Marx previu que o caráter competitivo do capitalismo iria desaparecer, que havia forças que tendiam a eliminá-lo. Mas, no referente à acumulação, considerou o capitalismo em sua fase concorrencial. Supunha que o estímulo a acumular provinha sobretudo da concorrência. Quem não acompanha o ritmo de crescimento da economia (e ao acompanhá-lo gera esse ritmo ao mesmo tempo) tende a ser eliminado. Há uma compulsão a acumular que é tremenda.

Para Marx, o limite da acumulação é atingido quando o exército industrial da reserva, ou seja, o conjunto dos desempregados, passa a ser incorporado à economia. Todo o sistema capitalista tende a ter uma parte da sua força de trabalho desempregada ou subempregada. Quando a acumulação se acelera, um número cada vez maior de empregos vai sendo criado e esses empregos vão dando ocupação ao exército de reserva. Chega o momento em que não há mais reserva de força de trabalho, ou seja, uma situação de "pleno emprego", na fraseologia keynesiana. Nesse momento, os salários tendem a subir, pois o poder de barganha dos trabalhadores aumenta muito e eles têm condições de obter aumentos daquela parte do produto social que reconstitui a sua força de trabalho. Aumentando o produto necessário reduz-se a mais-valia, ou seja, reduz-se o excedente social. Reduzindo-se o excedente social, a acumulação tende a parar. Marx tem uma frase que é inteiramente análoga ao conceito de "eficiência marginal do capital" de Keynes: o estímulo a acumular é sufocado quando as perspectivas de lucro futuro vão sendo cada vez menores. Os próprios capitalistas percebem que, à medida que vão aumentando sua capacidade de produzir, têm que pagar salários mais altos porque a mão de obra começa a escassear, e, pagando salários mais altos, os seus lucros vão ser menores. Então, passam a se desinteressar em acumular mais.

Também para Marx, chega-se a um equilíbrio entre o excedente gerado e a tendência a acumulá-lo, que é dado, fundamentalmente, pelo volume do produto necessário, do capital variável, que é a contrapartida do próprio excedente. Só que Marx vai além e diz: a partir do momento em que a economia se aproxima do pleno emprego, as inovações tecnológicas, que substituem mão de obra por máquinas passam a ser altamente rendosas, porque os salários estão ficando altos. A acumulação passa a ser muito menos no sentido de estender a capacidade produtiva, mas de aprofundá-la, ou seja, de mudar a tecnologia e aumentar a produtividade do trabalho e, portanto, de novamente gerar desemprego, que, nesse caso, é o chamado "desemprego tecnológico". Marx explica a acumulação de capital como sendo um mecanismo que gera uma extensão da capacidade produtiva até o momento em que o exército industrial de reserva se esgota e, a partir daí, ele tende a *aprofundar* a capacidade produtiva. Com isto se volta a reconstituir o exército industrial de reserva. Depois que as inovações tecnológicas, que levam a poupar mão de obra e usar mais capital, já se impuseram, há uma nova oportunidade de estender a capacidade produtiva e assim sucessivamente.

A passagem da acumulação "extensiva" para a acumulação "intensiva" é marcada pela crise. À medida que a acumulação "extensiva" vai levando à diminuição dos lucros, ela cessa, a demanda por bens de produção cai e a economia entra em crise, verificando-se queda no nível de produção e de emprego. Só depois que a crise atinge seu ponto mais baixo e se prolonga na depressão é que a acumulação "intensiva" começa. A acumulação intensiva torna parte dos equipamentos obsoletos, impondo sua substituição, o que intensifica a acumulação e leva a economia novamente a crescer.

Essa análise é indubitavelmente verdadeira e explica o crescimento a longo prazo do sistema capitalista. Ela explica por que o sistema capitalista geralmente não tende a cair nem em depressão crônica nem tende a um crescimento infinitamente acelerado. Há um certo ritmo de acumulação de capital que é dado, em última análise, pela população explorável e pela tecnologia disponível e potencialmente disponível, isto é, pelas inovações que estão na gaveta e que passam a ser utilizadas no momento que elas se tornam economicamente interessantes.

Mas onde é que entra a demanda efetiva? Em que medida os capitalistas podem investir e aumentar a capacidade produtiva? Isto é essencial: a capacidade produtiva aumenta cada vez que há um investimento. Um investimento só se realiza, só dá os lucros esperados (a eficiência marginal do capital) à medida que os produtos, gerados pela nova capacidade de produzir, são vendidos. Se não se vendem os produtos, se eles ficam estocados, a mais-valia não se realiza, ela não se transforma em dinheiro que pode ser gasto pelo capitalista para o seu consumo, ou para pagar os impostos, ou para ser novamente acumulado. Uma condição essencial ao funcionamento do sistema capitalista é esta metamorfose do produto social: ele tem que ser, de cada vez, transformado em valores de uso, em produto material, e esse produto material tem que ser vendido e transformado em dinheiro, para que então, em sua forma monetária, o capital possa ser novamente acumulado, isto é, transformado em novos bens (físicos) de produção. A demanda efetiva é certamente um elemento que condiciona o processo de acumulação.

É claro que há uma falta de demanda efetiva quando o esgotamento do exército industrial de reserva e a elevação de salários começam a afetar a taxa de lucro, fazendo diminuir o ritmo de acumulação. Uma parte dos bens de produção e também de bens de consumo que seriam comprados, tendo em vista *ampliar* a produção (os bens de consumo seriam adquiridos pelos novos trabalhadores), deixam de sê-lo, fazendo que a demanda global passe a ser inferior à oferta global. Dessa maneira, não é a falta de demanda efetiva que limita a acumulação (como supõe Keynes), mas é a incapacidade de continuar acumulando que reduz a demanda global e acaba por precipitar a economia na crise.

Quem levantou a possibilidade de a demanda efetiva constituir por si só um limite para a acumulação foram alguns marxistas russos inicialmente, e principalmente Rosa Luxemburgo, num livro importante – *A acumulação do capital* –, em que ela coloca o problema de uma forma bastante precisa. De acordo com a teoria marxista, o produto social P é igual à soma do capital constante c, do capital variável v, e da mais-valia mv: $P = c + v + mv$. A mais-valia se divide em duas partes: a *mais-valia consumida*, que vamos chamar de mv_c, e a *mais-valia acumulada*, que vamos chamar de mv_{ac}. O que Rosa Luxemburgo pergunta é como esses elementos do produto social serão vendidos, ou seja, como serão realizados no mercado. O capital constante será realizado vendendo-se aos capitalistas as matérias-primas e os equipamentos que foram desgastados no período de produção anterior. A própria produção de P exigiu um consumo de matérias-primas, de instalações, de máquinas, e esse consumo tem que ser reposto. As empresas normalmente têm um fundo de depreciação e recursos para manter seus estoques de matérias-primas etc., no nível que permita o mesmo ritmo de produção. O capital variável será consumido pelos trabalhadores, já que é aquela parte do capital que é paga em salários e os trabalhadores gastam normalmente todo o seu salário em consumo. A mais-valia consumida também será dispendida pelos capitalistas, pelo Estado e por todas as partes da sociedade que não contribuem diretamente para o produto, mas participam do excedente. Porém, quem vai realizar a mais-valia acumulada?

Essa mais-valia acumulada aparece sob a forma de produtos materiais, como valores de uso, e têm que ser transformados em dinheiro para poderem ser acumulados. Numa sociedade em que só existem capitalistas e trabalhadores (e esta é a sociedade hipotética em que se baseia a análise de Marx) não se encontra um consumidor para a mais-valia acumulada a não ser os próprios capitalistas que vão fazer a acumulação. Então, o que Rosa Luxemburgo pergunta é basicamente o que Keynes perguntou, isto é, o que vai levar os capitalistas a acumular, se o nível de demanda efetivamente existente só justifica a reprodução simples, só justifica manter a produção no nível em que ela se encontra? Rosa Luxemburgo responde à pergunta dizendo que há necessidade de uma demanda externa ao sistema para que haja condições de acumulação. A demanda efetiva tem que crescer o tempo todo para que se justifique a acumulação, que sempre resulta em aumento da capacidade produtiva. Para que se aumente a capacidade produtiva, é preciso ter em vista alguém que vá comprar os produtos adicionais que se vão produzir.

Essa demanda, que é necessariamente externa ao sistema simplificado sobre o qual Marx raciocinou, pode vir tanto do exterior, ou seja, de economias não capitalistas, com as quais o sistema capitalista está em intercâmbio (e daí Rosa Luxemburgo deduz sua teoria do imperialismo), como de dentro do sistema, da parte, vamos dizer, não capitalista, que seria fundamentalmente o Estado, na medida em que ele fornece produtos que não são competitivos com os do setor privado da economia, destacando-se, nesse caso, os gastos militares. À medida que o Estado retira uma parte do excedente para gastos que não são produtivos, e sim destrutivos, ou seja, gastos militares, ele vai criar a demanda necessária para que a parcela da mais-valia, que vai ser acumulada, se realize.

Essa teoria de Rosa Luxemburgo deu lugar a um grande debate. Verificou-se que há realmente alguns erros de raciocínio de Rosa, principalmente porque ela parte, como Marx partiu, de uma situação de reprodução simples, e daí ela chega à reprodução ampliada, ou seja, parte de acumulação zero para uma acumulação maior que zero. É nessa passagem que o problema da demanda se coloca, quando, na realidade, a acumulação zero é altamente improvável. Ocorre que a acumulação varia de tamanho, ela só chega a zero nos momentos de crise, e, nesse sentido, a teoria de Rosa Luxemburgo é muito mais uma teoria das crises do que uma teoria geral da acumulação. Mas, apesar de certos reparos que se podem fazer, o fundamental está certo, ou seja, é preciso que haja uma demanda crescente no sistema e na medida em que o sistema tende a aumentar a poupança e não o consumo, principalmente devido a seu caráter de classe,[1] esse crescimento da demanda tende a se frustrar. Isto, aliás, o próprio Marx reconheceu. O que faltou em Marx propriamente foi a rigorosa união de vários aspectos de sua análise no que se refere ao processo de acumulação do capital. Rosa começou a fazê-lo e houve outros autores que responderam a ela e existe hoje, no seio da comunidade marxista, uma grande discussão a respeito do que condiciona a acumulação do capital.

Nesta discussão se apresentam basicamente dois pontos de vista: 1) os que dão toda a ênfase aos efeitos do progresso técnico sobre a taxa de lucro (quociente do lucro anual dividido pelo capital total invertido). Marx tentou demonstrar que, a longo prazo, a taxa de lucro tende a diminuir devido ao aumento mais rápido do denominador, formado pelo capital invertido, em confronto com o crescimento mais lento do numerador, constituído pelo lucro. Segundo essa corrente, à medida que a acumulação incorpora técnicas mais avançadas, aumenta o valor do capital aplicado por trabalhador (e, portanto, a "composição orgânica do capital", isto é, a relação entre o capital constante e o capital variável), até que a queda da taxa de lucro impede que a acumulação prossiga, o que lança a economia à crise, com as consequências acima apontadas; 2) os que sustentam que o aumento da composição orgânica é na realidade contido pelas contratendências igualmente apontadas por Marx (a principal delas

---

[1] O caráter de classe do capitalismo faz que os ganhos de produtividade se transformem em mais-valia relativa, fazendo cair a participação dos assalariados no produto. Sendo pequena a proporção *consumida* do excedente (mais-valia), há uma tendência perene ao subconsumo no sistema.

é o barateamento do capital constante como resultado do mesmo progresso tecnológico) e que as crises a que as economias capitalistas estão sujeitas decorrem da tendência ao subconsumo.

Pelo fato de que o nível de abstração em que Marx operou ao elaborar *O capital* o levou a considerar o capitalismo como um sistema fechado, ele não analisou o comércio externo nem considerou o intercâmbio das economias capitalistas com as economias não capitalistas. O fenômeno do imperialismo, inclusive, está fora de sua análise. Além disso, Marx não considera a existência do Estado e hoje o Estado absorve quase 20% do produto nacional bruto dos Estados Unidos, por exemplo. À medida que a gente passa a um nível de maior concreção, à medida que se introduzem esses elementos todos, verifica-se que, efetivamente, a acumulação depende muito da demanda efetiva e depende de uma demanda efetiva que *não é a de Keynes*. Nesse ponto é que a análise marxista foi mais realista que a de Keynes. Porque Keynes também está pensando num sistema fechado, em que não há exportação de capital, não há demanda externa, não há Estado. Keynes só entra com uma espécie de entidade metafísica – o Estado – para salvar o sistema, para fazer o sistema atingir o equilíbrio do pleno emprego, quando na análise marxista contemporânea tende-se a considerar a própria ação do Estado como sendo econômica e politicamente condicionada.

O Estado, sobretudo no capitalismo contemporâneo, tanto nos países subdesenvolvidos como nos desenvolvidos, tem uma possibilidade de atuar direta e indiretamente sobre o nível de acumulação. E qualquer tipo de teoria que esqueça o Estado está na estratosfera, está analisando algum sistema que não é relevante para a situação presente do capitalismo. Nos países capitalistas, o Estado investe diretamente na área pública da economia, na área que é estatal, um volume de recursos que, no caso do Brasil, corresponde a provavelmente 50% do investimento total. Então, para se entender a acumulação do capital, é preciso se entender a acumulação do capital por parte do Estado. Além disso, ele regula a taxa de juros e não há dúvida de que a taxa de juros é um limite para a tendência à acumulação. Aliás, isto foi mencionado também por Marx.

O Estado tem hoje instrumentos para fazer que excedente e acumulação de excedente coincidam em certos níveis. O que ele não tem possibilidade é de fazer que esse nível de acumulação se mantenha próximo ao pleno emprego indefinidamente. Ele precisa brecar o ritmo de acumulação a intervalos certos para impedir que uma crise inflacionária ponha em perigo toda a estrutura econômica.

No capitalismo contemporâneo, e isso vale tanto para países desenvolvidos (como os Estados Unidos ou a Alemanha Ocidental) como para países não desenvolvidos (como o Brasil), o Estado tende a assegurar um elevado nível de acumulação mediante dois mecanismos principais (além de numerosos outros, de menor significação). Um deles é o que assegura o crescimento "adequado" da demanda efetiva, mediante a manipulação do setor público da economia e do orçamento público. Verifica-se assim o que Rosa Luxemburgo já havia apontado: o Estado, mediante gastos não reprodutivos (nos países adiantados, de caráter militar ou paramilitar, em geral) faz a parte não consumida da mais-valia ser efetivamente realizada para depois ser convertida em mais capital. O outro mecanismo consiste numa política monetária e de crédito "generosa", que ratifica a inflação provocada, em última análise, pelo caráter anárquico do mercado capitalista. A inflação tem um duplo efeito favorável à acumulação: de um lado, reduz a taxa de juros real favorecendo a inversão, por outro, redistribui a renda contra os assalariados e com isso incrementa a "poupança forçada".

Como se verificará mais adiante (Oitava Aula), a intervenção do Estado na economia só resolveu as contradições do antigo capitalismo concorrencial criando novas contradições, das quais o controle da inflação é certamente o mais agudo. Incapaz de manter o "sopro inflacionário" dentro dos limites em que ele efetivamente favorece a acumulação sem perturbar o funcionamento normal da economia, o Estado, na maior parte dos países, é obrigado a lutar contra a inflação mesmo que seja com o sacrifício (considerado temporário) da acumulação. Dessa maneira, o Estado mesmo se encarrega de conter a expansão da demanda efetiva e de elevar a taxa de juros, com o objetivo explícito de reduzir o ritmo de acumulação de capital. Ao provocar, dessa forma, recessões periódicas, o Estado passa a produzir um ciclo de conjuntura *política* que, nem por ser deliberado, deixa de refletir a profunda irracionalidade da economia capitalista.

Quinta aula

A concentração do capital

Como das vezes anteriores, vamos procurar analisar este tópico do ponto de vista marxista e do ponto de vista marginalista. Porém, ao contrário do realizado até agora, em que se examinou primeiro a versão marginalista e depois a marxista, no caso da concentração de capital é conveniente inverter a ordem e começar com a concepção marxista, porque ela é cronologicamente anterior, além de fundamentar melhor a compreensão do fenômeno.

Marx foi provavelmente o primeiro a declarar que a concentração do capital é uma *tendência central* e *fundamental* do capitalismo. O que era um ponto de vista, na sua época, bastante novo e diferente daquele mantido pela maior parte dos pensadores econômicos. Marx dá uma definição muito interessante da concentração ao dizer que cada capital individual é, em maior ou menor grau, uma concentração de meios de produção. A mera existência do capital da empresa individual já implica uma concentração de meios de produção, sob o comando único de um proprietário ou de um grupo de proprietários. Na própria essência do capitalismo, em contraste com outros modos de produção anteriores, a existência da empresa capitalista com um pequeno exército de trabalhadores sob seu comando já implica uma concentração de recursos produtivos. Marx define, a partir daí, dois processos que hoje englobaríamos no conceito geral de concentração de capital. Ele distingue *concentração* de *centralização*.

Diz Marx que a acumulação de capital (assunto da Quarta Aula) tende a se acelerar o tempo todo, à medida que a economia cresce, pois o sentido do progresso é o de aumentar a produtividade do trabalho humano. Esse conceito é hoje quase universalmente aceito. O que significa progresso? Significa fazer que aquilo que era produzido por dez pessoas passe a ser feito por oito. Reduzimos a inversão de esforço humano para obter o mesmo resultado ou, de outro ponto de vista, aumentamos o resultado obtido com o mesmo esforço. Ora, o que Marx acentuava é que o aumento da produtividade do trabalho humano era obtido, no capitalismo, antes de mais nada colocando-se à disposição do trabalhador um volume cada vez maior de recursos produtivos. Esse volume crescente de recursos produtivos é tanto condição como consequência do aumento da produtividade. É *consequência* na medida em que o aumento da produtividade coloca no fluxo produtivo uma maior quantidade de matérias-primas e, consequentemente, daí sai uma maior quantidade de produtos. Mas é uma *condição* porque, para se obter uma maior produtividade, é preciso colocar à disposição do trabalhador um conjunto de máquinas e ferramentas cada vez maior. Em última análise, se a produtividade do trabalho humano nos Estados Unidos é bem maior do que no Brasil, a diferença não está no trabalhador brasileiro ou no americano, mas no fato de que o americano dispõe em média de um equipamento muito superior ao de que dispõe o trabalhador brasileiro. À medida que o sistema progride, à medida que o sistema não só se amplia quantitativamente, mas muda qualitativamente, essa mudança se exprime através de um aumento do volume de capital ou de máquinas, equipamentos, instalações por indivíduo engajado no processo produtivo. É com o auxílio dessa maquinaria cada vez maior que ele consegue produzir cada vez mais. É isto que Marx chamou de *concentração do capital*.

A concorrência entre os capitalistas força-os a adotar a melhor técnica disponível, que é aquela que proporciona a melhor produtividade e que soe ser a que requer mais capital. Os capitais individuais tendem a crescer mediante a acumulação de capital, ou seja, mediante a transformação de uma parte do excedente em novo capital, em novos bens de produção, que não somente permitem que se produza mais, mas que *se produza mais, com menos trabalho*. Isto é que seria, então, a concentração de capital. Seria o resultado da própria acumulação do capital, resultante das incessantes revoluções técnicas a que o processo produtivo está sujeito no sistema capitalista.

Diz Marx também que, obviamente, esse processo de concentração do capital tem um limite, que é a própria acumulação da sociedade inteira. Os capitais individuais só podem crescer à medida que o capital de toda a sociedade cresce. E como esse crescimento, essa acumulação de capital não se dá sem contradições, sem crises, sem interrupções, o processo de concentração que é, na definição dele, o *crescimento por acumulação dos capitais individuais*, está sujeito a esse limite que é a capacidade do sistema de se ampliar.

Além da concentração, no entanto, há um outro processo que Marx chama de *centralização: é a expropriação de capitalistas por outros capitalistas*. É um fato ainda decorrente da proposição anterior: como a produtividade do trabalho depende do volume de capital posto à disposição do trabalhador e como a concorrência entre os capitalistas se faz através da redução dos custos e, portanto, de maior produtividade, aqueles que conseguem produzir em maior escala têm uma vantagem muito grande com relação aos outros na luta concorrencial no mercado. E, desse modo, os capitais maiores ganham essa luta e expropriam os menores. O processo de centralização atua como uma força de atração dos capitais maiores sobre os menores. Os menores ou se fundem entre si, para poder enfrentar e resistir à pressão dos grandes capitais, transformando-se, portanto, em grandes capitais também, ou então são quebrados e absorvidos pelas grandes empresas.

Assim, existem duas tendências que é importante distinguir: uma delas, a concentração, é o crescimento da empresa média em função da procura de maior produtividade, mediante a acumulação de capital, ou seja, pela transformação de uma parte dos lucros em novo capital; a outra, a centralização, decorre diretamente da luta concorrencial e das vantagens das maiores empresas, por possuírem maiores escalas de produção, em relação às menores. Enquanto o primeiro processo está sujeito ao limite que a acumulação da riqueza de toda a sociedade lhe coloca, o segundo processo não tem limite, a não ser o limite lógico de todos os meios de produção estarem concentrados na mão de um único proprietário. Há uma tendência ao monopólio, que se verifica em todos os ramos de produção, sendo que essa tendência ao monopólio só para quando o monopólio puro se estabelece, ou seja, que haja uma empresa só em cada ramo e, finalmente, que haja uma empresa só em todos os ramos. Portanto, a centralização não tem limite na mesma medida em que a concentração o tem.

Mostra Marx que o ciclo de conjuntura da economia capitalista se caracteriza por períodos de "vacas gordas e vacas magras", por uma fase de crescimento da produção e depois por crise, à qual se segue uma fase de depressão. Nessas partes antagônicas do ciclo de conjuntura, na fase de ascensão e na fase de depressão, se realizam alternativamente a concentração e a centralização. No período de ascensão, no período em que cresce a produção, em que os mercados se expandem e há euforia econômica, as empresas crescem por acumulação de capital. As empresas pequenas nessa fase não estão sujeitas à pressão concorrencial, há ampliação dos mercados, o que lhes permite acompanhar, em certa medida, o ritmo de crescimento das grandes empresas. Na fase de depressão, se dá o oposto: a acumulação da riqueza social quase cessa. À medida que a acumulação social cai a níveis muito baixos, a acumulação de capitais particulares também se reduz muito, havendo descapitalização de algumas empresas e uma pequena capitalização de outras. É nessa fase que se dá a centralização. Na fase das "vacas magras", do mercado em contração, de dificuldades de vendas, é que a concorrência se acirra, se torna cada vez mais violenta, e é nessa fase que os pequenos são engolidos pelos grandes, que as pequenas empresas não resistem às dificuldades e acabam ou se fundindo ou desaparecendo. Desse modo, ao longo do desenvolvimento do capitalismo, temos fases de acumulação e concentração e depois fases de depressão, em que a acumulação é muito reduzida ou zero, e se dá a centralização.

Essa descrição geral do processo corresponde bastante bem à experiência histórica do capitalismo até hoje. Examinando-se a experiência brasileira, o que se verifica nos últimos anos? Durante os anos 1950, até 1962, houve um período de ascensão do nosso processo de industrialização. Houve nessa época uma multiplicação de empresas. Não somente muitas empresas cresceram, acumulando capital, mas também novas surgiram, empresas pequenas transformaram-se em médias e algumas médias transformaram-se em grandes. A partir de 1963, o sistema entrou em crise, crises intermitentes de recessões com pequenas recuperações. Até 1968, a economia brasileira esteve predominantemente em depressão. Nesses anos, houve um nítido processo de centralização do capital. O número de falências e o número de concordatas mais do que triplicou. Os dados referentes à cidade de São Paulo mostram que muitas pequenas empresas foram eliminadas pela luta concorrencial, outras se fundiram, entraram em aliança, se associaram ao capital estrangeiro ou com outras empresas brasileiras e assim sucessivamente. E é muito claro que os processos de concentração e acumulação foram comandados pelas diferentes fases do ciclo de conjuntura no país.

Um outro autor marxista importante para o estudo desse problema foi Rudolf Hilferding, que escreveu, no começo deste século, *O capital financeiro*, que teve importância e influência muito grandes nos anos seguintes, tendo influenciado, por exemplo, Lênin em *O imperialismo, estágio superior do capitalismo*.

Hilferding retoma o estudo da concentração do capital mostrando que chegou um momento, no desenvolvimento capitalista, em que a *empresa individual* tornou-se incapaz de levantar o capital necessário para se manter no ritmo de desenvolvimento tecnológico que o capitalismo estava gerando. Já Marx tinha feito essa observação em relação às estradas de ferro. Dizia ele que, se se tivesse meramente fundamentado o desenvolvimento do capitalismo na propriedade individual da empresa, as estradas de ferro jamais teriam surgido. E, sem as estradas de ferro, o capitalismo não teria tido os avanços produtivos que acabou tendo.

Acontece que, na época em que Marx escreveu, a sociedade anônima e o mercado de capitais estavam restritos principalmente às estradas de ferro e a outras poucas grandes firmas, como companhias de navegação marítima etc. A grande maioria das empresas ainda eram fundamentalmente individuais, embora Marx já tivesse indicado que a tendência provável seria a de uma concentração que levasse à generalização da sociedade anônima e do mercado de capitais.

No início deste século, essa realidade já estava completamente configurada e Hilferding a analisa e tira suas várias consequências. O que nota é que cada vez mais a empresa capitalista passa a ser uma empresa cujo capital é possuído por pessoas que não interferem em sua vida. A sociedade anônima é precisamente isso. O "anônimo" significa que o proprietário não aparece com o seu nome na denominação da empresa. Como não aparece com o seu nome, desliga-se o seu destino individual do destino da empresa. Não existe um General Motors, embora as crianças imaginem que exista um general chamado assim. Tampouco existe um General Electric e assim por diante. O fato de que a Ford, por exemplo, mantenha o nome da família Ford no seu frontispício é mero acidente histórico. É que a Ford foi inicialmente uma empresa individual. Mas a regra geral é que a moderna empresa capitalista concentre a poupança de dezenas de milhares de pessoas e a coloque nas mãos de um pequeno grupo de diretores que podem ou não ser proprietários de ações dessa empresa em particular.

A passagem do capitalismo que é chamado muitas vezes de *individualista* para o *capitalismo da sociedade anônima* se faz mediante a institucionalização do *mercado de capitais*. A propriedade das empresas se transaciona normalmente num mercado. Ela está tão subdividida que mesmo uma pessoa de recursos modestos pode participar dela. Nessas condições, há uma separação entre a condução do processo produtivo e da vida econômica e a propriedade dos meios de produção. Quem dirige o processo não é mais necessariamente o proprietário dos meios de produção. Para dar uma ideia da ordem de grandeza do fenômeno, a maior companhia americana, a companhia Bell de telefones, tem, presumivelmente, já que ninguém sabe ao certo, um número total de acionistas tão grande que, se fosse feita uma assembleia de todos eles, não haveria nenhum lugar nos Estados Unidos em que todos se pudessem reunir.

Hilferding mostra que esse processo se fez através da intervenção do capital bancário. Os bancos eram antes meramente os intermediários de crédito. Pessoas que têm dinheiro disponível colocam-no no banco e recebem juros. O banco pega aquele dinheiro e o empresta a empresários. O banco passou depois a ser o instrumento fundamental de transformação da empresa individual em sociedade anônima. O banco subscrevia (comprava) um grande número de ações por um valor bem abaixo do par e as revendia pouco a pouco no mercado de capitais por um valor bem mais alto.

Acontece que o acionista que recebe dividendos é social e economicamente um indivíduo que empresta dinheiro a juros. Em última análise, aquilo que se espera ao comprar uma ação, em termos de valorização e rendimento, não é muito diferente daquilo que se espera, por exemplo, ao comprar um título de dívida pública, uma letra do Tesouro Nacional, qualquer papel que signifique um empréstimo ao governo ou mesmo a uma companhia particular. Então, o nível de dividendos se reduz geralmente ao nível da taxa de juros e tem que ser *menor* que a taxa de lucros.[1] Com isso, é gerado o que Hilferding chama de *capital fictício*. Suponhamos que, num certo momento, a taxa de juros seja de 5% e a taxa de lucros seja 10%. Suponhamos agora que se lancem no mercado de capitais ações no valor de 1.000 (pode ser em cruzeiros, dólares etc.). Esses 1.000 correspondem ao valor efetivo dos meios de produção contidos na empresa (fábrica, casa comercial etc.). Eles correspondem ao valor de uma certa quantidade de bens físicos, o chamado "valor patrimonial" da ação. As pessoas que compram essas ações, no entanto, esperam um rendimento próximo à taxa de juros, que é igual a 5%. As formas alternativas de aplicar dinheiro, em empréstimos ou em outras ações, têm liquidez e

---

1 Dividendos constituem a parte dos lucros da empresa que é distribuída em dinheiro aos acionistas. A empresa não precisa distribuir a totalidade dos seus lucros sob a forma de dividendos e habitualmente não o faz. A parte não distribuída dos lucros é mantida em reserva, na empresa, e pode ser utilizada para manter a distribuição dos dividendos no mesmo nível, mesmo em anos de baixos lucros, ou então para ampliar o capital da empresa num momento que sua direção considera apropriado. Quando isso se dá, os acionistas recebem novas ações, denominadas bonificações.

características muito semelhantes. Se, efetivamente, a taxa de lucros é de 10%, então o lucro dessa empresa é de 10% de 1.000 igual a 100, porém, como se está esperando 5% apenas, isto vai transformar o valor dessas ações em 2.000. No mercado de capitais, essas ações passam a valer 2.000 em vez de 1.000 porque 100 de 2.000 é efetivamente 5%.

O valor de uma ação (assim como de qualquer outro título de crédito) em bolsa é determinado especulativamente pela "expectativa" de rendimentos futuros a que ela dá direito. Sendo essa expectativa dada pela taxa de lucro corrente e, ao mesmo tempo, sendo a valorização feita por uma taxa de juros menor (e já foi visto na Quarta Aula que a taxa de juros tem que ser menor que a de lucros), é claro que o valor na bolsa de qualquer ação tende a ser substancialmente maior que o seu valor patrimonial.

Esse processo de valorização do capital por ações cria o chamado "capital fictício" porque as máquinas e as instalações não estão valendo 2.000, mas apenas 1.000, porém as *ações* que representam essas máquinas passam a valer 2.000. É a diferença entre a taxa de juros e a taxa de lucros que dá lugar a esse capital fictício, o qual era apropriado pelo capital *bancário*. Os bancos compravam ações e esperavam que os primeiros lucros viessem a valorizá-las e essa valorização das ações multiplicava o lucro do banco. Este, que tinha comprado ações no valor de 1.000, esperava um ano e, com o primeiro lucro da empresa, as revendia por 2.000.

Hilferding mostra que o banco desempenha papel essencial no processo de centralização do capital, passando a ser o instrumento de fusão entre várias companhias. O banco, ao se encarregar de levantar capital para as companhias, de adiantar capital, se enriquece, tornando-se coproprietário de muitas indústrias. Na medida em que ele se torna coproprietário de várias empresas, o banco impede que haja concorrência entre elas e força sua progressiva associação. Hilferding define o conceito de "capital financeiro", que é o resultado da fusão do capital bancário com o capital industrial. E ele mostra que o sistema capitalista caminha para uma situação de concentração e centralização cada vez maior, em cuja direção geral se encontra um pequeno grupo de banqueiros e industriais associados.

Surge, por ocasião da Primeira Guerra Mundial (1914-1918), um debate importantíssimo entre os próprios marxistas, que está sendo travado ainda hoje: trata-se de saber se esse tipo de capitalismo cada vez mais concentrado, que chamamos hoje de *capitalismo monopolista*, está sujeito a mais crises, a contradições mais profundas, ou se, pelo contrário, ele tende a ser menos sujeito à anarquia de produção, tornando-se cada vez mais planejado e podendo, inclusive, dirimir suas divergências e passar a um pacífico domínio do mundo inteiro. É a teoria do "superimperialismo", sustentada por Kautsky (mestre de Hilferding e seu companheiro de lutas) e que foi negada por Lênin.

O que Kautsky dizia é que, na medida em que os grandes monopólios dominam a economia das mais importantes nações imperialistas, eles podem chegar a um acordo entre si. Assim como se associam no plano nacional, podem se associar no plano internacional. Hilferding, aliás, mostra esse processo com vários dados. Caso grandes firmas se associem e formem uma rede de interesses estreitamente interligados, elas podem diminuir seus conflitos e passar a constituir uma potência inabalável. Lênin, ao contrário, refuta esse ponto de vista com uma consideração que é válida e importante: por mais que os monopólios possam se associar no plano mundial, a sua força provém do mercado nacional em que eles possuem seu centro, estando estreitamente ligados ao Estado nacional de sua origem. Um "truste" americano pode ter fábricas em oitenta países do mundo, pode estar ligado a companhias japonesas, inglesas e francesas, mas o seu poder é ainda em boa medida reflexo do poder dos próprios Estados Unidos no cenário econômico, político e militar do mundo. O mesmo é verdade para companhias alemãs, japonesas e assim por diante. Diz Lênin que, desse modo, as contradições se elevam, as forças e os interesses que se contrapõem se tornam mais potentes e a sua contradição se torna mais aberta, impossível de ser conciliada. Lênin antepõe, portanto, à teoria do superimperialismo, uma teoria de conflitos interimperialistas cada vez mais profundos. E, sem dúvida, a Primeira Guerra Mundial e a Segunda Guerra Mundial confirmaram a previsão de Lênin e não a visão de Kautsky.

Vamos agora, por alguns momentos, abandonar essa linha de raciocínio de base marxista e verificar o que a corrente marginalista fez em relação ao mesmo problema.

Inicialmente, toda a economia marginalista recusou-se a encarar a concentração do capital como uma tendência essencial do capitalismo. Desde o início, o marginalismo foi uma corrente apologética do sistema capitalista, sempre tentando mostrar que ele é o sistema mais racional, sendo o resultado de longa evolução humana que alcançou sua perfeição no capitalismo liberal. Sustentavam os marginalistas que o capitalismo sempre é capaz de atingir a melhor utilização dos recursos econômicos disponíveis. Eles desenvolveram esse raciocínio apologético em função de um modelo de livre concorrência. A concorrência é a contrapartida, no plano econômico, da liberdade individual, da igualdade perante a lei e de uma série de outros valores burgueses, que fundamentam a doutrina do liberalismo, desde a Revolução Francesa. Assim, a concorrência seria o mecanismo que faria o capitalismo desempenhar suas funções altamente benéficas para a humanidade.

Apesar de a livre concorrência estar sendo estrangulada pela centralização do capital, pela tendência ao monopólio, esta tendência era encarada como um mero desvio, como alguma coisa que deveria ser impedida pelo Estado. Isto não foi apenas uma atitude teórica. Muitos economistas marginalistas foram críticos da tendência à concentração do capital e passaram nesse momento a representar certos interesses, principalmente dos pequenos empresários, que estavam sendo premidos e oprimidos pela concorrência irresistível das grandes empresas, e também de certas áreas econômicas em que a concentração do capital era muito difícil, sobretudo na agricultura, e que portanto estava sofrendo o prejuízo de um relativo atraso tecnológico e, em consequência, de uma situação desfavorável na repartição da renda.

Foram basicamente pequenos empresários e lavradores que forçaram a adoção de uma severa legislação antitrustes nos EUA e que algumas vezes foi aplicada, tornando-se um relativo obstáculo à aceleração do processo de centralização. Essa legislação não conseguiu impedir a centralização como tal, porém lhe colocou certos obstáculos que impediram que se caminhasse ao monopólio puro e simples. Acabou-se ficando numa situação de "concorrência monopolista". Um exemplo clássico é o da indústria automobilística americana, em que há hoje três grandes empresas – a General Motors, a Ford e a Chrysler – e uma bem pequena, que mal sobrevive, que é a American Motors. Essas quatro empresas dividem todo o mercado americano e uma parte do mercado mundial, pois exportam automóveis para fora dos Estados Unidos. A legislação antitrustes impediu provavelmente que essas empresas ainda se fundissem numa única, mas não conseguiu nem poderia impedir a desaparição das dezenas e talvez centenas de fabricantes de automóveis que havia nos Estados Unidos no início dessa indústria.

Mas, de qualquer forma, o marginalismo até a década de 1920 teve uma atitude meramente negativa e crítica diante da concentração e que foi, em certa medida, reacionária. A concentração do capital ocorre em função do progresso tecnológico e, quando os marginalistas tentaram impedi-la por meios políticos, eles foram reacionários. É que não tinham uma alternativa quanto à concentração do capital, como os marxistas tinham: o controle público das grandes empresas mediante sua socialização. O que os marginalistas pretendiam era manter o capitalismo no seu estágio de empresa individual, do qual ele estava saindo a partir de meados do século passado.

Nos anos 1920, um grupo de economistas, principalmente ingleses (os dois Robinson, Chamberlain e outros) acordaram para a realidade e disseram que seria necessário reformular toda a teoria da formação de preços e dos mercados, que é o centro da teoria marginalista. Esses autores desenvolveram modelos em que operam com oferta e procura, tomando por base não a livre concorrência, porém o monopólio. No começo dos anos 1930, surgiu uma série de livros tentando propor modelos econômicos e matemáticos do que seria a concorrência entre monopólios ou entre oligopólios. E não há dúvida nenhuma de que esses esforços no campo teórico têm um certo valor explicativo da realidade.

Eles mostram que a tendência do monopólio em agir racionalmente leva a maximizar os seus lucros, aumentando os preços. Há uma tendência do monopólio a cobrar mais do que o preço que seria vigente numa situação de concorrência, sem chegar a um preço "máximo". O monopólio tem liberdade de fixar seus preços, porque o público tem que recorrer a ele, porém ele não pode fixar a quantidade que vai vender. Vamos examinar um exemplo de monopólio puro, uma ferrovia. Ela impõe o preço da passagem aos passageiros; estes não tinham alternativa, numa época em que não havia linhas de ônibus nem de avião: ou iam de trem ou não iam de maneira alguma. É uma situação de monopólio, porém a ferrovia não podia determinar quantos bilhetes seriam vendidos, ela não podia forçar as pessoas a viajar. O monopólio tem portanto esta limitação: à medida que ele aumenta o preço, vende menos do seu produto. Existe um certo preço que lhe aumenta os lucros ao máximo e é nessa faixa que ele vai operar.

O preço que maximiza os lucros do monopolista é aquele que lhe permite vender uma determinada quantidade X de mercadorias com um lucro unitário de Y, tal que o produto XY seja o maior possível. Quando há ganhos de escalas, o que é muito comum, será possível manter Y ao mesmo tempo que, para se vender mais, o preço tenha que ser menor. Assim, por exemplo, suponhamos que:

Preço unitário	50	44	38	32	26
Custo unitário	40	36	32	28	24
Lucro unitário (Y)	10	8	6	4	2
Quantidade (X)	1.000	2.000	3.000	4.000	5.000
Lucro total (XY)	10.000	16.000	18.000	16.000	10.000

No exemplo, o monopolista atinge o lucro máximo vendendo sua mercadoria ao preço de 38, o qual é sensivelmente inferior ao preço "máximo" de 50.

Há várias situações diferentes de concorrência monopolística: quando há um só vendedor (monopolista) e um só comprador (monopsonista), fala-se em *duopólio*. No caso em que existe um comprador e muitos vendedores, a situação é de *monopsônio*. Na agricultura é comum que uma série de pequenos lavradores venda seus produtos a uma grande companhia. É o caso da Cia. Cica, que compra tomates de um grande número de pequenos lavradores que só à Cica podem vender. A Cica, se quiser, impõe o preço do tomate, porém ela não pode determinar quantos tomates serão plantados; se ela reduzir o preço demais, acaba não conseguindo comprar nenhum tomate. Então, a Cica tem que regular o preço de acordo com a quantidade de tomates que deseja. Numa situação de concorrência haveria 5, 10 ou 20 fábricas de massa de tomate. Provavelmente o preço do tomate seria maior, porque essas companhias teriam que competir entre si para a obtenção do produto.

Enfim, dos anos 1920 em diante, a economia marginalista desenvolveu, com bastante perfeição, modelos de como opera o mercado monopolista, o que é uma contribuição importante para se entender o que acontece numa economia em que os monopólios ou as grandes empresas passam a predominar cada vez mais.

Atualmente, o debate sobre as consequências da concentração sobre a natureza do capitalismo prossegue em novos termos.

Um grupo de economistas, principalmente americanos como Berle e Galbraith, pretende que a concentração do capital que é um processo quantitativo, deu um salto qualitativo e mudou o sistema econômico. A partir de um certo momento, principalmente nos Estados Unidos (usando esse país como exemplo extremo de uma tendência que está acontecendo em todo o mundo capitalista), a economia e a sociedade seriam essencialmente diferentes do que o foram no capitalismo da empresa individual. Isto se daria, em primeiro lugar, pela perda de significação da propriedade. Quem é dono de um pedaço de uma empresa, de algumas ações, não tem mais relevância nenhuma. Toda a economia é dirigida por tecnocratas, por pessoas cuja qualificação profissional lhes permitiu ascender à cúpula da economia industrial. E eles dirigem a empresa tendo em vista os interesses dela, o seu próprio crescimento, a sua segurança e nada mais. Por outro lado, como a empresa monopolista (não monopólio puro, mas no sentido de dominar um ou vários ramos de produção) não tem condições de controlar a economia do país inteiro, principalmente os ciclos de conjuntura, foi preciso que o Estado exercesse estreito controle da vida econômica.

Esses autores (Galbraith particularmente no seu último livro)[2] afirmam que há uma tendência muito rápida à fusão da alta burocracia ou da alta tecnocracia estatal com a alta tecnocracia industrial.

---

2 *The New Industrial State.* Boston: Houghton, Mifflin Harcourt, 1967. [Ed. bras.: *O novo Estado industrial.* São Paulo: Nova Cultural, 1988.]

E dá exemplos muito curiosos mostrando com que facilidade, por exemplo, o governo americano recruta seus dirigentes políticos nas empresas. O ex-secretário de Defesa dos Estados Unidos, MacNamara, era da Ford, fez sua carreira naquela empresa, chegou a ser diretor-presidente dela antes de se tornar, por cerca de sete anos, secretário de Defesa, quer dizer, o principal elemento de todo o complexo industrial-militar do país. Aliás, tradicionalmente, a Secretaria de Defesa é entregue a alguém dos grandes trustes industriais. O antecessor de MacNamara era diretor da General Motors. Quando houve a passagem do governo republicano para o governo democrático, com a eleição de Kennedy em 1960, a Secretaria de Defesa passou da General Motors para a Ford. Da mesma forma, as empresas recrutam o tempo todo gente que fez sua carreira no exército. É muito comum encontrar-se nos altos postos de empresas industriais, generais, almirantes ou brigadeiros aposentados. Principalmente naquelas empresas que vendem o seu produto ao Estado, empresas de material aeronáutico, de material bélico, de produtos eletrônicos e assim por diante.

Na medida em que sociologicamente há uma fusão dos dois grupos, fazer carreira no Estado ou na indústria passa a ser uma coisa perfeitamente equivalente: onde quer que o indivíduo tenha iniciado sua carreira, nunca se sabe onde ele vai acabar. Há no funcionamento normal da economia uma colaboração cada vez mais estreita entre a alta direção burocrática do Estado e a alta tecnocracia industrial. Verifica-se uma mudança da estrutura de poder da sociedade: os proletários e os donos das empresas estão, ambos, marginalizados. Tanto os trabalhadores como os acionistas. Os acionistas porque se subdividiram tanto que não têm mais voz ativa nenhuma na empresa. Nas grandes empresas americanas, os maiores acionistas, que têm 5%, 8% ou 10% do valor do capital, são geralmente outras empresas, são companhias de seguro, bancos ou companhias de investimento.

Por sua vez, a classe operária (ainda na análise de Galbraith) teria a possibilidade de uma ação independente por estar organizada em sindicatos. Mas os sindicatos também foram absorvidos pelo complexo estatal-industrial. A alta direção dos sindicatos operários é obrigada a colaborar com o Estado, restringindo, por exemplo, as reivindicações salariais dos seus associados para impedir que haja inflação, de modo que o governo não se veja obrigado a deter a inflação causando uma crise muito pior. Há, portanto, uma tendência também a incluir a cúpula sindical nesse diretório elevadíssimo que dirige toda a sociedade. Além disso, pelo menos nos Estados Unidos, o dirigente sindical típico também mudou. Antes o dirigente sindical era um trabalhador que, pelo seu espírito de luta, idealismo e desprendimento, arriscou-se, ganhou a confiança dos seus companheiros, tornou-se líder, foi eleito e sucessivamente transformou-se num dirigente sindical. Agora, há uma carreira. Basta abrir um jornal americano e se vê, na seção de empregos, sindicatos pedindo economistas, sociólogos, jovens com algum grau universitário, que queiram fazer carreira no movimento operário.

De acordo com Galbraith, nessas condições, a economia americana está caminhando para um tipo de sociedade muito parecida com a que tende a se desenvolver na União Soviética e nos países considerados "comunistas". Nestes, de um lado, há uma burocracia política muito importante dirigindo o Partido e o Estado, e, de outro lado, uma tecnocracia nas empresas exigindo relativa autonomia e no entanto colaborando com a burocracia também. Portanto, os dois sistemas tendem a se dirigir para um tipo de sociedade que Galbraith chama de *industrial*. Quando ele pinta os detalhes dessa sociedade, sua imagem se aproxima muito mais de um modelo de "socialismo tecnocrático" do que do modelo capitalista. O que Galbraith sugere, portanto, é uma coisa muito parecida com a que Kautsky expunha, ou seja, uma passagem indolor para o socialismo. Sendo que o papel a que ele se propõe é o de abrir os olhos sobre o significado das transformações, que nenhuma força seria capaz de impedir.

Contra esse ponto de vista se contrapõe a tese de Sweezy e Baran, num livro que trata do mesmo assunto, escrito praticamente na mesma época e publicado também nos Estados Unidos.[3] O que esses dois autores marxistas propõem é que o capitalismo monopolista, do tipo americano, acentua cada vez mais as contradições do capitalismo como tal, em vez de resolvê-las. O fato de que a economia esteja sendo dirigida de uma forma cada vez mais centralizada por grandes

---

3 Baran, Paul; Sweezy, Paul M. *O capitalismo monopolista*. Rio de Janeiro: Zahar, 1966.

trustes com a colaboração do Estado não significa que haja uma verdadeira socialização dos objetivos da empresa. No fundo, ainda os critérios que regem a condução da economia são critérios privatistas tendo por objetivo o lucro das empresas. *O objetivo do lucro não foi abandonado.* E desde que o lucro é contraditório com uma repartição menos desigual da renda e com uma crescente produção de bens de uso, ele gera um excedente que é cada vez maior, sem ao mesmo tempo assegurar uma procura capaz de fazer que esse excedente seja de fato acumulado. Esta seria a contradição essencial do capitalismo monopolista.

Para que o excedente seja acumulado (como foi visto na Quarta Aula) é preciso que a procura cresça em certa medida para justificar a acumulação. Pois bem, o capitalismo monopolista, ao limitar a receita da grande maioria formada por assalariados, impede que essa procura apareça; com isto ele impede que uma parte ponderável do excedente seja de fato acumulada, fazendo que ela tenha que ser desperdiçada. Para tanto, há uma série de formas quase "doentias", das quais a principal seria a publicidade, os meios de comunicação de massa etc., além da procura desesperada de mercados externos, através do imperialismo, que, por sua vez, não somente realiza assim uma parte desse excedente, mas cria as condições políticas internas para que outra parte do excedente seja desperdiçada em gastos bélicos. À medida que o imperialismo, a expansão externa, encontra resistência, isto justifica que qualquer coisa como 10% do produto nacional dos Estados Unidos seja gasto com a segurança nacional.

Sweezy, Baran e Galbraith, ao constatarem os fatos e escolherem os fatos que acham mais significativos, não diferem essencialmente. Eles realmente encaram a concentração do capital como tendo mudado qualitativamente a sociedade.

A divergência aparece na interpretação do sentido dessa mudança. Galbraith a encara como decorrência do progresso técnico, que impõe a necessidade do planejamento em larga escala e a longo prazo, o que naturalmente faz que o poder passe para quem possui conhecimentos especializados. A sua crítica ao "Novo Estado Industrial" se dirige à limitação dos objetivos do planejamento, que se cingem a aumentar a produção como fim em si, sem considerar outros aspectos importantes que compõem a qualidade da vida. Sweezy e Baran, no entanto, não deixam de apontar para as contradições que decorrem do fato de que a vida econômica ainda está organizada, no capitalismo moderno, em empresas privadas, cujos interesses "representados" pelos administradores profissionais se contrapõem aos da sociedade como um todo. Assim, à medida que o capital se concentra e o poder econômico se funde com o político, a maioria constituída pelos trabalhadores se acha cada vez mais expropriada política e economicamente. A sobrevivência do capitalismo nessas condições requer um desperdício crescente, ao mesmo temo que as necessidades de uma grande parte da população continuam não satisfeitas.

A análise de Galbraith, por menos apologética que seja, se ressente ainda das limitações decorrentes da tradição marginalista, que sempre enfatiza a racionalidade do comportamento econômico. É isso que não lhe permite ver, ou considerar em sua devida extensão, que o planejamento no capitalismo hodierno não pode ultrapassar e muito menos substituir a anarquia de produção. Daí o fato de que a "tecnoestrutura" no poder seja incapaz de realizar, no plano da sociedade global, tanto o objetivo do crescimento com estabilidade como a conciliação efetiva dos interesses de classe. Nem por isso, no entanto, pode-se negar que sua análise apresenta contribuições válidas que autores na tradição marxista estão tratando de incorporar criticamente em seu trabalho.

Sexta aula

Moeda

Iniciamos agora a abordagem de um aspecto relativamente pouco discutido, ao menos pelos marxistas, mas de grande relevância para o entendimento da realidade econômica moderna, que é o problema da moeda. Haverá três aulas sobre este assunto. A próxima sobre "crédito" e outra sobre o "nível de emprego", que constituem problemas interligados. Esta aula será dedicada à abordagem marxista do problema da moeda e a próxima, à abordagem keynesiana.

A análise marxista da moeda parte da análise da função da troca ou do mercado numa economia capitalista. Uma economia capitalista é articulada pela divisão social do trabalho. Diferentes indivíduos, em diferentes empresas, se especializam na produção de bens de uso diferentes e que são depois redistribuídos de maneira a satisfazer as necessidades do conjunto da população, em certa medida, e as necessidades das próprias empresas, em sua atividade produtiva. É a divisão do trabalho que torna o conjunto da sociedade capitalista um todo articulado economicamente. Uma empresa produz aço, a outra produz máquinas e usa o aço, uma outra produz o carvão para a produção do aço etc. Essas diferentes atividades estão articuladas, são estreitamente interdependentes. Mas a sociedade capitalista é desarticulada pela propriedade privada dos meios de produção, que torna cada uma dessas empresas praticamente autônoma na determinação de como produzir, do que produzir, de quanto produzir e de que preço cobrar. Portanto, é uma economia articulada pela divisão do trabalho e desarticulada pela propriedade privada dos meios de produção, que dá autonomia a cada um dos seus componentes, desarticulação que tem de ser depois superada, num segundo momento. A articulação dada pela divisão do trabalho tem que se realizar, e se realiza no *ato da troca*.

A função da troca ou do mercado (mercado, lugar em que a generalidade das trocas se realiza) é precisamente superar a desarticulação da economia capitalista ou aquilo que Marx chamou de "anarquia de produção". Isto decorre do fato de que a economia capitalista não dispõe de um órgão central que consciente e deliberadamente coordena e harmoniza a atividade econômica dos milhares de empresas que compõem essa economia. Essa harmonização, por exemplo o fato de que a produção de carvão não pode ser nem maior nem menor que o consumo de carvão pelas siderúrgicas ou estradas de ferro, nem a produção de aço em relação à demanda das indústrias que consomem aço e assim sucessivamente, não se faz *a priori*, não se faz previamente através de um plano global, mas se faz *a posteriori* no mercado. Desse modo, o mercado substitui aquilo que numa economia planejada seria feito pelo órgão planejador.

Esse problema da coordenação e harmonização das atividades produtivas numa economia moderna, no alto nível de divisão do trabalho que já foi alcançado, não é um problema exclusivo de uma economia capitalista. Ele se coloca também, com toda a agudez, nas economias centralmente planejadas. A mera instituição de um órgão de planejamento, que parecia ser uma solução simples e óbvia, ao substituir o mecanismo do mercado por uma ação consciente e deliberada, mostrou-se muito complexa em termos do seu funcionamento eficiente. A soma de conhecimentos que o planejamento central de uma economia socialista pressupõe é tão grande que quase não há meios para se coletar essas informações e para se processá-las de maneira a que elas se traduzam em diretivas adequadas ao crescimento harmônico da produção. Substituir o mercado por planejamento central, embora em teoria possa parecer muito fácil, na prática é algo tremendamente complexo, embora progressos notáveis tenham sido feitos nas últimas décadas a esse respeito e só na prática, quer dizer, só tendo algumas economias tentado fazer isso, é que esses progressos foram possíveis.

Numa economia capitalista, por definição, a tarefa da coordenação e harmonização das atividades produtivas se faz pelo sistema de trocas, isto é, pelo sistema de circulação. Tomemos por exemplo a produção de sapatos. Vamos admitir que a demanda de sapatos, num certo momento, seja equivalente a 1 milhão de pares e que o momento seria um ano. Isto não significa que a necessidade de sapatos seja de 1 milhão de pares, pura e simplesmente, isto é, que haveria 1 milhão de habitantes e que cada um usaria um par de sapatos por ano. Significa, porém, que os recursos disponíveis para comprar sapatos por parte dos usuários são suficientes para cobrir os custos de produção de 1 milhão de pares, e mais uma margem de lucro capaz de proporcionar aos fabricantes, comerciantes etc. a taxa de lucro média. Isto é que seria a demanda solvável. Quem tem um par de pés, mas não tem dinheiro para comprar sapatos, anda descalço. Podemos, teoricamente pelo menos, admitir que, se conhecêssemos não só a necessidade física ou a necessidade social de usar sapatos, mas os recursos de que as pessoas dispõem para satisfazer essa necessidade e a prioridade que lhe atribuem, poderíamos calcular o montante de sua demanda por sapatos, que seria de 1 milhão de pares.

Se a produção de sapatos for de apenas 100 mil pares, ela será, evidentemente, bastante menor que a demanda e isto fará que o preço do sapato suba e a sociedade, por assim dizer, dá um prêmio àqueles que estão satisfazendo essa necessidade ou a essa demanda solvável, em alguma medida. Como o preço dos sapatos é bem mais alto do que o normal, ele proporciona uma taxa de lucro bem mais alta que a média, dando um estímulo muito forte para que recursos produtivos se encaminhem à fabricação de sapatos. Então, a produção passa dos 100 mil pares para 200 mil, 300 mil, 400 mil, 500 mil, 1 milhão e poderá ir além. Como não há nada, a não ser o mercado, para contar aos fabricantes de sapatos a quantidade que eles podem e devem produzir para satisfazer a demanda, é bem provável que o preço de sapatos leve a uma superprodução desse artigo. Então, a produção poderá chegar a 2 milhões de pares de sapatos. Agora se dá o desequilíbrio inverso, ou seja, como a demanda é de 1 milhão de pares de sapatos e 2 milhões estão sendo lançados no mercado, evidentemente não há recursos para cobrir os custos de produção mais a taxa média de lucro de 2 milhões de pares de sapatos. Assim, o preço dos sapatos agora vai descer. E, em vez de um prêmio, os fabricantes de sapatos vão sofrer uma punição pelo seu erro de produzir demais e isto significará, na realidade, que eles não vão poder atingir a taxa de lucro média prevalecente na economia. É preciso lembrar sempre que os custos de produção são assumidos de antemão pelo fabricante, ou seja, o pagamento de salários, de aluguéis, de matérias-primas, o desgaste das máquinas. Esse ônus é imposto ao empresário independentemente do preço que ele vai obter pelo seu produto. O valor que os sapatos vão alcançar, pela venda de 2 milhões de pares, vai ser correspondente ao trabalho socialmente necessário à produção de apenas 1 milhão de pares. Haverá 1 milhão de pares redundantes.

O que os marxistas chamam de trabalho socialmente necessário não é meramente um trabalho médio, físico, que se socializa no mercado, mas corresponde também à relação entre o volume produzido e a demanda pelo específico bem de uso em consideração. Desse modo, através dessa punição, um certo número de fabricantes de sapatos vai sair do mercado, vai ser expulso da economia, abrir falência, ou mudar de ramo, até que finalmente a oferta de sapatos se ajuste com pequenas discrepâncias à sua demanda. Portanto, a função do mercado em ajustar, *a posteriori*, as atividades produtivas se faz através de um sistema de prêmios dados àqueles que produzem bens que são escassos em relação à demanda solvável, que recebem uma parcela maior da mais-valia do que a gerada naquele ramo de produção específico, e de punições impostas àqueles que produzem em excesso, retirando deles parte ou toda a mais-valia que esperam obter.

Essa função do mercado se realiza através do *processo de circulação*. As diferentes mercadorias, os diferentes valores de uso produzidos por milhares de empresas, entram em circulação, são trocados, e nesse processo de troca é que a sociedade, através da ação inconsciente de milhares de indivíduos, coletivamente ajusta sua atividade produtiva. Poderíamos imaginar esse processo de circulação como processo de troca de mercadoria por mercadoria. O fabricante de sapatos, em teoria, poderia pagar com sapatos os salários, o aluguel e os meios de subsistência dele, capitalista. E poderia, inclusive, comprar com sapatos aquela parte da mais-valia que ele vai acumular, ou seja, matérias-primas e máquinas para ampliar o processo produtivo. Acontece, no entanto, que esse tipo de troca que chamamos de *escambo* é absolutamente impossível no momento em que a divisão social do trabalho atinge um certo nível, em que o número de bens de uso diferentes passa a ser muito grande. O tempo e esforço que seriam necessários para a circulação social seria tão grande que não permitiria que a própria produção fosse realizada. Pode-se pensar no seguinte problema: o trabalhador do fabricante de sapatos receberia um certo número de pares como salário. Se ele quisesse comprar, por exemplo, leite, não somente teria que achar um trabalhador de laticínio que recebesse o seu salário em leite, mas especificamente um trabalhador de laticínios que quisesse sapatos em troca de seu leite. E não somente que quisesse sapatos, mas que os quisesse do tamanho e do valor que o outro tem para oferecer. O que seria inviável, embora haja registros históricos e antropológicos de sociedades com divisão do trabalho bastante rudimentar e que funcionavam efetivamente numa base de escambo. Para uma economia capitalista é óbvio que isto está completamente fora de cogitação. A troca direta, o escambo, simplesmente forçaria o conjunto da população ativa a passar a maior parte do tempo procurando trocar bens, em vez de produzi-los.

Portanto, é absolutamente necessário, para que essa circulação se dê e o mercado possa desempenhar suas funções, que haja uma possibilidade de igualar o valor contido na mercadoria que se leva ao mercado e o valor das mercadorias que se procura retirar do mercado através da troca. A forma histórica com que isto aconteceu foi privilegiar uma mercadoria específica para essa função de *equivalente geral das demais*. Se, por exemplo, o sapato fosse esse equivalente geral, o trabalhador receberia o salário em sapatos mas não precisaria procurar um indivíduo que quisesse aqueles sapatos, ele poderia comprar qualquer mercadoria com sapatos, porque a pessoa que lhe vendesse a mercadoria aceitaria sapatos, pois com eles também poderia comprar alguma outra coisa sem maior dificuldade. Uma mercadoria qualquer acaba sendo, não por deliberação coletiva, mas através de um longo processo de depuração, selecionada para servir de equivalente de todas as demais. A característica dessa mercadoria é que ela perde o seu *valor de uso original* para passar a ter um outro: o de servir de equivalente das demais mercadorias. Se fosse o sapato, ele deixaria de ter o seu valor de uso de servir para calçar e passaria a servir especificamente de equivalente para as demais mercadorias. Não se usariam mais os sapatos para calçá-los, porém para serem meio de troca, o instrumento de circulação das mercadorias.

Todos sabem que não foi o sapato a mercadoria que acabou servindo de equivalente geral, embora praticamente todas as mercadorias, alguma vez na história, para algum povo, já serviram de moeda. Para a maior parte da economia capitalista, o equivalente geral que acabou sendo escolhido foi um metal precioso, mais especificamente o ouro e a prata. A razão de que o ouro e a prata tenham sido escolhidos se resume na coincidência entre os requisitos sociais do equivalente geral e as qualidades físicas dos metais preciosos. Por exemplo: os metais preciosos não se alteram, o ouro não oxida, não perde suas características físicas ao longo do tempo. Isto é uma característica indispensável do equivalente geral, pois ele tem que passar de mão em mão, conservando a sua identidade física. Caso se usasse o ferro, por exemplo (já se usou esse material em algumas ocasiões), ele enferrujaria e acabaria desaparecendo no próprio processo de circulação. O fato também de que o ouro é uniforme, podendo ser dividido à vontade em barras ou pó, foi outra qualidade física que correspondeu a um requisito do equivalente. Não seria possível, por exemplo, caso se usassem bois, subdividi-los à vontade, embora a palavra *pecuniário* mostre que já se usou o boi como moeda. É muito difícil comprar meio quilo de farinha com um boi, por causa do troco. O ouro, pela sua divisibilidade, apresenta a vantagem de poder ser transformado em quantidades pequenas ou grandes. Além disso, o ouro concentra uma grande quantidade de trabalho socialmente necessário numa pequena quantidade física; ele é facilmente portável. A prata é menos preciosa, mas também concentra bastante valor em pequeno volume.

Andar por aí com uma pequena bolsa com moedas de prata ou ouro não apresenta maior dificuldade.

Essas características físicas dos metais preciosos é que os privilegiaram para se transformar no equivalente geral, isto é, em *moeda*.

No momento em que o ouro se transforma em moeda, o seu valor de uso, que é principalmente servir para ourivesaria, para fazer joias ou ornamentos, desaparece. O ouro monetário, o ouro que serve de moeda deixa de ter qualquer outro valor de uso, a não ser o de equivalente geral, ou seja, o da representação social do valor de troca. Cada mercadoria é comparada com o ouro e retira o seu valor de troca dessa comparação com o ouro. O ouro é, portanto, colocado ao lado das demais mercadorias, como uma espécie de espelho que reflete a quantidade de trabalho socialmente necessário contido em cada mercadoria. E esse trabalho socialmente necessário reflete por sua vez a relação entre o volume produzido e a demanda por esse valor de uso. Desse modo, a circulação se faz não na forma M×M, ou seja, a mercadoria por mercadoria, mas na forma M×D×M. A mercadoria é transformada na mercadoria-moeda, ou seja, em dinheiro, e nessa operação M×D é que o mercado sanciona o trabalho socialmente necessário contido em M. Só depois disso é que se faz a troca, ou a compra, na forma da troca de dinheiro pela outra mercadoria, D×M. Os fabricantes de sapatos, quando chegam com 100 mil pares de sapatos ao mercado, ao venderem esses sapatos, ou ao realizar o valor contido no sapato, verificam que esses 100 mil pares de sapatos têm uma quantidade de trabalho socialmente necessário muito maior que o trabalho físico ali investido. Porque, nesse caso, a quantidade de pares de sapatos produzidos é muito inferior à sua demanda. Da mesma forma, quando eles trazem ao mercado 2 milhões de pares de sapatos e os vendem, ao trocá-los por dinheiro é que eles passam a saber que produziram uma quantidade excessiva de calçados e que, portanto, uma parte daquele trabalho, contido na produção de 2 milhões de pares de sapatos, é socialmente inútil e portanto não é trabalho socialmente necessário.

Esta é, portanto, a função social e econômica da moeda numa economia capitalista. Ela é a representação daquilo que falta à economia, isto é, de um órgão de coordenação central. A relação monetária é que substitui o planejamento central. Portanto a existência da moeda é o elemento central de qualquer economia capitalista, pelo fato de que ela desempenha a função de informar aos diferentes produtores da viabilidade econômica da sua atividade pregressa.

Coloca-se, agora, o problema de saber qual é a quantidade de moeda que deve circular na economia. Essa quantidade pode ser facilmente expressa pelo somatório das transações M×D. A quantidade de equivalente geral de ouro, por exemplo, em circulação, tem que ser pelo menos igual à soma de transações em que entra o ouro. Isto, no entanto, não é estritamente verdade pelo fato de que a mesma unidade monetária, o mesmo pedacinho de ouro que pode ser cruzeiro, dólar, libra etc., pode funcionar para mais de uma transação. O fabricante de sapatos vende os sapatos, isto é, realiza o seu valor em dinheiro. Com esse dinheiro, ele compra força de trabalho, paga salários. O trabalhador pega o dinheiro e compra mercadorias por sua vez. O comerciante põe o dinheiro no banco. O banco o empresta novamente aos fabricantes de sapatos. A mesma unidade monetária, em curto prazo de tempo, intervém em quatro ou cinco transações de compra e venda. Desse modo, a quantidade de moeda necessária na economia não precisa ser a soma total de transações M×D, mas pode ser esse valor dividido pelo número médio de transações que cada unidade monetária realiza. Esse número médio de transações se chama V (abreviação da expressão técnica "velocidade média do circulação da moeda"). Suponhamos, por exemplo, que o volume total de transações durante o ano na economia seja algo como 100 (pode ser 100 bilhões de cruzeiros). Se cada unidade monetária durante o ano intervier em média em 10 transações, a quantidade de moedas precisará ser apenas 100 dividido por 10. Desse modo, em cada momento, existe uma quantidade necessária de moeda (Q), que é o resultado da divisão do volume total de transações na economia pela velocidade média de circulação da unidade monetária.

O problema que se coloca agora é o de saber o que acontece se essa quantidade Q é maior ou menor do que ela precisaria ser. Nesse sistema, a moeda é uma mercadoria qualquer, ela é produzida para ser vendida, só que o produtor da moeda, isto é, do ouro, não tem o problema, em princípio, de saber se o trabalho que ele investe na produção do ouro encontra saída no mercado. A moeda sempre é aceita. Porém, se ele produzir mais do que Q, ou seja, se a produção de ouro for maior do que a quantidade necessária, haverá uma desvalorização da moeda, isto é, configura-se uma situação de *inflação*. À medida que aumenta a produção do ouro além da quantidade Q, o ouro se desvaloriza em relação às demais mercadorias. Esse fenômeno aconteceu várias vezes na história da circulação monetária, tanto na chamada Grande Inflação, na época das descobertas das minas de ouro na América Espanhola, como mais recentemente nos meados do século XIX, quando da descoberta das minas de ouro na Califórnia e na Austrália. A inflação vai até o ponto em que o produtor do ouro é punido por produzir mais ouro do que o necessário para a circulação social das mercadorias. Ele não consegue repor a força de trabalho e os demais recursos produtivos que gastou na mineração do ouro. Então, obviamente, a produção do ouro tende a diminuir. E o valor do ouro tenderá novamente a subir em relação ao valor das demais mercadorias, o que levará a uma situação de *deflação*.

Quando há escassez de ouro, não se produz ouro em quantidade suficiente, os preços de todas as demais mercadorias, medidas em ouro, vão descer. Consequentemente, a mesma quantidade de mercadorias, o mesmo valor em mercadorias pode circular com menos ouro. No mecanismo da chamada "moeda-mercadoria", a quantidade de moeda é automaticamente regulada pelas necessidades da circulação social e pelos custos de produção em termos de trabalho humano contido na mercadoria-moeda. O mistério começa quando a mercadoria-moeda é substituída pelo papel, ou seja, pela moeda-papel.

No caso da moeda-mercadoria, a inflação e a deflação não decorrem da simples alteração da *quantidade* de moeda em circulação, mas de mudanças no valor da moeda-mercadoria, medido, como o das demais mercadorias, pelo tempo de trabalho socialmente necessário à sua produção. Assim, a Grande Inflação do século XVI não resulta apenas do grande volume de ouro trazido à Europa pelos conquistadores espanhóis, mas do fato de que se tornou possível obtê-lo com um menor gasto de tempo de trabalho socialmente necessário. Não fora assim e o afluxo de ouro logo estancaria, pois sua venda não permitiria cobrir os custos de produção além de proporcionar os lucros esperados. Não cabe, pois, imaginar que Marx tivesse de alguma forma aderido à Teoria Quantitativa do Valor da Moeda. Essa teoria só seria aplicável à moeda-mercadoria à base de uma teoria do valor que atribuísse o valor de cada mercadoria, e portanto da mercadoria monetária, à sua escassez relativa. O caso muda, no entanto, quando se trata de moeda-papel ou de papel-moeda.

No século XVIII se descobriu pela primeira vez, em termos socialmente significativos, que não é preciso que a mercadoria-moeda circule fisicamente. Não se precisa pegar o ouro, colocá-lo no bolso e sair para se fazer compras. Pode-se deixar o ouro no cofre de alguém que a comunidade respeite e obter desse alguém, que pode ser um banqueiro, notas em que ele diz "Fulano de Tal tem depositada comigo uma certa quantidade de moeda". E o indivíduo faz os pagamentos com esses papéis.

Depositar ouro com terceiros é vantagem por vários motivos: é desconfortável guardar o ouro em casa, porque atrai ladrões; além disso, a própria circulação do ouro, com o tempo, o desgasta fisicamente, por mais imutável que ele seja. A passagem de mão em mão faz o ouro perder um pouco de peso. Há uma série de gastos de circulação que podem ser poupados usando-se, em lugar da moeda-mercadoria, a moeda-papel. A moeda-papel, nesta altura, é meramente um reflexo da moeda-mercadoria. Marx chamou a moeda-papel de *Wertzeichen*, que seria "signo do valor", uma representação do valor. É um pedaço de papel, mas que representa o ouro. Na medida em que a moeda-papel não passa disso, em teoria pelo menos, a quantidade de moeda-papel em circulação está sujeita às mesmas leis da mercadoria-moeda. Não se pode colocar em circulação mais moeda-papel que a quantidade de moeda-mercadoria que efetivamente existe nos cofres: Porém a existência da moeda-papel influi sobre V, isto é, sobre a velocidade média de circulação. Isto porque o banqueiro sabe que aquele ouro dos depositantes não será reclamado por eles enquanto seu crédito na praça for bom. O indivíduo que recebe o papel do banqueiro o usa por sua vez para fazer pagamentos, o seguinte também o usa e assim sucessivamente. O banqueiro tem, assim, a possibilidade de emitir mais moeda-papel do que a quantidade de ouro de que ele efetivamente dispõe. Ele se arrisca, evidentemente, pois se emite a mais, é possível que, num certo momento de pânico, todos venham reclamar o ouro correspondente às notas emitidas. E ele não o tendo, arrisca-se à falência. O banqueiro joga com essa possibilidade e, na medida em que assim procede, a velocidade média de circulação vai aumentar. O mesmo ouro vai funcionar em uma maior quantidade de transações do que seria possível se ele circulasse fisicamente.

A existência da moeda-papel permite, portanto, um divórcio temporário entre a moeda-mercadoria e a própria moeda-papel. Os primeiros banqueiros que descobriram essa coisa maravilhosa, de se poder criar moeda a partir da confiança, começaram a lançar mão disto com um entusiasmo digno de melhores causas. E o resultado foi que, embora o crédito seja subjetivo, nem por isso ele deixa de se esgotar. Quando o banqueiro começa a emitir grande quantidade de notas, as pessoas começam a desconfiar que ele não possui suficiente ouro para redimir todas as notas que está emitindo. Começam a surgir os desconfiados que querem retirar seu ouro, ou pelo menos ver o ouro, tê-lo nas suas mãos. Isto acarreta a bancarrota dos banqueiros. Daí, na análise de Marx da moeda-mercadoria, a possibilidade de emissão de moeda-papel em excesso em relação à moeda-mercadoria existente é sempre pensada como uma possibilidade fortuita, que causa certo distúrbio na economia, mas não a determina essencialmente.

Essa situação vai mudar quando as funções de banqueiro-emissor passam a ser desempenhadas pelo Estado, através de bancos estatais, ou bancos centrais. O governo, em primeiro lugar, tem mais crédito que um particular; em segundo lugar, sempre que o seu crédito é posto em dúvida, ele usa seu poder coercitivo para dar *curso forçado* à moeda-papel. No momento em que os possuidores de moeda-papel duvidam que o governo possua realmente o ouro ou a prata e querem trocar, no guichê do banco, as notas pelo metal, o governo simplesmente nega-se a fazer essa troca, e força os particulares, os agentes econômicos, a continuar aceitando as notas, ou seja, a moeda-papel. O governo pode impor o curso forçado porque ele desempenha o papel de garantidor de todos os contratos. É o poder coercitivo dos tribunais, da polícia, que força os devedores a pagar aquilo que devem. Como o governo desempenha essa função essencial de forçar os pagamentos de salários, das mercadorias, das dívidas, ele também pode impor *a forma* com que o pagamento dessas dívidas se deve realizar. Portanto, impõe a sua moeda-papel à aceitação de todos os demais elementos da sociedade.

A partir desse momento, a quantidade de moeda existente na economia se desliga dos custos de produção da mercadoria-moeda. É preciso lembrar que, enquanto a mercadoria-moeda existe, a quantidade dela que está em circulação vai depender da necessidade objetiva da circulação e do valor dessa moeda-mercadoria. No momento em que o Estado, dentro de uma economia nacional, pode impor a aceitação dos seus papéis, ele inventa a *moeda inconversível*. Hilferding (em *O capital financeiro*) foi o autor marxista que verificou esse fato: que o monopólio da emissão por parte do Estado lhe permite controlar a quantidade de moeda em circulação, independentemente do valor da moeda-mercadoria. Apesar de fazer essa análise, Hilferding nega, no entanto, a possibilidade do funcionamento normal de uma economia capitalista com um sistema monetário puramente de papel. Diz que ela não pode funcionar a longo prazo, em primeiro lugar porque o Estado não dispõe de poder suficiente, nem de conhecimentos para poder garantir a estabilidade do valor da moeda. Se o Estado, arbitrariamente, determina o volume de papel-moeda em circulação, pode cometer erros terríveis, e esses erros, embora não deem escândalos financeiros, porque o Estado nunca entra em bancarrota, podem levar a flutuações abruptas de preços, a situações de inflação aguda e deflação aguda que vão atrapalhar o funcionamento normal da economia. Além disso, como não há uma autoridade monetária internacional, as transações entre países necessariamente têm que se fazer com o uso de moeda-mercadoria.

Essa observação de Hilferding é curiosamente profética, porque ele escreveu isto há cerca de setenta anos e a atual crise do dólar demonstra, claramente, que ele tinha razão. O ouro ainda funciona como mercadoria-moeda no comércio internacional e a tentativa de substituir ou complementar o ouro com moedas-papel nacionais (dólar ou libra) só pode funcionar em períodos excepcionais, como foi o período posterior à Segunda Guerra Mundial, mas normalmente acabam se criando situações de crise que fazem que haja um retomo à moeda-mercadoria.

O problema que se coloca é o seguinte: é possível haver uma circulação monetária controlada a partir do governo enquanto o resto da produção está sujeito à anarquia característica do sistema capitalista? O papel-moeda existe, isso não se discute mais, a maior parte dos países o usa dentro da sua economia nacional. A moeda-mercadoria praticamente não funciona mais em nenhum país capitalista. O que se pergunta é se o governo tem realmente uma possibilidade de arbitrariamente determinar Q, de aumentar e diminuir o volume de moeda existente na economia ou se ele meramente é forçado, pelo funcionamento da própria economia, a prover o volume de moeda que esta economia requer. Existe um equívoco em toda a discussão que consiste em se procurar saber o que é e não é moeda, se a verdadeira moeda é a moeda-mercadoria e toda circulação de papel é apenas um reflexo dela ou se o papel-moeda é realmente uma moeda. Não tenho dúvidas de que ele é uma moeda, a verdadeira questão está no controle do seu volume. Toda a discussão sobre inflação se faz em função disto.

Existe uma tendência dos governos capitalistas de usar o seu monopólio de emissão da moeda do mesmo modo irresponsável que John Law o usou na França no século XVIII, ou seja, para pagar suas dívidas. Em lugar de procurar aumentar a renda tributária, de aumentar os impostos, que é sempre uma forma politicamente nociva porque ninguém gosta de pagar, os governos tendem simplesmente a aumentar Q, ou seja, fazer surgir da máquina impressora uma maior quantidade de equivalente geral e pagar com ela suas próprias dívidas. O resultado dessa ação governamental pode ser encontrado na análise de Marx que nos dá, pelo menos, uma primeira chave para seu entendimento. Quando o governo emite, o efeito é o mesmo de quando havia maior produção de ouro, no caso da mercadoria-moeda. A quantidade de moeda efetivamente necessária é predeterminada, é um certo Q. No momento em que o governo introduz um acréscimo àquela quantidade, o que ocorre é que esse acréscimo vai reduzir o valor do equivalente em relação às demais mercadorias. A economia se ajusta através do nível geral de preços, coisa que não poderia fazer na época da moeda-mercadoria, porque, no momento em que o valor da moeda descesse abaixo de um certo nível, a produção dessa moeda cessaria. É claro que o valor unitário da nota de papel é sempre muito grande em relação ao tempo de trabalho social necessário que sua produção requer. Nessas condições, não existe esse limite para o governo, que pode desvalorizar a moeda à vontade. Não é preciso insistir em exemplos, porque todos que viveram estes últimos anos no Brasil sabem até que ponto pode-se desvalorizar a moeda em um prazo muito curto de tempo. Mas, à medida que o governo produz uma maior quantidade de moeda, ele aumenta a necessidade de moeda na economia e cria assim um círculo vicioso. No momento em que aumenta Q, ele automaticamente aumenta o valor nominal de todas as transações, porque os preços sobem. No momento seguinte, esse aumento de valor nominal se incorpora à quantidade socialmente necessária de moeda, com um nível de preços mais elevado. Portanto, se o governo insiste em obter uma maior parcela do produto social através do seu poder de emissão, tem que voltar a emitir ainda uma parcela adicional e assim sucessivamente, isto é, gerar uma inflação cada vez maior. No sistema de papel-moeda isto é possível, embora leve a distúrbios bastante sérios para o funcionamento da economia.

Por outro lado, a existência de um sistema de papel-moeda conferiu ao Estado um poder de regulação sobre a economia de grande alcance. A dúvida que se colocou na época de Hilferding é se é possível que haja o funcionamento normal de uma economia capitalista sem mercadoria-moeda, isto é, com uma moeda que seja apenas uma *representação do valor*, que o Estado emite e joga em circulação. Essa questão deve-se colocar, em nossos dias, dentro do contexto do capitalismo monopolista em que o governo dispõe de outros recursos também para o controle da economia. Isto é um elemento importante para se fazer uma teoria contemporânea marxista da moeda. O Estado, em todos os países capitalistas, controla diretamente pelo menos $\frac{1}{4}$ da produção social, isto é, o volume de recursos que ele absorve corresponde em geral a mais de ¼ do produto social. Dessa maneira, o Estado controla Q e ao mesmo tempo uma grande parcela do conjunto de mercadorias que estão sendo transacionadas. Um sistema monetário administrado centralmente, que é realmente um passo para o planejamento central da economia, vai-se tornando cada vez mais viável à medida que o governo vai aumentando também as outras formas de controle sobre a economia.

É realmente correto por parte de Hilferding dizer que o sistema de papel-moeda inconversível é incompatível com o sistema capitalista não controlado por qualquer autoridade central. Mas tal sistema não existe mais hoje, principalmente depois da Segunda Guerra Mundial. O capitalismo monopolista se transforma pouco a pouco também num capitalismo de Estado, em que as autoridades econômicas dispõem de um conjunto de instrumentos de controle sobre a economia que não se restringe apenas ao controle sobre a quantidade ou volume de moeda. Suponhamos, por exemplo, que o governo aumente a quantidade de moeda, gerando com isto uma pressão inflacionária, ou seja, reduzindo o valor do equivalente. Ele pode ao mesmo tempo aumentar os impostos ou diminuir suas despesas e com isso aniquila uma parte das transações reduzindo novamente Q. Se o governo controla 25% do produto social (ou do produto nacional bruto) e se ele reduz as suas despesas a 20% do PNB e ao mesmo tempo emite, uma coisa compensa a outra. Esta é uma das técnicas de luta contra a inflação, tendo sido posta em prática no Brasil, recentemente. No ano de 1964, o governo emitiu um volume de moeda maior do que em qualquer ano anterior, gerando com isto o que foi chamado de "inflação corretiva". Porém, ao mesmo tempo, o governo reduziu seus investimentos, reduziu uma boa parte dos seus próprios gastos, contraiu nesse sentido a demanda pela moeda, ao mesmo tempo que aumentou sua oferta. Criou com isto um impasse que se manifestou sob a forma de uma crise, mas cujo resultado foi cortar a subida dos preços em 50%. Os preços subiram em 90% em 1964 e em 45% em 1965.

O tipo de capitalismo com que nos defrontamos hoje é radicalmente diferente do capitalismo que foi presenciado por Marx ou mesmo por Hilferding no começo do século. Para a compreensão do significado da circulação monetária e do papel do Estado nele, é preciso levar em consideração as características globais deste capitalismo do nosso tempo.

Sétima aula

Crédito

Vamos analisar o crédito do ponto de vista keynesiano. A análise do crédito feita por Marx é uma das partes menos completadas de *O capital*. Da mesma forma que Keynes, Marx também encarava o sistema de crédito como uma extensão do sistema monetário, mas não chegou a desenvolver todas as implicações da "política de crédito" para as mudanças de conjuntura e o mesmo tampouco foi feito pelos seus sucessores.

Depois da grande crise de 1929, os países capitalistas foram abandonando a moeda-mercadoria corno base dos seus sistemas monetários nacionais, embora tivessem que a manter como meio de troca nas transações internacionais. Dessa maneira, o volume de meios de pagamento em cada país deixou de ser determinado pelos mecanismos automáticos do mercado, passando a ser regulado pelo governo. (Isto já foi mostrado na última aula, mas deve ser recordado, porque vai ser uma das bases da análise do crédito.) E em virtude disso, a teoria contemporânea do crédito se baseia muito mais na análise que foi oferecida por Keynes, em *A teoria geral do emprego, do juro e da moeda*, do que nas teorias expostas por Marx, que ainda não foram atualizadas para os sistemas monetários modernos.

Para se entender o problema do crédito é necessário ter-se uma definição de *liquidez*, que é um conceito econômico derivado da física. Se imaginarmos diferentes substâncias, variando desde o sólido até o líquido, é claro que quanto mais líquida for uma substância, mais facilmente ela muda de forma, porque ela toma a forma do continente: do copo, garrafa, vaso etc., em que a colocam. Essa ideia de liquidez é aplicada aos valores. Há valores mais líquidos ou menos líquidos conforme a facilidade que seus possuidores encontram em mudar sua forma. Uma casa constitui um valor, ou seja, ela tem um preço e pode-se transformá-la em qualquer outro bem, vendendo-a e comprando outro bem. Porém, é preciso encontrar um comprador para a casa. A casa representa um volume muito grande de valor, que não pode ser subdividido sem que seu valor seja diminuído. Portanto, a casa não é um valor muito líquido. Para mudar-lhe a forma leva tempo, é preciso arranjar um corretor que a venda e assim por diante. Casas, navios, automóveis são valores geralmente pouco líquidos. Já um valor igual ao da casa, mas sob a forma de estoques de mercadorias que se vendem com grande facilidade, como cadernos escolares na época do início das aulas, pode ser transformado em outras formas de valor com mais facilidade. Todos os valores possuídos por empresas, entidades ou indivíduos têm maior ou menor liquidez e a forma *mais líquida do valor* é o próprio dinheiro, a *moeda*. Pode-se transformar a moeda em qualquer outra forma de valor, pois ela é de aceitação obrigatória e imediata. Se, em vez de casa, alguém tiver dinheiro, pode comprar o que quiser. Portanto, a forma de máxima liquidez dos valores é a moeda legal.

A moeda é dita "legal" quando é emitida pelo governo: o cruzeiro no Brasil, o dólar nos Estados Unidos, a libra na Inglaterra, o franco na França e assim por diante. Os valores sob a forma de moeda legal são os valores mais líquidos que podem existir.

Uma forma de valor um pouco menos líquido, embora de liquidez quase absoluta, é a chamada *moeda escritural*. A moeda escritural é composta pelos depósitos bancários à vista. Se tenho dinheiro no banco, posso dispor dele, emitindo um cheque. Desde que o vendedor aceite o meu cheque, esse depósito tem a mesma liquidez que a própria moeda legal. No entanto, há uma pequena diferença, pois em algumas áreas o cheque não será aceito. Por exemplo, se eu viajar para fora de São Paulo e procurar pagar minha conta do hotel em Recife com um cheque sacado contra um banco de São Paulo, é possível que não o aceitem. Então devo retirar o dinheiro do banco e transformar a moeda escritural, o depósito bancário, em moeda legal para poder pagar contas fora da cidade da minha agência bancária. Portanto, o depósito bancário representa uma liquidez um pouquinho inferior à da moeda legal, pois depende da aceitação do cheque, que é um documento com o qual se movimenta o depósito bancário. Outra forma de valor ainda um pouco menos líquido são os chamados títulos públicos a curto prazo, títulos que vencem em seis meses. Se compro, por exemplo, uma letra do tesouro nacional ou do governo de São Paulo ou do de Minas Gerais, esses títulos têm garantia quase absoluta, pois governos nunca abrem falência e, em virtude disso, posso transformar esse título em moeda legal com grande facilidade na bolsa de valores.

Temos, portanto, formas de valor que são cada vez menos líquidas até chegarmos a formas extremamente ilíquidas. Por exemplo, posso ter uma grande quantidade de valor em um selo raro, em um quadro de Van Gogh, ou em outro objeto cuja demanda está restrita a um grupo de aficcionados. Podem ser objetos muito preciosos, mas não são fáceis de vender. Eles constituem formas extremamente ilíquidas. As formas de valor mais líquidas, moeda legal e escritural, são consideradas em conjunto: *moeda*. Os títulos públicos de vencimento a curto prazo são considerados *quase moeda*.

O crédito é principalmente a transação entre valores de liquidez diferente. Quando empresto dinheiro a alguém, estou abrindo mão da liquidez, estou entregando a quem toma emprestado um valor absolutamente líquido, sob a forma de dinheiro, e recebo dele um documento de dívida, que pode ser uma duplicata, uma nota promissória, uma letra de câmbio, cuja liquidez depende do prazo de vencimento, mas que é sempre *menor* que a do dinheiro. Esta é a essência de uma transação de crédito.

Quando deposito dinheiro no banco, transformo minha moeda legal em moeda escritural, transformo, portanto, um valor de liquidez máxima em um valor de liquidez um pouco menor, abro mão de alguma liquidez. Isto acontece também quando o banco empresta dinheiro a mim. Quando tomo dinheiro emprestado do banco para aplicar em alguma coisa, estou transformando dinheiro do banco, que é moeda legal, de liquidez absoluta, num documento de dívida que entrego ao banco como garantia. O valor é o mesmo, porém o banco só pode dispor desse valor dali a um certo prazo, que é o prazo da dívida.

A *taxa de juros* é a remuneração pela *renúncia à liquidez*. Quando o banco paga juros a mim porque depositei dinheiro nele, ele está pagando a minha renúncia à liquidez, pois estou abrindo mão de moeda legal, de que eu posso dispor a qualquer momento, para ter um depósito bancário, que tem liquidez um pouco menor. Pelo fato de que a diferença entre a liquidez da moeda legal e da escritural é muito pequena, os juros que se pagam sobre depósitos à vista também são muito pequenos. Mas existem e são geralmente positivos, embora ocasionalmente possam ser negativos: nesses casos, além de o banco não pagar juros, ainda cobra uma taxa de administração do depósito.

Se compro títulos públicos com moeda legal, por exemplo, estou abrindo mão de certa liquidez, embora o título público seja bastante líquido, é fácil transformá-lo em dinheiro. Por isso o título público rende juros.

Se vou emprestar dinheiro a uma pessoa cujo crédito, ou seja, a confiança que os demais depositam nele, não é muito grande, a liquidez de sua duplicata ou de sua nota promissória é pequena. Dificilmente vou conseguir vender essa nota promissória antes do seu vencimento. Por isso vou cobrar juros mais altos.

Definimos dessa forma as transações de crédito e a taxa de juros básica. É preciso acrescentar que embora estejamos tratando, inclusive nas aulas anteriores, da taxa de juros como se fosse uma só, na realidade há toda uma grande faixa de taxas de juros que correspondem a vários elementos diferentes daquele essencial que é a diferença de liquidez. Por exemplo: há o problema do risco. Ao abrir mão de liquidez, entregando o dinheiro ao banco, as pessoas supõem que podem emitir cheques e assim dispor desse dinheiro com bastante liquidez, mas o banco pode abrir falência acarretando prejuízo total aos depositantes. Esse risco influi sobre a taxa de juros.

Portanto, a taxa de juros real não somente reflete a diferença de liquidez, mas reflete também um elemento do risco. Além disso, nas trocas de liquidez, isto é, nas transações de crédito, intervêm, em geral, intermediários: bancos, companhias de seguro, companhias de financiamento, corretores. O trabalho do intermediário evidentemente tem que ser remunerado. Há toda uma série de empresas que têm capital investido nessa atividade, visando ao lucro, e esses custos de intermediação, isto é, o preço desses serviços também vai onerar a taxa de juros. Desse modo, a taxa de juros real é maior do que meramente o valor da diferença entre a liquidez dos vários tipos de valor que estão sendo trocados. Portanto, à taxa de juros, vamos dizer, pura, básica, se somam dois elementos a mais: o custo da própria transação (a remuneração do intermediário) e o elemento de risco. A taxa de juros também depende dos diferentes prazos pelos quais se renuncia à liquidez. Depósitos em bancos podem ser a prazo fixo, por exemplo, de seis meses ou de um ano. Nesses casos, evidentemente a renúncia à liquidez é tanto maior quanto maior for o prazo. Os juros tendem a ser proporcionais ao prazo pelo qual se renuncia à liquidez. Na prática, há uma faixa de taxas de juros na qual se podem distinguir a taxa de juros a curto prazo e a taxa de juros a longo prazo, entre muitas taxas de juros, desde a mais baixa até a mais alta.

O problema central da análise do crédito, do papel que ele desempenha em uma sociedade capitalista, é *o que* determina a taxa de juros. Consideramos apenas a taxa de juros pura, à qual se somam os elementos de risco e de custo de transação. Pode-se considerar o elemento de risco e o elemento de custo como dados e procurar determinar quais são os fatores que fazem variar a taxa de juros fundamentalmente em termos de transação de liquidez. Para isto, diz Keynes, é preciso determinar o que constitui a demanda por dinheiro, que Keynes chamou de *M*, provavelmente porque é a letra inicial de moeda (*money*). Ele diz que a demanda por moeda de uma economia provém basicamente de dois motivos: o motivo das transações e o motivo especulativo. O motivo das transações dá lugar a uma demanda

M_1 por moeda e o motivo especulativo dá lugar a uma demanda M_2, de tal modo que: $M = M_1 + M_2$

O motivo das transações decorre basicamente do seguinte: toda e qualquer pessoa ou entidade (econômica ou não) necessita de uma certa quantidade de valor líquido para as suas transações normais. A pessoa recebe o salário em sua conta de banco, faz os pagamentos maiores com cheque (aluguel ou prestações), porém, para pagar o ônibus, o táxi, o lanche no bar e outras transações pequenas, usa moeda legal. É preciso ter para isso a forma de valor mais líquida: a moeda legal. A gente em geral sabe por experiência de quanto vai precisar: quando se coloca o dinheiro no banco, já se retira uma certa quantia, por semana por exemplo, para essas transações que não variam muito de valor. Além dessas transações rotineiras, existem certas transações que podem ser inesperadas, mas para as quais é necessário ter certo dinheiro de reserva, como pagar o médico ou a farmácia no sábado à noite, quando os bancos estão fechados. Dessa maneira, a demanda por moeda para transações rotineiras e para casos imprevistos por parte das pessoas constitui parte de M_1.

O raciocínio é idêntico para as empresas, órgãos públicos etc. Estes também têm uma série de pagamentos rotineiros a serem feitos por meio de moeda escritural ou moeda legal. Certas empresas pagam o salário em cheque, outras pagam em dinheiro vivo. Estão nesse último caso principalmente empresas que têm grande número de trabalhadores que ganham salário mínimo, que não usam, portanto, conta bancária e precisam levar dinheiro para casa para pagar a conta da venda no fim do mês. Essas empresas têm que dispor do montante de dinheiro constante na folha de pagamento. O motivo de "precaução" funciona também para as empresas, pois elas precisam ter uma certa reserva de moeda legal para pagamentos de emergência que podem surgir. Desse modo, o conjunto de demanda por moeda, dos indivíduos e das empresas, para *transações* constitui a demanda por moeda, M_1.

Por outro lado, existe uma demanda *especulativa* por moeda. O indivíduo ou a empresa só se interessa em renunciar à liquidez daqueles valores de que não vai precisar para transações. Se a taxa de juros que for receber se mantiver mais ou menos constante, pode valer a pena renunciar à liquidez. Se, no entanto, é de se esperar que a taxa de juros vá subir, não lhes interessa renunciar à liquidez no momento.

Digamos, por exemplo, que vou receber o 13º salário e não preciso gastar o dinheiro imediatamente. Então posso colocá-lo a juros. Posso comprar um título do governo ou mesmo uma ação de uma empresa, alguma coisa que seja menos líquida que o dinheiro, mas que, em compensação, me garanta o juro. Se esse juro for, por exemplo, de 5% ao ano, vou imobilizar meu dinheiro por um ano a 5%. Se tiver razões para acreditar que daqui a um mês a taxa de juros será ainda de 5%, não há razão nenhuma para que eu espere para fazer a transação. Se achar que daqui a um mês os juros serão não de 5%, mas de 4%, por exemplo, por mais razão ainda vou me apressar a comprar a forma menos líquida de valor para aproveitar a taxa de juros maior. Porém, se eu tiver algum motivo para acreditar que daqui a um mês a taxa de juros será de 6%, por exemplo, vou esperar um mês, mantendo o meu valor sob a forma de moeda legal, ou de moeda escritural, tanto faz, até que a minha expectativa de aumento de juro se realize, isto é, que efetivamente o juro suba, ou até que minha expectativa mude, ou seja, até que eu mude de opinião. Isto é o que Keynes chamou de *preferência pela liquidez*. Do ponto de vista da especulação, posso sempre preferir manter-me líquido, ou seja, manter uma parte dos meus valores sob a forma de moeda legal ou de moeda escritural. Ora, se várias pessoas fizerem isto, o juro tende realmente a subir. Porque, assim como existe uma oferta de liquidez por parte de quem tem fundos sobrando, há uma demanda por liquidez por parte de quem precisa de dinheiro para transações. Então, à medida que o dinheiro se transfere de M_1 para M_2, ou seja, o dinheiro se transfere do fluxo comercial para os estoques de dinheiro para especulação, cria-se uma escassez de numerário, uma escassez de liquidez. A liquidez passa, então, a custar mais. A renúncia à liquidez passa a ser mais cara e a expectativa de que o juro vai aumentar efetivamente se realiza. Isto significa que a taxa de juros é em grande parte governada pela expectativa em relação a ela própria. A taxa de juros vai ser aquilo que as pessoas esperam que ela seja.

A demanda por moeda compõe-se, pois, de duas partes fundamentais: a demanda para *transações* que é uma função do nível de atividade da economia: M_1 será tanto maior quanto mais houver transações. (Na aula passada mostrei que a quantidade de moeda do sistema, na análise de Marx, dependia, em essência, do somatório das transações M-D. Pois bem, a demanda de moeda necessária para essas transações é o que Keynes chamou de M_1.) E uma segunda parte da demanda que é puramente especulativa e que se rege não pela taxa de juros existente, mas pela expectativa com relação a ela. É um elemento subjetivo dos especuladores, sendo que se supõe que todo mundo seja, em alguma medida, especulador. Não se considera somente o especulador profissional, que opera na bolsa, comprando e vendendo títulos o tempo todo, mas também pessoas de classe média para cima que têm recursos ociosos do ponto de vista de sua utilização imediata e que têm que decidir se vão aplicá-los a curto ou longo prazo ou se não vão aplicá-los.

Na determinação da taxa de juros há também um outro elemento objetivo que é a oferta de moeda, que chamamos, na última aula, de Q. Esta é a quantidade de moeda existente na economia em um certo momento. Essa moeda é a soma de moeda legal mais moeda escritural. Como se determina esse Q? Suponhamos que a moeda legal seja papel-moeda, que não tem lastro, que não tem nenhuma relação com qualquer mercadoria-moeda, como é a situação do Brasil e da maior parte dos países capitalistas hoje. A quantidade de moeda legal é nesse caso determinada, em última análise, pelas chamadas autoridades emissoras, ou seja, pelo banco central, que pode regular essa quantidade não somente emitindo, mas inclusive recolhendo dinheiro.

Quanto à moeda escritural, sua quantidade é uma função da quantidade de moeda legal. Suponhamos que o governo introduza em circulação uma certa quantidade de moeda legal, que podemos chamar de 100. Pois bem, esse dinheiro, na medida em que não está sendo necessitado para transações, vai se transformar em *depósitos bancários*.

Se o banco A, que recebeu os depósitos, pudesse pegar esses 100 e reemprestá-los de novo e a pessoa que os tomou emprestado os colocasse no banco B, e este fizesse a mesma coisa com relação ao banco C e este para o banco A e assim sucessivamente, uma emissão de digamos, 100 milhões de cruzeiros de moeda legal criaria uma quantidade *infinita* de moeda escritural. Porém, os bancos não podem fazer isto. O banco A que recebe 100 não pode reemprestar 100. Ele tem que reter uma parte desses 100 para poder pagar as retiradas, quer dizer, a transformação da moeda bancária em moeda legal. Assim como há muita gente que faz depósitos, há muita gente que retira dinheiro. Essa reserva em moeda legal, que o banco tem que ter, é o chamado *encaixe*. E o encaixe, ou seja, a reserva do banco em moeda legal, é uma certa fração constante dos depósitos, que o banco tem. Quando o negócio bancário generalizou-se, essa fração acabou se fixando em mais ou menos 8%, como resultado da observação do comportamento dos depositantes pelos banqueiros. Estes concluíram, depois de muito errar, que uma reserva de 8% em moeda legal dos depósitos é suficiente para fazer face às retiradas. Hoje, geralmente o encaixe é determinado pelo governo. Os bancos são obrigados a ter um certo encaixe, que é depositado no banco central. Esse encaixe é geralmente mais que 10% dos depósitos. Ele pode ser, vamos dizer, 20%. Isto significa que o banco A, se recebeu depósitos de 100, só pode emprestar 80 para alguém e se esse alguém vai depositar essa quantia no banco B, o banco B só pode emprestar 64 (ou seja, 80% de 80), que será depositado no banco C, que só pode emprestar 51,2 (80% de 64) e assim sucessivamente. Quanto mais voltas o dinheiro dá, tanto mais os novos depósitos tendem a zero. No caso de um encaixe de 20%, a quantidade de moeda escritural criada por uma adição de moeda legal é cinco vezes o valor dessa moeda legal adicional.

Quanto maior for o encaixe, menor será o volume de moeda escritural criado. Se o encaixe for de 20%, o volume total do moeda escritural criado por uma emissão de 100 de moeda legal será 100+80+64+51+... = 500. Se ele for de 25%, o volume de moeda escritural criado será de 400.

O volume de moeda escritural criado sempre é um múltiplo do aumento de moeda legal: sendo o encaixe igual a x, o volume de moeda escritural será o inverso de x, isto é $1/x$ vezes o acréscimo de moeda legal. Se x for 20%, por exemplo, o inverso de 20%, ou seja $1/0,2$, é igual a 5; se x for 25%, o inverso $1/0,25$ é igual a 4 e assim por diante.

O mais importante é entender que a moeda escritural é sempre *uma função da moeda legal*. O volume de moeda escritural é maior que o de moeda legal, mas é um múltiplo que o próprio governo pode controlar através da fixação do encaixe através da obrigação que ele impõe aos intermediários de manterem um encaixe em moeda legal como fração dos seus depósitos.

A questão básica está em saber em que medida as variações de M influem na taxa de juros. Habitualmente, a taxa de juros cai se Q aumenta, porque a demanda M_1 para transações vai poder ser mais facilmente satisfeita, pois existe um maior estoque de moeda legal e escritural em circulação. O governo pode aumentar Q, emitindo moeda legal ou meramente reduzindo o encaixe dos bancos. Fazendo uma coisa ou outra, o governo, ao aumentar Q, cria valores líquidos na economia e em consequência diminui a remuneração pela renúncia à liquidez. Isto cria uma expectativa de que a taxa de juros caia. Se as pessoas esperam que a taxa de juros caia, M_2 vai diminuir: não vale a pena estocar dinheiro esterilmente, é melhor aplicá-lo imediatamente, antes que a taxa de juros caia. Então, o que ocorre realmente é que, quando aumenta Q (a oferta de meios de pagamento), diminui M, o que tende a fazer que a taxa de juros caia mais depressa. Porém existe um limite, diz Keynes, que está na psicologia dos especuladores. A experiência passada dos especuladores lhes ensina que a taxa de juros não pode cair abaixo de certo limite. Se a taxa de juros for de 5% e o governo aumentar o volume de moeda legal e escritural, a taxa de juros cai para 4%. Os especuladores desentesouram, o dinheiro passa de M_2 para M_1, isto é, passa das mãos dos entesouradores às mãos dos que vão usá-lo para transações e a taxa de juros cai para 3%. Essa taxa de juros de 3% é o mínimo, vamos supor, que os especuladores aceitam. A partir daí, os especuladores não acreditam que a taxa de juros vá cair mais, porque o elemento de risco e custo da intermediação do crédito tende a manter a taxa acima de certo nível mínimo. A partir desse momento, todo o dinheiro adicional que o governo for jogando na circulação não tem mais efeito sobre a taxa de juros. As expectativas se invertem, as pessoas tendem a acreditar que daí por diante a taxa de juros só pode aumentar. Então M_2 vai aumentar, o entesouramento vai aumentar. Em última análise, o dinheiro que for sendo criado pelo governo vai sendo entesourado pelos especuladores. Haverá uma transferência de liquidez do governo para o especulador, sem efeito sobre M_1, isto é, sobre o volume de meios de pagamento utilizado em transações "reais". Portanto, o governo tem possibilidade de reduzir a taxa de juro, porém só até certo limite, que depende do estado de expectativa dos especuladores.

Quais são os efeitos da variação da taxa de juros sobre a atividade econômica no sistema capitalista? Se há uma redução na taxa de juros porque o governo aumentou Q, e fez diminuir ao mesmo tempo M_2, a demanda especulativa por moeda, então, dada uma certa eficiência marginal do capital, ou seja, uma expectativa de lucro dos investidores, os investimentos vão aumentar. Na aula sobre acumulação de capital, mostrei que o investimento se dá até o ponto em que o lucro esperado é igual à taxa de juros vigente. Quando se chega a esse ponto, não há interesse em continuar investindo porque é mais interessante colocar o dinheiro a juros, pois o risco é menor. Se a taxa de juros cai, uma série de investimentos que antes não eram viáveis passam a sê-lo. Isto deve levar ao aumento do fluxo de investimentos, resultando daí tanto a expansão da capacidade produtiva como o aumento da produção.

Se a economia estiver com capacidade ociosa, isto é, com trabalhadores desempregados e com capacidade de produção que não está sendo utilizada, a redução da taxa de juros e o aumento dos investimentos fará que a atividade econômica aumente. Com isto, vai crescer M_1, a necessidade de moeda para transação, pois tanto os trabalhadores adicionais agora passam a receber salários em moeda que usam para seus gastos, como as empresas, que trabalhavam com parte apenas de sua capacidade, passam a usar maior proporção da mesma e, consequentemente, necessitam de mais moeda para suas transações. Haverá, portanto, um aumento de M_1 e, em teoria pelo menos, o nível de preços deverá permanecer o mesmo. Portanto, havendo desemprego e capacidade ociosa, o fato de o governo aumentar Q pode ter por efeito meramente elevar o nível de emprego, sem gerar qualquer efeito no nível de preços.

Esse mecanismo funcionaria até se chegar a uma situação de pleno emprego. Acontece que o governo não sabe realmente qual é o ponto do pleno emprego. A partir do pleno emprego, a tentativa de usar moeda para investir se frustra. Investir significa criar novas fábricas, novas fazendas, novos bancos, novas casas comerciais etc. Mas, se não existem pessoas disponíveis para trabalhar nos novos empreendimentos, a estes só resta tentar procurar atrair empregados entre os já existentes, mediante a oferta de salários mais elevados. É óbvio que as empresas mais antigas resistirão oferecendo aos seus trabalhadores também remuneração maior. Dessa competição entre os empregadores por mão de obra resultará uma elevação geral do preço da força de trabalho, sem que o volume desta se expanda. Dessa maneira, se algumas das novas empresas conseguirem empregados, isto só se dará à custa de outras. O aumento de produção em alguns setores será compensado pela redução da atividade, por falta de mão de obra, em outros. Portanto, a partir do momento em que a economia entra em pleno emprego, qualquer aumento da oferta de meios de pagamento Q só pode ter por efeito uma elevação de salários que necessariamente se transmite aos preços, dando início a um processo de inflação.

Assim, em teoria, a ação do governo de controlar a quantidade de moeda pode levar a economia a uma situação de pleno emprego, porém, a partir daí, qualquer tentativa de ainda reduzir a taxa de juros e aumentar o emprego é impossível e se transforma em inflação. Diz Keynes, com muito realismo, que numa economia capitalista, não planificada, esse esquema não é tão simples nem tão lógico como foi descrito. Porque, quando caminhamos de uma situação de desemprego e de capacidade ociosa para um aumento da capacidade produtiva, podem surgir pontos de estrangulamento. Por exemplo: quando combino trabalho com capital, ou seja, emprego trabalhadores para trabalhar com um certo equipamento, não somente preciso de trabalhadores não qualificados, como também de trabalhadores qualificados. Então, pode acontecer que todos os trabalhadores qualificados já estejam empregados. Desse modo, a tentativa de investimento além do pleno emprego dos *trabalhadores qualificados* se torna impossível, mesmo que haja uma grande quantidade de trabalhadores não qualificados ainda não empregados. Cria-se um ponto de estrangulamento que joga a economia em uma situação de *falso pleno emprego* e toda tentativa de estimular a atividade produtiva aumentando a quantidade de moeda vai-se transformar em inflação antes que o pleno emprego real se crie. Este é um exemplo de ponto de estrangulamento gerado por uma insuficiência de trabalhadores especializados. Outro exemplo seria a falta de energia elétrica. Para se criar capacidade adicional de produzir energia elétrica, os investimentos demoram 5, 6 ou 7 anos para "amadurecer", dependendo do tempo de construção de novas usinas e respectivas redes de transmissão. Quando se procura ampliar a capacidade produtiva industrial, que usa energia elétrica, até o ponto de plena capacidade do sistema de geração, cria-se um ponto de estrangulamento. A partir daí, novos investimentos industriais tornam-se impossíveis e a tentativa de elevar a capacidade de produção industrial se frustra gerando tensões inflacionárias. O transporte pode ser outro ponto de estrangulamento. Enfim, é só pensar no fato de que a divisão social do trabalho representa um sistema tremendamente delicado de equilíbrio e harmonização de muitas atividades complementares para se perceber que é muito fácil que, em uma economia não planejada, o crescimento da atividade vá, mais cedo ou mais tarde, esbarrar em pontos de estrangulamento.

Esses pontos de estrangulamento, em geral, não são absolutos, no sentido de que, a partir daí, nenhuma capacidade produtiva pode se expandir. Certas atividades, como aquelas que usam energia elétrica, serão barradas, porém outras, que não a usam, poderão crescer. Dessa maneira, o que vai acontecer na prática é que, sempre que se cria um aumento do volume de moeda legal ou escritural em uma situação que não é de pleno emprego, haverá os dois efeitos simultaneamente: de um lado, um certo aumento da capacidade produtiva e, do outro, um aumento de preços. O aumento de preços é o resultado dos vários pontos de estrangulamento que vão surgindo na economia pouco a pouco e, à medida que eles se multiplicam, vão barrando a expansão da atividade produtiva até um ponto em que passa a ser impossível expandi-la mais. À medida que isto vai acontecendo, os aumentos de Q vão se transformando cada vez mais em aumentos de preços. Verifica-se, assim, a inter-relação entre a taxa de juros, crédito, moeda e atividade produtiva.

A irracionalidade do processo está no fato de que os pontos de estrangulamento não são previstos de antemão. A análise do crédito é útil para se entender a chamada economia capitalista moderna, que é um tipo de capitalismo de Estado. O Estado tem um instrumento poderosíssimo para influir na atividade produtiva, na medida em que é ele que condiciona a evolução de Q, ao controlar não somente a moeda legal mas o sistema bancário e, portanto, a moeda escritural. Porém, ele somente pode estimular até certo ponto a atividade produtiva, não tendo possibilidade de impedir que sucessivamente mais e mais pontos de estrangulamento apareçam. Eles só se tornam conhecidos tarde demais pelos seus efeitos. Só se pode perceber, por exemplo, que há um desequilíbrio entre mão de obra especializada e não especializada (que só pode ser superado especializando-se uma parte dessa mão de obra, expandindo-se o aparelho educacional, colocando-se gente na escola e assim por diante, o que demora muitos anos) depois que efetivamente os salários dos trabalhadores especializados forem muito superiores aos dos trabalhadores não especializados. Só a diferença de salários e a escassez real de trabalhadores especializados vai revelar o ponto de estrangulamento e a medida do desequilíbrio. Só aí é que providências vão ser tomadas. A mesma coisa quanto a uma série de outros pontos-chave ou estratégicos na economia.

Desejo concluir esta exposição insistindo mais um pouco na influência da variação do nível de preços, que vai ser objeto da próxima aula, sobre esse mecanismo, que é tremendamente autoestimulante. Caso se crie inflação, isto é, se aumentem os preços, a preferência pela liquidez passa a ser tremendamente onerosa. As reservas de moeda para especulação, M_2, vão se reduzir com grande rapidez, pois seria irracional manter valores em uma moeda que vai se desvalorizar. O valor da moeda é dado pelo inverso dos preços. Quando o governo aumenta o volume de moeda provocando certa elevação de preços e, portanto, perda de poder de compra da moeda, ele está forçando o desentesouramento da moeda legal nas mãos de empresas e indivíduos. Portanto, há uma espécie de multiplicador, que reforça a ação do governo. Se o governo lança 100 milhões em circulação para que o sistema bancário crie mais 500 milhões em moeda escritural, aumentando Q de 600 milhões, na prática acaba acontecendo que Q cresce muito mais, porque todo mundo que estava esperando um aumento da taxa de juros para aplicar dinheiro, no momento em que se torna conhecido que o governo está emitindo, espera não somente urna baixa na taxa de juros, mas também um aumento dos preços. Obviamente, para proteger o valor de sua propriedade, todos procuram converter a moeda em seu poder em bens. Desse modo, o efeito que o governo provoca pode ser muito maior e muito além do que ele espera. Por mais experiência que os governos capitalistas tenham disto, e essas manobras vêm sendo feitas sistematicamente desde o fim da Segunda Guerra Mundial, ainda assim eles erram sistematicamente, criando muito mais inflação do que esperam.

Às vezes, o governo faz o contrário, ou seja, para impedir a inflação, retira moeda de circulação. Para tanto, ele aumenta o encaixe dos bancos e reduz a moeda escritural, ou cria um orçamento superavitário, isto é, retira dinheiro da circulação através dos impostos e gasta menos do que retira, diminuindo a moeda legal em circulação. Ele, assim, não somente está reduzindo Q, mas criando uma expectativa de que a taxa de juros vai aumentar, estimulando a demanda especulativa por liquidez (M_2) e as pessoas vão entesourar o dinheiro, esperando poder aplicar a melhores taxas de juros mais tarde. Além disto, o governo, ao reduzir Q, cria uma expectativa de queda de preços, a qual também estimula a retenção especulativa da moeda: é melhor comprar mais tarde a preços menores. Com isto se retém muito mais dinheiro, os investimentos caem, M_1, a demanda de moeda para transações, também vai cair, porque a atividade econômica cai e a tentativa de acabar com a inflação acaba lançando a economia em depressão. Assim, percebe-se como todos esses fatores formam círculos viciosos em termos de um efeito que tende a repercutir por toda a economia e, embora o governo tenha o comando do processo, ele não consegue fazer que a economia cresça estavelmente. A tragédia e a irracionalidade do sistema capitalista moderno é de que, embora o governo tenha poder para condicionar o fluxo econômico, há forças que ele não pode controlar, que fazem que, de fato, os ciclos de inflação e deflação, de pleno emprego e desemprego, de crise, depressão e ascensão se verifiquem, embora agora muito dependentes da política econômica do governo.

Oitava aula

O nível de emprego

A economia capitalista se apresenta como um completo sistema de vasos comunicantes, em que milhares de diferentes valores de uso (bens e serviços) são produzidos e intercambiados sem que haja um plano geral que assegure que cada uma das múltiplas necessidades dos membros da sociedade seja satisfeita. Em lugar desse plano geral, há um conjunto de mecanismos "automáticos" que devem induzir produtores e consumidores a tomar as decisões adequadas de modo que o resultado do esforço produtivo efetivamente corresponda aos desejos e necessidades de todos. O importante aqui é que tais decisões são tomadas isoladamente, o que constitui a "liberdade econômica" ao ver dos partidários do sistema ou a "anarquia de produção" ao ver dos seus adversários.

Os mecanismos pretensamente automáticos que devem conduzir à alocação ótima de recursos, isto é, que devem assegurar que a quantidade produzida de cada valor de uso corresponda o melhor possível às necessidades, são os mecanismos de mercados em que predomina a livre concorrência. Tais mecanismos funcionariam do seguinte modo: a) a cada valor de uso corresponde um mercado em que um grande número de produtores encontra um número também grande de consumidores; nenhum produtor ou consumidor é tão forte economicamente a ponto de poder, pela sua ação individual, influir no preço; b) em cada mercado, a quantidade demandada pelos consumidores é tanto maior quanto menor for o preço, já que, a preço mais baixo, cada consumidor pode comprar maior quantidade e um número maior de consumidores pode entrar no mercado; é claro que, se o preço aumentar, deve-se esperar o contrário, ou seja, que o volume demandado caia, seja porque cada consumidor agora só pode comprar menos e alguns terão mesmo que se retirar do mercado; c) em cada mercado, a quantidade ofertada pelos produtores cresce quando o preço aumenta, e decresce quando o preço cai, o que decorre do fato de que, com determinado nível de custos, a margem de lucro em cada unidade é tanto maior quanto maior é o preço e vice-versa, tendendo os produtores a elevar a oferta quando o lucro unitário é maior e a diminuir a oferta quando o lucro unitário é menor.

São essas condições que permitem afirmar que, em cada mercado, o encontro dos interesses opostos de compradores e vendedores define ao mesmo tempo um único preço de equilíbrio e uma dada quantidade de mercadorias que, a *esse preço*, é transacionada. Com efeito, se a procura varia *inversamente* e a oferta *diretamente* com o preço, só pode haver um único preço em que a quantidade de mercadorias que os consumidores desejam comprar coincide com a quantidade que os produtores desejam vender. Esse aspecto pode ser mais bem ilustrado com um produto novo que é lançado no mercado sem que os produtores conheçam as condições de procura. Suponhamos que esse produto seja um novo tipo de tecido pré-desbotado e pré-amarrotado e que sua oferta seja inicialmente de um milhão de metros vendidos a Cr$ 1.000,00 o metro. A esse preço, porém, poucos podem comprar o tecido, de modo que apenas 500 mil metros são efetivamente vendidos. Vão sobrar, portanto, outros 500 mil metros, o que vai forçar a baixa do preço para, digamos, Cr$ 800,00 o metro, e a esse preço haverá menos lucro, de modo que alguns produtores vão desistir desse tipo de tecido e a oferta cai a 750 mil metros. O preço mais baixo, no entanto, atrai maior número de compradores, que adquirem toda a produção e até fazem filas nas lojas, evidenciando que agora há falta do produto. Dessa maneira, o preço deverá subir de novo até que se atinja o equilíbrio, digamos, em que a um preço de Cr$ 930,00 o metro sejam transacionados 870 mil metros do tecido.

É claro que, na prática, o funcionamento dos mercados não corresponde bem a esse figurino teórico. Em primeiro lugar, porque os mercados, sobretudo no capitalismo hodierno, estão longe de ser competitivos. As consequências desse fato serão examinadas na próxima aula. Por ora, basta assinalar que, quando os mercados se tornam monopolísticos, os preços variam muito menos e os produtores tentam induzir os consumidores – e em geral o conseguem – a comprar a quantidade de mercadorias que eles lhes desejam vender. Em segundo lugar – e este é o aspecto que nos interessa aqui –, a teoria do ajustamento automático de oferta e procura mediante a flutuação do preço não leva em conta (em verdade, abstrai propositadamente) o fator *tempo*. Isso significa que, entre o momento em que o tecido do exemplo acima é lançado a Cr$ 1.000,00 o metro até o momento em que os produtores percebem que a esse preço a procura é muito inferior à oferta, transcorre um certo período de tempo, dentro do qual as condições tanto da oferta como da procura podem mudar. Em outras palavras, de acordo com a teoria do ajustamento automático, o equilíbrio é alcançado mediante uma série de movimento pendulares em que o preço apresenta oscilações *decrescentes* ao redor da posição de equilíbrio. Mas, para que isso aconteça, é preciso que tudo o mais permaneça constante, a famosa condição *coeteris paribus*, e é isso o que via de regra não se dá no capitalismo, cuja dinâmica revoluciona permanentemente tanto produção como consumo.

A produção é afetada sobretudo por inovações técnicas, que denominamos "mudanças de processo", as quais permitem alcançar o mesmo resultado com menor esforço, ou melhor, cada unidade passa a ser obtida com menor gasto total de tempo de trabalho. É o que acontece, por exemplo, quando o tecido passa a ser produzido por teares automáticos e não mais por teares mecânicos ou quando os televisores passam a ser equipados por transístores e não mais por válvulas. As mudanças de processo não reduzem simplesmente o tempo de trabalho necessário à produção de cada unidade, elas também alteram a distribuição desse tempo entre a produção do equipamento, que aumenta, e a produção do valor de uso final, que diminui. Teares automáticos são mais caros, isto é, absorvem mais tempo de trabalho, do que teares mecânicos, porém permitem reduzir em tal medida o tempo de trabalho gasto na operação de tecer que, no final, o custo do metro de tecido (sempre em tempo de trabalho, mas que se reflete também no custo em dinheiro) é menor.

Quando um ramo de produção passa por uma mudança de processo, a quantidade de trabalhadores nas etapas finais de elaboração do produto cai fortemente, ao mesmo tempo que o emprego na produção de equipamentos se expande. Durante determinado período – enquanto o equipamento que se tomou obsoleto é substituído –, o emprego total aumenta. Isto significa que os consumidores de tecido, cuja grande maioria é composta por assalariados, estão ganhando mais dinheiro e ao mesmo tempo o preço do tecido está baixando: a mudança de processo afeta simultaneamente demanda e oferta. Como resultado, pode-se esperar, numa fase inicial, uma rápida elevação do volume de vendas, o que enseja um amplo crescimento da produção. Assim, o novo equipamento vai não somente substituir o antigo – teares automáticos em lugar de teares mecânicos –, mas vai proporcionar uma capacidade de produção muito maior.

Mas, após algum tempo, não haverá mais equipamento antigo para substituir, e a produção de teares automáticos servirá apenas para repor os que se desgastaram. Nessas condições, o emprego na produção de equipamento, assim como na sua instalação, vai cair e a um ponto tal que o emprego total no ramo têxtil, incluindo fabricação de teares e fabricação de tecidos, será menor que antes, quando a indústria estava equipada com teares mecânicos. Isso tem que ser assim, pois, se não fosse, o custo do metro de tecido em tempo de trabalho não diminuiria como resultado da mudança de processo. A consequência final de qualquer mudança de processo tem que ser uma redução líquida do emprego, pois esta é sua justificativa econômica, embora seu efeito inicial (e que dura algum tempo) seja o de incrementar o emprego.

Quando entramos na segunda fase, a da queda no nível de emprego, a renda dos consumidores (na maioria assalariados) cai, o que faz que a demanda por tecidos diminua, determinando uma redução do volume transacionado e portanto produzido e, dessa forma, uma queda agora no emprego em tecelagem, o que vai por sua vez provocar nova redução do consumo. Vemos, portanto, que as mudanças de processo fazem o pêndulo do mercado subir durante um certo período e cair no seguinte. Tão logo abandonamos a condição *coeteris paribus* e olhamos para ver o que se encontra por trás da demanda – que é a renda dos consumidores e sua repartição – e por trás da oferta – que é uma estrutura de custo de produção periodicamente revolucionada por inovações tecnológicas –, verificamos que os ajustamentos automáticos jamais alcançam a posição de equilíbrio. Pelo contrário, o que esse exame nos faria esperar e a história do capitalismo plenamente confirma é que a economia evolui ciclicamente, passando periodicamente por fases de ascensão, crise e depressão. O ciclo de conjuntura é na verdade *provocado* pelo funcionamento automático dos mecanismos de mercado, ao ampliar desmesuradamente os estímulos à expansão e à retração da atividade econômica.

A análise marxista do processo de inovação técnica no capitalismo leva a concluir que uma economia de mercado está sujeita a profundos desequilíbrios intersetoriais, que decorrem essencialmente do fato de que uma economia industrial moderna, além de se reproduzir corretamente, também vive destruindo e reconstruindo seu arcabouço de capital fixo. A aplicação de inovações técnicas e a consequente renovação de capital fixo se dá geralmente em ondas: os conhecimentos científicos e técnicos vão se acumulando, mas sua aplicação exige quase sempre um aumento da escala de produção, de modo que só na fase ascensional do ciclo se apresentam condições propícias. A elevação do nível de atividade e do emprego viabiliza a introdução de mudanças de processo e estas vão expandir o emprego na esfera de produção de elementos do capital fixo – equipamentos e instalações –, o que acentua o aumento do nível de atividade, tornando viáveis outras inovações técnicas, cujos efeitos sobre o nível de emprego vão se somar aos das anteriores, desencadeando um processo cumulativo de expansão.

Em termos da análise de Marx, a economia se divide em dois grandes departamentos: o Departamento I, que se dedica à produção de meios de produção – equipamentos, instalações, estradas etc. – e o Departamento II, onde são produzidos os meios de vida, ou seja, todos os bens e serviços de consumo. Na fase de ascensão do ciclo, o efeito das mudanças de processo é, em primeiro lugar, fazer que o Departamento I passe a crescer a um ritmo muito maior que o Departamento II, já que o crescimento deste último é induzido pelo primeiro. Não somente aumenta o fornecimento de máquinas e equipamentos do Departamento I ao Departamento II como também se amplia a produção de máquinas que produzem máquinas etc. A aplicação na prática de inovações técnicas permite verificar seus eventuais defeitos e insuficiências, o que dá lugar a aperfeiçoamentos, isto é, a inovações que podem acarretar o "obsoletismo tecnológico" prematuro de equipamento ainda relativamente novo. A história do computador ilustra bem esse processo: pouco depois de surgirem os primeiros computadores foram lançados os de segunda geração, depois os de terceira etc.; os computadores mais antigos, a válvulas, tiveram que ser sucateados simplesmente porque algum tempo depois que foram substituídos pelos de transístores e de circuitos integrados, não havia mais peças de reposição, tornando sua manutenção e reparo inviáveis.

Durante essa fase, o emprego se expande e a capacidade de produção das empresas é utilizada em nível mais alto – com o emprego de dois e até três turnos de trabalhadores –, o que faz que tanto os lucros como a renda dos assalariados se expanda. Uma parte crescente dos lucros é acumulada, o que vai financiar a expansão do Departamento I, ao passo que a expansão da massa de salários vai pressionar para cima os preços dos bens e serviços de consumo. É claro que, nessas condições, o equilíbrio entre oferta e demanda nos vários mercados desses bens e serviços não poderá ser atingido, simplesmente porque a chegada de novos consumidores (ou seja, os recém-empregados) e a elevação da renda dos consumidores mais antigos (que já tinham emprego, mas agora ganham mais) faz a procura se expandir continuamente, impelindo o preço para cima, o que induz os produtores a procurar incessantemente ampliar sua capacidade de produção. Estes passam a fazer pedidos ao Departamento I, que naturalmente não deixa de atendê-los, expandindo sua própria capacidade de produção mais uma vez.

A situação se inverte drasticamente, porém, quando a ampliação da capacidade de produção, sobretudo no Departamento I, se completa. Uma característica da técnica industrial moderna é que a capacidade de produção é cada vez maior, levando sua instalação um período cada vez mais longo. Assim, por exemplo, usinas siderúrgicas, refinarias de petróleo, centrais hidrelétricas ou nucleares são unidades imensas, que requerem vários anos a partir do momento em que são projetadas até o momento em que entram em funcionamento. Isto significa que a oferta de bens e serviços de consumo, no Departamento II, não se expande de forma gradativa, à medida que a procura cresce, mas aos saltos, à medida que novas (e grandes) unidades de produção se somam às já em funcionamento. É óbvio que, após vários desses saltos, a capacidade de produção supera, em vários ramos, a demanda corrente, o que faz que parte dela permaneça ociosa. O surgimento dessa capacidade ociosa em determinados ramos tem por resultado a cessação dos pedidos de novos equipamentos ao Departamento I. Isso pode levar facilmente a uma situação em que *toda* a capacidade fique ociosa nos ramos afetados do Departamento I, o que naturalmente faz as empresas desses ramos deixarem de comprar não apenas novos equipamentos, mas também matérias-primas, podendo até mesmo despedir uma grande parte de sua mão de obra. Dessa maneira, o surgimento de capacidade ociosa no Departamento II pode acarretar uma queda do nível de atividades no Departamento I, a qual se difunde pelos vasos comunicantes da economia, atingindo sempre novos ramos, até lançar o conjunto numa fase de crise e depois de depressão.

Retomemos o exemplo da substituição de teares mecânicos por automáticos. Suponhamos que, em 1970, a indústria têxtil utilizava 5 mil teares mecânicos para produzir 10 milhões de metros de tecido por ano, que era vendido por Cr$ 100,00 o metro. Surge o tear automático, que produz duas vezes mais tecido por ano e a um custo menor, de modo que o preço pode cair a Cr$ 8,00. A esse preço e dadas as condições de crescimento do emprego e dos salários, a demanda se expande, digamos a 10% ao ano dando lugar à evolução apresentada na Tabela 1.

Tabela 1

Ano (1)	Nº de Teares Mecânicos (2)	Produção (m) (3)	Nº de Teares Automáticos (4)	Produção (m) (5)	Oferta (m) (3)+(5)	Demanda (m)
0	5.000	10.000.000	–	–	10.000.000	10.000.000
1	4.500	9.000.000	500	2.000.000	11.000.000	11.000.000
2	4.000	8.000.000	1.000	4.000.000	12.000.000	12.100.000
3	3.500	7.000.000	1.600	6.400.000	13.400.000	13.310.000
4	2.000	4.000.000	2.600	10.400.000	14.400.000	14.640.000
5	–	–	4.000	16.000.000	16.000.000	16.110.000
6	–	–	5.500	22.000.000	22.000.000	17.720.000

Os números fictícios da Tabela 1 pretendem ilustrar o efeito contraditório da mudança de processo no Departamento II e no Departamento I. A expansão da demanda de tecido facilita a progressiva substituição de uma máquina menos produtiva – o tear mecânico – por outra mais produtiva – o tear automático. Assim, no ano T_1, 500 teares são substituídos, o que permite elevar a oferta de tecido de 10 para 11 milhões de metros e dessa forma atender à expansão da demanda. No ano T_2, 500 teares são novamente substituídos, com o mesmo resultado, mas, no ano T_3, 500 teares mecânicos têm que ser substituídos por 600 teares automáticos, pois a manutenção da mesma taxa de expansão da demanda de tecido – 10% – acarreta acréscimos *crescentes* da procura. Resulta daí que a demanda por teares automáticos também cresce: 500 nos anos T_1 e T_2, 600 no ano T_3, 1.000 no ano T_4 e 1.400 no ano T_5. É essa expansão no uso de teares automáticos que garante o contínuo atendimento de uma procura em plena expansão. Mas, no ano T_5, os últimos teares mecânicos foram sucateados. A partir do ano T_6, a demanda de teares automáticos só tem por fim atender a expansão da demanda de tecidos. Se, no entanto, os empreendedores do Departamento II continuarem a ampliar suas compras de teares automáticos, adquirindo 1.500 deles, como indica Tabela 1, a capacidade instalada alcançará 22 milhões de metros de tecido para uma demanda de apenas 17 milhões e 720 mil metros. Desse modo, cerca de 20% da capacidade não poderá ser utilizada, o que evidentemente fará que os industriais têxteis não encomendem mais nenhum tear no ano T_7 e, mesmo que a demanda continuasse a crescer a 10% por ano, tampouco no ano T_8, pois nesse ano ela chegaria a apenas 21 milhões e 450 mil metros.

Vejamos agora a situação do ponto de vista do fabricante de teares automáticos, do Departamento I: ele começou vendendo 500 unidades por ano em T_1 e T_2, depois expandiu sua produção para 600 em T_3, para 1.000 em T_4 e para 1.400 em T_5. Nesses poucos anos, ele ampliou fortemente sua capacidade de produção, praticamente a triplicando, e alcança o seu ápice em T_6, quando vende 1.500 teares. A súbita saturação do mercado de tecidos, porém, reduz seu movimento a zero no ano T_7 e seguintes. Enquanto as indústrias têxteis do Departamento II sofrem uma margem de 20% de capacidade ociosa, que pode ser considerada "razoável", a indústria de equipamentos do Departamento I vê *toda* sua capacidade ficar ociosa. Obviamente, nessas condições, mesmo se os fabricantes de teares resolvessem reduzir drasticamente seus preços, não conseguiriam atrair novos compradores, pelo simples motivo de que seu produto é um meio de produção, cuja utilização num mercado saturado não poderá ser lucrativa. É claro que aos fabricantes de teares só resta encerrar suas atividades, pelo menos temporariamente, de modo que sua demanda por motores e demais componentes do tear também cai a zero. Assim, a contração da atividade num setor do Departamento I vai se irradiar a outros.

Se a "destruição criadora" (como a denominou Schumpeter) de capital fixo se esgota apenas num ramo (em nosso exemplo, no de tecidos), enquanto ainda prossegue nos demais, o efeito depressivo desse esgotamento no Departamento I poderá ser compensado pelo aumento da demanda de equipamentos por parte de outros ramos. Porém, o que sói ocorrer mais comumente é que, do mesmo modo que as inovações técnicas são aplicadas em ondas, o seu esgotamento também tende a coincidir no tempo, mesmo que o ritmo de substituição de equipamento antigo por novo não seja idêntico em todos os ramos. Basta que em alguns ramos significativos, do ponto de vista de sua participação no produto e no emprego, a substituição se complete para que sua repercussão ampliada sobre o conjunto do Departamento I provoque uma inversão de conjuntura: o emprego na produção de meios de produção cai, acarretando diminuição do volume de salários pagos, portanto da demanda por bens e serviços de consumo, o que vai reduzir o emprego no Departamento II, antecipando mesmo o fim do processo de substituição de capital fixo em ramos nos quais ele ainda não se tinha completado, pois a queda da demanda leva o equipamento obsoleto a ser simplesmente sucateado, não reposto. Dessa maneira, a procura pelos produtos do Departamento I volta a sofrer uma nova queda, acarretando nova diminuição do emprego, com os mesmos efeitos depressivos sobre a demanda pelos produtos do Departamento II e assim por diante.

Importa assinalar aqui que a chamada "indústria pesada" – siderurgia, química, produtos de borracha, vidro, cimento, papel etc. –, devido ao grande valor de seu capital fixo, desempenha papel crucial no desencadeamento dessa espiral negativa. À medida que a demanda por bens de consumo e por equipamentos diminui, há uma redução da procura pelos produtos da indústria pesada, a qual reduz o grau de utilização de sua capacidade, fazendo sua lucratividade desaparecer rapidamente. Isto se dá em virtude do grande valor de seus custos fixos, particularmente da amortização do seu capital fixo. A fragilidade dessas empresas diante de um mercado em recesso é devida basicamente à inflexibilidade de sua estrutura de custos. Assim, a título de ilustração, suponhamos que uma usina de aço tenha custos fixos (em sua maior parte devido à amortização de instalações e equipamentos) no valor de Cr$ 50 milhões anuais e que os custos diretos de mão de obra e matérias-primas sejam de Cr$ 10,00 por tonelada. Assim, se essa usina produz, plena capacidade, 5 milhões de toneladas por ano, seus custos totais seriam:

50 milhões (fixos) + 10×5 milhões (diretos) = 100 milhões,

de modo que, vendendo a produção a um preço acima de Cr$ 20,00 por tonelada, ela cobre seus custos e consegue certa margem de lucro. Suponhamos que o preço seja de Cr$ 22,00 por tonelada, mas que, devido à queda da demanda, a usina só possa produzir e vender 3 milhões de toneladas. Nesse caso, sua receita seria de Cr$ 66 milhões, mas suas despesas seriam 50 milhões (fixos) + (10×3 milhões) = 80 milhões, de modo que ela passaria a operar com prejuízo, o que, após certo período, acarretaria seu fechamento. Dessa maneira, a indústria pesada desempenha um papel de amplificador dos efeitos recessivos da queda da demanda por todo o Departamento I e, devido à grande importância do seu volume do emprego, também em relação ao Departamento II.

Pode-se dizer que, numa economia regida pelo funcionamento do mercado, o sentido da inovação é pervertido. A inovação técnica, particularmente a mudança de processo, decorre do crescente domínio da natureza pelo homem, o que lhe permite satisfazer suas necessidades com menor esforço ou, alternativamente, satisfazer com o mesmo esforço (medido em tempo de trabalho social) as necessidades de um maior número de pessoas. Nesse sentido, a inovação técnica é a mola do progresso econômico, só podendo ser saudada como uma bênção para o gênero humano. Mas, para que a inovação seja realmente posta a serviço do homem, é preciso, principalmente numa economia industrial moderna, que seus efeitos globais sejam cuidadosamente avaliados e previstos, de modo que as vantagens usufruídas pelos consumidores não sejam indevidamente pagas com o sofrimento de uma grande parte dos trabalhadores. A inovação torna certos trabalhadores "redundantes" e eles acabam sendo excluídos do processo social de produção, sobretudo na fase de crise e depressão, que o refluir da onda de inovações inevitavelmente (numa economia apenas regida pelos mecanismos de mercado) provoca. Transforma-se assim a inovação técnica de bênção em maldição, ao ocasionar o "desemprego tecnológico", que atinge de modo particularmente virulento trabalhadores idosos, cujas qualificações são tornadas "obsoletas" da mesma maneira que o equipamento que costumavam utilizar. O funcionamento cego do mercado provoca não só a "destruição criadora" de capital fixo, mas também de seres humanos, cujo "sucateamento" produz sofrimentos que um planejamento do progresso técnico poderia evitar.

É preciso assinalar que, ao lado da mudança de processo, há um outro tipo de inovação técnica: a criação de "novos produtos", ou seja, de valores de uso que satisfazem necessidades até então não atendidas ou que satisfazem de modo superior necessidades até então atendidas de maneira imperfeita. São exemplos de "produtos novos" mais ou menos recentes: a TV, o transporte aéreo de massas, os antibióticos, os alimentos congelados, os tecidos que não amarrotam, artigos de matérias plásticas etc. etc. Ao contrário das "mudanças de processo", que sempre se originam no Departamento I da economia, os "novos produtos" surgem no Departamento II e induzem o público a dispender em consumo uma parcela adicional de sua renda.

Os "novos produtos" têm um efeito inicial análogo ao das "mudanças de processo": ao serem lançados, requerem a instalação de nova capacidade de produção e portanto têm um impacto muito forte no Departamento I. Porém, como o novo equipamento não substitui o antigo, a expansão da capacidade não tende a cessar bruscamente. Após o lançamento inicial do "novo produto", ele sofre em geral uma série de aperfeiçoamentos, não só em seu desenho, material etc., mas também no modo como é produzido, o que dá lugar a uma série de "mudanças de processo", com seus impactos sucessivos no Departamento I. O conjunto dessas inovações, em que tanto o valor de uso final como o modo de produzi-lo são sucessivamente renovados, compõe o chamado "ciclo do produto", que é ponderavelmente mais longo – em geral se estende por muitas décadas – que o ciclo de conjuntura, de modo que se pode atribuir um papel essencialmente expansivo às inovações técnicas que consistem na criação de "novos produtos". É claro, porém, que "novos produtos" apresentam riscos ponderáveis, já que requerem vultosos investimentos antes que se possa estar certo de sua aceitação pelo mercado, de modo que eles tendem a ser lançados apenas quando a procura em geral está em expansão, ou seja, na fase de ascensão do ciclo de conjuntura. Nessas condições, os "novos produtos" também surgem em ondas, reforçando os altos e baixos da vida econômica, que são típicos do capitalismo, em lugar de compensá-los.

A análise keynesiana dos elementos que condicionam o nível de emprego se ocupa, em geral, do curto prazo, em que se supõe que a técnica de produção é dada, de modo que ela não leva em consideração a mudança tecnológica. Parte-se de uma situação em que, dada certa capacidade de produção em todas as empresas, o nível de emprego resultará do grau em que essa capacidade é aproveitada. Como já foi visto na Terceira Aula, Keynes considerava a propensão a consumir como relativamente estável, dado o tamanho da renda e sua repartição, de modo que a parte da renda cuja destinação é realmente variável é o investimento. Os fatores que condicionam o investimento, segundo Keynes – a eficiência marginal do capital e a taxa de juros – já foram examinados na Quarta Aula. O que interessa considerar aqui é o efeito do volume de investimento sobre o nível de emprego.

Para tanto, há que distinguir dois tipos de investimento: o voluntário e o involuntário. O investimento voluntário consiste na compra de equipamentos e na formação de estoques, por parte das empresas, tendo em vista ampliar suas atividades no futuro. O investimento involuntário consiste na formação de estoques invendáveis, devido à retração do mercado. O raciocínio básico é que, no final de contas, o valor do investimento não pode ser diferente, nem maior nem menor, do valor da poupança. Esse raciocínio decorre da constatação de que numa economia de mercado toda produção tem que ser vendida. Em cada intervalo de tempo – um ano, por exemplo –, o valor de toda renda paga é igual ao valor de tudo o que se produziu. É claro que essa renda, composta por salários, lucros, juros, aluguéis, renda da terra, tributos etc., é que permite que toda produção seja transacionada. Os que a recebem – trabalhadores, capitalistas, credores, proprietários, governo etc. – têm, em princípio pelo menos, a possibilidade de comprar tudo o que foi produzido.

Como já foi visto, os dispêndios de consumo são sempre inferiores à renda total, de modo que uma parte desta é poupada. Ao mesmo tempo, capitalistas, empresas, governos decidem fazer investimentos (voluntários), ou seja, decidem comprar equipamentos, instalações e formar estoques de matérias-primas e produtos acabados. Acontece que as decisões que determinam o valor da renda poupada são tomadas de forma inteiramente independente das que determinam o valor do investimento voluntário. Decorrem daí três possibilidades:

a) O valor do investimento voluntário é igual à poupança. Nesse caso, as expectativas dos empresários se realizam e é de se esperar que o nível de emprego não se altere.

b) O valor do investimento voluntário é menor que a poupança. Resulta daí que uma parte do produto, igual em valor à diferença entre poupança e investimento voluntário, passa a não encontrar compradores, tendo que ser estocada, ou seja, investida involuntariamente. Em consequência, os empresários que não puderem colocar toda sua produção reduzem seu nível de atividade, o grau de utilização da capacidade cai, o mesmo acontecendo com o nível de emprego. Essa queda do nível de emprego continua até que o produto esteja reduzido a tal ponto que a poupança não seja mais superior ao investimento voluntário. (Nessa altura, convém lembrar que, de acordo com Keynes, quando a renda, que é sempre igual ao produto, cai, a poupança cai ainda mais depressa, como foi visto na Terceira Aula).

c) O valor do investimento voluntário é maior que a poupança. Nesse caso, pode haver um desestocamento, ou seja, o produto total transacionado é igual ao que se produz correntemente e mais uma parte produzida no passado. Se esse investimento voluntário amplia a capacidade de produção, o produto aumenta até o ponto em que a poupança (que naturalmente cresce mais depressa que o produto) atinja um valor idêntico ao do investimento voluntário. Durante esse período, o nível de emprego se expande.

O maior defeito da análise keynesiana é não tomar conhecimento dos efeitos da mudança tecnológica sobre o nível de emprego. O fato de que o investimento pode criar ou substituir capacidade de produção, e que essa capacidade tem que ser utilizada para que novos investimentos se justifiquem não é tomado em consideração. Na verdade, o que Keynes supõe é que, não havendo mudança tecnológica, à medida que o capital é acumulado, ele está sujeito a rendimentos decrescentes, o que se refletiria numa queda da "eficiência marginal do capital". Havendo essa queda, o investimento torna-se cada vez mais difícil, o que leva Keynes a concluir pessimistamente que o sistema capitalista só poderá escapar da estagnação se, por medidas governamentais, a taxa de juros for sendo reduzida até atingir eventualmente valores negativos; o que não permitiria a ninguém viver apenas de rendas. Daí sua previsão de que a salvação do capitalismo requererá, mais cedo ou mais tarde, a "eutanásia do rentista".

Na verdade, porém, o capitalismo sobrevive e escapa, pelo menos transitoriamente, da estagnação na medida em que conserva seu dinamismo tecnológico. Cada vez que a introdução de mudanças de processo acarreta a "destruição criadora" do capital fixo de ramos inteiros de produção, a eficiência marginal do capital, isto é, a perspectiva de lucros do novo capital acumulado *nesses ramos* se eleva fortemente, desencadeando uma onda de investimentos voluntários. Como vimos antes, a expansão econômica assim gerada propicia a introdução de novas mudanças de processo, cujo efeito conjunto é o de lançar a economia numa fase de ascensão.

Há que lembrar ainda que o pessimismo de Keynes decorria também da ideia de que o crescimento da renda *per capita* acarreta um aumento da "propensão a poupar" e portanto um crescimento mais que proporcional da poupança. Ocorre, porém, que isso de fato é evitado pelo surgimento incessante de novos produtos, grande parte dos quais dirigidos especificamente às camadas de elevada renda, de modo que mesmo estas, em vez de passarem gradativamente a uma situação em que suas necessidades de consumo estão saturadas, são induzidas a gastar em novos bens e serviços de consumo uma parcela apreciável do seu acréscimo de renda. Para se verificar que é isso mesmo que acontece, basta lembrar que muitos dos novos produtos são bens e serviços de luxo: aparelhos de TV em cores, carros esporte, veleiros e lanchas de recreio, turismo internacional, operações plásticas, transplante de órgãos etc. A esses novos produtos que, apesar de sua futilidade, podem ser considerados genuínos no sentido de que de fato satisfazem necessidades, há que acrescentar os novos produtos fictícios, que só são "novos" por convenção social. Trata-se de produtos que só se diferenciam de outros mais antigos pelo estilo: novos modelos de automóveis, de eletrodomésticos, novas modas de roupas femininas, de roupas masculinas, de decoração interna de roupa de cama e mesa etc. Por mais artificiais que essas mudanças de estilo sejam, o que importa é que, forçados por uma publicidade eficiente, os consumidores adquirem esses "novos" produtos sucateando seus pertences fora de moda, que sofrem, da mesma maneira que os elementos do capital fixo, de "obsoletismo tecnológico".

Isso não significa, é óbvio, que as economias capitalistas consigam manter-se, de forma estável, em pleno emprego. O que a política econômica inspirada em Keynes e seus discípulos consegue é elevar o nível de investimento voluntário sempre que a economia cai em recessão, manipulando a oferta de meios de pagamento e a taxa de juros (como vimos na Sétima Aula), expandindo os investimentos estatais e os gastos de consumo do governo e, eventualmente, subsidiando os investimentos privados. Não cabe dúvida de que os governos capitalistas aprenderam a usar esses instrumentos desde o fim da Segunda Guerra Mundial, de modo que as profundas crises e prolongadas depressões, características do período anterior, não mais se repetiram. O problema que se mostrou insolúvel não foi o de levar a economia à expansão, mas o de limitar o ritmo dessa expansão às reais possibilidades materiais que obviamente a condicionam.

Desse modo, retornamos ao início desta aula: o funcionamento do mercado não revela *em tempo* quando a expansão esbarra em limites materiais que não podem ser eliminados, pelo menos em curto prazo. Esses limites podem ser decorrentes da saturação de certos serviços de infraestrutura, tais como energia elétrica ou transporte, que não podem ser expandidos rapidamente, ou pela escassez de mão de obra com determinadas qualificações, que tampouco pode ser formada em pouco tempo. Em casos como esses, o mercado indica a escassez pelo aumento do preço, mas a oferta não pode aumentar, pelo menos em curto prazo, de modo que mesmo o preço mais elevado não conduz a um equilíbrio estável entre procura e oferta. Pelo contrário, o preço mais elevado das mercadorias faltantes significa custo mais alto das mercadorias em cuja produção as primeiras são usadas. Assim, se faltam, por exemplo, engenheiros e mecânicos, os salários desses profissionais vão subir, o que se traduz em custos mais elevados das mercadorias produzidas com o auxílio de engenheiros e mecânicos. É óbvio que esses custos maiores deslocam a curva de oferta para cima, ou seja, os preços dessas mercadorias também vão subir, desde que os consumidores aceitem esses preços mais elevados. Acontece que a política econômica de inspiração keynesiana consiste precisamente em manter abundante a oferta de meios de pagamento, o que significa que os compradores recebem o dinheiro necessário para tentar comprar a mesma quantidade de mercadorias, ainda que a preços mais altos. Desse modo, os pontos de estrangulamento se transformam em *focos inflacionários* e a elevação dos preços relativos dos produtos escassos é "afogada" por sucessivas vagas de elevação geral de preços.

Explica-se assim que as tentativas de manter economias capitalistas em pleno emprego tenham provocado, em praticamente todos os países em que ocorreram, condições de inflação crônica, que anulam a capacidade alocativa do mecanismo de mercado. Quando todos os preços sobem, as variações de preços não podem mais equilibrar procura e oferta e muito menos indicar às empresas em que esferas da economia os investimentos são mais necessários. Decorre daí o grande dilema enfrentado pelos países capitalistas hoje em dia: ou restabelecer a "verdade dos preços" mediante a estabilidade monetária com o sacrifício do nível de emprego ou manter este elevado com o sacrifício dos mecanismos de mercado, que teriam que ser, mais cedo ou mais tarde, substituídos por algum tipo de planejamento.

Nona aula
O capital e o capitalismo em perspectiva histórica

O capital é, na verdade, muito mais antigo que o capitalismo na história da humanidade. Já na Antiguidade, o capital comercial desempenhava papel importante na economia: o desenvolvimento das trocas mercantis ensejava a inserção de intermediários entre produtores e consumidores. A função do mercador surge como uma especialização a mais num processo de divisão de trabalho que se aprofundava. Até determinado momento, os produtores mesmos se davam ao trabalho de levar seus produtos ao mercado e aí realizar as transações de compra e venda necessárias ao prosseguimento de sua atividade produtiva. Quando o mercado se expande além de certo ponto, multiplicando-se o número de produtores que dele participam, torna-se viável e vantajoso o aparecimento do mercador, que poupa aos produtores o trabalho de ir ao mercado, barganhar etc., comprando destes os produtos em suas casas e lhes vendendo aí também as mercadorias de que necessitam. Executando a atividade mercantil de muitos produtores, o comerciante não contribui diretamente para a produção material, mas permite aos que o fazem dispor de mais tempo para dedicar à produção direta.

O que faz do comerciante um capitalista é exatamente o fato de que, embora não seja um produtor direto, ele participa do produto. Em sentido estrito, executava o comerciante funções produtivas (tais como o transporte) e funções improdutivas, embora necessárias (tais como as transações de compra e venda, escrituração etc.). É possível abstrair as funções produtivas do comerciante que, em princípio, poderiam ser executadas por transportadores especializados etc. Restaria então o comerciante puro, unicamente engajado em comprar e vender. Seu ganho resulta, nesse caso, da diferença entre o preço pelo qual compra as mercadorias e o preço pelo qual as vende. A relação entre o lucro unitário e o preço de pago pelo comerciante constitui a margem de lucro. O lucro total do comerciante resulta, portanto, de três elementos: a) da margem de lucro; b) do valor das transações; c) do número de transações realizadas durante certo período de tempo. Para melhor visualizar como esses três elementos interagem para formar o lucro comercial, vamos supor que a margem de lucro seja de 10%, isto é, que o comerciante vende as mercadorias a um preço $\frac{1}{10}$ superior ao que elas lhe custaram, que o dinheiro de que o comerciante dispõe – isto é, seu capital – lhe permite comprar de cada vez mercadorias no valor de 100 mil cruzeiros (que vende portanto por 110 mil) e que leva um mês para adquirir e vender esse volume de mercadorias. É fácil ver que, nesse caso, o lucro comercial é de 10 mil cruzeiros por mês, portanto, de 120 mil cruzeiros por ano.

O ponto crucial é que a margem de lucro, que geralmente é imposta ao comerciante pela concorrência, determina uma relação de proporcionalidade entre o montante do dinheiro de que o comerciante dispõe – isto é, seu *capital* – e o lucro. Se, no exemplo anterior, o comerciante puder aumentar seu capital para, digamos, 160 mil (acumulando, por exemplo, metade do lucro anual), o seu lucro aumentará proporcionalmente, atingindo 16 mil mensais ou 192 mil ao ano. Assim, dadas a margem de lucro e a velocidade de rotação do capital – condições impostas por circunstâncias externas ao operador –, o seu ganho depende essencialmente do tamanho do seu capital. Ou, por outra, havendo mais de um mercador operando no mesmo mercado, os ganhos de cada um refletirão em média o montante de capital de que cada um dispõe.

Isso nos permite discutir brevemente as duas noções de capital que correspondem às duas escolas de pensamento econômico que estamos analisando. Para o marginalismo, o capital é representado pelo conjunto de recursos materiais ou mentais que permitem ao homem elevar sua produtividade. O capital pode ser, portanto, constituído por máquinas, implementos, redes de distribuição de energia, poços de petróleo, assim como por conhecimentos técnicos, patentes etc. Nesse caso, o capital é essencialmente constituído por coisas de que os homens se podem apropriar. Essas "coisas", inseridas no processo de produção, permitem que o esforço do produtor direto, do trabalhador, enfim, alcance um resultado superior, de modo que o proprietário do capital faz jus à parcela do produto que é devida ao uso do seu capital. Dessa maneira, o lucro *se define* como a diferença entre o tamanho do produto que seria obtido com e sem a utilização do capital. É claro que essa noção nos leva a reconhecer o "capital" desde os albores da existência da espécie, a partir do momento em que o homem passou a usar machado de pedra e outros instrumentos igualmente rudimentares.

Para os marginalistas, não tem muita importância saber quem se apropria de capital: se o próprio trabalhador ou alguma outra personagem. Os marginalistas supõem que são os sociólogos que devem se preocupar com isso. Mas, para os marxistas, este é o problema crucial. Para eles, o capital não é constituído por "coisas", mas por uma *relação social:* só há capital quando aquelas "coisas" – isto é, os meios de produção – podem ser apropriadas individualmente e quando essa apropriação permite aos apropriadores participar do produto sem contribuir diretamente para o seu surgimento. Em outras palavras, só há capital quando o produtor direto perde o domínio dos seus meios de produção, perdendo dessa maneira também a propriedade do seu produto. Este passa a ser do dono do capital, que devolve uma parte do produto ao trabalhador a título de *salário.* O trabalho assalariado é o resultado necessário da penetração do capital (entendido como relação social) no processo produtivo.

Acontece que o capital comercial é uma relação social que surge historicamente *antes* que a produção se tenha tornado capitalista. Na Antiguidade, por exemplo, a produção estava a cargo de escravos ou então de pequenos produtores independentes, camponeses e artesãos. O fato de que parte dessa produção era constituída por mercadorias permitia que se estabelecessem essas relações não de produção, mas de *circulação*, mediante as quais o comerciante podia obter ganhos diferenciais. Surge dessa maneira um capital *externo à produção*, que se empenha apenas na circulação das mercadorias. É um capital que atua, portanto, sem que haja capitalismo, entendido este como um modo de *produção* dominado pela "relação capital".

Na altura em que surge o capital comercial como um elemento expressivo no quadro econômico, as trocas mercantis já atingem necessariamente grande amplidão, como vimos, o que significa que elas são também necessariamente *monetárias*. O escambo jamais poderia dar lugar a uma especialização mercantil. A troca direta de mercadoria por mercadoria, $M \times M$, é, pela sua natureza, de âmbito limitado, estando em geral circunscrita ao intercâmbio de meros excedentes de produção. A aparição de um equivalente geral, de uma mercadoria de aceitação universal, permite a generalização das trocas de valores de uso diferentes, segundo a forma $M_1 \times D \times M_2$, em que tanto M_1 como M_2 valem a mesma quantia de dinheiro D, diferindo apenas pela sua utilidade (trigo por peles, por exemplo). A presença de D torna possível romper a unidade $M \times M$, separando no tempo e no espaço a transação $M_1 \times D$ da transação $D \times M_2$, ou seja, havendo dinheiro é possível vender "hoje e aqui" e comprar "amanhã e acolá". Mas é claro que é essa separação que torna possível também inverter o processo, realizando-se a operação $D \times M \times D'$, cujo objetivo não é mais a troca de valores de uso diferentes, mas uma sucessão de transações cujo ponto de partida é uma quantia D de dinheiro e cujo ponto de chegada é uma quantia D' *maior*. A relação representada pelo capital comercial pode ser descrita sinteticamente por: $D \times M \times D'$, em que o valor de uso representado por M não tem importância: tanto pode ser peles, como trigo ou outra coisa qualquer. O essencial é que a compra de uma mercadoria permita que haja sua revenda posterior a um preço mais alto, de modo que $D' > D$ e daí surgir o lucro comercial representado por $D' - D$.

A existência da moeda dá lugar a uma outra espécie de capital de circulação (em contraposição ao capital produtivo): é o capital *financeiro*, que surge primeiro sob a forma de capital usurário. Sua origem vem do fato de que a moeda é, numa economia de mercado monetária, uma reserva de valor. Quem tem dinheiro acumulado, isto é, "tesouro", pode ter acesso a uma parcela do produto social, já que o tesouro é poder de compra congelado, que pode ser liquefeito a qualquer momento. Acontece que o processo de reprodução social sói ser interrompido por acontecimentos originados na natureza (secas, inundações, doenças) ou provocados pelo homem (guerras, saques, assaltos etc.) que privam o produtor dos meios para prosseguir em sua atividade. Nessas ocasiões, a reprodução só pode ser preservada lançando-se mão de estoques de recursos produtivos anteriormente constituídos. O camponês que perdeu sua colheita só pode voltar a produzir se alguém lhe fornecer sementes e víveres para que possa se sustentar até a próxima ceifa. O mesmo acontece com o artesão que perdeu suas ferramentas ou mesmo com o dono de escravos que não tem meios de reencetar a produção. Numa economia monetária, são os donos de tesouro que têm acesso aos estoques de valores de uso. Eles transferem esse acesso aos produtores necessitados, concedendo-lhes crédito, ou seja, emprestando-lhes a soma de dinheiro de que necessitam em troca de sua restituição futura acrescida de juros. Os juros são proporcionais ao montante emprestado e ao tempo que durar o empréstimo. Os ganhos do usurário dependem portanto de três elementos: a) da taxa de juros, ou seja, da relação entre o montante de juros e o valor emprestado – o "principal" – em determinado período de tempo; b) do valor do principal, isto é, do capital usurário; e c) do tempo que durar o empréstimo. Assim, por exemplo, se o capitalista usurário possuir um tesouro no valor de 1 milhão de cruzeiros que ele empresta à taxa de 10% ao mês, ele receberá juros de 100 mil cruzeiros mensais ou 1,2 milhão de cruzeiros por ano.

É fácil ver que o lucro do capital financeiro decorre de elementos formalmente semelhantes aos que determinam o montante do lucro comercial: da mesma maneira que a margem de lucro, também a taxa de juros resulta da competição entre diversos capitalistas usurários, que atuam no mesmo mercado; o tamanho dos juros é dado, também nesse caso, pelo valor do capital de que dispõe o usurário. A única diferença é que o lucro do capital comercial é tanto *maior* quanto *menor* for o tempo necessário para que a operação $D \times M \times D'$ seja liquidada, ao passo que o lucro do capital usurário cresce com o tempo de duração do empréstimo. No exemplo apresentado, supusemos que um capital comercial de 100 mil cruzeiros sofreria 12 rotações por ano, dando 10 mil cruzeiros de lucro em cada rotação. É claro que, nesse caso, o lucro anual seria de 120 mil. Se, de alguma maneira, fosse possível reduzir o tempo médio de cada rotação de 1 mês para, digamos, 20 dias, o mesmo capital comercial sofreria, em lugar de 12, um total de 18 rotações por ano, o que lhe elevaria o lucro anual de 120 para 180 mil cruzeiros. Já o mesmo não se dá com o capital usurário, em cuja rotação não entra a mercadoria, sendo representada simplesmente por D × D'. O lucro do capital usurário em cada rotação, isto é, em cada operação de crédito, é tanto *maior* quanto *mais* tempo ela levar. A 10% por mês, um capital usurário de 1 milhão colhe 100 mil cruzeiros por mês, 200 mil em dois e assim por diante. Não há para ele qualquer vantagem em abreviar a duração do empréstimo. Se esta for curta, multiplicam-se os intervalos entre uma operação e outra, nos quais o capital usurário permanece entesourado e, entesourado, ele não rende juros.

Apesar dessa diferença em relação ao capital comercial, não cabe dúvida de que o capital do usurário permite a este entrar numa relação com os produtores ou com não produtores que, no entanto, se apropriam do produto – donos de escravos, senhores feudais etc. – e, através dessa relação, se apropria de uma parte do produto para o qual ele não contribui diretamente. Eis, portanto, uma outra "relação capital" externa ao processo produtivo e que por isso pode existir fora do modo de produção capitalista e de fato historicamente o precedeu. Durante a Antiguidade, assim como durante a Idade Média, onde quer que se tenha desenvolvido a produção mercantil, o capital usurário marcou sua presença.

O capital comercial e o capital usurário, embora conceitualmente bem diferenciados, podendo, portanto, levar existências independentes, soem aparecer frequentemente nas mesmas mãos. Quando ocorre uma desgraça, o produtor desamparado se volta em geral para o comerciante que normalmente lhe adquire as mercadorias. No momento em que este adianta dinheiro ao produtor, pagando antecipadamente pela produção em troca de juros, o capital do comerciante se torna capital usurário. Nada mais natural que o mesmo capitalista desempenhe as duas funções. Historicamente, essa possibilidade permitiu o surgimento de poderosas famílias de mercadores financistas, na Europa, a partir do fim da Idade Média como os Fuger, os Médici e mais tarde os Rothschild.

O capitalismo só surge como *modo de produção* no século XVI, na Europa, sob a forma de "manufatura". A penetração do capital na esfera da produção se dá basicamente de duas maneiras: uma, de fora para dentro, quando comerciantes começam a assalariar artesãos, desenvolvendo a indústria doméstica; a outra, de dentro para fora, quando certos mestres rompem as limitações corporativas e assalariam um grande número de artífices, deixando de trabalhar diretamente na produção para se transformar em capitalistas propriamente ditos, entregues unicamente às tarefas improdutivas de supervisionar o trabalho alheio, empregar e despedir, comprar e vender etc. A primeira maneira – de fora para dentro – levou em geral a uma subordinação meramente formal do processo produtivo ao capital: os artesãos continuavam dispersos, trabalhando em suas casas (em geral com o auxílio de mulher e dos filhos), usando as mesmas técnicas etc. Já a segunda maneira tendeu a revolucionar o processo produtivo: os antigos mestres transformados em capitalistas manufatureiros agrupavam numerosos artesãos sob o mesmo teto, fazendo que cada um se dedicasse a uma só tarefa, na qual acabava adquirindo grande destreza. Esse avanço na divisão do trabalho *dentro* da oficina permitiu criar ferramentas especializadas: dezenas de tipos de martelos, de alicates etc., o que contribuiu para um notável aumento da produtividade do trabalho. Nesse caso, a subordinação do processo produtivo ao capital não era meramente formal: o capital, ao penetrar no processo produtivo, revolucionou a técnica de produção e isso de uma forma contínua. A produção artesanal europeia, graças à manufatura, melhorou de qualidade e se tornou mais barata, o que proporcionou a base econômica indispensável à conquista comercial-militar da América e de grande parte da Ásia, que foi consumada antes da Revolução Industrial. A conquista de colônias em outros continentes abriu novos mercados à manufatura europeia, permitindo-lhe expandir-se em novos campos.

A Revolução Industrial inaugurou, a partir do último quartel do século XVIII, uma nova fase na história do capitalismo. Surge a máquina capaz de empunhar as ferramentas, que antes só podiam ser manejadas pelas mãos do artesão. A manufatura havia, ao longo de três séculos, desenvolvido a técnica artesanal até os limites impostos pela anatomia e pelo sistema nervoso do trabalhador: a força, a velocidade de reação, a maleabilidade do organismo humano estavam sendo explorados ao máximo. Daí em diante, ganhos significativos de produtividade do trabalho só poderiam ser atingidos se o corpo humano pudesse ser substituído por um mecanismo muito mais poderoso. É o que a máquina, trazida pela Revolução Industrial, mostrou ser. O tear mecânico consegue executar um número muito maior de movimentos por minuto que o mais hábil dos tecelões manuais, assim como o martelo mecânico desenvolve muito mais força que qualquer combinação tecnicamente viável de músculos humanos. Guindastes, pontes rolantes, prensas, tornos, fresas etc. movidos por energia a vapor romperam definitivamente os limites milenares que a utilização da "máquina humana" tinha até então imposto. Não importa discutir aqui se foi a invenção do tear mecânico ou da máquina a vapor o passo decisivo que encaminhou a Revolução Industrial. Importa que, por volta de 1770, as condições estavam maduras na Inglaterra, o país em que o capitalismo manufatureiro mais se havia desenvolvido, para que tais inventos pudessem ser prontamente aplicados à produção, tendo por consequência um notável avanço do capitalismo que, pela primeira vez, tende a abarcar todas as atividades produtivas de uma nação.

Durante o período em que predominou o capitalismo manufatureiro, este na verdade se limitou a determinados ramos de produção – o artesanato, a mineração etc. –, mas não foi capaz nem de eliminar desses ramos a competição do artesão individual nem de penetrar em outros, como a agricultura, que ainda continuava em grande parte camponesa e feudal. Mesmo na Inglaterra, a maior parte do artesanato ainda estava organizado em corporações, às vésperas da Revolução Industrial, e a agricultura estava apenas parcialmente nas mãos de proprietários ou arrendatários capitalistas. Tudo isso vai mudar com a introdução das máquinas e o início da produção fabril. As novas técnicas de produção são tão superiores em relação às antigas que o pequeno empreendedor acaba sendo totalmente expulso de um ramo após outro. O processo é relativamente rápido, considerando-se os imensos deslocamentos sociais que ele provocou: milhões de camponeses perdem suas terras e são obrigados a emigrar para as cidades, onde se proletarizam, ou para o além-mar, onde ainda podem reconstruir, por mais algumas gerações, sua antiga maneira de viver; do mesmo modo, centenas de milhares de artesãos são arruinados, sua habilidade profissional perde valor, sendo degradados à condição de meros proletários, quando não caem no limbo do "lumpemproletariado". Mesmo assim, só no fim do século XIX pode-se dizer que a Revolução Industrial chegou ao fim de sua trajetória na Inglaterra, que assim se torna o primeiro país inteiramente capitalista na história.

Para que o capitalismo se apoderasse de todos os ramos de produção, não bastou, no entanto, sua superioridade econômica. Era preciso que as instituições que regem a vida econômica cessassem de proteger o mais fraco, que a livre concorrência nos mercados reinasse soberana, abolindo-se tarifas protecionistas, regulamentos corporativos, companhias privilegiadas etc. Foi necessário, enfim, o triunfo político do liberalismo para que a máquina, sob a forma de capital industrial, pudesse penetrar em todas as esferas da vida produtiva, revolucionando a técnica, arregimentando os produtores e expandindo de modo notável a escala de produção.

O capitalismo industrial iniciou sua trajetória triunfante na Grã-Bretanha; ainda no último quartel do século XIX, penetrou no continente europeu após as Guerras Napoleônicas, expandindo-se com grande vigor nos Estados Unidos após a abolição da escravatura (1864), no Japão após a Revolução Meiji (1868) e na Alemanha após a unificação (1871). Criou-se, dessa maneira, a partir de 1870 mais ou menos, uma economia capitalista mundial, na qual a hegemonia britânica começava a ser disputada principalmente pelos Estados Unidos e pela Alemanha. A esse mercado foram atraídos como fornecedores de matérias-primas e alimentos várias nações da periferia, como a Rússia, Argentina, Brasil etc. A expansão dessa economia mundial era condicionada pela aceitação do liberalismo (que no comércio mundial se traduzia em "livre-cambismo"), a qual alcançou seu auge na véspera da Primeira Guerra Mundial.

Aos primeiros avanços tecnológicos, que abriram caminho à Revolução Industrial, seguiram-se outros sem cessar. A energia a vapor passou a ser substituída, com vantagem, pela energia elétrica e pelo motor a explosão. O desenvolvimento da eletrotécnica levou à iluminação elétrica, ao aquecimento elétrico e à eletroquímica, que usa a energia elétrica para provocar reações químicas (uma de suas aplicações é a galvanoplastia, por exemplo). Mais recentemente, se desenvolveu a eletrônica, o que permitiu revolucionar as telecomunicações. Avanços no campo da química permitiram o surgimento de fertilizantes e inseticidas, de novos materiais (como os plásticos) e sobretudo da quimioterapia, com profundas repercussões sobre a longevidade humana. A energia elétrica permitiu o desenvolvimento de motores de pequeno porte, com os quais foi possível criar numerosos utensílios, que facilitam notavelmente a execução do serviço doméstico. O motor a explosão, capaz de aproveitar a energia em alto grau, permitiu a criação de veículos automóveis leves e econômicos e de aviões – ambos inventos que revolucionaram a vida do homem no século XX. Resta ainda mencionar a penetração da máquina no âmbito da recreação, com o surgimento do cinema, do rádio e da televisão.

Esse incessante avanço técnico passou a exigir a aplicação de capitais crescentes. As novas usinas siderúrgicas, fábricas de produtos químicos ou de automóveis eram muito maiores do que as tecelagens e fiações do início da Revolução Industrial. As novas técnicas não apenas exigiam escalas maiores de produção, mas também as premiavam generosamente. Como foi visto na Sexta Aula, a técnica moderna proporciona ganhos de escala cada vez maiores, o que constitui o principal fator da concentração do capital. É preciso ressaltar aqui que esses ganhos de escala não se realizam só na produção, mas também no laboratório. A produção de novas técnicas, que inicialmente era o resultado natural do trabalho do artesão ou então constituía atividade especializada do inventor individual – Tomas Edison e seus assistentes foram dos últimos exemplos dessa espécie –, passou a constituir a atividade de grandes equipes de especialistas diretamente sob o comando do grande capital. A vantagem dessa nova organização da atividade inventiva, hoje rotulada de "Investigação e Desenvolvimento", é que é possível coordenar estreitamente o desenvolvimento de novas técnicas com as necessidades mercadológicas das grandes empresas, acumulando-se enormes quantidades de dados cuja utilização obedece aos ditames do departamento de *marketing*. Em última análise, a partir de uma certa extensão do trabalho científico e tecnológico, o *know-how* acumulado permite à empresa manter certa dianteira em relação aos competidores em determinados campos, o que lhe assegura, na prática, privilégios monopolísticos em uma série de mercados.

Os marginalistas acreditavam que o monopólio desencorajava o progresso técnico simplesmente porque o monopolista, não tendo competidores, não teria interesse em inovar os processos de produção. Acontece, no entanto, que mesmo não havendo guerras de preços entre os oligopólios em cada mercado, eles competem entre si, usando como armas a publicidade, a imagem da marca, a aparência e as características do produto. É claro que isso estimula o avanço tecnológico, embora o distorça muitas vezes, quando se envidam esforços tendentes a meramente redesenhar produtos antigos, sem de fato melhorá-los. Mas não há dúvida de que a concorrência monopolística oferece os maiores incentivos ao invento de novos produtos, mesmo que sua utilidade, do ponto de vista dos consumidores, seja, às vezes, duvidosa.

Além do mais, a mudança de processo permite obter o mesmo produto com custo menor, o que proporciona aos que dominam os novos processos de produção margens mais elevadas de lucro. Uma das características do capitalismo monopolista é de que, nos mercados oligopólicos, os ganhos de produtividade *não* acarretam, em geral, queda dos preços dos produtos, como costuma ocorrer em mercados concorrenciais. Nestes, a firma que desenvolve novos processos de produção usufrui uma vantagem temporária: ela obtém superlucros apenas enquanto os outros concorrentes não aplicarem igualmente o novo processo, quando então os preços tendem a baixar na mesma medida em que diminuíram os custos. Em mercados oligopólicos, no entanto, essa vantagem tende a ser permanente – mesmo que a empresa oligopolista que domina o novo processo resolva reduzir um pouco os preços, favorecendo o consumidor, e talvez eleve um pouco os salários que paga, favorecendo seus trabalhadores, o fato é que ela tem um domínio muito maior sobre os frutos do avanço técnico. Nessas condições, ela tem razões de sobejo para se empenhar nele.

Argumenta-se que, como resultado desses avanços técnicos, deu-se uma Segunda Revolução Industrial, da qual surgiu um capitalismo "pós-industrial". O ponto de ruptura entre o antigo capitalismo industrial e o novo capitalismo pós-industrial teria sido a invenção do computador e do servomecanismo. O papel do computador é duplo: como máquina de calcular, realiza um enorme número de cálculos em pouco tempo, ampliando poderosamente o raio de ação do próprio trabalho científico; como máquina de contar, armazenar e processar informações, o computador realiza, com grande economia de trabalho humano, atividades de controle, de arquivo de informações, ampliando a capacidade dos centros de decisão de coordenar e orientar atividades. O computador torna possível, dessa maneira, atividades de planejamento centralizado que antes não eram viáveis. Ele deu lugar a uma nova ciência do estudo e tratamento de informação – a informática.

O servomecanismo é uma espécie de minicomputador, adaptado a uma ou diversas máquinas, as quais dirige. O computador é chamado de "cérebro eletrônico" porque consegue realizar operações de raciocínio, embora elementares. Isto significa que ele é dotado de dispositivos de realimentação (*feedback*), que permitem que se autocorrija. Assim, uma máquina automática, dirigida por um servomecanismo, não somente para se houver algum defeito, mas ela poderá, conforme o caso, corrigi-lo e voltar a funcionar. Essas características do servomecanismo, demonstradas, por exemplo, pelos voos à Lua inteiramente dirigidos por computadores, permitem ampla substituição do homem por máquinas na atividade produtiva. Teares que trabalham sem tecelões, tratores que aram campos sem tratoristas, fábricas inteiras de processamento de materiais que se autocontrolam, aviões dirigidos por pilotos automáticos são alguns dos aspectos que caracterizam o advento da *automação*.

Marx já tinha dito que "o autômato é o fim para o qual tende todo o sistema de máquinas". De fato, como vimos, a máquina já tinha substituído o artesão que empunha a ferramenta. Ao homem sobrou a tarefa de vigiar e supervisionar a máquina. Aparentemente ele perdeu essa função para o servomecanismo. De fato, porém, o homem continua sendo indispensável não só para projetar e construir os computadores, mas também para programá-los, além de ter que mantê-los em boas condições. Não parece, portanto, que a automação deverá acarretar um imenso desemprego tecnológico, como se temia quando suas possibilidades foram sendo analisadas pela primeira vez. Mas, agora, um quarto de século depois, pode-se afirmar que a marcha da automação está sendo bem mais lenta do que a inicialmente prevista e sua aplicação tende sobretudo a afetar o âmbito dos serviços – bancos, correio, transporte, contabilidade, seguros etc. – do que a ocasionar na indústria a imediata substituição do homem pela máquina. Não há dúvida, porém, de que a automação tende a afastar o homem das atividades rotineiras, repetitivas ou que respondem a estímulos relativamente simples e padronizados. Autômatos já operam hoje as luzes do tráfego, elevadores, trens subterrâneos, telefones etc. É de se esperar que, no futuro, o homem seja afastado gradativamente de toda atividade produtiva direta, ficando apenas sob sua responsabilidade o controle, programação e manutenção dos autômatos e atividades não rotineiras de pesquisa científica, criação artística, educação etc.

Pergunta-se frequentemente como o capitalismo irá se adaptar ao mundo pós-industrial. Parece, porém, adequado perguntar se a lentidão do avanço da automação não se deve ao capitalismo. De fato, é muito difícil imaginar uma economia capitalista em que a produção direta não seja feita por homens, em que estes estão apenas limitados a tarefas que são estritamente *improdutivas*. Teoricamente, numa economia como essa, as mercadorias só incorporariam o trabalho humano necessário à construção, programação etc., dos autômatos. Apenas as fábricas de autômatos utilizariam trabalho "vivo", que gera mais-valia. Todas as demais empresas utilizariam apenas trabalho morto, incorporado nos autômatos que realizam sua produção. Nessas condições, a separação entre o produtor direto e os meios de produção cessaria, simplesmente porque o produtor direto *seria* um meio de produção. Obviamente, a propriedade privada *desses* meios de produção deixaria de ter qualquer sentido, já que ele não passaria de uma excrescência histórica, diante de um processo de produção inteiramente socializado.

Imagine-se, por exemplo, uma rede de postos de gasolina automáticos. Os clientes se autoabastecem e pagam com um cartão de crédito, sendo as quantias diretamente creditadas a uma conta bancária. Os postos são reabastecidos automaticamente por condutos ligados diretamente a uma refinaria, a qual debita da mesma conta bancária seus fornecimentos. Quando uma bomba, num posto qualquer, se desarranja, ela para e se "autoconserta" ou então avisa uma companhia de seguros que a substitui. A administração dessa companhia de distribuição de gasolina não tem outro serviço que o de verificar qual é o saldo da conta bancária – resultado da diferença entre vendas a varejo e compras no atacado de gasolina – e apossar-se dele. Admitindo-se que a amortização do capital seja igual aos prêmios pagos à companhia de seguros (também automaticamente), esse saldo deverá corresponder à taxa de lucros média aplicada ao capital da companhia de gasolina. É claro que, em tais circunstâncias, será muito difícil justificar socialmente esse lucro, já que ele não corresponde a qualquer função ativa. Os que se apossam dele não teriam outra justificativa do que a de que destinam parte desse lucro à construção de novos postos de gasolina. Mas é a outra parte, que eles usam para seu consumo, que não encontra justificação, já que, mesmo de acordo com a ideologia capitalista, o lucro do empreendedor corresponde à função vital de combinar os fatores de produção. Numa economia em que os fatores de produção se combinam automaticamente, o empreendedor não tem mais função.

A consideração desses fatos talvez leve a suspeitar que a aplicação prática da automação seja ainda muito incipiente nos países capitalistas, mesmo nos mais adiantados, porque os que dominam o processo produtivo têm de fato muito menos entusiasmo pela automação do que professam em público. Esta suspeita não contradiz o que foi afirmado antes, de que o capitalismo monopolista oferece grandes vantagens às empresas que conseguem reduzir seus custos mediante o aumento da produtividade. É preciso, apenas, que esse aumento não vá ao ponto de se tornar infinito, ou seja, de eliminar da produção qualquer custo direto em trabalho humano. Isso se traduziria, na prática, em aplicações *parciais* da automação, seletivamente alocadas a atividades cujas condições de trabalho, por serem perigosas, insalubres, molestas, humilhantes etc., dificultem a arregimentação de mão de obra. Assim, seria de se esperar que o trabalho em minas de carvão, junto a altos fornos ou nos frigoríficos seja automatizado, em elevado grau, muito antes que o sejam atividades para as quais haja adequado suprimento de força de trabalho.

É interessante observar, nesse contexto, que a automação parece ter avançado mais nos serviços públicos – no transporte, na telefonia, nos correios, nos serviços de energia elétrica – do que na indústria, exceto nos ramos em que se dá processamento contínuo, como na petroquímica, na química etc. Parece provável, portanto, que a organização capitalista da produção seja um obstáculo à plena aplicação das conquistas da chamada "Revolução Técnico-Científica", na medida em que elas ameaçam a produção do valor e, portanto, da mais-valia, o que se traduziria, no plano imediato da aparência, na transformação do lucro num mero tributo *ad valorem*, sem qualquer correspondência com o processo real de produção.

Poder-se-ia objetar a isso com o fato de que os países de economia centralmente planejada tampouco estão mais adiantados nas aplicações da automação ao processo produtivo. É possível que esse fato se explique pelo relativo atraso tecnológico desses países, mas não se pode desconsiderar a hipótese de que os grupos ou camadas sociais que dominam o processo produtivo nessas economias também tenham interesse em justificar a posição de mando que ocupam, o que poderia se tornar igualmente difícil com a completa automação do processo produtivo. O que não se pode negar é que, tanto nos países capitalistas como nos países de economia centralmente planejada, os esforços que se dedicam ao desenvolvimento da automação não se comparam aos que se devotam à invenção e aperfeiçoamento de novos instrumentos bélicos.

Aliás, nos países capitalistas mais adiantados, o trabalho científico que levou ao desenvolvimento dos computadores e da maioria dos processos automáticos foi e é financiado, em geral, por recursos públicos, tendo por objetivo a invenção de armamentos. Parece claro que novos avanços da ciência requerem recursos vultosos e que estes podem ser levantados mais facilmente pelo Estado, tendo por pretexto ou justificativa a defesa nacional. Nos Estados Unidos, por exemplo, esse trabalho é efetuado, sob contrato com o Departamento de Defesa, nos laboratórios das grandes empresas ou das universidades e é claro que a aplicação "civil" dos resultados fica a cargo das mesmas empresas, sem maior ônus. Esse subsídio pelo governo mostra também que, do ponto de vista do capital, a atividade científica apresenta um grau de risco excessivo na maioria dos casos, devendo por isso ser financiada por toda a comunidade.

Economicamente, a atividade de pesquisa cientifica é análoga à prospecção: os resultados são incertos e na hipótese do se dar uma descoberta, esta proporciona ao financiador uma renda sob a forma *royalties* pelo uso de patente que assegura a propriedade da descoberta, o que é análogo à renda que uma empresa petrolífera, por exemplo, aufere da exploração de uma jazida. No estágio de desenvolvimento científico a que atualmente se chegou, o capital de risco disponível para financiar a pesquisa é insuficiente para sustentar o ritmo de progresso, havendo, portanto, necessidade de se recorrer ao tributo para se reunir os recursos requeridos.

Como vemos, tudo indica que o capitalismo está esgotando o seu papel histórico: tendo surgido como um modo de produção que revolucionou a técnica de modo contínuo e sistemático, ele elevou a produtividade do trabalho humano a níveis nunca antes sonhados. A Revolução Industrial foi a grande realização histórica do capitalismo, e sua rápida difusão permitiu ao capitalismo tornar-se o primeiro modo de produção universal da história. Mas a Revolução Industrial teve por base a sistematização da atividade científica e sua conexão íntima com a produção. Daí surgiram descobertas que permitem, ao menos potencialmente, superar os limites da própria Revolução Industrial e libertar o homem do encargo de prover pelo seu próprio esforço direto os meios para seu sustento. O abismo que se abre entre essa potencialidade e as realizações do capitalismo indicam que ele não tem condições de levar a humanidade à era pós-industrial. A transformação das promessas da Revolução Técnico-Científica em realidade exige um outro modo de produção, em que o controle do processo produtivo seja retomado pela sociedade como um todo, de modo a eliminar qualquer tipo de privilégio que esteja no caminho da substituição do homem pelo autômato. Só assim a velha profecia de que em lugar do governo dos homens haverá apenas a administração das coisas poderá ser realizada.

Décima aula

Comércio internacional

As primeiras teorias explicativas das relações comerciais entre as nações surgiram como reação às doutrinas mercantilistas, que prevaleceram na Europa a partir do século XVI. Tais doutrinas prescreviam a cada nação exportar o máximo e importar o mínimo, de modo a obter um saldo positivo na balança comercial, que viria acrescer o seu tesouro de metal precioso. Visto que acumular ouro ou prata era considerada a única forma de aumentar a riqueza nacional, o comércio internacional passava a ser encarado como uma disputa por uma quantidade (necessariamente limitada) de metal precioso, na qual cada país só poderia obter vantagens à custa dos demais.

Adam Smith, em seu famoso livro *A riqueza das nações* (publicado em 1776), defendia um ponto de vista radicalmente diferente: as trocas comerciais beneficiavam *todas* as nações que delas participavam. A sua teoria, conhecida como das "vantagens comparativas", partia do pressuposto de que cada país tinha vantagens maiores ou menores na produção de cada mercadoria. Quanto maior a vantagem, tanto menor o custo da mercadoria e, portanto, seu valor, medido em tempo de trabalho. Essas vantagens tanto podiam ser naturais como adquiridas. Um exemplo de vantagem natural seria o fato de que vinho de boa qualidade podia ser produzido a um custo muito menor em países de clima mediterrâneo, como a França ou Portugal, do que em países de clima nórdico, como a Inglaterra ou a Suécia. Já as vantagens adquiridas provinham da especialização em determinadas linhas de produção, a qual permitia à mão de obra de determinados países adquirir destreza e dominar a técnica de produção, obtendo, em função disso, custos mais baixos que os que prevaleceriam em países cuja mão de obra não tivesse adquirido experiências análogas. É isso que explicaria as vantagens relativas da Inglaterra na produção de tecidos ou da França na de perfumes.

Se o comércio internacional não fosse obtido por interferências governamentais, a competição do mercado mundial faria que cada país se especializasse nas linhas de produção em que tivesse mais vantagens comparativas – naturais ou adquiridas –, de modo que todas as mercadorias seriam sempre obtidas pelo seu valor mais baixo. O ganho de todas as nações participantes estaria precisamente nisto. Smith, como os demais clássicos, negava qualquer importância à acumulação de tesouros de metais preciosos. Riqueza, para ele, significava obter os bens de uso necessário ao consumo da população com o menor gasto de tempo de trabalho humano. Nesse sentido, o comércio internacional, livre de interferências não econômicas, promoveria a riqueza de todas as nações.

A título de ilustração, imaginemos que, na Inglaterra, a produção de um metro de tecido custasse 5 horas de trabalho e a de um litro de vinho 15 horas de trabalho, ao passo que, em Portugal, um metro de tecido custasse 15 horas e um litro de vinho 5 horas. É óbvio que a troca de vinho português por tecido inglês permitiria aos ingleses obter vinho por um terço do valor que ele lhes custaria se fossem produzi-lo em seu próprio país, e aos portugueses obter tecido também por um valor que seria apenas um terço do que teriam de despender se fossem fabricá-lo em Portugal.

No fundo, os ganhos de um comércio internacional livre seriam análogos aos derivados da divisão social do trabalho dentro de um país. Num caso como no outro, a especialização permite aumentar a produtividade do trabalho, reduzir os custos de produção e, dessa maneira, multiplicar a riqueza. E o corolário político também era o mesmo: se para expandir a divisão social do trabalho dentro de um país era preciso eliminar as barreiras à livre circulação de mercadorias, tais como os monopólios locais das corporações e a cobrança de direitos de passagem, a expansão do comércio internacional também requeria a supressão das companhias privilegiadas de comércio (como as famosas Companhias das Índias) e das barreiras tarifárias às importações. Os clássicos propunham, portanto, substituir a doutrina mercantilista, ainda em voga no século XVIII, pela doutrina do livre-câmbio.

Já no século XIX, David Ricardo deu forma definitiva à teoria das vantagens comparativas, ao demonstrar que cada país deveria se especializar na produção das mercadorias em que tivesse maiores vantagens *relativas*, ainda que para tanto tivesse que importar mercadorias por um valor *mais alto* do que lhe custaria fabricá-las. Suponhamos, por exemplo, que produzir aviões e calçados custasse (por unidade), respectivamente, 10 mil e 10 horas de trabalho nos Estados Unidos e 30 mil e 15 horas no Brasil. É claro que os Estados Unidos teriam vantagens tanto na produção de aviões como na de sapatos em relação ao Brasil, mas a vantagem na produção de aviões seria bem maior que na de sapatos. Assim, se os Estados Unidos exportassem aviões ao Brasil a um preço algo menor do que custaria ao Brasil fabricá-los – digamos por 25 mil horas – e importasse sapatos pelo valor de 15 horas, a venda de três aviões (por 75 mil horas) permitir-lhes-ia obter 5 mil pares de sapatos. A vantagem dos Estados Unidos estaria no fato de ter dispendido 30 mil horas (3 ×10 mil horas) para obter sapatos que lhe teriam custado, se os tivesse fabricado, nada menos que 50 mil horas (5 mil ×10 horas). Mas o Brasil também estaria ganhando, pois os três aviões lhe custariam 75 mil horas ao comprá-los por sapatos, mas teria que gastar 90 mil horas (3 ×30 mil horas) se fosse fabricá-los. Ricardo demonstrou assim que, mesmo se um país tivesse grandes vantagens naturais e adquiridas em *todas* as esferas de produção, a especialização apenas nos ramos em que suas vantagens *relativas* fossem maiores lhe traria mais vantagens do que a autossuficiência econômica.

Um dos pressupostos não explícitos da teoria das vantagens comparativas é que, para o livre-câmbio proporcionar ganhos reais a um país, seria preciso que os demais países também seguissem uma política de livre-câmbio, ou seja, abrissem seus mercados internos à livre concorrência dos produtos estrangeiros. Resultaria daí que, nas linhas de produção em que um país se especializasse, haveria uma demanda externa, se não infinita, pelo menos tão elástica que ele sempre poderia vender um volume de mercadorias suficientemente amplo para poder adquirir todas as demais mercadorias de que necessitasse. Caso esse pressuposto não fosse verdadeiro – e ele não o era na maioria dos casos –, quanto mais um país se especializasse na produção para o mercado mundial, tanto maiores eram os riscos de que sua balança comercial ficasse cronicamente deficitária. Nos termos do exemplo apresentado, embora em função dos custos de produção fosse vantajoso ao Brasil especializar-se na produção de sapatos, nada garantiria que ele poderia vender uma quantidade suficiente para poder pagar todos os aviões de que viesse a necessitar.

No tempo de Adam Smith esse problema não se colocava, pois a política mercantilista, ainda em pleno vigor, tinha por fim precisamente evitar que a balança comercial fosse deficitária. Mas, nas primeiras décadas do século XIX, o livre-cambismo vinha fazendo evidentes progressos e a preocupação com o equilíbrio da balança comercial passou a crescer. Ricardo enfrentou o problema partindo do pressuposto de que em cada país a moeda teria um lastro de ouro (ou outro metal precioso, contanto que fosse o mesmo em todos os países) e que os países com balança comercial deficitária saldariam seus débitos, correspondentes ao excesso de importações em relação às exportações, em ouro. Tais pagamento reduziriam nos países deficitários a circulação de metal precioso e, portanto, o volume de meios de pagamento se contrairia, criando-se uma situação de deflação: custos e preços, expressos em ouro, *cairiam*, tendo por consequência *elevar* as vantagens comparativas desses países, o que se manifestaria concretamente numa queda dos preços dos seus produtos de exportação, fazendo que o volume exportado passasse a crescer. Nos países superavitários, os efeitos do recebimento do saldo de balança comercial em ouro seriam naturalmente opostos: ampliação do volume de meios de pagamento, dando por consequência *aumento* dos preços expressos em ouro, do que resultaria *perda* de vantagens comparativas, que se exprimiria em elevação dos preços dos produtos de exportação, acarretando uma diminuição do volume exportado. Ricardo demonstrou desse modo que o funcionamento irrestrito do chamado "padrão-ouro" permitiria combinar o livre-câmbio com um equilíbrio, sujeito a oscilação compensatória, da balança comercial de todos os países.

Durante uma boa parte do século XIX, o comércio internacional se desenvolveu nas linhas previstas pela teoria das vantagens comparativas. A Revolução Industrial proporcionou à Grã-Bretanha vantagens muito nítidas na produção de bens manufaturados. Para produzi-los, no entanto, era necessário importar alimentos e matérias-primas. Dessa maneira, tornou-se a Grã-Bretanha o centro de uma ampla rede de trocas, importando algodão dos Estados Unidos e da Índia, açúcar do Brasil e dos países do continente europeu, chá do Ceilão e da China, carne e trigo da Argentina e do Canadá, lã do Uruguai e da Austrália etc., e exportando a todos esses países tecidos, artigos de vestuário, carvão, material ferroviário, máquinas de vários tipos etc. Surgiu assim uma divisão internacional do trabalho que contrapunha a um grande conjunto de países, cada um se especializando em uma ou poucas esferas de produção à base de suas vantagens *naturais*, um único país cuja especialização se estendia por ampla gama de produtos e se bastava quase só em vantagens *adquiridas*. Estava claro que a Grã-Bretanha desfrutava de uma situação nitidamente privilegiada por ter sido o primeiro país a realizar a Revolução Industrial e que o comércio internacional à base das vantagens comparativas tendia a impedir que outros países lhe seguissem o exemplo. As vantagens adquiridas pela Inglaterra lhe permitiam vender produtos manufaturados a preços mais baixos do que os custos de produção de países em estágio inicial de industrialização.

A constatação desse fato levou à formulação do chamado "argumento da indústria infante": se um país deseja *adquirir* vantagens comparativas em determinado ramo, deve proteger seu mercado interno (do referido ramo) contra a concorrência estrangeira até que sua indústria tenha adquirido "maturidade" suficiente para poder concorrer em pé de igualdade com indústrias dos outros países, implantadas há mais tempo. Esse argumento leva em consideração que as vantagens adquiridas não são obra do acaso ou do destino, mas resultado de uma evolução histórica, que pode ser reproduzida num certo lapso de tempo, mediante políticas adequadas. O argumento da indústria infante não destruiu a teoria das vantagens comparativas, mas levou à sua reformulação, dando-lhe um caráter mais dinâmico. Durante o período em que um país protege seu mercado para adquirir vantagens comparativas, a sua produtividade é menor que a máxima, ou seja, o seu trabalho lhe proporciona um volume de valores de uso menor do que se adotasse uma política estritamente livre-cambista, mas, em mais longo prazo, sua integração no comércio internacional se amplia, o que lhe permite atingir níveis mais elevados de produtividade do que caso se limitasse à especialização em menor número de ramos.

Dessa maneira, a teoria do comércio internacional incorporou, justificando-a racionalmente, a política protecionista que vários países que desejavam se industrializar – a começar pelos Estados Unidos e a Alemanha – começavam a pôr em prática. Com a crescente industrialização de diversos países, a partir de 1870, a concorrência no mercado mundial passou a ser cada vez mais acirrada. As principais nações industrializadas passaram a proteger não apenas o seu mercado interno metropolitano, mas também o de suas colônias e países dependentes, construindo "esferas de influência", dentro das quais vigoravam sistemas de "preferências imperiais". A lei das vantagens comparativas continuava vigorando *dentro* das esferas de influência, onde as vantagens adquiridas das metrópoles continuavam lhes garantindo o monopólio da indústria, mas passou a ter força cada vez menor nas relações comerciais *entre* as esferas.

Na periferia de cada uma dessas esferas, os países não industrializados desenvolviam uma parte de suas economias que se voltava inteiramente para o comércio externo, à base, em geral, de vantagens naturais. Nessa parte de suas economias, que denominamos setor de mercado externo (SME), as forças produtivas atingiam nível elevado, o mesmo se dando com determinadas atividades de apoio à exportação, como os meios de transporte e de comunicação e os serviços urbanos nas cidades que serviam de entrepostos aos fluxos de exportação e de importação. Mas o resto da economia desses países, que não se beneficiava de qualquer vantagem natural, em termos de solo, clima ou depósitos minerais, permanecia extremamente atrasado, dando origem ao famoso "dualismo" que caracteriza os países chamados "subdesenvolvidos". Pode-se dizer, portanto, que a divisão do mundo em países desenvolvidos e não desenvolvidos resultou da maneira como se estruturou o comércio internacional a partir da Revolução Industrial.

É óbvio que essa estruturação condicionava toda a dinâmica da divisão internacional do trabalho à dinâmica das economias industrializadas. À medida que os hábitos de consumo e o avanço tecnológico destas expandiam a demanda por certos produtos, os países que tinham vantagens naturais em relação a esses produtos podiam aumentar sua participação no comércio internacional e, em consequência, expandir seus setores de mercado externo, elevando o nível das forças produtivas. À medida, porém, que a evolução dos hábitos de consumo e o progresso tecnológico tornava determinados produtos "obsoletos", reduzindo a demanda por eles, os países que se tinham especializado em sua produção viam seus setores de mercado externo (ou parte deles, ao menos) entrar em crise até desaparecerem. A invenção do motor a explosão e o desenvolvimento da indústria automobilística oferecem um bom exemplo desse fato. Graças à rápida expansão dessa indústria nas primeiras décadas deste século, sobretudo nos Estados Unidos, o petróleo tornou-se importante produto do comércio internacional, beneficiando os países nos quais foram encontradas jazidas desse mineral, o mesmo se dando com a borracha, o que beneficiou inicialmente os países que possuíam seringueiras nativas, das quais se extraía látex. Na primeira década deste século, a borracha competia com o café pelo primeiro lugar na pauta de exportação do Brasil. Logo depois, porém, o desenvolvimento das plantações de seringueiras transferiu a vantagem comparativa para certos países do Extremo Oriente – Malásia, Ceilão, Indonésia – e a economia de exportação da Amazônia entrou em profunda crise, da qual até hoje não se recuperou.

Após mais de um século de desenvolvimento do comércio à base das vantagens comparativas, ou seja, com crescente liberdade de troca entre as empresas privadas dos diversos países, o resultado não foi uma partilha igualitária dos ganhos da especialização entre todos os países, mas o visível enriquecimento de um punhado deles, enquanto os demais permaneciam essencialmente pobres. Era claro que ficaram ricos os países que se industrializaram, que obtiveram vantagens adquiridas e que desfrutam de altos níveis de produtividade em numerosos ramos, orientados tanto para o mercado interno como para o mercado externo. Continuaram pobres os países que só puderam alcançar alta produtividade em uns poucos ramos em que possuíam vantagens naturais, sendo a expansão desses ramos limitada pela demanda externa por seus produtos e pela concorrência de outros países com vantagens naturais análogas.

Esse estado de coisas foi reconhecido, logo depois da Segunda Guerra Mundial, pela chamada tese Prebisch-Singer (ambos os autores à época eram altos funcionários das Nações Unidas): o ponto de partida era constituído pela constatação de uma tendência a longo prazo (pelo menos do fim do século XIX até a Segunda Guerra Mundial) de deterioração dos termos de intercâmbio dos países que exportavam alimentos e matérias-primas, ou seja, que os preços relativos desses produtos tendiam a baixar em relação aos dos produtos manufaturados que esses países importavam. Essa evolução, constatada através das estatísticas de comércio externo da Grã-Bretanha (que, sendo o grande exportador de produtos manufaturados e importador de mercadorias "coloniais" durante esse período, teve contínua *melhoria* dos seus termos de intercâmbio), era de certa forma o *contrário* do que seria de esperar, de acordo com a teoria das vantagens comparativas, pois houve durante esse período maior ganho de produtividade na produção industrial do que na de alimentos e matérias-primas. Era óbvio que, num mercado mundial de livre concorrência, os preços dos produtos industriais deveriam ter baixado em relação aos dos artigos "coloniais" e não subido, como ocorreu. O que aconteceu só se explica pelo fato de que, embora tenha havido concorrência no mercado mundial formado pelas nações industrializadas *entre si*, tal concorrência não existia nas relações comerciais entre nações industrializadas e nações não desenvolvidas, pois estas *dependem* economicamente daquelas. Essa dependência se manifesta no fato de que a oferta da maior parte dos produtos primários, no mercado mundial, é controlada por empresas dos países importadores. Empresas como a United Fruit, a Standard Oil, a Anderson Clayton e outras tendem evidentemente a orientar seus investimentos de modo a assegurar uma oferta abundante e barata de matérias-primas e alimentos para seus países de origem, e é claro que, por outro lado, os países não desenvolvidos não têm qualquer controle sobre a oferta dos produtos industriais que importam. Daí se concluir que o comércio internacional só pode ser mutuamente benéfico entre países quando todos se encontram em pé de igualdade. Em mercados em que a oferta é controlada pelos países compradores, os preços tendem a ser fixados num nível que favorece apenas a estes.

Esse tipo de crítica ao funcionamento do comércio internacional, que naturalmente teve forte repercussão favorável nos países não desenvolvidos, inspirou a teoria da troca desigual, formulada no início da década de 1960 pelo marxista francês A. Emmanuel. Na verdade, essa teoria já estava contida implicitamente na formulação ricardiana da teoria das vantagens comparativas e foi explicitamente mencionada (mas não desenvolvida) por Marx. No exemplo anterior, vimos que a troca de 3 aviões americanos por 5 mil pares de sapatos brasileiros traria ganhos de 20 mil horas de trabalho para os Estados Unidos e de 15 mil para o Brasil. É claro que a troca seria ainda mutuamente vantajosa, mesmo se os americanos cobrassem 29 mil horas por avião: nesse caso, 3 aviões custariam 87 mil horas e seriam trocados por 5.800 pares de sapatos (a 15 horas o par); os ganhos do Brasil cairiam a 3 mil horas (90 mil horas que seriam o custo dos aviões se fabricados, menos 87 mil horas cobradas pelos Estados Unidos) e os dos americanos subiriam a 28 mil horas (58 mil horas que lhes custaria fabricar os sapatos menos 30 mil horas que lhes custam efetivamente os 3 aviões). Esses dados mostram que a teoria das vantagens comparativas não determina *de que modo* os ganhos da especialização vão se repartir entre as nações que participam do intercâmbio.

Para se determinar como os ganhos da especialização se repartem é preciso fazer mais algumas hipóteses. Emmanuel admite que, nos países não desenvolvidos, os salários são muito mais baixos do que nos países desenvolvidos e que, portanto, as taxas de exploração (a relação entre a mais-valia produzida e o valor do salário) são muito mais elevadas nos primeiros do que nos segundos. Essas hipóteses se justificam pelo fato de que a técnica de produção adotada no SME da maioria dos países não desenvolvidos é, em geral, bastante avançada (basta pensar nas plantações de bananas da United Fruit ou nos poços de petróleo da Standard Oil), o que leva a concluir que a produtividade do trabalho nesses casos não deve ser inferior à que prevalece nas economias industrializadas. Se isto for assim, é óbvio o que se segue: que, ganhando salários mais baixos (o que, de fato, se verifica), o trabalhador do SME dos países não desenvolvidos deve proporcionar ao capitalista um lucro bem mais elevado. Emmanuel supõe, no entanto, que há um mercado internacional de capitais e que, portanto, a concorrência entre os próprios capitalistas não permite que persista por muito tempo uma situação em que algumas empresas, que investiram nos setores de mercado externo dos países não desenvolvidos, tenham taxas de lucro substancialmente maiores do que as que investiram nos países desenvolvidos. É de se esperar que, nesse caso, o capital aflua ao SME dos países não desenvolvidos, à procura de uma taxa de lucro mais elevada, o que deve acarretar uma oferta crescente de artigos "coloniais", com a consequente queda dos seus preços, até que a taxa de lucro dos empreendimentos nesses ramos não seja significativamente maior do que nos demais ramos dos países desenvolvidos.

    Explicar-se-ia assim a deterioração dos termos de intercâmbio dos países não desenvolvidos por uma tendência à superinversão nos poucos ramos de exportação desses países, que são muitas vezes dominados pelas firmas dos países importadores. Essa tendência seria, por sua vez, cada vez mais forte à medida que o diferencial de salários entre países desenvolvidos e não desenvolvidos se amplia. Os dados coletados por Emmanuel mostram que, efetivamente, a diferença entre os níveis de salário de diversos países tem aumentado durante os últimos 100 ou 150 anos, não só entre os países desenvolvidos e não desenvolvidos, mas também dentro do conjunto dos desenvolvidos. Assim, os salários nos Estados Unidos chegaram, em 1950-1955, a ser cerca de cinco vezes maiores que os da Alemanha Ocidental e quase quatro vezes maiores que os da Grã-Bretanha. A explicação de por que os salários tendem a ser cada vez mais desiguais entre países (assim como dentro dos diversos países) depende de uma complexa interação de fatores econômicos, demográficos e institucionais que no momento não convém tentar deslindar. O que importa, do ponto de vista da teoria do comércio internacional, é que – havendo uma divisão internacional do trabalho relativamente rígida, cada país tendo se especializado em determinadas linhas de produtos – os fluxos de capital entre os países tendem a equalizar as taxas de lucro mediante a variação dos preços dos produtos, que tendem a *baixar* nos países de salários em queda (em relação à média mundial) e a *aumentar* nos países de salários em alta. Isto significa que, se o nível de salários sobe nos Estados Unidos, por exemplo, em relação ao Brasil, num primeiro momento a taxa de lucro será maior aqui do que lá. Isto atrairá capitais para cá, que vão expandir nossa produção para o mercado externo (digamos de sapatos) e ao mesmo tempo os capitais tenderão a se retirar da produção americana para o mercado externo (digamos de aviões). Quando esse movimento de capitais tiver atingido certo nível, afetando significativamente o nível de produção, a oferta de sapatos deverá crescer, ao passo que a de aviões irá diminuir. É claro que, nessas circunstâncias, os preços dos sapatos deverão cair e os dos aviões, pelo contrário, deverão subir até que as taxas de lucro em ambas as indústrias voltem a se aproximar. Assim, a teoria da troca desigual mostra que, numa economia capitalista internacional em que os capitais se transferem facilmente de um país a outro, os termos de intercâmbio têm que deteriorar para os países em que os custos de produção (com particular ênfase no salário) tendem a cair em relação aos dos seus parceiros de intercâmbio.

Um dos pressupostos cruciais da teoria da troca desigual é a rigidez da divisão internacional do trabalho. Se essa rigidez não existisse, no exemplo apresentado, os capitais viriam ao Brasil (e demais países em que o nível de salários baixou, em termos relativos) não apenas para fabricar sapatos, mas também para fabricar aviões. Nesse caso, o efeito da elevação dos salários nos Estados Unidos seria, a curto e a longo prazo, um decréscimo da acumulação de capital e, no limite, uma paralisação do desenvolvimento das forças produtivas.

Na verdade, a divisão internacional do trabalho é de fato rígida quando se trata de produtos cuja oferta depende de recursos naturais relativamente escassos. O caso recente da elevação do preço do petróleo ilustra bem esse caso. Os países exportadores de petróleo – os quais são todos países não desenvolvidos – se organizaram na Opep e decidiram anular a deterioração dos termos de intercâmbio, fixando o preço do petróleo em nível muito mais elevado. Essa decisão política mostrou ser factível a partir do momento em que os membros da Opep se assenhoriaram do controle de sua produção petrolífera, rompendo desse modo a dependência em que antes se encontravam dos países compradores. O fato de que estes não puderam, pelo menos a prazo médio, substituir o petróleo da Opep pelo de outras fontes, tendo que aceitar o preço fixado pelos exportadores, confirma brilhantemente um dos pontos básicos da teoria da troca desigual: o de que a elevação dos custos de um produto de exportação (que pode ser originada numa alta de salários ou numa decisão política) tende a melhorar os termos de intercâmbio dos países exportadores, desde que estes disponham da maior parte dos recursos naturais de que é extraído o referido produto.

Um outro tipo de produto em que há rigidez na divisão internacional do trabalho é o das mercadorias que são fruto de desenvolvimento tecnológico mais ou menos recente. Esse fato foi amplamente investigado pelos proponentes da teoria do ciclo do produto aplicado ao comércio internacional. Essa teoria (surgida nos últimos anos) parte da constatação de que cada mercadoria passa por várias fases desde o momento em que surge como fruto de uma inovação técnica até que seu consumo se expanda, a técnica de produção se padronize e os custos de produção caiam a nível relativamente baixo. Quanto mais novo é um produto, tanto mais ele requer sofisticação tecnológica, mão de obra altamente qualificada e consumidores de elevado poder aquisitivo. Quando o produto "envelhece", tais requisitos se tornam menos importantes e as vantagens comparativas de quem o produz passam a depender primordialmente do baixo custo dos fatores de produção, principalmente da mão de obra. A partir daí é fácil entender que, na divisão internacional do trabalho, os países fortemente industrializados e de alto nível salarial tendem a monopolizar a exportação de produtos "novos", ao passo que os países pouco industrializados e de baixos salários tendem a se especializar em produtos "velhos". É esta a razão por que os Estados Unidos continuam exportando aviões, apesar de os salários ali serem altos, em vez de as empresas aeronáuticas se transferirem aos países não desenvolvidos, onde o custo da mão de obra é muito mais baixo. É que o avião ainda está sujeito a um vigoroso processo de aperfeiçoamento técnico, assim como os computadores, certos produtos químicos, aparelhos eletrônicos etc. etc. O fato de esses produtos serem exportados exclusivamente por um punhado de nações altamente industrializadas confirma o pressuposto da teoria da troca desigual e atesta a dependência tecnológica do resto do mundo em relação a essas poucas nações. Assim como o Japão ou os Estados Unidos são obrigados a pagar os preços do petróleo fixado pelos países participantes da Opep, estes e os demais países não desenvolvidos são obrigados a pagar pelos aviões, computadores etc. os preços que os monopólios americanos, japoneses etc. por eles cobram.

O pressuposto da teoria da troca desigual é menos verídico no que se refere aos produtos que estão "envelhecendo", isto é, que não estão sofrendo inovações tecnológicas há algum tempo. Estão nesse caso muitos bens de consumo semiduráveis, tais como tecidos, artigos de vestuário, sapatos, móveis, bicicletas etc. Tais produtos começam numa primeira fase a ter a sua importação substituída por produção nacional nos mercados internos dos países em estágio inicial de industrialização. É claro que, no caso desses produtos industriais, os custos de produção dependem, em grande medida, da escala de produção. Nos países ainda em desenvolvimento, de grande população e, por isso, de amplo mercado interno, a indústria leve (produtora de bens de consumo semiduráveis) consegue atingir volumes ponderáveis de produção e, graças à economia de escala, baixos custos. Isso permite que esses países, numa segunda fase, se tornem exportadores desses produtos, inclusive para os países mais desenvolvidos.

No caso do Brasil, por exemplo, a primeira fase da substituição de importações de bens de consumo semiduráveis se deu *grosso modo*, durante a primeira metade deste século. A segunda fase teve seu início algo retardado, pois os países industrializados protegiam – como ainda protegem, em parte – seus mercados internos contra a concorrência de produtos industriais de países não desenvolvidos. A partir da década de 1960, no entanto, houve considerável liberalização do comércio internacional, o que teve por efeito a transferência da exportação de uma série de produtos industriais "velhos" dos países desenvolvidos para alguns ainda em desenvolvimento. O Brasil, graças em parte ao seu extenso mercado interno, foi um dos países que, sem ter atingido ainda elevado grau de industrialização, tornou-se exportador de numerosos produtos industriais.

Nessa área, portanto, não foram os termos de intercâmbio que mudaram (como faz supor a teoria da troca desigual), mas a divisão internacional do trabalho. À medida que a diferença de níveis salariais entre países desenvolvidos e não desenvolvidos se acentuar, deve-se esperar uma contínua transferência de especialização (de produtos "velhos", bem entendido) dos primeiros para os segundos. À medida que essa transferência se dá sob a égide das companhias multinacionais, ela deve ser encarada como a resposta do capital às exigências cada vez mais prementes da classe operária dos países industrializados capitalistas.

Dessa maneira, deve-se concluir que, enquanto o processo do inovação tecnológica continuar como monopólio de um pequeno número de países capitalistas e o diferencial de salários continuar aumentando, haverá, de um lado, uma tendência à deterioração dos termos de intercâmbio (como a teoria da troca desigual prevê) e, de outro, uma contínua transformação da divisão internacional do trabalho, pela qual uma parcela cada vez maior da indústria mundial (dominada pelo grande capital internacional) tenderá a ser localizada em países de baixos salários e amplo mercado interno.

Décima primeira aula
Análise do desenvolvimento econômico

O desenvolvimento é um problema que assumiu certa importância no debate econômico apenas nos últimos vinte anos, praticamente depois da Segunda Guerra Mundial. É um tema especificamente novo no campo da economia. Por isso não seria possível fazer o que foi feito com os demais tópicos, ou seja, uma abordagem crítica das duas correntes fundamentais do pensamento econômico a respeito do desenvolvimento. É possível, porém, mostrar como os herdeiros, os representantes contemporâneos dessas duas correntes, estão pensando o assunto. Pois não havia uma cogitação a respeito do desenvolvimento nem em Marx diretamente, nem nos teóricos seus contemporâneos que deram origem à escola marginalista. Marx, por exemplo, achava que o futuro dos países que estavam sendo colonizados ou dominados colonialmente pelas potências capitalistas seria semelhante ao dos países industrializados. Há uma famosa frase dele em que dizia que a Inglaterra "é o espelho do futuro dos países menos adiantados". A Inglaterra era, então, a maior potência industrial. Portanto, Marx não concebeu o desenvolvimento como um processo específico, diferente do crescimento, nem analisou as contribuições que haveria em um mundo em que apenas alguns países estivessem industrializados e em estreita relação econômica com os demais com um tipo de economia muito diferente e mais atrasado; e o problema nem mesmo se colocava para os marginalistas. Se Marx, devido à sua abordagem histórica, deu uma solução que em termos abstratos não deixa de ser verdadeira, mas que em termos do que acontece hoje não é relevante, os marginalistas nem sequer se colocaram o problema do desenvolvimento. Isto devido à sua ênfase microeconômica, como vimos na Primeira Aula. Os marginalistas, nem se colocavam o problema de saber se uma determinada economia, enquanto tal, correspondia ou não ao estágio possível de desenvolvimento das forças produtivas. Toda cogitação quanto ao desenvolvimento é, portanto, recente e, como tal, as abordagens refletem a evolução durante as últimas décadas dessas duas correntes básicas do pensamento econômico contemporâneo.

Vamos examinar primeiro a concepção marxista. Os economistas marxistas, quando abordam o desenvolvimento, geralmente começam a se perguntar de onde surge o problema, qual é a origem histórica e econômica da divisão do mundo em países desenvolvidos e não desenvolvidos. Pois, evidentemente, o processo de superação dessa diferença, desse abismo entre um tipo de país e outro só pode ser analisado e entendido a partir da análise e da compreensão da origem da diferença. E essa origem se explica pela *teoria do imperialismo*. O capitalismo, principalmente o capitalismo industrial, tem forças imanentes de expansão. O capitalismo industrial não consegue permanecer dentro dos limites estreitos de uma área ou de um território nacional. As suas forças de expansão e o ritmo febril de acumulação de capital exigem, como vimos, tanto uma demanda crescente dos seus produtos, ou seja, mercados cada vez maiores, como também áreas cada vez maiores de investimento de capital. As duas são condições necessárias para o funcionamento *normal* do sistema capitalista. É por isso que o sistema capitalista não permaneceu restrito a um determinado país.

A Revolução Industrial, que deu à Inglaterra uma posição muito privilegiada no mundo do século XIX, se expandiu para a Europa continental, para os Estados Unidos da América, para o Japão, e acabou atingindo indiretamente todos os demais países da América Latina, da África e Ásia. Mesmo que fosse do interesse da burguesia inglesa ou do povo inglês o seu país continuar a ser o único completamente industrializado, a lógica do sistema não podia impedir que as mercadorias inglesas e o capital inglês simultaneamente destruíssem as formas de economia pré-capitalista, quaisquer que fossem, praticamente em todos os continentes do mundo.

Evidentemente, o capitalismo, levado para a Europa pelas mercadorias inglesas, pelo comércio inglês, pela finança inglesa, reproduziu cinquenta anos mais tarde, no continente, a mesma Revolução Industrial que se tinha dado na Inglaterra. Ao imperialismo inglês somaram-se o francês, o alemão, mais tarde o russo, o japonês e o americano. O cenário mundial, no qual o problema do desenvolvimento se coloca, é o fruto de uma expansão imperialista que começa no século XVI com a expansão do capital comercial ibérico e mais tarde holandês e inglês e que tomou suas formas definitivas e atingiu o auge de sua força expansiva no século XIX com o capitalismo industrial.

O que foi que o imperialismo fez para os países não desenvolvidos, para as economias que não eram capitalistas? As análises clássicas marxistas do imperialismo são duas: uma provém de Rosa Luxemburgo, outra de Lênin. Ambos basicamente abordam a questão do ponto de vista do país imperialista. Eles estavam interessados em entender qual é a repercussão do imperialismo nos países altamente industrializados, onde se esperava a eclosão da Revolução Socialista. Apenas Rosa Luxemburgo, no seu livro *A acumulação do capital*, dá certa ênfase também ao que acontece nos países colonizados. Ela tem análises realmente magníficas do processo de colonização da Argélia, da Índia e do Oeste dos Estados Unidos da América. Ela estuda a colonização dessa parte dos Estados Unidos da América mostrando como o índio foi exterminado e expropriado pelo avanço dos pequenos agricultores. As terras da "fronteira", que avançava paulatinamente para o Pacífico, iam sendo divididas em *homesteads*, em pequenas propriedades familiares, dando lugar a uma economia do tipo camponês. Uma segunda vaga, a penetração das grandes estradas de ferro, leva à expropriação de parte dos pequenos proprietários pelos magnatas ferroviários. A construção das estradas de ferro transcontinentais, que hoje cortam os Estados Unidos da América, de

São Francisco até Nova York, deu lugar a grande expropriação de terras e a lutas sangrentas. As epopeias do *Far-West* são frequentemente episódios dessa grande luta do capital colonizador, que seguiu nos calcanhares dos pequenos agricultores e os expropriou, acarretando a transformação de todo o território, hoje compreendido nas fronteiras dos Estados Unidos, em uma economia capitalista adiantada.

De Rosa Luxemburgo, portanto, a análise marxista do desenvolvimento recebe um subsídio importante. Ela nos permite entender que na economia colonial, que é o resultado de expansão imperialista em países que não sofreram autenticamente a Revolução Industrial, se cria um enclave capitalista ligado pela divisão internacional do trabalho à economia dos países capitalistas industrializados. É o que nós chamamos de setor de mercado externo (SME), que aparece na história do Brasil sob a forma dos famosos ciclos: ciclo do açúcar, do ouro, do café, da borracha. Cria-se, portanto, em uma parte da economia, um setor que reflete as transformações da economia capitalista industrial externa. É, portanto, uma economia reflexa: ela cresce ou decai pela ação da demanda e da exportação de capital dos países capitalistas industrializados. O resto da economia colonial permanece na situação anterior, ou seja, de economia de subsistência que, no entanto, é subordinada inteiramente às necessidades do setor de mercado externo.

Entre o setor de mercado externo, refletindo a penetração capitalista, e o setor de subsistência (SS), herança do passado pré-capitalista, se espreme um pequeno setor de mercado interno (SMI), que representa o embrião do capitalismo nacional, mas que é, enquanto a economia permanece colonial, completamente dependente do setor de mercado externo. O SMI é constituído pelos comerciantes, transportadores, armazenadores, enfim pelos empresários nacionais de exportação e de importação.

Como se inicia o desenvolvimento? Ele começa, em geral, provocado externamente pelas crises mundiais do capitalismo. O capitalismo mundial sofre crises que se manifestam tanto sob a forma de crises de conjuntura cíclica, ou seja, pela sucessão de fases de ascensão, de crise aguda e de depressão, ou então sob a forma de guerras mundiais. Os dois fenômenos, que evidentemente são muito diferentes quanto à sua essência, têm o mesmo efeito sobre as economias coloniais. Eles reduzem enormemente o fluxo de comércio internacional, portanto têm um impacto fortemente negativo sobre o setor de mercado externo, o que deveria fazer, à primeira vista, a economia recuar para o seu estágio mais pré-capitalista. Acontece, no entanto, que em determinados países (embora não em todos), quando essa crise do setor de mercado externo se manifesta, criam-se as possibilidades de *substituição de importações*. O setor de mercado interno, que era meramente um apêndice do setor de mercado externo, passa a crescer autonomamente, substituindo pela sua produção os produtos anteriormente importados.

Como ilustração desse processo, podemos tomar por base a história brasileira. No fim do século XIX, o nosso setor de mercado externo era predominantemente representado pela cafeicultura. O Brasil era internacionalmente conhecido apenas pelo seu café, produto que era, em certa medida, um enclave estrangeiro na economia brasileira, pois dependia totalmente da demanda externa. Ao lado do setor de mercado externo desenvolveram-se atividades comerciais, sobretudo de mercado interno, realizadas por companhias comerciais, bancos, companhias de serviços públicos, ferrovias e assim por diante, que viviam essencialmente do comércio de exportação do café e da importação de mercadorias e bens manufaturados.

A primeira crise de superprodução do café, em 1896, encontra o setor de mercado interno começando a gerar algumas indústrias e ela vai ajudar o desenvolvimento industrial, na medida em que protege mais a indústria brasileira da concorrência estrangeira. Quando se dá a Primeira Guerra Mundial, o mesmo fenômeno se repete. Com a crise mundial de 1929, seguida por uma década de depressão e por um quinquênio de guerra mundial, o processo de industrialização, através da substituição de importações, prossegue.

É preciso entender que o processo de desenvolvimento capitalista é estimulado pelas contradições mundiais do sistema e é respondido pelo capitalismo dos países adiantados de uma forma positiva. Esse foi um dos pontos-chave da mudança que a análise marxista da situação dos países não desenvolvidos teve que sofrer. Até o fim da Segunda Guerra Mundial, isto é, antes que se pensasse no processo de desenvolvimento como um processo específico de transformação econômica, era lugar-comum a análise marxista supor que o capital imperialista estava estreitamente ligado e aliado à chamada oligarquia local que se fundamentava no setor de mercado externo. Supunha-se que o imperialismo estava interessado exclusivamente na manutenção de todos os países africanos, asiáticos e latino-americanos e do sudeste europeu em uma situação de economia colonial. E que qualquer desenvolvimento, qualquer transformação dessas economias no sentido capitalista seria obstaculizado, na medida do possível, pela política das potências imperialistas. Pois bem, não foi o que ocorreu. As potências imperialistas preferiram, bastante inteligentemente, participar do processo em vez de procurar detê-lo e isto estava perfeitamente em harmonia com os seus interesses econômicos e políticos. Em primeiro lugar, porque, à medida que se dá o desenvolvimento por substituição de importações, cresce o mercado interno desses países; obviamente, cresce o mercado para exportação dos países industrializados. Supunha-se, ingenuamente, que se o Brasil, por exemplo, produzisse tecidos, a indústria têxtil inglesa perderia o mercado. Foi evidentemente o que aconteceu. Porém, os tecidos brasileiros eram de fio inglês. Após algum tempo, o tecido nacional ficava mais barato e, em consequência, ampliava-se o mercado brasileiro de tecidos, o que levava a importar um valor maior em fios do que antes se importava em tecidos. Depois é que se deu a substituição do fio inglês pelo brasileiro. Mas estes eram fiados por máquinas inglesas assim como, depois, eram tecidos por teares ingleses e eram tingidos por corantes alemães e, provavelmente, embalados por algum outro material importado.

    O processo de substituição de importações não acarreta uma diminuição absoluta do valor das importações, mas uma mudança em sua composição: passam a ser importados menos bens de consumo final, porém mais bens de produção. A tendência do desenvolvimento é forçar uma importação maior, porque todo processo de crescimento industrial, no país que se desenvolve, se dá a partir de bens de produção importados. Então, do ponto de vista meramente do mercado, convém totalmente aos países adiantados que os países de economia colonial se desenvolvam. Evidentemente, há um limite para essa importação, constituído pelo valor da exportação dos países não desenvolvidos. A capacidade de importar do Brasil, por exemplo, é dada pelo volume de divisas recebido por aquilo que nós vendemos aos países industrializados. À medida que eles absorvem nossas mercadorias, criam mercado para os seus produtos. O processo de desenvolvimento não afeta, em absoluto, esse mecanismo.

Em segundo lugar, o processo de desenvolvimento abriu magníficas áreas de investimento de capital aos países mais adiantados. E este foi um dos componentes essenciais do desenvolvimento capitalista. Uma vez criadas as condições para o estabelecimento de novos ramos industriais, o capital americano, o alemão, o inglês, o francês e assim por diante, vão se colocar lucrativamente nos países em desenvolvimento.

Desse ponto de vista, também o desenvolvimento favoreceu os interesses dos países imperialistas que, antes, tinham nas economias coloniais uma área extremamente restrita de investimento: basicamente ferrovias, serviços públicos e, eventualmente, mineração. Hoje, as indústrias europeia, americana, japonesa encontram possibilidades de investimento, nos países subdesenvolvidos, na siderurgia, na produção de material elétrico, de material de transporte, de alimentos e assim por diante. Não há, portanto, essa contradição, ou seja, que o desenvolvimento capitalista é necessariamente antagônico à penetração imperialista. Pelo contrário, o desenvolvimento abre melhores perspectivas de integração dessas economias no capitalismo internacional.

É preciso finalmente salientar que a análise marxista aponta as contradições do processo, que tem suas limitações fundamentais no fato de que o desenvolvimento capitalista (que seria entendido como processo histórico de superação do retardo, que impediu que esses países atingissem o mesmo grau de expansão das forças produtivas que os países industrializados), na realidade, é frustrado pelo seu próprio caráter. Vários dos países não desenvolvidos se desenvolvem, mas sempre com um certo retardo. O desenvolvimento é real em termos do passado do próprio país. Se pensarmos no Brasil de hoje, comparado com o de há trinta anos, sem dúvida alguma o país se industrializou. Mas, se formos fazer a comparação entre o Brasil de 1930 e os Estados Unidos de 1930, e o Brasil de 1968 e os Estados Unidos de 1968, verificaremos que a diferença relativa não diminui.

O desenvolvimento capitalista é um processo de redistribuição de inversões do grande capital internacional, organizado em companhias multinacionais, no plano mundial. Esse capital procura condições mais favoráveis para se valorizar, dirigindo-se a países com mão de obra abundante e barata, portanto com amplo mercado interno potencial e que já iniciaram, de forma autônoma, o processo de substituição de importações. Não há dúvida de que o influxo de inversões das multinacionais em países como o Brasil, por exemplo, acelera o processo de industrialização, mas também o freia na medida em que tais inversões reforçam o monopólio tecnológico das nações já industrializadas. As multinacionais transferem às subsidiárias apenas o *know-how* pronto, continuando o desenvolvimento de inovações tecnológicas a ser atribuição exclusiva das matrizes. Embora fosse possível aos países em desenvolvimento romper essa relação de dependência do grande capital internacional, pois o *know-how* também pode ser comprado sem se entregar o mercado interno às subsidiárias das multinacionais, o fato é que essa possibilidade nunca se concretiza. A razão básica é política: um processo de desenvolvimento autônomo teria que ser realizado com participação predominante de empresas estatais, já que só o Estado seria capaz de mobilizar e concentrar os recursos de capital necessários. Diante das alternativas de se ver subordinada a um Estado empresário ou ao grande capital internacional, as classes dominantes dos países em desenvolvimento têm consistentemente preferido a segunda, ainda que esta implique a manutenção do atraso relativo desses países.

Na realidade, por vários fatores (vistos na aula anterior), principalmente o caráter mais recente do desenvolvimento tecnológico, a diferença relativa entre os países que estão na vanguarda do desenvolvimento industrial e os países que estão na retaguarda tende a aumentar. O desenvolvimento tecnológico está levando a uma crise mundial do capitalismo, pois exige, para sua efetiva implantação, uma planificação provavelmente internacional da economia que, sem dúvida, é incompatível com as relações de produção capitalista. Essa crise mundial só está se esboçando hoje; seus contornos podem ser mais adivinhados do que definidos, porém ela já existe, em certo grau, e se manifesta concretamente nos países em desenvolvimento. Se hoje a Holanda e a Itália encontram tremendas dificuldades em se apropriar e efetivamente usar os mais recentes avanços científicos, em termos de inovações tecnológicas, o que dizer de um país como o Haiti, o Nepal, o Ceilão ou as Filipinas e muitos outros. Países que, além de seu reduzido tamanho, têm toda a pobreza e todo o atraso de séculos de exploração colonial!

Essa seria, portanto, uma análise marxista do processo de desenvolvimento, que concluiria com uma análise crítica da tentativa de superar esses obstáculos através de uma intervenção cada vez mais ativa do Estado na economia, na tentativa de realmente substituir os processos clássicos do capitalismo por uma espécie de capitalismo de Estado.

A expressão de Caio Prado Júnior, falando de nossa burguesia como uma "burguesia burocrática", que foi criada por mecanismos de intervenção estatal, é perfeitamente justificada. Essa análise talvez permita, no futuro, desenvolver a crítica de um capitalismo de Estado que é o resultado das contradições do desenvolvimento nas condições capitalistas.

Vamos agora ver a concepção pós-keynesiana, que é a concepção mais corrente nos meios governamentais, tanto dos países não desenvolvidos como dos desenvolvidos e, evidentemente, também nos meios acadêmicos.

Em primeiro lugar, não se coloca o problema do não desenvolvimento como um fenômeno histórico. Ele é exclusivamente entendido e analisado como um caso de crescimento retardado. Daí, inclusive, a expressão "subdesenvolvimento", que procuro evitar ou usar entre aspas. Porque o "subdesenvolvimento" implica a ideia de que, fatalmente, a economia sempre se desenvolve e que apenas algumas economias se desenvolveram mais depressa e outras mais devagar; algumas, por circunstâncias que não vêm ao caso (do ponto de vista da análise keynesiana), puderam caminhar depressa e outras se retardaram e então ficaram subdesenvolvidas. Porém, também estas poderão se desenvolver normalmente. Não há problema estrutural algum; o que existe são características exógenas à análise econômica, que explicariam o retardo. Daí inclusive a expressão de que o desenvolvimento econômico é assunto excessivamente sério para ser tratado apenas por economistas e que a contribuição do psicólogo, do antropólogo e do sociólogo é muito importante. Acontece que a sociologia, a antropologia e a psicologia do tipo acadêmico não são relevantes para a análise do problema. Recentemente, li um estudo sociológico tentando explicar por que a poupança, no sudoeste asiático é relativamente baixa; porque o camponês da Malásia não tende a replantar as seringueiras que está explorando antes que elas desapareçam. Enquanto tem com o que viver, ele não pensa em acumular. Aponta-se esse traço cultural e se explica por ele o subdesenvolvimento. Não se pergunta de onde veio a seringueira e para onde vai a borracha extraída. Considera-se o subdesenvolvimento, de um ponto de vista estritamente econômico, como um processo de crescimento retardado que não se explica, mas se mede pela renda *per capita,* pelo número de dólares *per capita* e se fazem, a meu ver, longas e bizantinas discussões sobre se o limite entre o desenvolvimento e o subdesenvolvimento está nos mil dólares ou nos quinhentos dólares *per capita.*

Como é que se explicaria, economicamente, esse retardo e, portanto, a caracterização de suas dificuldades? Uma das teorias mais em voga na análise pós-keynesiana é o chamado "círculo vicioso da pobreza", que, em poucas palavras, seria o seguinte: sendo a renda *per capita* muito baixa, a propensão a consumir tende a ser muito grande; cada elevação de renda se transforma em consumo e não em poupança. Na análise keynesiana, a divisão da renda em poupança e consumo é explicada, antes de mais nada, pelo consumo. O consumo é o elemento positivo. As pessoas consomem a renda; o que sobra é poupado. O consumo é que é dado socialmente e é o elemento fundamental da explicação. É da comparação entre consumo e renda que sai a poupança, como resto. Sendo baixa a renda, *ipso facto,* a poupança tem que ser pequena. Não há muita sofisticação. Quando se chega aos detalhes, porém, e se examina a terrível desigualdade na distribuição da renda dos países não desenvolvidos, percebe-se, evidentemente, que uma parte muito grande da renda vai para as mãos de uma minoria que, portanto, tem ótimas condições para poupar. Mas aí surge uma explicação de fundo psicológico, ou seja, o chamado "efeito demonstração". O fato é que as classes ricas, nos países não desenvolvidos, copiam os padrões de consumo das classes dominantes dos países desenvolvidos, o que significa que, mesmo que suas rendas sejam relativamente altas, elas tendem a ser totalmente desperdiçadas em bens de ostentação.

Eis, portanto, uma explicação inicial que já não é totalmente econômica, mas psicoeconômica, do "círculo vicioso da pobreza". O fato de que somos pobres nos leva a considerar que continuaremos a ser pobres, pois consumimos quase tudo que ganhamos e, assim, não podemos poupar; não podemos, pois, aumentar nossa produtividade e então continuaremos pobres. Daí a grande conclusão: só podemos nos desenvolver com o auxílio estrangeiro; é preciso que os países adiantados nos forneçam capital, uma pequena ou grande parte de sua poupança, que, aliás, já é excessiva para eles, do ponto de vista da análise keynesiana.

O problema dos países industrializados é o oposto: o consumo não tende, pelo menos imanentemente, a acompanhar o crescimento da renda. Há, portanto, uma tendência a poupar, na mesma medida, uma parcela cada vez maior de cada acréscimo de renda, sem que os investimentos sejam estimulados. Então, por que não transferir o excesso de poupança para as áreas mais pobres? Daí os esquemas do "Ponto 4", Usaid, de transferências internacionais de capitais. O investimento de capital nos países em desenvolvimento, pelos países industrializados, é encarado como a mola essencial do desenvolvimento. Não se faz diferenciação alguma se esse investimento é dirigido ao setor de mercado externo, por exemplo para a produção de petróleo, o que torna necessário exportá-lo para os próprios países investidores, ou se ele se aplica no setor de mercado interno, para substituição de importações que não apresentem aquele requisito.

Uma outra consequência desse mesmo tipo de análise é a reivindicação dos economistas que representam os interesses das classes dominantes dos países em desenvolvimento, a respeito do comércio internacional. Refiro-me em particular à tese Prebisch e à chamada Conferência das Nações Unidas para o Comércio e Desenvolvimento (Unctad), que é o *forum* onde as burguesias subdesenvolvidas apresentam as suas reivindicações. O que elas desejam é obter, através do comércio internacional, uma maior renda, já que é o problema da poupança e da renda, evidentemente, o fulcro que explica o crescimento retardado. Mostra-se que a queda dos preços dos produtos exportados pelos países não desenvolvidos (açúcar, petróleo, outros minérios etc.) levou a uma perda de renda por parte desses países que é quase equivalente ao "auxílio" recebido sob a forma de empréstimos e investimentos de capital. Então, diz Prebisch, o que adianta que os EUA, Alemanha, Japão e outros invistam x milhões de dólares nos países não desenvolvidos, se eles retomam esse dinheiro sucessivamente, através da queda dos preços das matérias-primas importadas desses mesmos países?

Em vez de se propor uma planificação internacional do comércio, que seria a única solução radical, e uma consequente redivisão internacional do trabalho, propõem-se fundamentalmente a abertura dos mercados dos países industrializados a certas manufaturas dos países em desenvolvimento e a garantia de preços às suas exportações tradicionais.

Finalmente, uma outra contribuição da análise pós-keynesiana – indubitavelmente a mais valiosa contribuição, de um certo caráter científico – é aquela que nasce da própria prática, ou seja, a estratégia de desenvolvimento. Por mais que a concepção geral seja pouco inspiradora, os economistas que adotam a concepção pós-keynesiana são aqueles que estão nos ministérios, nos vários órgãos de assistência aos países em desenvolvimento e que têm que enfrentar problemas concretos. E é no trabalho prático de procurar resolver esses problemas que se desenvolveu uma polêmica interessantíssima, à qual quero me referir apenas rapidamente. Mostrou-se que, para que haja desenvolvimento, tem que haver mudança estrutural na economia. Não se trata meramente de crescimento da estrutura existente, mas de uma transformação da própria criação de novos ramos especializados. O desenvolvimento leva a uma divisão nacional do trabalho e este é um processo extremamente delicado, que tende a gerar desequilíbrios. Quando se montam, por exemplo, determinadas indústrias em uma área, é comum que falte o transporte para levar o produto ao resto do país, que seria o seu mercado; que falte energia elétrica para expandir essas indústrias, além de faltar mão de obra especializada, pois o sistema educacional não foi adaptado à industrialização etc. Esses pontos de estrangulamento tendem, então, a reter o desenvolvimento. Daí a proposta de se implantar o planejamento pelo menos da utilização dos recursos físicos e a utilização de medidas fiscais e o crédito, por exemplo, para que os recursos particulares se encaminhem, o mais rapidamente possível, para os futuros pontos de estrangulamento, de modo que estes não venham a sufocar o processo.

Essa tese, do desenvolvimento e crescimento *equilibrados*, foi contradita – e com certa razão – por economistas como Hirschmann, que dizia o seguinte: como os recursos são muito escassos, como o círculo vicioso da pobreza não permite que haja investimentos abundantes, a sua difusão, por muitas áreas, tende a não gerar resultados. Além disso, a tentativa de um crescimento equilibrado tem que ser necessariamente lenta, pois é preciso prever todos os futuros pontos de estrangulamento e dividir os recursos muito escassos por todos eles, em vez de criar novas indústrias que vão criar desequilíbrios. A falta de capacidade empresarial, a corrupção do aparelho estatal, toda uma série de aspectos não econômicos se opõem à instituição de uma economia capitalista, que deve ser racional para ser eficiente. Tais atitudes podem ser rompidas somente se os recursos se concentrarem em algumas áreas privilegiadas e os desequilíbrios provocados depois encontraram a sua solução.

Um exemplo concreto da opção de desenvolvimento equilibrado seria procurar industrializar o território brasileiro, que não é pequeno, da forma mais homogênea possível: procurar-se-iam criar indústrias complementares por toda a área habitada do país e, com isto, impedir grandes desníveis regionais e, ao mesmo tempo, evitar os pontos notórios de estrangulamento, que têm atormentado a economia brasileira. Argumenta-se contra isto que o ritmo de crescimento, nessas condições, seria bastante pequeno e não haveria estímulo ao aumento de poupança, a uma concentração de esforços, pois não haveria a pressão das necessidades prementes naquele sentido. A concentração dos recursos no eixo Rio-São Paulo permitiu um desenvolvimento industrial, pelo menos nessa área, muito mais rápido e cujos frutos agora podem ser redistribuídos com mais facilidade por outras áreas do território. Ao mesmo tempo, os desequilíbrios criados por esse desenvolvimento industrial relativamente intenso permitiram a geração de forças sociais que tendem a superar os obstáculos ao desenvolvimento nas demais áreas. Por exemplo, se tivéssemos tido um desenvolvimento industrial homogêneo, relativamente lento, a transformação do sistema educacional e sua adaptação ao novo mercado de trabalho, criado pelo industrialização, teria sido muito mais lenta e todos os interesses criados na universidade e também no ensino médio teriam tido mais capacidade de resistir a inovações, porque a pressão da demanda teria sido relativamente menor. Essa discussão sobre a estratégia do desenvolvimento é válida principalmente nas condições de uma economia não planejada, e ela mostra o caráter algo precário do processo de desenvolvimento, que se alimenta de suas próprias contradições.

Para terminar a exposição, vamos considerar a seguinte questão: quais são as perspectivas que o desenvolvimento apresenta, nessas condições, nos países que não participaram, no momento histórico próprio, da Revolução Industrial?

Os economistas da escola pós-keynesiana são bastante pessimistas a esse respeito. Eles fazem, por exemplo, extrapolações numéricas a respeito das taxas de crescimento dos países não desenvolvidos e preveem que, no futuro, o seu não desenvolvimento relativo será bastante mais grave do que é hoje. Nos Estados Unidos, a renda *per capita* é de 3.500 dólares; um crescimento anual, por exemplo, de 2% *per capita* (menos do que a economia americana tem conseguido) dá 70 dólares por ano. No Brasil, a renda *per capita* é próxima a 250 dólares; mesmo que a economia crescesse à taxa muito favorável de 3% ao ano, isto permitiria um acréscimo anual de apenas 7,5 dólares. Desse modo, mesmo que, em termos da taxa geométrica de crescimento, haja uma vantagem para o Brasil, em termos absolutos, a diferença tende a aumentar. Daí as previsões do Hudson Institute, segundo as quais os Estados Unidos, no fim do século, estariam ainda com uma economia que eles chamam de "pós-industrial", ao passo que o Brasil e muitos outros países estariam com uma economia "pré-industrial". Esse pessimismo dos economistas pós-keynesianos se reforça por um raciocínio demográfico, ou seja, que nos países não desenvolvidos a população está crescendo com rapidez extraordinária em termos históricos; ela está dobrando a cada 23 anos mais ou menos. Como se calcula a renda *per capita* pela fração renda nacional/população, esse crescimento rápido do denominador impede o crescimento do quociente. A renda *per capita* tende, portanto, a se elevar devagar, mesmo que a renda global esteja aumentando com certa intensidade. Daí toda a aflição com respeito à "explosão populacional" e a grande voga do pessimismo malthusiano.

Por outro lado, os economistas de tradição marxista procuram muito mais os exemplos de desenvolvimento não capitalista como medida do possível, daquilo que se pode fazer. Será que os países não desenvolvidos estão condenados a permanecer em seu retardo, pelo menos relativo, enquanto viva a presente geração? É importante lembrar que a experiência de economias centralmente planejadas, de passado realmente colonial, é bastante recente. A Rússia não era exatamente uma economia colonial, embora tivesse algumas de suas características. Mesmo os países da Europa oriental tinham iniciado sua industrialização havia bastante tempo. A grande experiência do desenvolvimento socialista são realmente a China, a Coreia do Norte, o Vietnã do Norte e Cuba; embora a experiência seja muito recente (geralmente menos de vinte anos) e os dados não se encontrem bastante bem levantados, tudo leva a crer que a capacidade de avanço e de desenvolvimento das forças produtivas, mostrada por essas experiências, demonstra cabalmente que é possível vencer o retardo econômico no espaço de uma geração.

O que está acontecendo na China, por exemplo, é que esse país está dominando a tecnologia moderna no que ela tem de mais significativo. As famosas bombas atômica e de hidrogênio chinesas não são apenas uma proeza militar, são produtos de toda uma infraestrutura científica muito ponderável. É impossível um desenvolvimento tecnológico no campo energético, como o da China, sem ter todo o desenvolvimento eletrônico correspondente, isto é, computadores e tudo o que eles significam. E eles o fizeram a partir de uma base que era a mais pobre do mundo. A renda *per capita* chinesa, no início da Revolução, deveria ser da ordem de 50 dólares mais ou menos. Assim, a partir de um país semidestruído por uma longa guerra civil, ligada à guerra contra a invasão japonesa, foi possível em mais ou menos cinco anos chegar a alcançar, se não economicamente, pelo menos tecnologicamente, os países mais adiantados do mundo.

As repercussões desse desenvolvimento tecnológico sobre a economia prometem ser extraordinárias, isto porque o retardo tecnológico tem, à medida que ele é vencido, uma certa vantagem. O chinês "pulou" para o computador; ele não passou pelas máquinas intermediárias. A aplicação da energia atômica, a aplicação de métodos ultramodernos de informação e planejamento regional, a aplicação da química à agricultura, em um país como foi a China, podem se fazer de imediato. Quando os chineses afirmavam que dobraram sua produção agrícola em questão de três ou quatro anos, isto foi saudado com risadas pelos americanos. Hoje eles praticamente aceitam o fato. Mesmo partindo de 50 dólares *per capita*, é possível chegar aos 3.500 dólares em um prazo estupendamente curto, por aplicações maciças de tecnologia. Tudo leva a crer que o grande investimento que se tem a fazer nesses países é fundamentalmente na preparação da mão de obra. Esse é o ponto difícil de vencer. Provavelmente o desenvolvimento chinês ainda está retardado porque é preciso mudar completamente a concepção, a maneira de viver e de produzir do homem chinês.

Não há por que assumir uma atitude de apologia do "paraíso vermelho". Porém é preciso considerar as potencialidades do desenvolvimento hoje, quando os recursos são aplicados com rigor e racionalidade. O exemplo desses países provavelmente será uma das armas mais efetivas para se refutarem as conclusões pessimistas da corrente pós-keynesiana quanto ao desenvolvimento dos países não industrializados.

Décima segunda aula
Economia planificada

Acho que é lógico terminar um curso de Introdução Crítica à Economia Política com esse tema porque a economia planificada retoma necessariamente toda a problemática que a economia moderna apresenta em um nível essencial e superior. Essencial porque, na economia planificada, os problemas são abordados não como forças relativamente cegas e impessoais que uma ação coletiva não ordenada e não deliberada coloca, mas como problemas decorrentes de uma condição humana, de uma vontade coletiva previamente determinada. É superior porque apresenta ao homem um grau máximo de liberdade e domínio sobre as forças econômicas que ele mesmo desencadeia na atividade produtiva.

Teremos, portanto, agora, ocasião de fazer uma síntese de muitas coisas que já vimos, porém não só uma síntese como uma possibilidade de abordar esses problemas de um ângulo completamente diferente, pois eles aparecem alienadamente no exame da economia capitalista que nos ocupou na maior parte deste curso.

Eu diria que a essência da problemática econômica, desde o começo da sociedade humana (ou pelo menos o que conhecemos dela), está na conexão entre produção e consumo. O homem se engaja na atividade produtiva com o fim, pelo menos imediato, de obter meios para sua sobrevivência e para o gozo de uma série de prazeres que advêm da satisfação de necessidades. Entre essa atividade produtiva e o consumo se estabelece, portanto, necessariamente, alguma conexão. Porém essa conexão varia historicamente, ela muda de forma e nessa medida propõe a problemática econômica em formas também bastante diferentes.

Em uma sociedade "primitiva", a conexão entre produção e consumo é direta e imediata, pois prevalece nesse tipo de sociedade, que podemos chamar de comunismo primitivo, o autoconsumo: o indivíduo que produz consome a maior parte de seu próprio produto. O indígena vai ao rio, pesca e os peixes que ele assim obtém serão comidos por ele e pelo conjunto de famílias que com ele convivem diretamente. Não há nada que afaste (nem em termos jurídicos, de propriedade, nem em termos físicos) a produção do consumo. Produz-se na medida em que as necessidades de consumo vão se manifestando. É claro que pode haver algum armazenamento: pode-se colher mandioca e não comê-la totalmente. Entre produção e consumo se coloca, nesse caso, um defasamento no tempo. Há a necessidade de uma previsão de quais serão as necessidades futuras de consumo. Mas esse afastamento entre consumo e produção é muito tênue e a própria tradição, a experiência acumulada, permitem que normas bastante simples governem a produção para o consumo imediato (no presente) e mediato (no futuro).

Quando passamos às formas mais complexas de organização econômica, e aí é mais importante, evidentemente, a produção para o mercado, a conexão entre produção e consumo torna-se indireta e mediata. Ela é indireta porque na produção para o mercado cada produtor se insere na divisão social do trabalho e produz um produto só, ou um tipo de bem ou de serviço que ele geralmente não utiliza para si. O sapateiro não produz sapatos para si, o médico não produz consultas médicas para si, o cabeleireiro não corta seu próprio cabelo. A divisão social do trabalho especializa os indivíduos e eles necessariamente produzem para os outros. Então, a conexão entre produção e consumo torna-se indireta, obrigando cada produtor a adivinhar o que os outros querem; ele precisa, através dos mecanismos de mercado, tomar conhecimento indireto de qual é a situação da demanda para então procurar adequar a sua produção à representação necessariamente deformada das verdadeiras necessidades de consumo, que aparecem na demanda do mercado. Da mesma forma, a relação entre consumo e produção é mediatizada no mercado por uma série de trocas que necessariamente acarretam uma defasagem não só no tempo, mas também no espaço, entre a produção e o consumo. A produção agrícola, que se dá em certas áreas do país, é comprada por atacadistas, levada a um mercado extremamente especulativo (a Bolsa de Cereais, por exemplo), aí é objeto de uma série de transações, pode passar pelas mãos de muitos intermediários, pode ser armazenada por muito tempo ou pode voltar a ser jogada no mercado a qualquer momento e só aí então ela vai aparecer, nas mãos do varejista e finalmente na mesa do consumidor. Verifica-se, portanto, um afastamento ponderável no espaço no tempo entre produção e consumo.

Na planificada ou socialista, a conexão entre produção e consumo, eu diria, é *direta porém mediata*. Ela é direta porque não existe um mercado que imponha uma representação de necessidade e ofereça um aguilhão indireto à produção para satisfazer necessidades, que seria o objetivo do lucro. É possível produzir diretamente para a satisfação das necessidades. Nesse sentido, reproduz-se a conexão entre produção e consumo, que caracteriza o comunismo primitivo. Não há necessidade de produzir para obter lucro, para uma demanda que aparece sob a forma de gastos no mercado, mas pode-se produzir para atender a uma necessidade, mesmo que ela possa não estar consciente nas pessoas. Por exemplo, pode-se usar uma grande parte da produção social para dar educação a todas as crianças do país, mesmo que os pais realmente não o desejem ou não tenham consciência de sua importância. Em uma economia de mercado, como a educação é também uma atividade de mercado, o aparelho de ensino só cresce à medida que há uma demanda solvável por ensino, capaz de pagar o seu preço.

A economia planificada pode estabelecer uma definição de quais são as necessidades coletivas e quais destas são prioritárias e pode-se, então, planejar a produção para o atendimento de necessidades assim compreendidas. Por outro lado, a conexão entre produção e consumo é mediata. Pois a complexidade na organização produtiva, que a economia planificada herda do capitalismo, deverá provavelmente se tornar maior ainda, à medida que a tecnologia avança. No capitalismo, a produção já se especializa e se afasta cada vez mais do consumo no espaço e no tempo (é o que permite o aumento da produtividade pelo desenvolvimento de técnicas de transporte, de conservação, de comunicação e assim por diante). No socialismo, provavelmente o mesmo vai se dar, com mais vigor ainda.

A problemática da economia planificada aparece, pois, sob a forma de uma conexão que é *direta* entre produção e consumo, mas que é *mediata* em termos de um processo muito complexo de repartição e distribuição da produção.

Colocada assim, em termos muito amplos, essa problemática, poder-se-ia dividir o funcionamento de uma economia planificada no planejamento da demanda e no planejamento da oferta de produtos. Quanto ao planejamento da demanda, o primeiro problema que se coloca é a repartição da produção total da sociedade entre consumo imediato e consumo futuro ou indireto. Uma parte da produção evidentemente tem que ser destinada a repor os meios de produção gastos. Uma outra parte tem que ser utilizada para aperfeiçoar os métodos produtivos. Isto significa, em última análise, acumulação. A soma dessas duas partes – reposição e acumulação – pode ser de 10%, 15% ou 20% do produto. O resto dele poderá ser consumido imediatamente pela população.

Vimos que a repartição do produto entre o consumo e a poupança, no sistema capitalista, se dá normalmente por mecanismos objetivos de mercado, alheios à vontade humana, que equacionam a eficiência marginal do capital e a taxa de juros. A política do governo procura desviar esses mecanismos para certos objetivos, mas, em última análise, há uma série de leis objetivas, independentes, em boa parte, da intervenção consciente do homem que determina a repartição do produto entre poupança e consumo.

No sistema de economia planejada, essas leis não precisam vigorar. É possível à sociedade decidir se deseja acumular mais, o que significa privar-se de um consumo imediato, ou então acumular menos, consumir mais no momento e abrir mão, com isto, de uma possibilidade de acelerar o avanço econômico. Quanto à possibilidade dessa decisão coletiva, não há nada que impeça um país ou a população de todo o globo de, através de formas políticas adequadas, deliberar conscientemente sobre as várias opções. A dificuldade que se coloca é uma dificuldade técnica, de cálculo econômico. Uma das questões mais graves da teoria de uma economia planejada é a confusão entre a decisão política e a dificuldade técnica de oferecer opções válidas àqueles que devem decidir.

Gostaria de explicar a dificuldade técnica e mostrar como, a meu ver, ela não tem nada a ver com o problema de fundo. Em uma economia capitalista – vamos dizer, no Brasil –, posso ter o seguinte problema: precisando fornecer energia elétrica para uma determinada região ou cidade, tenho duas opções técnicas. Uma opção é construir uma usina hidrelétrica, ou seja, construir uma represa num ponto e colocar ali uma usina; a outra é construir uma usina termelétrica. São duas soluções que fornecem o mesmo produto. A solução da hidrelétrica obriga a imobilizar uma quantidade enorme de recursos, que significa basicamente trabalho humano, na construção da represa. Por isso, a hidrelétrica custa muito mais caro do que a termelétrica, que é basicamente uma fábrica em que se usa um outro tipo de combustível, por exemplo, um derivado de petróleo, carvão ou energia atômica para gerar energia elétrica. Nesse caso, por que não escolher a termelétrica? Porque, para operar a usina termelétrica, as despesas de ano a ano são substancialmente maiores do que para operar a hidrelétrica. Na hidrelétrica investe-se tremenda quantidade de trabalho e recursos para construir a usina, mas o custo operacional para produção da energia é muito baixo, porque ela provém da água que desce das montanhas sem qualquer custo. A energia solar faz a água evaporar e, pelas chuvas, ela retorna às montanhas. A captação dessa energia das águas correntes, uma vez construída a usina, não requer mais do que uma pequena equipe de operação de usina e uma outra equipe de manutenção, que também é relativamente pequena. Podem-se comparar essas duas opções e verificar se se deve investir hoje dez vezes mais na construção de uma usina hidrelétrica para depois ter despesas correntes que são um décimo das que ocorrem na usina termelétrica ou ter muito mais despesas depois, cada ano, para obter energia. Isso porque, na termelétrica, tem-se que usar combustível que custa bastante e ter muito mais gente trabalhando para mantê-la funcionando. Isto se resolve no sistema capitalista através da taxa de juros, que é o preço, *no tempo*, do uso dos recursos. Assim, grava-se o capital investido na hidrelétrica e também na termelétrica com uma taxa de juros, 5% ou 6% ao ano. Essa taxa de juros vai encarecer mais a energia produzida na hidrelétrica, pois ela requer capital fixo em muito maior proporção do que a termelétrica. Assim, caso se escolha uma taxa de juros alta, a termelétrica será a opção mais válida. Caso se escolha uma taxa de juros baixa, a hidrelétrica sairá mais barata. É claro que, em certas circunstâncias, ou uma ou outra opção fica obviamente mais barata, mas, fazendo variar a taxa de juros, ela alcança um valor determinado que torna iguais as duas opções.

Este é um problema técnico, ou seja, de como escolher uma taxa de juros correta. A economia de mercado, por meio de uma lei objetiva, oferece uma indicação efetiva de qual é a preferência dominante pelo uso mediato e imediato dos recursos. É o mercado de capitais que determina a taxa de juros para vários empréstimos de vários tipos. É claro que o planejamento capitalista oferece a quem o realiza várias opções: pode escolher a taxa de juros média dos últimos dois anos ou dos últimos dez anos. Conforme essas médias variarem, uma ou outra opção será mais econômica. De qualquer modo, a realidade lhe oferece os dados e o planejador se guia por esse ponto de apoio coletivo e inconsciente.

E como se resolveria esse problema no sistema socialista? Qual é a taxa de juros que a sociedade deseja?

Do ponto de vista puramente técnico, não há maior dificuldade, embora os cálculos possam ser muito difíceis. É preciso, em última análise, calcular quais seriam as formas de utilização alternativa dos recursos que vão ser gastos na hidrelétrica. É preciso ter uma série de equações que permitam a formulação tecnicamente correta das opções, pois a decisão política, a decisão das preferências humanas que terá de ser tomada só será eficiente, só corresponderá às necessidades e aos desejos humanos, se as opções forem formuladas tecnicamente de forma exata. Não se pode, por exemplo, dizer: vamos acumular rapidamente, vamos nos sacrificar hoje, vamos colocar as famílias em cada apartamento, vamos construir fábricas em vez de casas e isto permitirá, daqui a cinco anos, resolver o problema da moradia com casas pré-fabricadas, muito mais baratas. Se o cálculo for errado, daqui a cinco anos, o problema continua o mesmo. Nesse caso, evidentemente, a decisão política é falha, as pessoas estão se enganando. Por isso o aspecto técnico tem sua importância.

Na discussão teórica desses problemas, chegou-se à conclusão de que o número de equações simultâneas que teriam de ser resolvidas em cálculos dessa espécie estaria além do período normal de uma vida humana, em qualquer circunstância. Acontece que o computador eletrônico reduziu, de forma fantástica, o tempo de cálculo. Sem exagero, certamente o computador é um dos instrumentos que tornaram a economia planificada muito mais viável hoje do que ela o foi no passado. Antes do surgimento do computador, os cálculos que se faziam eram extremamente grosseiros; 99% das equações eram substituídas por uma série de suposições, que podiam estar certas ou erradas.

Hoje o computador permite que a parte técnica receba soluções cada vez melhores. É importante perceber-se o que significa substituir o funcionamento impessoal do mercado de capitais por decisões deliberadas. Significa, em última análise, dar aos recursos o uso mais econômico, ou seja, o mais eficiente. Para isto, é necessário efetivamente ter-se conhecimento do uso alternativo dos recursos, e o recurso básico, que é o trabalho humano, é de uma adaptabilidade fantástica. Posso usar o trabalho humano para praticamente tudo. Então, como no fundo o recurso escasso é o trabalho humano, a sua racional utilização exige um conhecimento perfeito do funcionamento de uma economia bastante complexa. Mas gostaria de insistir que a solução não é técnica. O que podemos tecnicamente fazer é oferecer algumas opções. A escolha entre elas são as pessoas, ou seja, o povo, a comunidade, que tem que fazer em função dos seus desejos, não há técnica que substitua tal decisão.

Uma outra opção que não se coloca explicitamente numa economia capitalista, mas apenas numa economia planificada, é a das formas de consumo. Uma vez resolvido quanto vai se consumir, existem formas coletivas e individuais do satisfazer necessidades. É claro que, de acordo com a herança cultural que recebemos do mundo ocidental e que está hoje se expandindo provavelmente até o mundo oriental, as formas de consumo individual são as preferidas. Isto dá uma nova dimensão à liberdade humana. O exemplo clássico desse conflito é o automóvel *versus* o metrô: ou devemos investir de modo a prover cada *indivíduo*, e não cada família, de um automóvel e ter veículos rodando com três ou quatro lugares vazios, que é um desperdício óbvio de recursos, mas em compensação torna a mobilidade das pessoas muito mais livre, ou então prover meios coletivos de transporte, cujo rendimento econômico é muito maior. Essa mesma opção se pode colocar em relação a moradia, alimentação, educação, saúde etc.

Essa discussão está começando hoje no Brasil, apesar de estarmos longe de uma economia planificada. Não podemos fugir dessa problemática, pois ela reaparece no setor público da economia, como o problema da livre escolha de médico, de dentista etc. A livre escolha é um ideal de consumo individual. O fato de cada indivíduo, no lugar em que mora, no lugar em que trabalha, ter que usar uma equipe médica predeterminada aumenta a eficiência do sistema, porém restringe a liberdade humana. Esta é outra opção que tem de ser encarada politicamente, isto é, em termos de poder. Alguém sempre representa o poder coletivo: pode ser um governo ditatorial, pode ser uma sociedade democrática. A economia planejada deverá caminhar para formas cada vez mais democráticas; nesse sentido, a decisão de optar por isto ou aquilo deverá refletir o consenso coletivo, que não deverá ser meramente o somatório dos desejos individuais.

Também aí se coloca, é óbvio, o problema técnico: como calcular quanto custa à economia entrar na era do automóvel? A Rússia decidiu entrar pelo caminho americano, produzir automóveis em massa e prover, ao longo do tempo, um carro a cada russo adulto, o que representa um investimento muito grande, não só na produção de veículos, mas em vias pavimentadas para circulação dos veículos etc. Talvez o aspecto mais caro do automóvel não é que ele rode e queime gasolina (e, no futuro, energia elétrica) para quatro lugares vazios; é o *espaço* que ele ocupa no meio urbano para estacionar e para circular. Há todo um elenco de serviços necessários para sustentar a economia do automóvel. A opção feita pela Rússia deve comprometer o futuro econômico e ético da economia russa por muito e muito tempo. Não sei até que ponto as implicações foram claramente explicitadas. De qualquer forma, essa opção sempre estará presente na economia planificada e sua resolução não será econômica em si. A função da economia é calcular tecnicamente, da maneira mais correta possível, as consequências da escolha entre uma liberdade individual maior ou um desfrute maior dos bens econômicos, de forma coletiva.

Um outro aspecto do planejamento da demanda, que é muito sério, é o problema da repartição da renda. Em princípio, numa economia planejada, cada indivíduo recebe o direito a uma parcela do produto social; a forma de repartição dos produtos pode ter a aparência de mercado: pode haver lojas, em que o indivíduo compra com notas, mas que no fundo constituem apenas um direito que a sociedade lhe confere de usufruir x horas de trabalho incorporadas numa ou noutra forma de mercadoria. Assim, o indivíduo vai à loja e compra suas coisas, vai ao cinema, ao teatro, ao hospital etc. Nesse caso, a demanda do mercado refletiria com certa exatidão as necessidades humanas, pois todo indivíduo pode exprimir suas necessidades em atos de compra, na medida em que a sociedade lhe conferiu tal poder. Antes já foi decidido quanto desse consumo será coletivo e quanto individual. É quanto a este último que o indivíduo tem a escolha. Mesmo que se opte pelo consumo coletivo, este nunca vai abranger *todo* o consumo humano. À medida que a sociedade se torna mais rica, haverá uma margem crescente de consumo individual, de opções individuais.

Na medida em que houver plena igualdade de rendimentos, haverá então uma demanda que corresponderá às reais necessidades humanas, como são entendidas pelos indivíduos e pela coletividade, ao contrário do capitalismo, em que a repartição tremendamente desigual da renda deforma evidentemente a representação das vontades humanas através da demanda, pois aqueles que têm renda maior podem satisfazer mesmo necessidades pouco prioritárias, dispondo de dinheiro para tanto, ao passo que aqueles que têm renda baixa nem sequer podem dispor do indispensável.

Logo, estaria na lógica da economia planificada a repartição totalmente igual da renda ou, pelo menos, a tendência a um certo igualitarismo. Tal tendência, no entanto, parece acarretar um problema muito grave, que é o do incentivo à atividade produtiva. É preciso lembrar que a economia planificada que estamos discutindo é uma economia que ainda está muito próxima do capitalismo. Vivemos em um mundo em que a maior parte ainda é capitalista, em que as economias planificadas acabaram de sair do capitalismo. Economias em que a população ainda viveu uma grande parte de sua vida no regime capitalista, cuja herança cultural se manifesta na expectativa de que o esforço seja remunerado de acordo com sua intensidade e sua eficiência: a repartição da renda deveria corresponder ao resultado do esforço produtivo individual. Ao se equalizar a renda, quando o trabalhador não qualificado ganhar tanto quanto o sábio, há um desencanto da atividade produtiva. As pessoas tendem, já que estão com seus ganhos garantidos, a não se importar com a produção, não só no sentido de aperfeiçoar sua capacidade de produzir estudando, pesquisando e assim por diante, mas, inclusive, no trabalho cotidiano. Daí a introdução, na União Soviética por exemplo, dos chamados "incentivos materiais à produção". Assim, o sistema que foi adotado, principalmente na época de Stálin, foi fixar o salário básico muito baixo e complementá-lo com prêmios por produção. Então, para cada indivíduo, colocava-se um objetivo mínimo a atingir; tudo o que ele pudesse produzir além disso proporcionava-lhe ganhos adicionais. Evidentemente isto criou novamente uma grande desigualdade na repartição da renda. Houve estudos que mostraram que, no auge do stalinismo na Rússia, a desigualdade na repartição da renda não foi muito diferente da que havia em alguns países capitalistas mais adiantados. Evidentemente isto frustraria a maior vantagem da economia planificada, como forma superior de atender às necessidades humanas.

Existem sobre esse ponto várias discussões importantes. Apresentam-se duas soluções: uma delas é a de substituir os incentivos materiais por incentivos morais ou, como dizem os chineses, incentivos políticos: dá-se ao trabalhador a consciência política de que o seu esforço maior vai reverter em seu benefício indiretamente, não através de um aumento de salário, mas mediante os frutos do aumento da produtividade social. Não há uma ligação direta entre o trabalho do indivíduo e o que ele vai ganhar; há, isto sim, uma ligação indireta, ou seja, um aumento de produtividade vai levar a um aumento de ganhos no futuro. Isto está na lógica da tecnologia mais moderna, que torna a produção cada vez menos dependente do esforço individual, mas do funcionamento cada vez mais eficaz da equipe. Porém, embora teoricamente se possa dizer que ela é viável, essa solução não é fácil de aplicar. Como os países que estão planejando a economia são países pobres (exceto talvez a Alemanha Oriental e Checoslováquia) e por isso são obrigados a maximizar o seu ritmo de acumulação de capital, entre o esforço maior na produção e o seu resultado pode mediar uma geração. Assim, não existe a verificação concreta, empírica, da correlação entre aumentos de produção e de consumo, já que o excedente terá que ser transformado em novos meios de produção, que vão acabar propiciando maior quantidade de bens de consumo somente decênios mais tarde. Fundamentar o moral da produção na consciência pública não é fácil. O sentido da Revolução Cultural Chinesa, em grande parte, é este: tentar, através de formas puramente políticas ou educacionais, através de grandes campanhas de conscientização, de uma luta política muito árdua, criar entusiasmo pelo trabalho, sem qualquer fundamentação do interesse do indivíduo enquanto consumidor.

A outra solução, que é evidentemente oposta, é de se usarem os incentivos materiais porque são eficientes, até o ponto em que a produtividade se eleve tanto que o conjunto das necessidades materiais de toda a população possa ser satisfeito. Assim, poder-se-á chegar novamente a um igualitarismo na repartição da renda, elevando as rendas mais baixas e mantendo as mais altas, que já são satisfatórias, crescendo muito menos. Desse modo, a longo prazo, pode-se chegar à situação ideal, usando-se o incentivo material. Esta foi a solução adotada pela União Soviética, Iugoslávia e parece que está sendo cada vez mais utilizada na Europa oriental e central.

A opção de se dar toda a ênfase aos incentivos políticos, no sentido de criar desigualdades sociais, por um período longo, foi a opção de Cuba, da Coreia do Norte, Vietnã do Norte e certamente da China. De modo que hoje as economias planificadas estão divididas nesse ponto fundamental por duas operações bastante diferentes.

O planejamento da oferta, como é feito?

Em primeiro lugar, é claro que se pode produzir aquilo que a demanda deseja. Acontece, no entanto, que, ao se usarem métodos ainda mercantis, os preços vão refletir preferências individuais que podem estar em contradição com determinados objetivos políticos, principalmente no caso de uma economia planejada que é culturalmente ainda o produto de uma sociedade capitalista preexistente. As economias planejadas hoje existentes ainda não têm meio século, a maior parte delas não tem mais que vinte anos.

Então, como fazer que as prioridades coletivas governem a realidade econômica? Uma das formas adotadas foi a fixação dos chamados "preços administrados". Os preços de oferta, que realmente se cobram pelos serviços e bens, acabam sendo diferentes do que seriam se fossem só para atender a demanda na forma como ela se manifesta monetariamente no mercado: alguns produtos se vendem bastante abaixo do custo (remédios, livros, discos, material cultural etc.); em compensação, coloca-se um preço bem acima do custo em produtos como bebidas alcoólicas e certos bens e serviços de luxo. De modo que esse sobrepreço, que já foi denominado de imposto indireto, contido no próprio preço, é igual ao subsídio, ou seja, à redução dos preços dos bens prioritários.

Aqui novamente se coloca um problema técnico e um problema político. O problema técnico está em conseguir fazer que os preços administrados não anarquizem o cálculo econômico. No momento em que se reduz o preço dos livros 10% abaixo do custo, quantos livros a mais vai-se vender? Porque, então, é preciso carregar no preço de uma outra mercadoria que vá tirar dos consumidores um valor equivalente àquele que se vai perder vendendo os livros mais baratos. É preciso ter um conhecimento bastante exato daquilo que os economistas chamam de elasticidade-preço da procura. Esses preços administrados podem ser flexíveis, podem ser modificados. Nem por isso deixa de ser necessário que o cálculo econômico seja tecnicamente perfeito, pois ele tem reflexos sobre os investimentos a longo prazo. A capacidade produtiva de certos bens, uma vez fixada, só pode ser modificada com custos elevados e em prazos bastante longos. Ao lado do problema técnico se coloca o político: os preços administrados têm que ser o reflexo de preferências coletivas. Não podem ser imposições ou não deveriam sê-lo. Isto está ligado novamente ao problema mais complexo ainda, que é o da gestão autônoma *versus* a gestão centralizada da economia.

A gestão autônoma, que é a que está se introduzindo hoje na Europa oriental, dá a cada empresa uma série de informações que refletem o que em uma empresa capitalista seria a orientação de mercado. Cada empresa recebe, do órgão de planejamento, informação sobre quanto vai custar a matéria-prima, quanto vai custar a energia elétrica, o valor dos impostos que a empresa vai pagar, ou seja, quanto do seu lucro tem que reverter ao órgão do planejamento; a partir daí, ela está livre para usar esses recursos produtivos da forma que achar melhor, procurando, evidentemente, a maior racionalidade na produção de mercadorias que ela pode vender.

Este é o esquema, em termos gerais, da gestão autônoma. Esse esquema está geralmente ligado aos incentivos materiais e à desigualdade na repartição da renda. Está na sua lógica, segundo a qual, se os indivíduos não estiverem diretamente interessados na maior eficiência produtiva, na maior racionalidade econômica, elas não se realizam. É ainda a aceitação de que a herança cultural do capitalismo não pode ser superada, a não ser quando o desenvolvimento da produtividade tiver levado àquele reino de abundância com que Marx, Engels e muitos outros sonharam. É uma contingência que ninguém defende como ideal, mas como sendo a mais eficaz para chegar ao ponto em que não haverá mais necessidades insatisfeitas, quando se passará do reino das necessidades insatisfeitas, quando se passará do reino das necessidades ao da liberdade.

Contra-argumenta-se que essa gestão autônoma divide o povo em interesses antagônicos, faz que as empresas concorram entre si; em consequência, cria desemprego, inclusive porque a empresa, para produzir eficientemente, tem que usar o mínimo de trabalhadores; se o conjunto das empresas cai nesse processo de racionalização, uma situação de desemprego tecnológico é perfeitamente viável, o que não deixa de constituir um desperdício. Cada trabalhador parado por um dia é um dia de serviço que se perde. Isto contradiz o próprio planejamento. A gestão autônoma, que praticamente usa critérios análogos aos do capitalismo no sentido de que a eficiência se traduz em lucro, contrapõe-se à imperfeição de uma administração centralizada.

A gestão centralizada é de fato muito difícil por motivos técnicos, embora seja preferível politicamente. Uma economia como a chinesa, por exemplo, procura promover a utilização tecnicamente racional das terras, ou seja, há um recurso escasso chamado terra. Parte da qual é utilizada para agricultura, outra não. Na que é utilizada para agricultura, parte é irrigada, outra não. Conforme o teor químico dessas terras, o clima, a capacidade dos camponeses etc., elas podem ser utilizadas por vários tipos de produção; pode-se produzir trigo, arroz, feno para o gado e assim por diante. Como é possível, num país da extensão da China, com os seus 800 milhões de habitantes, alocar corretamente essas várias produções? A descentralização na China tornou-se impositiva devido ao atraso tecnológico do planejamento econômico.

Cuba, por exemplo, optou pela gestão totalmente centralizada, apesar dos resultados negativos que teve na União Soviética, por uma argumentação que foi, ao mesmo tempo, política e empírica. Guevara disse a certa altura:

> Em Cuba existem menos fábricas do que na cidade de Moscou. Por que não administrá-las centralmente? Nossa população não é de mais que 7 milhões de habitantes, as várias opções são concomitantemente limitadas. Temos capacidade de gerir isto centralizadamente. A extensão do país é pequena e temos boas vias de comunicação. Então, por que descentralizar? Por que usar métodos capitalistas que dividem o povo?

Aí se coloca um problema, não só de ideal, mas de luta política, já que Cuba é uma economia ameaçada de invasão, de pressão política de várias espécies. Por que dividir o povo? Por que premiar os que sabem produzir melhor, que podem ser os politicamente menos conscientes? Por que correr o risco de criar camadas privilegiadas que, mais tarde, poderão se opor à superação dessa contingência? Vamos usar administração totalmente centralizada, incentivos morais e assim por diante.

Gostaria de mostrar a interligação entre o político e o técnico sem confundir as duas coisas. Certas opções políticas são inviáveis porque, tecnicamente, vão além do que se pode fazer no momento. Talvez a economia chinesa possa ser planejada centralmente daqui a algumas décadas. Não há nada de impossível nisso. Mas, no momento, o acervo de informações, de experiências codificadas não é suficiente. A sabedoria impressa no subconsciente de centenas de milhões de camponeses não pode ainda ser resumida em memórias de computadores nem no reduzido número de técnicos que compõem as comissões de planejamento.

Finalmente, gostaria de colocar o problema, que tem sido bastante central nessa discussão, da existência ou não de leis objetivas no socialismo. Stálin, por exemplo, e vários outros autores, têm colocado o problema de que a lei do valor e certas leis independentes da vontade humana regem a economia socialista, da mesma forma como regem a capitalista. Claro que seriam leis diferentes. Essa colocação, assim feita, reduziria as opções àquelas que a própria tecnologia definiria. Se há uma lei de valor que rege a produção socialista, essa lei é resultante do nível de desenvolvimento das forças produtivas e isto significa que não há basicamente opção política alguma. O que o governo pode fazer é meramente sancionar os cálculos econômicos de uma comissão central de planejamento, o que retira da área política toda discussão econômica.

Como se colocam e se resolvem esses problemas em uma economia capitalista como a brasileira? Há leis objetivas que, de certa forma, os resolvem: as preferências dos consumidores reveladas pelos seus gastos resolvem a opção entre o consumo coletivo e o individual; o comportamento dos poupadores e investidores no mercado de capitais decide as opções entre acumulação de capital e consumo imediato. Embora haja interferências governamentais em um ou outro sentido, o mercado dá a palavra final.

Se o *mesmo tipo* de leis, embora não sejam as *mesmas*, governa a produção socialista, as opções econômicas se reduzem sempre a uma única, que é economicamente a mais válida. Então existe uma taxa de juros que aparece de alguma maneira na economia (talvez calculada por computador) que determina, por exemplo, se se devem construir usinas hidrelétricas ou termelétricas. Não há o que discutir. Contra essa posição se colocam outros, como Guevara e Fidel Castro, que dizem o seguinte:

> O que existe numa economia socialista são leis objetivas de interdependência industrial, ou seja, há certas proporções da economia que são dadas pela técnica das quais não se pode fugir. Caso se queira produzir um prego, tem-se que ter a siderúrgica que produz a matéria-prima, o minério de ferro, o carvão, os meios de transporte etc. Qualquer objetivo econômico pode ser associado a uma série de equações regidas por leis matemáticas que têm de ser satisfeitas, qualquer que seja o regime. Existe, porém, fora dessa interdependência, uma área de escolha humana.

E são essas áreas que estivemos analisando. Não é fatal que essa escolha humana só possa se dar no chamado reino da liberdade, ou seja, quando a produção for de tal forma elevada que todas as necessidades humanas, pelo menos materiais, possam ser plenamente satisfeitas e a opção fundamental do homem será então produzir mais, obter mais ócio ou dedicar mais tempo a atividades contemplativas etc.

No fundo, a discussão está se travando ainda. Uma economia planejada de escassez, que não tem capacidade de satisfazer todas as necessidades humanas, pode não se submeter a leis objetivas? Acredito que pode. E acredito inclusive que a opção por uma ou outra dessas soluções vai conformar o tipo de economia que predominará no futuro. O que quero dizer com isto é simplesmente o seguinte: caso se vá pelo caminho de que existem leis objetivas, caso se exclua o povo de uma tomada consciente de posição perante as opções econômicas, caso se relegue ao computador e àqueles que o manejam essas opções, o que implica automaticamente gestão autônoma das empresas, utilização do mecanismo do mercado, incentivos materiais e desigualdades na repartição da renda, o que se vai ter provavelmente no futuro é a chamada *sociedade de consumo*. Os próprios valores humanos, não econômicos, tenderão a expandir a vontade de consumir muito além do que talvez fosse racional. Entraremos no chamado "consumo conspícuo", como os Estados Unidos estão nos mostrando brilhantemente. Existe o perigo de a União Soviética e vários países da Europa oriental caminharem para ser uma espécie de Estados Unidos do ponto de vista das motivações humanas. Paul Sweezy e Leo Hubermann, por exemplo, na revista *Monthly Review* no número dedicado ao quinquagésimo aniversário da Revolução de Outubro, apontam claramente esse perigo e com argumentos muito ponderáveis. Essa opção, a União Soviética praticamente já está pondo em prática, sendo simbolizada pela indústria automobilística. Ela foi adotada essencialmente por aqueles que decidiram, provavelmente por volta de 1929, que o planejamento na União Soviética seria feito de forma autoritária. Não há opção. Ao passo que aqueles países que optaram por uma gestão mais centralizada, que seja tecnicamente viável, que rejeitaram a ideia de que a economia está sendo regida por leis objetivas, que reconhecerem a existência de opções e que lutaram para que essas opções fossem conscientemente tomadas, se possível, pela maioria dá população, provavelmente vão produzir uma economia de abundância que será qualitativamente diferente, do ponto de vista da qualidade da vida humana, da sociedade de consumo; o que vai ser eu não sei, mas, do meu ponto de vista, eu preferiria viver na segunda.

O que é economia

Os vários significados do termo "economia"

Podemos distinguir pelo menos três significados do termo "economia". O *primeiro* é a qualidade de ser estrito ou austero no uso de recursos ou valores. Quando dizemos que dona Maria é uma boa dona de casa *econômica*, isso significa que dona Maria trata de comprar pelo menor preço, nunca cozinha mais do que vai ser comido, evita que as coisas se estraguem... Dona Maria não é desperdiçadora, nem leviana, nem mão-aberta. O *segundo* significado é a característica comum de uma ampla gama de atividades que compõem a "economia" de um país, de uma cidade etc. Como veremos a seguir, não é fácil definir com precisão o que é "economia" nesse sentido; por enquanto, vamos nos contentar com a noção comum de que uma atividade é "econômica" quando visa ao ganho pecuniário, ou seja, quando proporciona a quem a exerce um rendimento em dinheiro. E o *terceiro* significado se refere à ciência que tem por objeto a atividade que dá o segundo significado. A economia (ciência) é a sistematização do conhecimento sobre a economia (atividade).

Neste livro discutiremos as noções da disciplina científica e o faremos tendo sempre como referência a atividade. Veremos que tudo o que se refere à economia é sempre controverso, desde o sentido do que é economia enquanto atividade até o *status* científico da economia enquanto disciplina. Essas controvérsias já se travam há mais de duzentos anos e apaixonaram grandes espíritos, cujas ideias inspiraram revoluções e contrarrevoluções, em todas as latitudes. Estamos hoje tão longe de um acordo como nunca, embora haja progresso na compreensão do que está em jogo e na comprovação prática das teses básicas das principais escolas. Depois de 150 anos de prática de capitalismo liberal e de 50 anos de capitalismo dirigido e de planejamento central, chegou o momento de a experiência histórica realimentar, inovando-a, a prática teórica.

A economia como atividade

Comecemos então pela atividade econômica. A ciência se divide a seu respeito, pois, enquanto uma escola – de inspiração *marxista* – a concebe como sendo *social*, a outra – de tradição *marginalista* – a concebe como sendo *individual*.

Para os marxistas em sentido amplo,[1] a atividade econômica é sempre coletiva, é sempre realizada por uma sociedade, que pode ser uma nação ou uma tribo. A economia é praticada mediante uma divisão social de trabalho, na qual os diversos grupos se especializam na execução de tarefas distintas, todas contribuindo para a produção e circulação de determinada quantidade de produtos, que podem ser bens (materiais) ou serviços (imateriais). A atividade econômica é aquela, portanto, que se realiza no quadro da divisão social do trabalho. Faz parte dela o trabalho do operário na fábrica, do

---

[1] Há os marxistas que assim se consideram e há outros cuja concepção de mundo é inspirada em Marx. Incluo-me entre estes. Não sou marxista pelos mesmos motivos por que Marx não o era. Mas uns e outros são "marxistas" no sentido amplo adotado no texto.

agricultor no campo, da comerciária na loja, do bancário atrás do guichê.

Há outras atividades, como as do diretor de empresa, do financista, do advogado, do policial, do diplomata, do fiscal etc., que não contribuem nem para a produção nem para a circulação de mercadorias. Não obstante, fazem parte da divisão social do trabalho, sendo essenciais à ordem institucional, que assegura os privilégios da classe dominante. Apesar disso, essas atividades integram a economia tanto quanto as demais.

O fundamental, nesta abordagem, é que cada indivíduo desempenha na economia um papel, que lhe é oferecido pela forma histórica assumida pela divisão social do trabalho. Se essa forma for, por exemplo, o escravismo colonial (como existiu no Brasil, até 1888), haverá indivíduos exercendo os papéis de escravo do eito, mucama, feitor, mercador de escravos etc. Se a divisão social do trabalho se tornar capitalista (como ocorreu no Brasil, após 1888), aqueles papéis desaparecerão e em seu lugar surgirão outros, como os mencionados nos dois parágrafos anteriores. É a sociedade como tal que determina o seu modo histórico de produzir, e é ela também que eventualmente o altera. Os indivíduos já nascem, por assim dizer, nos modos preexistentes de produção, e são condicionados a assumir papéis ofertados por tais modos. Ninguém nasce operário ou bancário, nem policial ou financista. Tais papéis são criações sociais, e seu preenchimento por determinados indivíduos tem muito pouco que ver com a "vocação" ou com as "inclinações naturais" deles. O modo de produção hierarquiza os participantes na atividade econômica em classes sociais, e estas se constituem e se reproduzem não por decisões individuais, mas por processos sociais, tais como a diferenciação das carreiras escolares (nem todos conseguem entrar nas universidades oficiais, muitos nem sequer em escolas superiores privadas) e a transmissão por herança do capital privado.

Para os marginalistas, também em sentido amplo, a atividade econômica é, em sua essência, individual, embora reconheçam que os indivíduos, ao agirem economicamente, tendem a se relacionar entre si na divisão social do trabalho. Mas esse relacionamento se dá entre agentes individuais, cada um dos quais atua autonomamente, tendo em vista apenas seus desejos ou suas necessidades.

Se milhões de agentes "colaboram" entre si, constituindo firmas (algumas gigantescas), ramos de atividade e economias nacionais, cada um deles só o faz porque para ele os benefícios superam, do seu ponto de vista pessoal, os custos. O pressuposto básico é que cada indivíduo sabe o que lhe convém e é capaz de fazer um cálculo subjetivo de custos e benefícios em relação a cada oportunidade de participar da divisão social do trabalho, escolhendo a que prometer maior margem de benefícios em relação a custos. Se esse pressuposto for aceito, segue-se que a economia como processo social, como conjunto de atividades interligadas de um corpo social, só se entende e só se explica como somatória das atividades de muitos agentes econômicos, cada um agindo em função do grau de satisfação que possa obter em comparação com os sacrifícios que sua atividade lhe impõe. Assim, por exemplo, a indústria automobilística só se explica pelo fato de que cada capitalista, cada diretor de empresa, cada gerente, contador, mestre e operário que nela trabalham estão maximizando sua vantagem individual nesses empregos (e não em outros, também potencialmente disponíveis). As características desse ramo industrial – sua estrutura empresarial, seus regimes de mercado, sua escala de salários, seu comportamento tecnológico etc. – são resultantes das opções feitas pelas centenas de milhares de "agentes" – cada um por si – que compõem o referido ramo.

Uma possível objeção ao pressuposto marginalista seria a existência de modos de produção, como a escravidão e a servidão, em que grande parte dos agentes econômicos – constituída pelos escravos e pelos servos – não tem liberdade para optar, sendo forçada a participar da divisão social do trabalho de acordo com os desejos dos seus senhores. A resposta marginalista seria que sempre resta ao indivíduo *alguma* margem de opção. O escravo sempre pode optar entre o trabalho forçado ou o castigo corporal, entre a submissão, a rebeldia ou a fuga. Opções semelhantes existiam para os servos. A prova histórica de que tais opções existiam é o fato de que os escravos e servos eram frequentemente punidos por negar-se ao trabalho, e sempre houve revoltas e fugas em massa de escravos e de servos. Se a maioria durante a maior parte do tempo se submetia aos desejos dos senhores, isso indica apenas que esta possivelmente era a "melhor opção" para eles. Para os marginalistas, a liberdade de optar de cada um é um dado institucional, depende das regras de convivência social, que estão *fora* de seu campo de análise. A sua tarefa, enquanto economistas, é explicar a ação dos agentes econômicos em função do seu cálculo de vantagens × desvantagens, por menor que seja a margem de opções que alguns deles tenham. A explicação do fato de as diversas classes de agentes terem margens de opção muito diferentes (em dados arranjos sociais) cabe a outros cientistas sociais, como os sociólogos, antropólogos etc.

Fica claro que marxistas e marginalistas têm concepções muito diferentes sobre a economia enquanto atividade. As duas correntes pretendem explicar a mesma realidade a partir de visões de mundo opostas. Convém notar que a delimitação da própria realidade econômica é afetada por essas visões. Para os marxistas, as atividades puramente individuais, externas à divisão social do trabalho, não fazem parte da economia social que é o objeto de sua análise. Um exemplo seriam "os serviços que o consumidor presta a si mesmo", ou seja, o trabalho realizado pelas pessoas ao fazer compras, guardar mantimentos, preparar comida, limpar e reparar objetos de uso etc. Tudo isso não faz parte da economia social, estudada pela economia política. Durante certo tempo, o mesmo se aplicava à atividade das donas de casa, inclusive enquanto mães de família e responsáveis pelas gerações vindouras. Mas a ressurreição do feminismo propiciou a renovação da análise do chamado "trabalho doméstico", na década de 1970. Verificou-se que o trabalho das mães de família na realidade integra a divisão social do trabalho, pois produz uma mercadoria de grande importância: a força de trabalho (posta à venda pelos filhos quando atingem a idade de trabalhar). O que levou a um considerável enriquecimento da economia política (de tradição marxista), ao incorporar nela a análise das estratégias de reprodução das várias classes sociais.

Para os marginalistas, atividades individuais como "os serviços que o consumidor presta a si mesmo" integram a atividade econômica, tendo sido recentemente estudados como exercícios de preferências racionais no âmbito dos domicílios. De um ponto de vista lógico, para essa corrente, *nenhuma* atividade pode ser excluída da economia, que acaba abrangendo todos os aspectos da vida humana. Um resultado interessante desse expansionismo do "econômico" é que a teorização marginalista tem sido adotada recentemente por outras disciplinas científicas. Assim, a demografia foi invadida pela "economia da fecundidade", e a ciência política pela "lógica da escolha coletiva". Os economistas, por seu lado, no entanto, sentem a necessidade de delimitar seu campo de estudo por razões "táticas", ou seja, para não ter de explicar aspectos da vida social que pertencem ao campo de outras ciências. Eles satisfazem essa necessidade adotando como critério "prático" de definição da atividade econômica a característica de ela ser remunerada. Assim, embora qualquer atividade seja "econômica", só as que buscam ganho pecuniário são consideradas nas análises da realidade. A contabilidade social, inspirada no marginalismo, computa somente as atividades remuneradas, de modo que o produto nacional não engloba o produto do trabalho não remunerado das donas de casa; engloba, porém, o produto do trabalho das empregadas domésticas, por ser remunerado. O que leva ao curioso paradoxo de que o produto nacional diminui cada vez que um patrão casa com a empregada e a transforma em dona de casa, embora a produção realizada pela referida senhora continue a mesma.

A economia como ciência

Em face do já visto, não surpreende que marxistas e marginalistas tenham concepções muito diferentes da economia enquanto ciência. Para os marxistas, a economia política é a ciência do social, abrangendo em seu campo de estudo o conjunto de atividades que formam a vida econômica da sociedade. Metodologicamente, a economia política se encarrega de explicar ou interpretar não só a atividade essencialmente econômica, mas também suas condicionantes sociais e políticas. A concepção da economia como atividade social, ou seja, social e politicamente condicionada, impõe logicamente essa atitude. Se o fator causal básico das formas assumidas pela vida econômica é o modo histórico de produção, a economia política não pode deixar de colocar no centro de suas preocupações a estrutura de classes, o relacionamento mais ou menos conflitivo entre as mesmas no campo econômico e político, as bases institucionais do Estado e seu papel na produção e na circulação de mercadorias, na repartição da renda, na acumulação de capital, no desenvolvimento das forças produtivas etc.

A lógica da economia política seria constituí-la como ciência social total, englobando a economia, a sociologia, a politologia, quem sabe a antropologia... Mas essa tendência se choca com a realidade contemporânea da divisão social do trabalho científico, que instituiu essas disciplinas ou "ciências" como campos profissionais separados, cada uma dando lugar a uma *profissão autônoma*. Tangidos por seus interesses corporativos, economistas, sociólogos, politólogos e antropólogos tratam de afirmar a autonomia de suas "ciências", o que se reflete na prática do ensino universitário e consequentemente na prática científica, com o crescente afastamento entre as ciências sociais. Ora, os praticantes da economia política de inspiração marxista são, no Brasil tanto quanto em muitos outros países, sobretudo professores universitários ou profissionais de alguma das ciências sociais (inclusive economia). Por imposição das regras universitárias e do exercício profissional, esses praticantes são obrigados a fugir da lógica centrípeta da economia política e a constituir uma economia de inspiração marxista ao lado de uma sociologia de inspiração marxista, e assim por diante. Essas disciplinas se distinguem menos pelo objeto do que pela ênfase em determinados aspectos de um objeto comum, que é a formação social (complexo nacional de modos de produção articulados entre si). Assim, a economia tem como um dos seus centros temáticos mais importantes a conjuntura econômica, ao passo que a sociologia concentra mais os seus esforços nas transformações da estrutura de classes e assim por diante. Mas essas preferências temáticas não são absolutas, de modo que um economista político tem de dar conta das mudanças na estrutura de classes que afetam, por exemplo, a repartição da renda, assim como um sociólogo da mesma linhagem teórica não pode deixar de explicar os processos econômicos e tecnológicos que estão por trás das transformações sociais.

A situação é totalmente diferente no que se refere à ciência econômica de tradição marginalista. Esta tem como modelo as ciências da natureza, cada uma das quais tem como objeto próprio um determinado "setor" do universo físico. Analogamente, as ciências do homem teriam como objeto próprio um "setor" do universo humano, o que pressupõe naturalmente que cada área comportamental guarda considerável autonomia em relação às demais. Assim, imagina-se que as pessoas tomam decisões econômicas sempre de acordo com as mesmas leis, independentemente de sua situação de classe (operários e capitalistas, por exemplo, utilizam o *mesmo* cálculo econômico para orientar sua conduta); ao mesmo tempo, imagina-se que as pessoas se relacionam socialmente de acordo com outras leis, que nada têm que ver com suas decisões econômicas. E, no campo político, o comportamento de eleitores, partidos políticos e frações ideológicas seria regido ainda por outras leis, também independentes das que comandam o comportamento econômico e social.

Só assim é possível justificar a autonomia, enquanto ciência, da economia, da sociologia, da ciência política e da antropologia. No plano teórico mais abstrato, pratica-se a "economia pura", que tem como objetivo explicar a economia de mercado em seu estado de máxima perfeição, que é a *concorrência perfeita*. Embora a economia, de acordo com os cânones marginalistas, também sirva para iluminar sistemas que não são de mercado, ela se realiza por inteiro num sistema social em que os agentes tenham a máxima liberdade de decisão, pois só assim seu comportamento resultará exclusivamente de sua vontade subjetiva. Ora, o sistema social que maximiza a liberdade dos indivíduos é a economia de mercado em concorrência perfeita. Nesse sistema: a) tanto vendedores quanto compradores são em elevado número, e nenhum deles é tão grande que possa sozinho influenciar o preço; b) todos os agentes conhecem todas as ofertas e todas as demandas, ou seja, sabem quanto cada comprador adquiriria a diferentes preços e quanto cada vendedor ofertaria a diferentes preços; e) todos os agentes se guiam exclusivamente por considerações econômicas, cada qual procurando maximizar sua vantagem *econômica* (nenhum agente é influenciado por fatores emocionais, por preconceitos étnicos, de sexo, de religião etc., nem por considerações políticas, e assim por diante).

Essas condições nunca se realizam na prática, mas exprimem de maneira clara a autonomização do econômico em relação ao social e ao político. As duas primeiras condições impõem grande igualdade entre os agentes: nenhum deles vende ou compra tanto que sua conduta possa influenciar os demais; além disso, todos possuem os conhecimentos necessários para tomar a opção que melhor atende seus interesses. A realidade social capitalista está longe de realizar essas condições: não só há marcante desigualdade entre os agentes – desde microempresas até multinacionais –, como os agentes menores não têm recursos para adquirir todos os conhecimentos relevantes. Além do mais, o Estado intervém em muitos mercados, fixando ora preços mínimos (para os produtores agrícolas), ora preços máximos (para bens de primeira necessidade), algumas vezes excluindo alguns agentes (proteção dos produtores nacionais contra concorrentes estrangeiros etc.). E a terceira condição elimina a influência das outras áreas comportamentais do campo econômico, o que tampouco é real: os compradores são incessantemente bombardeados com apelos sexuais, étnicos, psicológicos pela publicidade, e é claro que se deixam influenciar por eles.[1]

O artificialismo que caracteriza as condições de existência de concorrência perfeita mostra o alto grau de abstração da teoria econômica marginalista e as bases discutíveis de sua concepção fundamental: a do *homo oeconomicus* ("homem econômico", em latim), personagem sem emoções, sem *status* social nem convicções políticas, ou que se livra de todas essas particularidades no momento em que penetra no mercado, onde age com o rigor lógico de um robô, programado apenas para ganhar, ganhar, ganhar...

---

[1] A propaganda atinge seus objetivos mediante tais apelos porque o público tem preconceitos e valores sexuais, étnicos, psicológicos etc. que influem em seu comportamento "econômico", o qual nunca é regido exclusivamente pelo cálculo individual de custos e benefícios.

A regulação pelo mercado do modo de produção capitalista

Examinemos agora como funciona a regulação pelo mercado das atividades produtivas no capitalismo. Nesse modo de produção, esta se dá em unidades chamadas *empresas*, que são propriedade privada, embora algumas possam ter o governo como proprietário. A empresa se especializa na produção de certos bens ou serviços, que põe à venda como *mercadorias*. Para poder produzir, a empresa adquire bens e serviços de outras firmas e "fatores de produção". Estes são principalmente: *força de trabalho*, pela qual paga *salário*; *espaço* (terra agrícola ou edifícios, galpões, escritórios etc.), pelo qual paga *renda da terra* ou *aluguel*; *capital* sob a forma de dinheiro, utilizado para comprar equipamentos, matérias-primas etc., e para pagar salários e aluguéis. Os fornecedores de capital são remunerados por *juros* quando prestamistas, por *dividendos* quando acionistas, ou por lucro *líquido* quando empreendedores-proprietários.

As empresas, genericamente, põem à venda mercadorias, que produzem por meio de outras mercadorias, que são: a) produtos de outras empresas e b) fatores de produção, acima enumerados. Cada empresa oferece suas mercadorias por um preço que é a soma dos seus custos (dinheiro gasto para adquirir essas outras mercadorias) e de certa margem de lucro. É dessa margem que sai o pagamento das remunerações do espaço e do capital – renda da terra, aluguéis, juros, dividendos – que constituem o ganho dos proprietários.

O lucro total ou "excedente social" tende a ser *maior* que a soma daquelas remunerações; a diferença é o lucro *retido* na empresa, que serve para fazer novos investimentos, ou seja, para acumular capital.

Consideremos todas as empresas em conjunto. As numerosas transações *entre* as empresas desaparecem de vista, pois são internas ao conjunto. O setor empresarial como um todo se relaciona com as duas grandes classes sociais do capitalismo, burguesia e proletariado, do seguinte modo:

- sendo a burguesia a *classe proprietária*, as empresas lhe arrendam ou alugam o espaço e lhe adquirem por empréstimo ou inversão o capital, pagando-lhe renda da terra, aluguel, juros, dividendos etc.;
- sendo o proletariado a *classe não proprietária*, ele só pode participar da produção vendendo às empresas sua força de trabalho por salário.

Com as rendas de propriedade e de trabalho pagas pelas empresas, burgueses e proletários, enquanto *consumidores*, compram as mercadorias que as empresas ofertam. No fundo, é como se estas pagassem salários, aluguéis, juros, dividendos e assim por diante com suas próprias mercadorias. Raciocinando assim, podemos abstrair que os pagamentos pelos fatores de produção são *inicialmente* feitos em dinheiro, que é gasto *depois* na compra dos produtos postos à venda pelas empresas, que fizeram aqueles pagamentos. Mas, fazendo essa abstração, privamo-nos da possibilidade de perceber como a produção capitalista é regulada pelo mercado.

As empresas produzem "valores de uso", que atendem a determinadas necessidades: sapatos servem para andar, leite para beber, cursos proporcionam conhecimentos e certificados, espetáculos entretêm e divertem. Tais necessidades são socialmente determinadas, ou seja, a sociedade necessita de x pares de sapatos, y litros de leite e z cursos por ano, dados os preços dessas mercadorias. Mas as empresas que as produzem ignoram a dimensão das necessidades que atendem e sobretudo *cada uma* ignora o tamanho da necessidade que lhe cabe atender. E isso é assim porque, no capitalismo, as empresas competem entre si, e por isso ocultam umas das outras os seus volumes de produção e sobretudo os seus planos e intenções quanto ao futuro. Não é à toa que se diz: "O segredo é a alma do negócio". Consequentemente, as empresas atuam num ambiente de *incerteza*: enquanto produzem, não sabem se a oferta global de seu valor de uso é igual, menor ou maior que a necessidade social dele. O andamento das vendas e o valor das mercadorias alcançado *no mercado* dão ao dirigente uma boa ideia do grau em que a sua produção *passada* encontrou uma demanda solvável,[1] ou seja, correspondeu à necessidade social. Mas essa informação não vale para o presente e menos ainda para o futuro. Uma empresa que vendeu bem até ontem pode hoje estar sendo expulsa do mercado devido à superioridade de um concorrente ou a uma redução da necessidade social (exemplo: boa parte das pessoas que usavam sapatos os substituem por sandálias e tênis).

O problema central da regulação do capitalismo é este, e ele é resolvido pelo uso do *dinheiro*. Trata-se do problema da realização do *valor*. Este é uma qualidade da mercadoria, a qualidade de ela ser *trocável* por qualquer outra em determinada proporção. Ora, no capitalismo, a troca direta de mercadoria por mercadoria é excepcional. O intercâmbio é indireto e passa necessariamente pelo dinheiro. É possível dizer que um par de sapatos é trocável por, ou "vale", determinado número de litros de leite. Mas, *na prática*, o dono da sapataria, para comprar leite, tem de *antes* vender sua mercadoria, convertê-la em dinheiro, para *depois*, munido de notas, ir comprar do merceeiro o leite.

Cada mercadoria tem valor unicamente porque é *vendável*, porque sempre há, em princípio, alguém disposto a comprá-la, a trocá-la por determinada quantia de dinheiro. Os sapatos na vitrine da loja, o garçom encostado na parede do restaurante, à espera de clientes, o prédio em construção coberto por cartazes oferecendo apartamentos são exemplos de *valor à espera de realização*. Cada mercadoria em

---

[1] A expressão corresponde à necessidade (demanda) que se apoia em renda capaz de satisfazê-la (solvável).

oferta é uma manifestação de valor potencial. Somente sua venda efetiva realiza o valor, inclusive fixando sua dimensão real. Pois a mercadoria exposta à venda tem um preço de oferta, o preço que o vendedor *deseja* obter por ela. Mas o comprador pode avaliá-la por menos, e, no processo de barganha, obter um abatimento. Nesse caso, o valor real ou realizado será menor que o potencial.

A realização do valor potencial das mercadorias pressupõe a existência de dinheiro no bolso de quem tem necessidade delas. Esse dinheiro é distribuído, como vimos, pelas empresas antes de se iniciar a produção, como rendas de propriedade e de trabalho. Como, nesse momento, as empresas ainda não dispõem das mercadorias, que contêm valor potencial, elas só podem pagar aquelas vendas com *dinheiro*, que é constituído por *signos de valor* – notas do Tesouro, recibos de depósito bancário ou cheques –, que no fundo não passam de "vales" sobre a produção futura. Isso não é aparente porque o dinheiro pago por fatores, que serão utilizados para produzir mercadorias "amanhã", pode ser usado para comprar mercadorias produzidas "ontem". Tem-se a impressão de que o consumo pode preceder a produção, mas isso obviamente não é possível. Há um processo circular de produção-distribuição-consumo que está encadeado, graças à existência de reservas, de tal modo que ele pode também aparecer como consumo-produção-distribuição. Mas como *só se pode consumir o que já foi produzido*, está claro que é o consumo do produto de ontem que permite a produção amanhã. Na agricultura, a separação temporal dos ciclos é clara, e todos percebem que o cereal, que serve de semente, provém da safra passada e germinará na próxima.

O dinheiro é, portanto, uma promessa de valor, que se contrapõe às mercadorias à espera da realização de seu valor. Para o possuidor do dinheiro, a promessa vai se realizar quando puder trocá-lo por bens e serviços. Para os possuidores de mercadorias, o valor delas vai se realizar quando as venderem, quando as trocarem por signos de valor, que lhes permitirão recomeçar o ciclo de produção-distribuição--consumo. A fábrica de sapatos só pode continuar fabricando enquanto o valor potencial de suas mercadorias se realizar em quantia suficiente para pagar os fatores de produção (salários, aluguéis, juros etc.) e deixar um resíduo tal que possibilite uma acumulação mínima de capital. Não basta o retorno do dinheiro gasto pela empresa na produção passada. É preciso que retorne um valor a mais, uma "mais--valia",[2] como dizem os marxistas, para que a continuidade da produção seja assegurada.

Podemos agora entender como o mercado regula a produção capitalista. Esta se realiza no quadro de uma divisão social do trabalho, na qual numerosíssimas empresas se especializam na produção de uma infinidade de valores de uso. As necessidades dos consumidores, a serem atendidas por essa produção, constituem uma *demanda solvável* graças aos pagamentos de rendas pelas empresas. Esses pagamentos, como qualquer criança sabe, não são iguais. Alguns poucos ganham muito, a grande maioria ganha pouco. A distribuição da renda não possui determinantes apenas econômicos, mas também políticos e legais. Seja como for, a distribuição da renda a cada momento é dada e determina, em conjunto com outros fatores, tais como a estrutura de sexo e idade da população, a *necessidade social de cada valor de uso*. O mercado funciona de tal modo que as empresas são induzidas a produzir cada valor de uso em quantidades não muito diferentes das socialmente necessárias, isto é, das que são desejadas pelos compradores dotados de renda em dinheiro para adquiri-las. Essa quantidade constitui a *demanda solvável* por mercadoria.

A regulação se dá através da conhecida lei da oferta e da procura. Só que esta é apresentada de modo excessivamente simplificado, sobretudo pelos que veem nela um imperativo da natureza humana. A referida lei constata que, se determinada mercadoria for oferecida em maior volume do que sua demanda solvável, é possível que seu preço caia – uma parte do seu valor potencial não se realiza. Os consumidores reagirão a essa queda do preço comprando mais do que comprariam ao preço anterior. E as empresas, recebendo de volta menos dinheiro do que esperavam, reduzirão a produção. A redução da oferta e o aumento da demanda corrigirão a discrepância no momento seguinte. Por outro lado, se a oferta for menor que a demanda, os efeitos

---

2 De acordo com a teoria marxista, a mais-valia corresponde à diferença entre o valor novo, agregado às mercadorias produzidas, e a remuneração recebida pelo trabalhador para produzi-las.

serão opostos: o preço da mercadoria em questão subirá, os consumidores comprarão menor volume de mercadorias, e as empresas, obtendo uma margem de lucro acima da esperada, serão estimuladas a aumentar a produção. Assim, a queda da demanda e a elevação da oferta eliminarão o desequilíbrio que havia antes.

Ajustamentos dessa natureza se dão em muitos mercados o tempo todo, e se eles bastassem para garantir que a produção nunca se desviasse da necessidade social, a economia capitalista seria muito mais estável e transparente do que realmente é. O que os entusiastas da lei da oferta e da procura ignoram é que não se trata do ajustamento de duas entidades autônomas, mas da manifestação contraditória de um processo governado por conflitos. A visão liberal do problema é que a procura por valores de uso decorre das preferências subjetivas dos indivíduos, à medida que sua limitada renda monetária permite que se manifestem, enquanto a oferta é realizada por inúmeras empresas, desejosas de maximizar seus lucros. O fato de a renda monetária dos consumidores constituir apenas uma restrição (chamada "restrição orçamentária") torna pouco relevante a proveniência dessa renda das próprias empresas.

Mas uma visão crítica do sistema enfatizaria exatamente essa ligação: quando as empresas acumulam mais capital, sua demanda pelos fatores de produção cresce, o que ocasiona um aumento das rendas de trabalho e de propriedade. Conforme esse aumento afetar a distribuição da renda entre classes e segmentos de classes, a demanda por muitos valores de uso poderá se expandir. É claro que, se a oferta desses valores se expandir na mesma proporção, a economia apresentará um crescimento equilibrado, exatamente como os entusiastas da lei da oferta e da procura esperariam. Mas se o aumento de demanda não coincidir com o da oferta, como é mais do que provável, um processo muito mais complexo de ajustamento terá de ocorrer.

Não é este o lugar para aprofundar a questão. Basta mencionar aqui, a título de ilustração, o paradoxo do subconsumo ou superprodução que tem se manifestado mais de uma vez no capitalismo contemporâneo. Suponhamos que a acumulação enseje um aumento maior da renda da propriedade do que da renda do trabalho. Isso poderia se dar se o número de desempregados fosse significativo e/ou se o poder de barganha dos sindicatos fosse pequeno. Uma renda maior seria distribuída de modo mais concentrado, e o aumento beneficiaria camadas já abastadas, sem necessidades de consumo insatisfeitas. Uma consequência provável seria um crescimento quase nulo da demanda em face de um aumento ponderável da oferta. A lei da oferta e da procura atuaria no sentido de baixar o preço em quase todos os mercados, e a queda dos lucros assim causada levaria a uma redução da renda distribuída pelas empresas e da sua produção. Em lugar de instaurar o equilíbrio entre oferta e demanda, o mecanismo de mercado desencadearia uma sucessão de ajustamentos sempre para baixo, configurando uma crise clássica, que tende a perdurar por anos.

A regulação da produção capitalista pelo mercado tem caráter contraditório, produzindo oscilações de conjuntura – fases de prosperidade, de crise e de estagnação –, porque a distribuição da renda é marcada por conflitos cujo resultado é imprevisível. Acontece que a distribuição da renda rege a evolução tanto da oferta como da demanda em nível global. A própria evolução do capitalismo tem sido condicionada pelas transformações institucionais, resultantes das lutas de classes, e pelas mudanças econômicas propriamente ditas, causadas pelas revoluções científicas e tecnológicas.

Um pouco de história da economia

O modo como a produção capitalista é regulada pelo mercado pode ser interpretado de duas maneiras. Uma o vê como culminação de tendências inerentes à natureza humana de progredir em direção a uma liberdade cada vez maior do indivíduo, sobretudo no plano da atividade econômica. De acordo com esse ponto de vista, a abolição da escravatura e da servidão leva à emancipação do indivíduo das peias não só da submissão de classe, mas também de todas as obrigações familiares, clânicas, comunitárias etc. A liberdade do indivíduo no mercado, enquanto consumidor e enquanto produtor, é encarada como um valor em si, que se realiza no capitalismo – sobretudo em sua fase liberal – em grau maior do que em qualquer outro sistema socioeconômico.

A essa visão se opõe outra, que vê no capitalismo uma etapa da história da humanidade, na qual se registram importantes logros, mas que nem por isso deixa de ser transitória, devendo um dia ser superada e sucedida por algum modo de produção superior. Essa visão tem a vantagem de procurar as leis de movimento, isto é, de evolução e mudança do capitalismo enquanto sistema socioeconômico.

Examinaremos à luz dessa interpretação crítica do capitalismo as principais etapas de sua evolução, de modo a termos o quadro histórico em que surgiu o modo atual de regulação econômica que predomina no mundo capitalista.

O capitalismo, enquanto modo de produção dominante, surgiu na Grã-Bretanha, no século XVIII, como resultado da Revolução Industrial. Foi a Primeira Revolução Industrial, marcada pela aplicação da energia do vapor à indústria e ao transporte e pela invenção de máquinas-ferramentas,[1] máquinas capazes de empunhar e movimentar ferramentas com mais habilidade, precisão e força do que o agente humano. Esses avanços técnicos foram conquistados por empresários capitalistas, que passaram a usufruir de vantagens insuperáveis na produção e distribuição de mercadorias. Consequentemente, o capitalismo tornou-se dominante, primeiro na própria Grã-Bretanha, depois na Europa continental e nos estados nortistas dos Estados Unidos.

O triunfo do capitalismo exigiu a presença de um numeroso proletariado, necessariamente recrutado no campesinato. Na Grã-Bretanha, a proletarização do camponês se fez deliberadamente pelo cercamento (*enclosure*)[2] dos campos e pela expulsão em massa dos agricultores da terra. A penetração do capitalismo na agricultura deu resultados semelhantes na Europa continental (inclusive na Rússia) e no Japão, durante o século XIX. E, no século atual, em diversos países da América Latina (inclusive no Brasil), Ásia e África. O "fator de produção" trabalho assalariado em lugar algum surgiu espontaneamente. Em sua origem, ele está quase sempre ligado à separação, em geral violenta, do pequeno produtor de suas condições de produção.

---

1 Marx afirma que a transformação fundamental decorrente da Revolução Industrial foi o fato de que, até então, a ferramenta com a qual se produzia era empunhada pela mão humana; a partir do processo de industrialização, a ferramenta passa a ser acoplada a um implemento mecânico que é acionado pela energia proveniente do vapor, multiplicando, aparentemente de maneira quase infinita, a capacidade de produção.

2 O chamado "movimento das cercas" ou cercamentos corresponde a um processo histórico de transição, ou seja, de uma agricultura até então comunitário-feudal para uma agricultura capitalista, fruto de uma mentalidade crescentemente empresarial e cuja produção se organiza para abastecer o mercado.

Ainda em sua etapa liberal (até 1914),[3] o capitalismo se voltou com grande dinamismo ao mercado mundial, instaurando uma divisão internacional do trabalho entre países do centro, exportadores de capital e de produtos industriais, e países da periferia (muitos transformados em colônias), importadores de capital e exportadores de produtos primários. O imperialismo (política praticada pelas metrópoles industrializadas) estendeu a economia de mercado a países asiáticos e africanos que viviam em modos de produção coletivistas. No Brasil, ele estimulou a expansão da cafeicultura, tocada por mão de obra escrava importada em massa da África ainda em meados do século passado. Depois, o imperialismo se opôs ao tráfico negreiro e, quando abolimos a escravidão, os capitais europeus nos ajudaram a atrair imigrantes da Europa, de modo que a produção para o mercado mundial continuasse a se expandir.

A instauração de economias de mercado nos países periféricos era um projeto bem definido e ferozmente executado por todas as potências imperialistas da Europa, e, a partir do fim do século XIX, também pelos Estados Unidos e pelo Japão. Outras economias capitalistas foram criadas mediante o povoamento por europeus de áreas "vazias" no Canadá, na Austrália, Nova Zelândia e Argentina. O capitalismo só foi por assim dizer "autóctone" na Grã-Bretanha e em certos países da Europa ocidental, tendo sido "exportado" de lá para o resto do mundo.

No fim do século XIX, nova onda de grandes invenções – a energia elétrica e o motor a explosão, avanços decisivos na siderurgia e na química – inaugurou a Segunda Revolução Industrial, que nas décadas seguintes trouxe o automóvel e o avião, o rádio e a televisão, a anestesia, os antibióticos e os anticoncepcionais modernos. Muitas dessas inovações resultaram do esforço bélico, levado ao paroxismo pela Primeira e pela Segunda Guerra Mundial.

---

3 De maneira geral, os especialistas no tema admitem que, em fins do século XIX e início do século XX, o chamado capitalismo competitivo ou livre – concorrencial – foi suplantado pelo capitalismo monopolista, caracterizado pela concentração do capital e da produção, e pelo aparecimento dos trustes, cartéis e *holdings*.

As guerras e a longa crise dos anos 1930 produziram importantes mudanças institucionais no capitalismo: o surgimento e a expansão da democracia como regime político "normal" dos países capitalistas e a macrorregulação da economia mediante intervenção deliberada do Estado nos mecanismos de mercado.

Em sua etapa liberal, os países capitalistas restringiam os direitos políticos aos homens adultos, detentores de um mínimo de renda e/ou propriedade. Os proletários, os jovens e as mulheres não podiam votar nem ser votados.[4] Além disso, a barganha coletiva dos salários era proibida, sendo a organização sindical perseguida como prática monopolista. Mas a expansão do capitalismo trouxe consigo a multiplicação do proletariado e o gradativo fortalecimento do movimento operário. Na segunda metade do século XIX, num país após o outro, os sindicatos foram legalizados e a negociação coletiva institucionalizada. As restrições ao voto masculino foram diminuindo, enquanto crescia o movimento feminista pela emancipação política da mulher. Em 1900, no alvorecer do novo século, a Austrália foi o primeiro país a adotar o sufrágio universal e com ele a democracia.

Durante as primeiras décadas do século XX, a democracia parecia avançar impetuosamente na Europa, na América do Norte e até em alguns países da América Latina. Os grandes e inúteis sofrimentos causados pela Primeira Guerra Mundial (1914-1918) serviram para desmoralizar as forças conservadoras, responsáveis pelo conflito. A Revolução Russa de 1917, que aparentemente inaugurou um regime socialista no maior país do mundo, também contribuiu para a expansão das forças democráticas. Mas, em meados dos anos 1920, o fascismo venceu na Itália, espraiando-se velozmente pela Europa central e oriental e pela península Ibérica. A vaga nazifascista inspirou um nacionalismo de direita, virulentamente antidemocrático, nos anos que precederam a Segunda Guerra Mundial (1939-1945), no Oriente Próximo e na América do Sul. A expansão da democracia

---

4 Apenas a título de ilustração, considere-se que somente em 1919, nos Estados Unidos, as mulheres obtiveram o direito de voto; no Brasil, em 1932, através da elaboração de um novo Código Eleitoral que estabelecia ainda o voto secreto e a Justiça Eleitoral.

do mundo capitalista, que vinha se dando desde as últimas décadas do século passado, foi barrada e de certo modo revertida no período 1924-1945.[5]

Ao contrário da Primeira Guerra Mundial, a Segunda teve claro sentido ideológico: o embate antepunha as democracias capitalistas, aliadas à URSS stalinista, ao Eixo nazifascista. A vitória dos Aliados propiciou um grande avanço tanto à democracia quanto a um sistema de planejamento centralizado e a um totalitarismo político e cultural. Naturalmente em países diferentes. A democracia foi restaurada principalmente na Europa ocidental e central, onde acabou por se consolidar. A onda democrática alcançou logo a América Latina, onde a maioria dos regimes democráticos então instaurados não teve longa vida; chegou aos poucos à Ásia e à África através da emancipação da quase totalidade das colônias e protetorados de metrópoles europeias, do Japão e dos Estados Unidos. Também em muitas ex-colônias da Ásia e da África os primeiros regimes democráticos tiveram existência precária.

Mas, na realidade, a implantação da democracia ganhou desde os anos 1970 novo alento. Depois de alcançar Portugal, Espanha e Grécia, a democracia foi restaurada nos anos 1980 na maioria dos países da América do Sul e em vários da Ásia (Filipinas, Coreia do Sul, Paquistão). É um processo ainda em andamento e por isso difícil de avaliar, mas não há dúvida de que nunca houve tantas democracias no mundo, em termos absolutos e relativos. Em muitos países capitalistas do centro, a democracia está sendo praticada há várias gerações, sem solução de continuidade, sendo encarada como "natural". Esquece-se com facilidade que a democracia não nasceu com o capitalismo, tendo sido "enxertada" nele pela ação revolucionária do movimento operário e do movimento feminista.

No mesmo período de pós-guerra, o "socialismo real" à moda russa foi imposto pelas tropas soviéticas a diversos países da Europa oriental; ele triunfou, através de revoluções vitoriosas, na China

---

5 No Brasil, o sufrágio universal e a democracia foram instaurados pela primeira vez pela Assembleia Constituinte de 1934. Três anos depois, um golpe de Estado acabou com ela. A ditadura do Estado Novo durou de 1937 a 1945.

(1949), em Cuba (1959), em Angola e Moçambique (1974) e no Vietnã (1975)... Não foi uma marcha tranquila, sendo marcada por reviravoltas, expurgos, rebeliões e intervenções militares. Seja como for, o "socialismo real" se expandiu e parecia se consolidar numa série de países, que em conjunto abarcaram mais de um terço da humanidade. Em meados dos anos 1980, o mundo parecia mais do que nunca dividido entre nações capitalistas democráticas, em variados estágios de desenvolvimento, e nações com economias centralmente planejadas e sistemas políticos mais ou menos autoritários (o totalitarismo "stalinista" foi abandonado em sua forma pura quase em toda parte, embora tenham sido registradas recaídas nele, sobretudo após a supressão de tentativas de derrubá-lo).

A evolução política trouxe grandes mudanças aos sistemas econômicos. A democracia, ao conceder os mesmos direitos políticos a todos, deu hegemonia à maioria, constituída por cidadãos sem propriedade, que sobrevivem da venda ou de sua força de trabalho (assalariados) ou de produtos de seu trabalho e do de membros de sua família (pequenos produtores autônomos). São as classes trabalhadoras que, numa economia capitalista autorregulada por mecanismos de mercado, tendem a levar a pior em termos de repartição de renda. Essa tendência se revela sobretudo nos períodos de crise, quando a ruína de muitas pequenas empresas e o aumento do desemprego lançam na pobreza absoluta parcelas significativas das classes que dependem apenas do seu trabalho para sobreviver. Como não podia deixar de acontecer, os trabalhadores trataram de aproveitar os direitos políticos que conquistaram para colocar no poder parlamentos e governos dispostos a intervir no jogo dos mercados a favor dos economicamente mais fracos e mais vulneráveis.

Resultou daí, antes de mais nada, o chamado Estado de bem-estar social: uma série de instituições de amparo ao trabalhador assalariado (seguro-social, seguro-saúde, seguro-desemprego, salário mínimo, férias pagas, limite legal à jornada de trabalho, direito de greve, liberdade e autonomia sindical etc.) e ao trabalhador autônomo (subsídios à pequena produção, sobretudo agrícola, crédito favorecido, isenções fiscais etc.). O Estado de bem-estar social foi construído ao longo de um século,[6] com avanços maiores nos períodos de pós-guerra. Ele surgiu paulatinamente e acarretou o gradativo aumento da participação do setor público na economia. Não houve propriamente uma redistribuição da renda monetária, mas a tendência à concentração dessa renda nas mãos da classe dominante foi contida. A instauração de um imposto de renda progressivo permitiu financiar a prestação gratuita ou subsidiada de serviços de educação, saúde, saneamento, moradia etc., sobretudo aos mais pobres. O crescimento intenso das redes públicas desses serviços foi o principal fator de expansão do setor público nas economias capitalistas.

Além disso, as revoluções industriais (sobretudo a segunda) alteraram o caráter das guerras, ao propiciar armas aniquiladoras (submarinos, tanques, aviões etc.) que dependem da potência industrial dos contendores. As guerras deixaram de ser travadas unicamente nas frentes de batalha para sê-lo também nas fábricas e usinas, nas vias de transporte, nos sistemas de telecomunicações e nos laboratórios, envolvendo o conjunto das economias e a totalidade das populações. Essa transformação da natureza da guerra impôs o planejamento central da economia dos países beligerantes, já que seria inconcebível que a sorte da guerra fosse decidida pelas oscilações dos mercados.

Já na Primeira Guerra Mundial, os governos dos países envolvidos no conflito obtiveram autorização para controlar e planejar o comércio externo e a produção e distribuição de alimentos e matérias-primas, impondo ao setor privado o controle dos preços e o racionamento dos bens de consumo essenciais. Lênin, ao assumir o poder na Rússia e fundar a União das Repúblicas Socialistas Soviéticas, proclamou o planejamento centralizado em vigor na Alemanha imperial como o modelo para a economia a ser construída pelo poder soviético. A experiência das duas guerras mundiais pareceu mostrar então que o controle central de uma moderna economia industrial não somente era viável, mas poderia evitar a instabilidade cíclica que sempre afetou as economias exclusivamente reguladas pelo mercado (como foi visto no capítulo anterior).

---

6 Ressalte-se que a construção do chamado Estado de bem-estar social (Welfare State) foi particularmente acelerada, na Europa ocidental, no pós-1945.

Durante os anos 1930, todos os países capitalistas sofreram a mais profunda e a mais longa crise de conjuntura, com consequências catastróficas para as classes trabalhadoras. A queda desastrosa da atividade econômica ocasionou uma revolução no pensamento econômico: surgiu em 1936 uma doutrina, proposta por Keynes, o mais prestigiado dos economistas da época, que atribuía a crise à deficiência de procura efetiva (a demanda solvável, discutida anteriormente) e propunha como solução a expansão das compras do setor público para desencadear uma multiplicação da procura privada[7] que absorvesse o excesso de mercadorias e assim induzisse as empresas a aumentar o emprego e a produção. A doutrina keynesiana teve forte impacto sobre a teoria econômica, dividindo-a em dois sub-ramos: a microeconomia e a macroeconomia.

A *microeconomia* tem por objeto o comportamento individual do consumidor e do produtor (a conduta da empresa é assemelhada à de um empresário individual) e prossegue na linha tradicional do liberalismo, que, na teoria econômica, está encarnado na doutrina neoclássica ou marginalista. A microeconomia, tal como é exposta na maioria dos compêndios, continua postulando que todos os mercados tendem ao equilíbrio e que a livre concorrência sempre produz resultados "ótimos" do ponto de vista das necessidades e preferências dos consumidores. Em outras palavras, sempre que o governo intervém em algum mercado, ele distorce as relações entre produtores e consumidores, com prejuízos para a maioria. Uma das mais curiosas "descobertas" da microeconomia é que não há desempregados involuntários, pois se quem busca trabalho aceitasse *qualquer* remuneração *sempre* haveria alguém disposto a empregá-lo... Logo, a culpa pelo desemprego é da legislação do salário mínimo e dos sindicatos, que impõem às empresas pisos salariais para diversas categorias de

---

[7] As compras adicionais do governo proporcionam receitas adicionais às empresas vendedoras, que as usam para pagar matérias-primas e salários e distribuir lucros; os agentes que obtêm essas rendas adicionais usam ao menos parte delas para comprar bens de produção (as empresas) e de consumo (os indivíduos). Essas novas compras dão lugar a novas receitas e ainda a novas compras etc. Este é o mecanismo do "multiplicador" de demanda.

trabalhadores e impedem que os desempregados possam trabalhar por salários irrisórios...

A *macroeconomia*, por sua vez, tem por objeto a economia nacional como um todo. Ela parte do pressuposto de que o nível de atividade e de emprego é determinado pela procura efetiva ou agregada. Esta se compõe das compras dos consumidores finais (famílias), das empresas que fazem investimentos e do governo. A procura de consumo é considerada estável, já que as necessidades individuais dificilmente mudam a curto prazo. Mas a procura por meios de produção, decorrente das inversões feitas pelas empresas, é instável, porque depende da perspectiva de lucros futuros. As empresas investem apenas se acreditam que o acréscimo de produção, decorrente do acréscimo de capacidade, obtido graças ao investimento, possa ser totalmente vendido e por preços que cubram os custos e deixem uma "adequada" margem de lucro. Ora, como vimos no capítulo anterior, nenhuma empresa que atue numa economia "pura" de mercado pode ter a *certeza* de que isso irá acontecer.

O investimento, no capitalismo, é, portanto, uma atividade arriscada, algo como um lance em um jogo de azar. A jogatina muitas vezes desenfreada nas bolsas de valores e nos demais mercados financeiros reflete o caráter aleatório das decisões econômicas. O desenvolvimento de uma intrincada rede de intermediários financeiros e de uma espantosa variedade de "ativos" – ações, debêntures, títulos públicos, títulos privados, depósitos em bancos, quotas em fundos de muitos tipos etc. – destina-se, antes de mais nada, a partilhar riscos, reduzindo-os (ao menos subjetivamente) para o operador individual. O resultado dessa complicação cada vez maior dos mercados de capitais é que a disposição de correr riscos e, portanto, a disposição de investir tornam-se cada vez mais *coletivas*. Em outras palavras, em vez de se estabelecer um equilíbrio entre "otimistas" ("touros" no jargão das bolsas, porque atacam de baixo para cima) e "pessimistas" ("ursos", porque atacam de cima para baixo), o mais provável é que os capitalistas em conjunto se inclinem para um ou para o outro lado. Quando todos "investem" (compram ativos), o valor dos instrumentos financeiros cresce, dando razão a todos e facilitando às empresas realizar "inversões" (compra de meios de produção).

A procura efetiva se expande, a lucratividade das empresas aumenta, o que confirma e renova as expectativas otimistas, dando continuidade à expansão econômica.

Se, por algum motivo, as expectativas dos "touros" não se confirmam, a maioria adere aos "ursos": cada vez mais gente tenta vender seus ativos, o valor destes cai, as empresas encontram dificuldades crescentes para mobilizar recursos para "inverter". Cai em consequência a procura efetiva, confirmando e perpetuando o pessimismo reinante. Se a pressão vendedora de ativos se intensificar, é possível que a desvalorização desses ativos desencadeie uma crise financeira, com a quebra de intermediários financeiros. Nesse caso, empresas produtivas perdem parte do seu capital, mantido sob a forma de aplicações financeiras, e podem vir a falir igualmente. Desse modo, a crise financeira pode facilmente detonar uma crise econômica.

A macroeconomia, quando recebeu suas primeiras formulações, nos anos 1940 e 1950, partia do pressuposto de que cabia aos governos contrariar os excessos de otimismo e de pessimismo dos agentes privados mediante políticas "anticíclicas". Quando o "público" (composto pelas camadas de renda suficientemente alta para poupar certa parte dela) está entregue à compra desenfreada de ativos, e as empresas estão empenhadas em se expandir ao máximo, o governo deve pisar no freio da economia, cortando seus próprios gastos e reduzindo a oferta de crédito. Sem crédito, a compra tanto de ativos por aplicadores quanto de meios de produção por empresas tem de se reduzir. A procura efetiva se estabiliza, em virtude da queda do gasto governamental e do investimento por parte de muitas empresas.

Quando o "público" não deseja comprar novos ativos financeiros nem as empresas querem fazer novos investimentos, o governo deve retirar o pé do freio e passá-lo ao acelerador. Ou seja, quando o pessimismo reina nos mercados de capitais e a demanda solvável cai por efeito da contratação das compras de meios de produção por parte das empresas, o governo deve aumentar seu dispêndio, além de facilitar o crédito. Assim agindo, impede o colapso dos mercados financeiros e previne a superprodução de mercadorias, causada pela queda cumulativa da demanda.

É interessante notar que as conclusões da micro e da macroeconomia não poderiam ser mais contraditórias. Enquanto a primeira continuava a condenar a intervenção governamental, a segunda a preconizava como condição imprescindível para atenuar a instabilidade cíclica da economia. Cada ramo da ciência econômica era dominado por um paradigma oposto: enquanto na microeconomia o postulado liberal continuava incólume, na macroeconomia o efeito da democracia política sobre o capitalismo produzia um paradigma reformista, que colocava os interesses da maioria acima da intocabilidade dos mecanismos de mercado.

Mais tarde (a partir do fim da década de 1960), o intervencionismo preconizado pela macroeconomia começou a ser crescentemente questionado pelo "neoliberalismo", que sustenta que a demanda solvável apoiada nos gastos adicionais do Estado é artificial, tendo um efeito apenas transitório. O argumento deriva do postulado microeconômico de que os agentes individuais – consumidores e empresas – tendem sempre a procurar o seu equilíbrio "natural". Logo, se resolvem por alguma razão reduzir a demanda solvável, a política anticíclica do Estado não pode alterar essa resolução. Os gastos adicionais do Estado não criam riqueza nova, mas apenas inflação, que dá aos agentes individuais a sensação ilusória de que ficaram mais ricos. A ilusão monetária os induz a gastar mais, de modo que o mecanismo do multiplicador funciona por algum tempo. Mas, quando os agentes individuais têm de pagar preços mais altos, a ilusão de que tinham enriquecido se desfaz, e eles tendem a voltar à conduta anterior, no sentido de reduzir a demanda solvável. Para evitar a queda da conjuntura, o governo será obrigado a expandir mais uma vez o seu dispêndio, acelerando a inflação. Desse modo, a sustentação do nível de pleno emprego se faria à custa de uma inflação cada vez maior e cada vez mais insustentável.

É claro que não faltaram respostas à argumentação neoliberal. No fundo, a discussão girava em torno do caráter voluntário ou involuntário das crises e do desemprego. Os neoliberais desenvolveram o conceito de "taxa natural de desemprego", segundo o qual a cada momento certa percentagem dos trabalhadores se mantém desempregada, à procura do trabalho "certo" e da remuneração "desejada".

Não haveria nada de mau nisso, e a tentativa de diminuir a taxa de desemprego abaixo do seu nível "natural" só poderia ter efeito mediante a inflação, a qual teria de ser sempre incrementada para manter sua influência sobre o comportamento dos agentes.

Os keynesianos replicavam que grande parte dos desempregados era involuntária, isto é, composta por pessoas que desejavam trabalhar pelo salário corrente, e que havia falta de demanda por essa mão de obra porque as empresas deixavam de investir em função da debilidade da demanda solvável. A expansão (por eles preconizada) do dispêndio governamental poderia causar um surto inicial de inflação, que seria no entanto eliminado quando o aumento de produção, suscitado pela maior demanda solvável, chegasse aos mercados. Para os keynesianos, os agentes individuais preferem um nível maior de emprego (ou menos desemprego), mas não conseguem atingi-lo por falta de garantia ou de coordenação; em outras palavras, a política fiscal e monetária teria de induzir o grosso dos capitalistas a atuar no mesmo sentido, para produzir um ritmo adequado de investimento. A intervenção reguladora do governo poderia manter a economia em pleno emprego, ao estimular e desestimular a demanda solvável, conforme sua tendência de cair abaixo ou subir acima de seu nível de equilíbrio.

A grande polêmica sobre o papel do Estado no capitalismo contemporâneo, que vem sendo travada nos últimos vinte anos, tem por base a existência de um amplo setor público, capaz de influir com seu comportamento sobre o setor privado. A construção do Estado de bem-estar social implicou uma enorme expansão de serviços, como os de educação pública, assistência pública à saúde, abastecimento de água, esgotos e limpeza pública etc. Além disso, foram constituídos amplos fundos de aposentadoria, pensões, auxílio a desempregados etc., localizados, na maioria dos países, na esfera pública. Finalmente, atividades que tendiam naturalmente a ser monopólicas, como a produção, transmissão e distribuição de energia elétrica, as telecomunicações, o transporte ferroviário, o transporte público urbano etc., foram sendo cada vez mais transferidas ao setor público. Tudo isso colocou sob a responsabilidade e o comando do Estado uma parcela muito ponderável da economia. Esse fato tornou possível condicionar o comportamento do capital privado mediante a deliberada expansão ou contração do setor público.

O controle da conjuntura pelo Estado foi, do ponto de vista político, a consequência natural da Grande Depressão dos anos 1930 e da experiência de planejamento bélico da economia durante a última Grande Guerra. Durante o período de pós-guerra (1945-1970), os países capitalistas industrializados passaram por uma fase de quase ininterrupta prosperidade, e os menos desenvolvidos puderam, em grande parte, iniciar sua industrialização. Um grupo seleto de países então subdesenvolvidos, entre os quais o Brasil, usaram o Estado e o setor público da economia para implantar um sólido parque industrial. A réplica do keynesianismo, no Terceiro Mundo, foi o desenvolvimentismo, teorizado sobretudo na América Latina pela chamada "Escola da Cepal". Essa teoria do desenvolvimento acentuava a possibilidade de o Estado, mediante medidas protecionistas e de fomento, promover a industrialização por substituição de importações. E políticas de desenvolvimento desse tipo foram largamente implementadas por diversos países da América Latina e por várias das novas nações da Ásia e da África. Não há exagero em afirmar que o primeiro quarto do século após a Segunda Guerra Mundial assistiu ao triunfo do modo keynesiano de regulação, tanto no Primeiro quanto no Terceiro Mundo.

Durante o mesmo período, os países de economias centralmente planejadas também experimentaram substancial crescimento. A ex-União Soviética e os países da Europa oriental conseguiram recuperar-se das pesadas perdas sofridas durante a guerra, e os menos industrializados lograram sustentar altos ritmos de desenvolvimento. Na frente técnico-científica, a ex-União Soviética alcançou os Estados Unidos na produção de artefatos nucleares e logrou disparar o primeiro satélite artificial. A China, o mais populoso e um dos mais pobres países da Terra, conseguiu eliminar a fome e propiciar à sua prodigiosa população uma relativa satisfação de suas necessidades básicas. Êxitos análogos puderam ser exibidos por outros países que optaram pelo planejamento centralizado num patamar de pouco ou nenhum desenvolvimento, como a Coreia do Norte e Cuba. Em suma, por volta de 1970, o planejamento governamental, em sua feição "indicativa" nos países capitalistas ou em sua feição "impositiva" nos países do "socialismo real", parecia estar solidamente alicerçado em conquistas inegáveis, tanto no Norte industrializado e no Sul subdesenvolvido quanto no Oeste capitalista e no Leste "socialista".

Mas os acontecimentos das duas últimas décadas vieram negar essa aparência. Nos países capitalistas avançados, uma inflação "rastejante" persistia desde o fim da guerra; nos anos 1970, ela começou a crescer e, depois do primeiro choque do petróleo (1973), passou a assumir proporções ameaçadoras, sobretudo em economias até aquele momento em pleno emprego. Isso significava que os trabalhadores conseguiriam obter rapidamente reajustes proporcionais ao aumento do custo de vida, com grande possibilidade de desencadear uma espiral preços-salários que acabaria tornando a inflação explosiva. Os governos, em resposta, cortaram seus gastos e restringiram o crédito, com a esperança de jugular a inflação mediante a queda da demanda solvável. Essas medidas de fato produziram forte recessão em 1974-1975, mas, apesar do aumento do desemprego, a inflação continuou elevada. Era o que se passou a chamar de "estagflação", um fenômeno não previsto nos manuais de macroeconomia.

Ao mesmo tempo, na América Latina, a inflação tinha se tornado crônica. Nos anos 1970, sobretudo nos países importadores de petróleo, a inflação se agravou. Também nesses países os governos aplicaram políticas recessivas, sem lograr êxitos palpáveis no que se refere à estabilização dos preços. A "estagflação" tendeu a se generalizar a partir de então nos países capitalistas, tanto nos industrializados como nos menos desenvolvidos.

Após o segundo choque do petróleo (1979-1980), os principais governos do Primeiro Mundo caíram nas mãos de partidos conservadores, com plataformas nitidamente neoliberais. A política econômica posta em prática por esses governos – corte do dispêndio público, restrição ao crédito e livre flutuação do câmbio – produziu a mais longa e profunda recessão do pós-guerra, entre 1980 e 1982. Em seu auge, o desemprego atingiu em vários países níveis entre 15% e 20%, semelhantes aos que vigiam durante a Grande Depressão de 1929-1939. O desemprego maciço solapou o poder de barganha do movimento sindical, cujas fileiras foram devastadas pela automação e pela transferência de indústrias a países menos desenvolvidos. Os salários reais decresceram (ligeiramente), os gastos sociais do Estado foram cortados, a progressividade do imposto de renda foi diminuída e a inflação caiu. Ela não voltou a ser "rastejante" como antes de 1970, mas nos anos 1980 ela parecia estar contida entre 4% e 6% ao ano na maioria dos países industrializados, podendo ser "administrada" por políticas convencionais de estabilização.

Na América Latina, as crises inflacionárias se agravaram nos anos 1980. Contribuíram para isso fatores externos e internos aos diversos países. Entre os fatores externos destaca-se a crise das dívidas externas, que estoura em 1982, quando os bancos internacionais privados são tomados pelo pânico (em função da inadimplência do México) e resolvem cortar quaisquer créditos voluntários para todos os países latino-americanos. Essa crise obrigou os países superendividados a reduzir a demanda solvável interna para diminuir a importação e desse modo alcançar um saldo comercial positivo, para pagar ao menos parte do serviço da dívida externa. A redução da renda nacional, em razão não só da transferência de valores ao exterior como também da queda do nível de produção e de investimentos, desencadeia violentos conflitos distributivos entre as classes e frações de classes. Esses conflitos, no plano político, ajudam a eliminar diversos regimes militares do continente, que conhece a partir de 1983 verdadeiro surto de redemocratização. Mas, no plano econômico, os conflitos distributivos prosseguem, produzindo crises inflacionárias cada vez mais graves, que desembocam em verdadeiras hiperinflações na Bolívia (1985) e posteriormente na Nicarágua, no Peru e na Argentina.

A inflação passa a ser o pior inimigo das economias capitalistas, conforme pregava a crítica neoliberal ao intervencionismo governamental. Deixando de lado a fundamentação pretensamente científica de suas teses, a vantagem do neoliberalismo é que ele dá prioridade à estabilidade dos preços em relação ao pleno emprego e favorece as classes de renda alta e média em detrimento dos mais pobres. Essas posições, fundamentadas numa atitude hostil contra o Estado (particularmente diante de suas atividades de bem-estar social), tornaram-se majoritárias eleitoralmente em vários países. Isso parece paradoxal para quem supõe que em todo país a maioria é constituída por pobres, beneficiários efetivos ou virtuais do Estado-Previdência. Acontece que 25 anos de prosperidade com pleno emprego tornaram as classes de renda alta e média majoritárias nos países capitalistas adiantados. A maior parte da população continua se sustentando com seu próprio trabalho; só que o ganho assim obtido permite mais do que a satisfação das necessidades essenciais; ele permite à maioria dos trabalhadores usufruir um padrão de vida muito confortável. O Estado de bem-estar social é importante apenas para uma minoria de trabalhadores menos qualificados, muitos dos quais são imigrantes de países menos desenvolvidos.

A crise atingiu também as economias centralmente planejadas, cujo desempenho passou a piorar nos últimos vinte anos. Tornou-se evidente que o planejamento centralizado, para ser efetivo, tem de impor ao conjunto das atividades econômicas uma disciplina férrea e a extrema centralização das decisões. Consequentemente, o sistema é resistente a mudanças de qualquer natureza, inclusive a inovações técnicas. Além disso, o autoritarismo favorece a corrupção e a outorga de privilégios. O sistema de incentivos, que deveria estimular o aumento de produtividade, funciona ao contrário, premiando a sabujice, a bajulação e a supressão de qualquer iniciativa que não se origine na cúpula. As deficiências do planejamento centralizado com autoritarismo político tornaram-se intoleráveis às classes "ilustradas" compostas por cientistas, técnicos, artistas e intelectuais. Sua crescente insatisfação originou diversos movimentos de oposição e tentativas de reforma, algumas das quais surtiram efeitos.

A partir de 1985, a reforma do "socialismo real" passou a ser encarnada pela *perestroika*, liderada na ex-União Soviética pelo grupo de Mikhail Gorbatchev. Mas antes dela ocorreram reformas profundas na Iugoslávia desde 1950, na Hungria desde 1968, e na China desde 1978, sem falar na reforma semifrustrada tentada na própria ex-União Soviética por Kruschev entre 1955 e 1964. Em todas essas reformas tratou-se de substituir o planejamento centralizado em um crescente número de setores por mecanismos de mercado, sem restaurar por inteiro a propriedade individual dos meios de produção. Apenas na ex-União Soviética e mais recentemente na Hungria a reforma econômica foi acompanhada por medidas democratizantes efetivas.

Na China, em 1989, um poderoso movimento pela democracia foi afogado num banho de sangue, seguido por amplo surto de repressão.

Não dá, nos limites deste opúsculo, para discutir os rumos dos regimes que compunham o "socialismo real". Tudo parecia levar a crer, no entanto, que, apesar de consideráveis resistências às reformas, estas acabariam por se impor, o que implicaria a restauração da economia de mercado nesses países, num período em que, no Ocidente capitalista, a regulação estatal da economia de mercado está sendo rejeitada em nome da liberdade econômica e do direito de escolha individual. É inevitável que dos dois lados da extinta "Cortina de Ferro" esses movimentos estivessem se reforçando mutuamente. Na mesma medida que os governos conservadores dos Estados Unidos, da ex-Alemanha Ocidental, do Japão, da Grã-Bretanha etc. "desregulavam" atividades econômicas, privatizavam empresas estatais e cortavam verbas para gastos sociais, os governos reformistas da ex-União Soviética, da China, da Hungria etc. abriam as portas às multinacionais, privatizavam certas atividades econômicas e conferiam crescente autonomia a empresas ainda estatais.

Os temas contemporâneos da economia

A economia, enquanto ciência, sempre foi plataforma doutrinária a respeito da organização das atividades econômicas. Em seus albores, nos séculos XVIII e XIX, a economia política se batia contra a regulamentação governamental dos mercados, procurando demonstrar que os agentes – compradores e vendedores – só poderiam realizar seus desígnios se fossem deixados em plena liberdade. Em sentido oposto, surgiu, na segunda metade do século passado, a "crítica da economia política" formulada por Karl Marx e seus discípulos, que sustentava a transitoriedade do capitalismo e sua inevitável substituição por um modo de produção superior – o socialismo –, no qual os meios de produção seriam de propriedade coletiva e seu emprego seria centralmente planejado.

Já no atual século, apareceu, como vimos, a escola keynesiana, que (ao menos em sua versão original, dada por John M. Keynes) propugnava um capitalismo modificado, no qual o Estado desempenharia uma função reguladora para garantir não apenas a estabilidade da economia, mas a plena utilização dos recursos, isto é, o chamado "pleno emprego". Em contraposição, levantou-se (já na segunda metade deste século) o neoliberalismo, associado inicialmente ao nome de Milton Friedman, que atribuía às políticas fiscal e monetária expansivas, recomendadas pelos keynesianos em momentos de baixa conjuntural, os surtos de inflação e seu efeito estimulador meramente transitório sobre os gastos e os investimentos. Quando a inflação se transformou no principal problema das economias capitalistas desenvolvidas, o neoliberalismo tornou-se a doutrina dominante. Essa tendência tem sido consideravelmente reforçada também pela onda de "reformas" que varreu nos últimos anos as principais economias centralmente planejadas.

Essa evolução, descrita no capítulo anterior, mostra como as escolas de pensamento econômico se filiam às grandes correntes político-filosóficas e ao mesmo tempo "respondem" às questões que, em cada época, desafiam a sociedade dos países mais adiantados. Assim, o liberalismo clássico dos séculos XVIII e XIX constituía a resposta ao desafio colocado pela Primeira Revolução Industrial, cujo avanço exigia a destruição, por meio da livre concorrência, dos modos tradicionais de produzir. O socialismo "científico" de Marx, Engels e seus sucessores respondia às necessidades de um proletariado em rápida expansão e que se encontrava então totalmente à margem das instituições políticas. O salto do liberalismo à democracia, levado a cabo na primeira metade deste século, inspirou-se em grande medida no marxismo enquanto ideologia dos partidos social-democratas, socialistas e trabalhistas, que protagonizaram em boa parte aquele salto.

Está claro que, dessa perspectiva, o embate entre keynesianos e neoliberais corresponde hoje em dia aos conflitos de interesses suscitados pelo grande crescimento do setor público e pela propensão inflacionária das economias capitalistas. Ao examinarmos esses conflitos, estaremos passando em revista alguns dos principais temas contemporâneos da ciência econômica.

Um desses conflitos se trava sobre os limites da presença do Estado na economia. Os capitais privados se consideram espoliados na medida em que os impostos pagos por eles servem para financiar a expansão de empresas estatais e de serviços públicos, inclusive a previdência social, que sustenta desempregados, pensionistas e aposentados. Mas essa mesma expansão atende às necessidades dos menos favorecidos pelo "livre jogo" do mercado: regiões atrasadas, pequenos produtores (sobretudo agrícolas) e assalariados pouco qualificados ou pertencentes a grupos menos favorecidos (mulheres, jovens, velhos, minorias raciais). A democracia política possibilita a organização dos menos favorecidos, tendo por eixo o movimento operário. Enquanto constituíam a maioria, tenderam a eleger governos "progressistas", que ampliaram o setor público e o usaram para estabilizar a economia em níveis próximos ao pleno emprego.

Foram precisamente políticas como essas, praticadas por décadas, que modificaram a estrutura social dos países capitalistas desenvolvidos; a maioria dos trabalhadores alçou-se acima da linha da pobreza, tornando os menos favorecidos *minoria*. A partir desse momento, a grita dos capitais privados contra o estatismo, contra a suposta ineficiência da administração estatal de empresas (em função do empreguismo, do desvio de recursos, da inobservância dos horários de trabalho etc.) passou a contar com crescente apoio da chamada "classe média", cada vez mais insatisfeita também com o peso dos tributos (que passaram a recair sobre ela). Dessa aliança da classe empresarial com as camadas mais opulentas da classe trabalhadora saíram os governos que se notabilizaram pela privatização de empresas estatais e pela redução das alíquotas do imposto de renda.[1] Foi o próprio êxito da política keynesiana que integrou uma parcela importante dos assalariados na "classe média", socavando assim as bases sociais do Estado de bem-estar e das políticas anticíclicas que tinham um amplo setor público por pressuposto. A privatização de empresas estatais, como vem acontecendo em diversos países da Europa e da América Latina, encolhe a parcela da economia sob comando direto do Estado, tornando menos efetiva a política de gastos públicos como indutora de mudanças na demanda solvável.

---

[1] Ressalte-se a vitória dos conservadores, na Inglaterra, com Margaret Thatcher, e dos republicanos com Ronald Reagan, nos Estados Unidos, ao longo da década de 1980. Mesmo em países nos quais se estabeleceram governos oriundos da esquerda, como a França, do socialista François Miterrand, os pressupostos neoliberais acabaram sendo adotados. Na América Latina, o Chile, então sob a ditadura do general Pinochet, pioneiramente, também procurou adequar sua economia aos paradigmas do neoliberalismo.

A economia neoclássica contribuiu para a polêmica sobre o papel do Estado na economia através da teoria dos "bens públicos". São assim considerados os bens que se deseja que sejam acessíveis a todos. Um exemplo seria a rua: é de interesse geral que todos possam transitar livremente pelas vias públicas sem qualquer cobrança de pedágio. Logo, não é possível fazer os usuários pagarem diretamente o seu asfaltamento, sua conservação, sua limpeza e sua iluminação. Esses serviços têm de inevitavelmente ser financiados pelo erário público. De acordo com essa teoria, cabe ao Estado a produção e a distribuição dos bens públicos, e aos capitais privados a produção e a distribuição dos demais bens, que podem ser objeto de compra e venda. Por trás da engenhosa distinção entre bens públicos e os outros bens se encontra o dogma liberal de que a atividade econômica deve ser exercida pelo capital privado, cabendo ao Estado *apenas* aquelas atividades que, pela sua natureza, não são passíveis de exploração mercantil.

O dogma liberal objetiva o "Estado mínimo", pois um Estado maior que o mínimo infringe a liberdade dos indivíduos: dos empreendedores, ao impedi-los de realizar as atividades monopolizadas pelo Estado; e dos consumidores, ao lhes negar a possibilidade de optar por outro fornecedor que não o monopólio estatal. Na realidade, quase sempre as atividades estatizadas são oferecidas por tarifas abaixo dos custos, tendo em vista favorecer os consumidores e/ou estimular a atividade privada. O subsídio é condenado pelos liberais por dois motivos: por ser injusto, ao transferir renda dos contribuintes aos usuários dos bens e serviços prestados pelo poder público; e por constituir um desperdício, pois a gestão deficitária incentiva o empreguismo, a corrupção, o desleixo... Este último argumento pode ser generalizado do seguinte modo: a eficiência no desempenho empresarial decorre da *busca do maior lucro em competição livre com outras empresas, cuja motivação é a mesma*. A empresa estatal, deliberadamente deficitária e monopolista, é ineficiente, e por isso só se justifica na área dos bens públicos.[2]

---

[2] Mesmo na produção de bens públicos, o Estado pode concedê-la a empresas privadas, "comprando" em nome do público sua produção. Nesse tipo de contrata-

Na realidade, o argumento de que *só* a busca competitiva do maior lucro gera eficiência não pode ser aplicado a todas as empresas privadas, mas apenas às pequenas e médias, que de fato são concorrenciais e administradas pelos próprios donos. As grandes empresas privadas, muitas multinacionais, integram oligopólios e são administradas por profissionais assalariados, exatamente como as estatais. Estas últimas, quando (por decisão governamental) são autorizadas a cobrar preços (ou tarifas) remuneradores, tendem a ser tão lucrativas quanto as congêneres privadas. No fundo, o que se pode arguir é que o gigantismo empresarial gera ineficiência. É uma proposição discutível, e teria de se aplicar a todas as grandes empresas, tanto privadas quanto públicas.

Quanto ao primeiro argumento, convém reparar que ele só se sustenta se for admitido que qualquer alteração dos resultados econômicos, produzidos pelos mecanismos do mercado, é *injusta*. Ora, tais resultados implicam, em geral, desigualdades profundas e crescentes. Os ganhadores do jogo do mercado obtêm todas as vantagens, reforçando sua competitividade, ao passo que os perdedores se enfraquecem. Isso vale para indivíduos, empresas, regiões e países. Aos perdedores só resta uma alternativa: mobilizar-se politicamente e provocar a intervenção do Estado a seu favor.[3] O que implica naturalmente um Estado maior que o mínimo, que cria e administra empresas em setores "mercantis" e não apenas nos de "bens públicos". Em suma, sob o aspecto ético, a tese liberal sanciona a supremacia dos ganhadores do jogo do mercado e se opõe a qualquer ação do Estado que possa reduzir suas vantagens.

É interessante observar que, a respeito da presença e do papel do Estado na economia, os partidários do socialismo também estão divididos, ganhando terreno entre eles a ideia de que a igualdade básica

---

ção costuma ocorrer corrupção dos funcionários em troca do pagamento de sobrepreço pelo Estado, além de insatisfação dos usuários em face das deficiências dos "bens públicos" concedidos.

3 As recentes vitórias (1997) dos trabalhistas, na Inglaterra, com Tony Blair, e a constituição de um gabinete chefiado por um socialista (Lionel Jospin), na França, parecem corroborar essa tese.

entre todos os cidadãos pode ser conciliada com a economia de mercado. A posse coletiva e o planejamento centralizado estariam limitados às atividades de produtos padronizados e à técnica estabilizada, como a fabricação de metais e de produtos químicos, a operação de redes telefônicas e de energia elétrica, a construção de grandes obras etc. Essas atividades são necessariamente concentradas em grandes unidades, que se beneficiam da "economia de escala", ou seja, da utilização intensiva de equipamento muito dispendioso.

A novidade está no reconhecimento de que muitas atividades econômicas não comportam a padronização dos produtos, e outras estão ainda com a sua técnica em desenvolvimento. Essas atividades aumentam de importância à medida que cresce o padrão de vida da população. Elas incluem os cuidados da saúde e os diversos serviços pessoais (cabeleireiros, restaurantes, academias de dança, ioga etc.), o processamento de dados e a informática, a fabricação de vestuário, calçados, brinquedos, bijuterias, móveis, tapeçarias etc. Nesses setores, as unidades de produção não devem ser grandes, e convém que haja muita liberdade para a criação de novas empresas, para a transformação das existentes, para a introdução de novos produtos etc. Essa liberdade é incompatível com o planejamento centralizado. Portanto, essas atividades devem ser reguladas apenas por mecanismos de mercado.

A proposta de um "socialismo de mercado" implica mudanças significativas em relação ao modelo socialista tradicional. Em primeiro lugar, o planejamento central, que subsiste, deixa de ser global, porque os setores planejados têm de vender e comprar de setores de comportamento imprevisível, regidos pelos altos e baixos da demanda no mercado. O planejamento perde, portanto, sua pretensão à *infalibilidade*, sendo forçado a se flexibilizar, adquirindo um caráter mais indicativo, com as grandes empresas recebendo considerável autonomia em relação às metas fixadas, para poderem se ajustar às oscilações de uma economia sujeita a imprevistos. Essa relativização do planejamento é, na verdade, um avanço em relação à visão anterior do socialismo, que pretendia enquadrar as necessidades dos consumidores nos limites da produção em massa de artigos e serviços de baixa qualidade.

Outra mudança significativa é a ideia de que, no socialismo, o ganho pecuniário continua sendo (tanto quanto no capitalismo) o incentivo para a atividade econômica, podendo variar consideravelmente nas atividades regidas pelo mercado. Decorre daí que na sociedade socialista não haverá pobres, mas haverá ricos e menos ricos. O prestígio social conferido aos ricos no capitalismo deverá diminuir muito, mas não dá para dizer que desaparecerá por inteiro, já que a escassez do supérfluo deverá persistir, e certa competição no consumo poderá se mostrar inevitável. O que não altera a escala de valores própria ao socialismo, em que os primeiros lugares são ocupados pelos que servem à coletividade sem buscar recompensa material.

Voltemo-nos, agora, ao principal conflito que divide a ciência econômica contemporânea e que tem por objetivo a *inflação*. Este não é propriamente um fenômeno novo, tendo sido registrado ao longo de toda a história das economias monetárias. A inflação só é possível em *economias monetárias*, isto é, em economias em que as mercadorias têm preços denominados num meio de troca, ou seja, numa *moeda*. Em economias de escambo (troca direta de mercadoria por mercadoria), cada produto tem tantos preços quantos forem os outros produtos pelos quais ele pode ser trocado, ou seja, com os quais ele pode ser comprado. Nessas condições, é impossível que todos os preços variem no mesmo sentido, seja para mais (inflação), seja para menos (deflação).

Essa possibilidade existe em economias monetárias porque o nível geral de preços varia com o volume de moeda em circulação. Se o volume de moeda em circulação cresce, é por aumentar a demanda solvável, ou seja, os compradores em conjunto estão tentando adquirir mais mercadorias. Em condições normais, o aumento da demanda solvável deve suscitar um aumento dos preços em um primeiro momento e um aumento da oferta de mercadorias posteriormente. Havendo excesso de oferta, é possível que o aumento de demanda nem afete os preços. Porém, havendo impossibilidade de aumentar a oferta, seja porque todos os trabalhadores já estão plenamente empregados, seja por algum outro ponto de estrangulamento, o efeito inflacionário do aumento de moeda em circulação não será mitigado pelo aumento da oferta que seria de se esperar.

A questão básica é, portanto: *o que leva ao aumento da moeda em circulação?* Essa questão comporta várias respostas. Se a moeda for um metal precioso, este poderá se multiplicar por efeito de ocorrências externas. No século XVI, os países da Europa ocidental se beneficiaram do aumento da demanda espanhola por seus produtos, tendo a Espanha se enriquecido pelo saque dos tesouros dos ameríndios. A utilização dos frutos do saque no comércio internacional expandiu a circulação monetária naqueles países, ocasionando a Grande Inflação dos séculos XVI e XVII.[4] Se a moeda for um signo de valor – uma nota de papel, emitida por um banco oficial –, sua expansão pode ser causada por um aumento de sua emissão ou pelo saque de reservas por parte dos possuidores de tesouro (moeda acumulada). Estes são os casos mais pertinentes para se entender as inflações contemporâneas, já que por toda parte a moeda deixou de ser metálica e nem sequer tem mais lastro de metal.

Aproveitamos o ensejo para oferecer algumas noções básicas a respeito da moeda. Esta é sempre um objeto ao qual se atribui *por convenção* certo valor de face. Há moedas com valor intrínseco – são objetos cuja confecção requer bastante trabalho, por exemplo barras ou discos de ouro ou prata. E há moedas sem valor intrínseco – notas de papel –, mas cujo volume é regulado por lei de acordo com o tamanho do tesouro nacional (formado por metais preciosos) que lhes serve de *lastro*. São as chamadas "moedas conversíveis", que podem ser trocadas a qualquer momento no banco emissor por uma quantidade prefixada de ouro ou prata. E finalmente há moedas de papel (papel-moeda) *sem lastro*, cuja quantidade é regulada por lei ou por decisões de uma autoridade monetária. Essas moedas retiram seu valor da *confiança* que nelas deposita o público. Por isso são chamadas de "fiduciárias" ou "inconversíveis". Hoje, em todos os países capitalistas, as moedas são dessa espécie.

---

[4] Esse fenômeno, também conhecido pela expressão "Revolução dos preços do século XVI", teria sido provocado pelo baixíssimo custo de produção dos metais na América Espanhola, e não apenas pelo expressivo volume extraído das minas do eixo México-Peru-Potosí. Segundo alguns autores, a retração do fluxo metálico, da América para a Espanha, no século seguinte, teria ocasionado a conhecida "Crise geral do século XVII".

A moeda fiduciária aumenta na circulação ou porque cresceu sua emissão ou porque seus possuidores resolveram gastá-la mais depressa. Na realidade, em regimes inflacionários, as duas causas ocorrem juntas: a autoridade monetária emite mais, e os consumidores se apressam em gastar, porque os preços sobem, e a moeda em consequência se desvaloriza. Isso é óbvio, desde que se considere que a inflação não é um fenômeno isolado – uma única subida generalizada de preços –, mas um *regime*, uma forma permanente de regulação da economia. E isso ela efetivamente o é. A quase totalidade dos países atualmente está sob esse regime, como é o caso do Brasil;[5] eles têm tido inflação continuamente há décadas. O que se discute é a natureza da inflação contínua, crônica, embora a inflação ainda seja encarada, tanto pela maioria dos economistas como pela opinião pública leiga, como uma anomalia, algo que se pode "corrigir" mediante determinadas medidas de política econômica.

O regime inflacionário não pode ser explicado pela sua origem, como tenta a economia convencional, pois ela se perde na noite do tempo, tornando-se trinta ou cinquenta anos depois totalmente irrelevante. Ele se explica pela sua própria permanência, pelo fato de que todos – o Estado, os empreendedores, os assalariados, os consumidores – se acostumaram e se adaptaram à subida dos preços e à consequente desvalorização da moeda. O Estado emite à medida que o aumento do valor nominal transacionado requer maior volume de meio circulante; os empreendedores repassam rotineiramente aumentos de custos aos preços, tratando de resistir à elevação de custos, particularmente de salários, porque o repasse não pode ser imediato e nem sempre pode ser integral em função de contratos com clientes e de competidores eventualmente menos afetados pelo aumento dos custos; os assalariados acompanham com angústia os índices de custo de vida (ICV) e tratam de obter reajustamentos salariais nunca inferiores à variação daqueles; e os consumidores tratam de defender o valor de seus haveres, conservando "em caixa" o mínimo de dinheiro indispensável para as pequenas despesas. Todo o restante é aplicado em ativos indexados (títulos ou depósitos reajustáveis)

---

5 Este texto foi escrito antes da implantação do Plano Real no Brasil.

ou em bens cujos preços se espera que subam tanto ou mais que o índice geral de preços.

Tomando-se esses comportamentos em conjunto, fica claro que a inflação é produzida por *todos* eles. A economia convencional, não obstante, privilegia o governo como causador da inflação, porque ele é tido como responsável pelo volume de moeda cuja variação "causa" a dos preços. Esse raciocínio é no mínimo superficial, pois se recusa a analisar por que, em regime inflacionário, *todos* os governos sem exceção permitem o aumento do volume de moeda em circulação. A economia convencional atribui esse comportamento ao desejo dos governos de gastar mais do que arrecadam e de cobrir o déficit com emissão de moeda. Acontece que a inflação *obriga* os governos a gastar mais do que arrecadam, porque os preços pagos pelo governo aumentam mais rapidamente do que as receitas tributárias que obtêm; portanto, quanto maior a inflação, maior será o déficit fiscal que a alimenta.[6]

Mas o erro da economia convencional não se limita ao diagnóstico da situação inflacionária. Ele se estende, como não podia deixar de ser, ao receituário contra a inflação. Este consiste na alteração do comportamento apenas do governo, que deve eliminar o déficit fiscal, por meio do corte de seus gastos e do aumento da arrecadação, em consequência do que não precisará mais emitir. Segue-se que o volume de moeda ficará estável, o que forçará os preços a se estabilizarem também. Essa receita funciona apenas quando a inflação é bastante baixa, e ainda assim por meio de uma recessão que em geral é severa e prolongada. Em países de inflação elevada (digamos acima de 100% ao ano), o aumento de arrecadação é repassado pelos contribuintes aos preços, a inflação se acelera e o déficit, apesar do corte dos gastos, não se reduz, ou cai muito pouco. Mas, mesmo se a autoridade monetária reduz a emissão, isto não estabiliza o volume de moeda, que se compõe em sua maior parte não mais de notas, mas de depósitos

---

6 As receitas tributárias decorrem de preços pagos meses antes de elas entrarem nos cofres ou na conta do Estado. Quando são usadas para fazer pagamentos, os preços pagos já estão mais altos. A defasagem entre receita e despesas públicas é tanto maior quanto mais se acelera a inflação.

bancários e de diversos ativos financeiros indexados de alta liquidez (isto é, facilmente transformáveis em meios de pagamento). Os agentes privados possuidores desses ativos quase líquidos são os principais responsáveis pelo volume de moeda em circulação; eles respondem a uma eventual escassez de moeda legal (notas emitidas pela autoridade monetária) emitindo ativos indexados de alta liquidez (depósitos bancários "anônimos", fundos de participação etc.), que aumentam o giro da moeda legal.[7] Como as notas e os depósitos à vista não estão defendidos contra a inflação, ninguém quer ficar com eles, o que significa que o controle do governo sobre a circulação de moeda diminui à medida que a moeda legal é substituída por instrumentos monetários indexados.

Em outras palavras, inflação muito alta é um modo de regulação qualitativamente distinto, que não é afetado por políticas fiscal e monetária de "estabilização". A experiência desse tipo de regime inflacionário é relativamente recente, de modo que o conhecimento acumulado sobre ele não é grande e ainda não está amadurecido. O que atrapalha o avanço da ciência nesse campo é a visão predominante de que todas as inflações são de natureza idêntica, podendo ser tratadas da mesma maneira. Apesar do fracasso quase universal das políticas ortodoxas de estabilização em face das inflações de três dígitos ou mais, aquelas continuam sendo insistentemente recomendadas pela maioria dos economistas e pelas instituições financeiras mundiais, como o FMI e o Banco Mundial.

Essa visão se calca não só nos pressupostos da microeconomia, mas também na convicção popular de que a inflação é um mal em si e a causa da pobreza da maioria da população. De acordo com essa convicção, continuamente veiculada pelos meios de comunicação de massa, o "dragão" inflacionário é criatura de maus governos, cujos defeitos – desonestidade, desperdício, falta de coragem, demagogia

---

7 O giro ou velocidade de circulação de uma moeda é o número médio de vezes em que ela muda de mãos durante um ano. A existência de ativos indexados permite às pessoas e firmas reduzir ao mínimo seu "caixa" em moeda legal. No dia do vencimento das contas, os valores aplicados são convertidos em moeda legal, e os pagamentos são feitos. Assim, a *mesma* quantidade de notas permite fazer *mais* pagamentos.

e o que mais se queira – produzem o monstro. Logo, bastaria alçar ao poder um governo bom, sem os mencionados defeitos, e o "dragão" inflacionário seria em pouco tempo vencido e eliminado. De acordo com essa ideologia, o combate à inflação exige pesados sacrifícios de "todos", mas, uma vez sofridas as penas do purgatório, "todos" serão recompensados por uma existência paradisíaca, com preços estáveis.

O predomínio dessa mitologia atesta o atraso da ciência econômica no entendimento dos regimes inflacionários. A superação desse atraso exigirá que a economia ultrapasse os limites convencionais de seu campo de investigação. É que a inflação não se institucionaliza em virtude de alguma fraqueza da autoridade monetária, mas em função dos conflitos distributivos, que antepõem classes e frações de classe nas sociedades capitalistas. *Conflito distributivo* é a luta travada entre setores sociais organizados, em que cada um almeja expandir à custa do outro sua parcela do produto social. Convém distinguir o conflito distributivo do antagonismo de interesses entre agentes de mercado que se defrontam como vendedores e compradores de mercadorias, de força de trabalho, de títulos financeiros etc. As diferenças de interesses entre vendedores e compradores *individuais* são conciliadas mediante a barganha, que culmina em relações livremente contraídas, consagradas em contratos. O conflito distributivo é travado por coletivos à margem do mercado: trabalhadores que fazem greve, patrões que fazem *lockout*, grupos de pressão que agem sobre o Executivo ou o Legislativo para conquistar subsídios, isenções fiscais, aumentos de salário, de câmbio, baixa de juros, de impostos etc. Os grupos de pressão atuam também no plano político, cada um procurando levar ao governo as correntes partidárias que os favoreçam.

Os grupos de pressão se organizam e se reforçam com a inflação, à medida que cada fração de classe perde com a alta dos preços que paga e tem dificuldade para repassar o custo mais alto aos seus próprios preços. A inflação faz que cada fração de classe se engaje em lutas *defensivas*, com o objetivo de recuperar o seu poder aquisitivo ou de prevenir a sua perda. Os grupos de pressão que se organizam antes enfrentam pouca resistência e obtêm êxito nos conflitos distributivos que suscitam. A seguir, outras frações de classe aprendem a lição e se organizam também. Ao cabo de certo tempo, grande parte das frações de classe estão organizadas e conseguem repassar cada vez mais depressa e cada vez maior proporção do aumento dos seus custos aos preços. O que aumenta a inflação até que o repasse é generalizado pela indexação dos principais preços. A formalização do reajustamento periódico da maioria dos valores por índices "oficiais" da inflação marca a plena instauração do regime inflacionário, cuja persistência por décadas rotiniza o conflito distributivo, fazendo-o aparecer como consequência da inflação.

Uma importante tendência do regime inflacionário é a crescente politização dos conflitos distributivos, que se travam cada vez mais em torno dos órgãos do Estado encarregados de estabelecer as regras de indexação. É que a renda real de cada fração de classe depende, à medida que a inflação cresce, cada vez mais da regra da indexação do preço que cobra em relação às regras de indexação dos preços que paga. E como cabe ao Estado estabelecer e manejar o sistema de indexação, reforça-se seu papel como redistribuidor da renda e como centro em torno do qual se travam os conflitos distributivos.

É importante entender que os conflitos distributivos são uma característica do capitalismo hodierno, sobretudo quando democrático. Esses conflitos surgem em função da dinâmica social e impõem modos específicos de regulação da economia, dos quais a inflação é hoje em dia o principal, mas não o único. A regulação não inflacionária de uma economia capitalista, de todos os modos marcada por conflitos distributivos, requer determinadas condições institucionais ainda não preenchidas plenamente por qualquer país. Seja como for, a única maneira possível de eliminar a inflação com moeda fiduciária é instaurar tal regulação não inflacionária, que provavelmente implicará a gestão política da distribuição macroeconômica da renda mediante negociações coletivas dos preços estratégicos: salários, câmbio, juros etc.

O que hoje passa por "combate à inflação" é apenas um conjunto de políticas econômicas destinadas, na melhor das hipóteses, a reduzir a inflação e a mantê-la em nível baixo.[8] Um regime inflacionário

---

8 Este trabalho foi escrito antes da entrada em vigor do chamado Plano Real (julho de 1994).

em que o índice de custo de vida sobe 5% ao ano é certamente diferente de outro em que ele sobe 500% ao ano. Não obstante, em ambos os casos, a inflação é permanente, e constitui o principal condicionante da política econômica. Pode-se concluir que todos os países capitalistas são, hoje em dia, regulados por regimes inflacionários, havendo diferentes espécies deles.

A inflação altera as principais instituições econômicas, a começar pela moeda, o que impõe uma revisão dos conceitos fundamentais da ciência econômica, em todas as suas vertentes. Tanto a economia neoclássica como a economia marxista se encontram conceitualmente desarmadas perante as economias permanentemente inflacionárias. É a escola da regulação (de clara filiação marxista e keynesiana) a que mais se aproxima da abordagem que no futuro deverá, mais uma vez, revolucionar a economia para dar conta de uma realidade econômica profundamente transformada.

Adendo

Tendo tido a ousadia ou a imprudência de concluir este pequeno livro sobre economia com um capítulo sobre "Os temas contemporâneos da economia", abri o flanco à possibilidade de que o que disse ser contemporâneo se tornasse, com o passar do tempo, anacrônico. Por isso, ofereço este adendo atualizador, devidamente datado, como todo o texto é. Com toda a probabilidade, dentro de alguns anos, novas atualizações vão se fazer necessárias.

Dois pontos parecem-me carecer de atualização agora. O primeiro refere-se às economias centralmente planejadas, e o segundo é o que trata da regulação inflacionária. Comecemos pelo primeiro. A grande mudança ocorrida desde 1989, quando o texto foi redigido, é que a ex-União Soviética e demais países da Europa centro-oriental repudiaram formalmente o "socialismo realmente existente", que vinham praticando havia muitas décadas, para se tornarem "economias em transição" ao capitalismo liberal-democrático.

Essa mudança se deu de forma traumática, com o colapso das instituições "soviéticas" (inclusive do estado nacional da ex-União Soviética, que se dissolveu em diversos estados independentes) e uma imensa perda de capacidade de produção. Entre 1990 e 1996, o produto social das economias em transição caiu 35,8%; a queda foi muito maior e mais prolongada na ex-União Soviética, cujo produto diminuiu em 44,6%. A partir de 1993, várias economias em transição da Europa oriental voltaram a crescer, e algumas estão alcançando um *status* de países medianamente desenvolvidos. Eles passam a constituir um segmento dos chamados "mercados emergentes", ao lado do Leste asiático e da América Latina. A Rússia, o principal país que compunha a ex-União Soviética, ainda não superou os traumas da transição.

Do ponto de vista da guerra ideológica, em que os debates econômicos continuam mergulhados, o colapso de uma série de regimes pretensamente socialistas suscitou uma espécie de celebração do capitalismo liberal-democrático como a única alternativa sistêmica existente. Durante vários anos (sobretudo na primeira metade dos anos 1990), o marxismo foi considerado morto, e a visão neoclássica tornou-se o "pensamento único" com validade indisputada.

Mas essa euforia já está passando. O capitalismo existente, em sua fase de globalização neoliberal, continua apresentando contradições, basicamente as mesmas que os seus críticos – marxistas e não marxistas – vêm apontando há mais de cem anos. A primeira e talvez a mais importante é que o capitalismo vitima parcelas expressivas da sociedade por efeito de mudanças técnicas e políticas que se irradiam pelos mercados com grande rapidez e impactos desconhecidos. Os importantes avanços técnicos que resultam da Terceira Revolução Industrial destroem empregos e profissões, marginalizando muita gente da atividade econômica e condenando comunidades e países inteiros à pobreza, enquanto cria, por outro lado, novas oportunidades econômicas para outros grupos sociais, comunidades e países.

A exigência liberal de que os resultados do jogo de mercado não devem ser contestados pela ação estatal impede que da massa de benefícios aleatórios uma parcela possa ser captada para compensar as perdas aleatórias que o referido jogo distribui a esmo. De modo que, mesmo nos países do centro capitalista, em que se gera o progresso tecnológico, as taxas de desemprego são inaceitavelmente elevadas, e a distância entre ricos e pobres aumenta continuamente.

Uma segunda contradição decorre da perda de controle sobre os capitais, que os estados nacionais sofreram desde os anos 1980. Um dos aspectos cruciais da globalização é a centralização dos capitais em um número limitado de empresas transnacionais, que atuam em dezenas de países, tomando parte na produção de milhares de mercadorias diferentes. Os governos nacionais, que abriram seus mercados internos aos capitais e mercadorias do exterior, são quase impotentes para condicionar a alocação de recursos desses imensos conglomerados capitalistas, que aparentemente se guiam apenas pela maximização dos lucros.

Essa impotência dos estados nacionais é agravada pela privatização das empresas estatais produtivas, que tende a eliminar qualquer possibilidade de política fiscal anticíclica. Em suma, o capitalismo atual está tão instável como sempre foi, mas perdeu o contrapeso das políticas macroeconômicas de estabilização e de pleno emprego. De modo que o encanto com o capitalismo liberal-democrático, como vencedor definitivo da Guerra Fria, está passando, e a sucessão de crises financeiras internacionais está colocando cada vez mais na ordem do dia a necessidade de órgãos estatais globais ou plurinacionais que possam novamente controlar os capitais privados e assim superar suas contradições.

* * *

Quanto ao problema da inflação, a grande mudança ocorrida no Brasil foi o êxito do Plano Real em reduzir o patamar inflacionário de quatro dígitos para um. Estabilizações semelhantes foram realizadas, um pouco antes, em outros países, sobretudo da América Latina: Bolívia, México, Argentina, Peru etc. Não há dúvida de que essa redução do índice da inflação foi imensamente benéfica ao país. A inflação de quatro dígitos era traumatizante e fazia a vida econômica e política do país girar exclusivamente ao redor da dança aloucada dos valores relativos. O texto neste livro a esse respeito continua válido.

A redução do patamar inflacionário permitiu à economia retomar certa normalidade, com mais concorrência nos mercados e menos obsessão com a perda de valor quase instantânea (que deixou de haver) das reservas líquidas de pessoas físicas e jurídicas. Isso criou entre nós a ilusão de que a inflação acabou. Na realidade, ela continua, mas no nível em que hoje ela está na maioria dos países "normais". Uma inflação de 3% a 5% ao ano é significativa e faz estragos não pequenos em períodos de tempo um pouco maiores, sobretudo quando não há mais correção monetária. Uma inflação anual de 4% em cinco anos reduz em 18% o poder aquisitivo de um salário nominal não corrigido.

Portanto, as economias capitalistas atuais, inclusive a brasileira, continuam sob regulação inflacionária. A preocupação em impedir que a inflação se descontrole continua comandando as políticas monetária e financeira e continua sendo o principal critério que justifica políticas fiscais restritivas. É muito provável que o desempenho da economia mundial esteja sendo tão decepcionante – as taxas de crescimento são cada vez menores, dos anos 1970 aos 1990 – porque os mercados financeiros autonomizados têm horror a políticas que consideram "inflacionárias" e punem com a retirada de capitais os países cujos governos são suspeitos nesta matéria.

São Paulo, fevereiro de 1998.

Sugestões de leitura

FREY, Bruno. *A nova economia política*. Rio de Janeiro: Zahar, 1983.
FURTADO, Celso. *Prefácio à nova economia política*. Rio de Janeiro: Paz e Terra, 1976.
LANGE, Oskar. *Moderna economia política*. Rio de Janeiro: Fundo de Cultura, 1963.
MANTEGA, Guido. *A economia política brasileira*. São Paulo: Polis, 1984.
NAPOLEONI, Claudio. *Curso de economia política*. Rio de Janeiro: Graal, 1979.
ROBINSON, Joan. *Introdução à teoria do emprego*. Rio de Janeiro: Forense Universitária, 1980.
SANDRONI, Paulo. *Exercícios de economia*: os mercantilistas, Smith, Ricardo e Marx, em sala de aula. Rio de Janeiro: Espaço e Tempo, 1988.
SINGER, Paul. *Curso de introdução à economia política*. Rio de Janeiro: Forense Universitária, 1976.
_____. *Aprender economia*. São Paulo: Contexto, 1998.
SWEEZY, Paul. *Capitalismo moderno*. Rio de Janeiro: Graal, 1977.

O capitalismo
Sua evolução, sua lógica
e sua dinâmica

Para André, meu filho.

Confissão de dívida

Devo a motivação para escrever este livro a Carlos Guilherme Mota, que me passou a ideia de que eu poderia e deveria fazê-lo. Espero não tê-lo decepcionado e que os leitores não o culpem demasiado se o produto não saiu de acordo com a encomenda.

Devo a Marleida Terezinha Borges Fischetti não só a impecável datilografia dos originais, mas serviços de secretaria verdadeiramente inestimáveis, sem os quais não teria paz de espírito para trabalhos como este. Tem sido um privilégio contar com o apoio de Marleida todos estes anos.

Introdução
À procura da essência

Não é bom começar uma exposição por meio de definições, pois estas – como diz a palavra – delimitam o fenômeno em relação a outros fenômenos "afins". O entendimento da definição do capitalismo – "sistema socioeconômico em que os meios de produção são propriedade privada de uma classe social em contraposição a outra classe de trabalhadores não proprietários" – pressupõe uma série de conhecimentos que este escrito tem como propósito oferecer. Discutir os contornos do capitalismo antes de expor seu conteúdo seria não só dificultar a compreensão, mas propor como postulado o que deve ser obtido naturalmente como conclusão lógica.

Voltemo-nos, pois, para o que caracteriza o capitalismo, a partir da acepção mais comum do vocábulo.

Quando se fala de "capitalismo", pensa-se em capital e sobretudo em capitalista, sujeito rico, poderoso, em geral dono ou dirigente de empresa industrial, comercial ou banco. Mas "capitalismo" sugere também enorme variedade de produtos que são estridentemente propagandeados pelos meios de comunicação de massa. Os símbolos atuais desse aspecto do capitalismo talvez sejam o automóvel e principalmente a televisão, que é meio de consumo e veículo de publicidade ao mesmo tempo.

Finalmente, "capitalismo" lembra também especulação, o jogo do dinheiro de que todos participam: seja o *playboy* que aplica na bolsa de valores, seja a dona de casa que armazena mercadorias vendidas em liquidação. Desse ponto de vista, o capitalismo se assemelha a um gigantesco cassino, em que pobres sonham com riqueza súbita, jogando no bicho ou na loto, ao passo que ricos acumulam afanosamente signos de valor (moedas, saldos bancários, títulos de dívida) à procura de uma segurança que jamais encontram.

Dentro dessas características do capitalismo, evidentes, mas superficiais, encontramos alguns fios que poderão nos conduzir à sua essência. Um deles é a concorrência pelo dinheiro visto como representante da riqueza. Todos querem dinheiro porque com ele tudo pode ser comprado – todas as coisas desejáveis estão à venda, são *mercadorias*. Isso, obviamente, não é verdade estrita. Amor, fidelidade, paz de espírito ou um bom prato de comida caseira ainda podem ser encontrados no intercâmbio interpessoal, ou seja, no inter-relacionamento espontâneo das pessoas, sem pagamento "em espécie", isto é, sem a moeda legal do país. Mas existe no capitalismo a tendência de transformar tudo o que é desejável em objeto de comércio. Amor *mesmo* não pode ser comprado, mas sexo pode, e sucedâneos, sob a forma de cachorrinhos ou bichanos, também.

Uma das características do capitalismo é o "capital", valores à procura de inversão lucrativa, inversão esta que pressupõe um "mercado", uma demanda solvável, uma necessidade virtual ou real que pode ser explorada mercantilmente.

Outra forma de encarar essa faceta do capitalismo é constatar que a concorrência pelo dinheiro, que é universal, é conduzida pelos que já têm dinheiro, ou seja, pelos donos do capital organizado em empresas. Os demais apostam numa ou noutra empresa competidora, investindo seu dinheiro nela, ou depositando-o num intermediário financeiro (geralmente num banco) que faz a aposta por nós. As empresas competem entre si pelo "mercado", tanto por mercados já existentes como por mercados por desenvolver. Outro dia, a imprensa noticiou a existência de uma empresa que vende trabalhos escolares, inclusive teses de mestrado. Há empresas que ajudam clientes a escolher futuros cônjuges, outras alugam acompanhantes a festas. Os exemplos mais bizarros ilustram a tendência, no capitalismo, de generalizar a "economia de mercado", o que dá sentido à competição universal pelo dinheiro, que aparece sempre mais como meio de obter tudo o que se pode desejar.

O que move o capitalismo é o capital constituído em empresa. Esta pode ser grande ou pequena, nacional ou multinacional, privada, pública ou mista. O que a caracteriza, acima de tudo, é *a unidade de propósito: o lucro*. O capital é valor que se valoriza, valor que engendra mais valor. A empresa se apresenta como entidade a serviço dos seus consumidores e dos seus empregados (chamados de "colaboradores"). Mas essa aparência é enganadora. A empresa capitalista está a serviço apenas dos seus possuidores, isto é, dos que nela mandam.

É verdade que o capitalista tira a sua razão de ser social da empresa, e *nesse* sentido está a seu serviço. Já se disse que "o capitalista é o funcionário do capital", pensado este como relação social. Sem dúvida isto é correto, mas deve ser entendido como subordinação do capitalista à lógica do capital como um todo, do capital social. O capitalista não pode fazer com a empresa o que lhe dá na telha, mas tem de dirigi-la com muito conhecimento de causa, espertza, astúcia, ousadia etc., para que ela seja vitoriosa na luta competitiva e dê lucro, muito lucro, o máximo de lucro. Mas isso não muda o fato de que na empresa todo o poder está concentrado num único centro diretivo, o qual subordina a seu fim – a lucratividade – a ação de todos os demais que trabalham nela.

É difícil imaginar uma instituição mais autoritária do que a empresa capitalista. Ela é propriedade privada, mesmo quando o titular é uma entidade pública, por exemplo um governo nacional, estadual ou municipal. O poder do dono, ou dos que legalmente o representam, é sem limites em relação aos demais "colaboradores", que se encontram na empresa meramente como vendedores de sua força de trabalho. O empregado tem diversos direitos em relação à empresa – limitação do horário de trabalho, remuneração mínima, salubridade nas condições de trabalho etc. –, menos o de decidir autonomamente o que fazer dentro dela. Em seu trabalho é obrigado a obedecer às ordens da direção, dos possuidores do capital. Insubordinação é justa causa para a rescisão do contrato de trabalho, isto é, para a expulsão do "colaborador" da empresa.

Esse autoritarismo é tão essencial à empresa capitalista que é tomado como *natural*. O trabalhador, em geral, não aspira ao poder de decidir sua atividade, pois nunca dispõe das informações necessárias para tanto. A direção monopoliza essas informações e, portanto, a aptidão para tomar decisões. Por isso se diz que o trabalho sob o capital é "alienado", ou seja, é cedido em troca de um salário a um "outro", o qual é o único que conhece o propósito específico de cada atividade, podendo determinar seu caráter, seu ritmo, sua forma.

Outra característica essencial do capital é que ele é plural. A produção e a distribuição são organizadas em múltiplas unidades autônomas, em perene competição pelos mercados. O empresário age no mercado às cegas; ele desconhece o que fazem os demais competidores e o conjunto dos consumidores. Um adágio antigo diz que "o segredo é a alma do negócio". Na luta competitiva, cada capitalista procura ocultar dos demais os seus planos e intenções e, ao mesmo tempo, procura descobrir o que os outros pretendem fazer. A prática da chamada espionagem industrial o atesta. Tudo isso dá à atividade econômica, no capitalismo, um aspecto lúdico, lembrando o jogo da cabra-cega. A especulação, ou seja, a adivinhação do futuro contamina, a partir do econômico, todo comportamento social. O candidato à universidade especula o possível futuro de diversas carreiras profissionais; os noivos especulam, no mercado imobiliário, onde e como vão morar; os políticos especulam no mercado eleitoral; os fãs do futebol especulam os resultados da rodada jogando na loteria esportiva; os viajantes especulam o câmbio etc.

O que caracteriza, portanto, a conduta do capital individual é o risco em face da incerteza. No fundo, ignorando totalmente o que precisaria saber, isto é, quanto o mercado está disposto a comprar e quanto os competidores se dispõem a vender, cada agente projeta o futuro com base na experiência do passado. Age como se "o que foi sempre será", o que dá ao capital um viés conservador. Mas, sendo esta a regra geral, fugir dela, inovar, arriscar pode ser altamente lucrativo.

Isso acontece porque cada mercado "certo" é constantemente invadido por novos competidores, tendendo assim à saturação e comprimindo o lucro de todos. O capital que foge à rotina, inventando um novo produto ou dando a um produto velho nova aparência, nova utilidade (às vezes ilusória) ou nova "identidade", pode alcançar lucros muito acima da média. Ou pode fracassar, perdendo todo o investimento. Disso, o capitalismo extrai o seu inegável dinamismo, sua capacidade de se transformar. O progresso no capitalismo assume a forma da incessante busca do novo, do que vai ficar na moda. O que implica perene renovação cultural, em que a mudança se torna um valor em si, que ofusca os demais valores. Ser moderno é o que importa.

Os consumidores também competem entre si, especulando o que vão usar. Ou o que vão ouvir, ler, assistir, beber etc.

A tendência a inovar atinge também os fabricantes de meios de produção: máquinas, equipamentos, matérias-primas. A competição nesses mercados enseja a mudança dos processos de produção, visando aumentar a produtividade e assim reduzir os custos de produção e distribuição. Esta é a outra importante maneira de aumentar os lucros. Cada capital lucra tanto mais quanto mais reduz seus custos. Para obter custos menores, o capital revoluciona regularmente os processos produtivos: substituiu a ferramenta pela máquina a vapor, a máquina a vapor pela máquina elétrica, a madeira pelo ferro, o ferro pelo aço, o aço por plásticos e ligas metálicas, os processos mecânicos por processos automáticos etc. A competição impõe aos capitais individuais as mudanças dos processos; as empresas que se atrasam na adoção de processos mais aperfeiçoados veem subitamente estreitar a margem de lucro, a ponto de se tornar margem de prejuízo. Para escapar desse perigo, os capitais se lançam a investimentos pesados, alienando muitas vezes seu equipamento anterior, ainda em bom estado físico, por preço de sucata.

Um corolário frequente das revoluções produtivas no capitalismo é o sucateamento não só do maquinário, mas também da mão de obra. O gasto a mais em equipamento é mais do que compensador para o capital, pela economia de salários, à medida que o novo processo permite obter maior volume de produtos por unidade de trabalho. Uma parte dos trabalhadores torna-se redundante e é forçada a se somar ao exército de desempregados, cuja presença é uma característica essencial do mercado de trabalho capitalista.

Seja por efeito do progresso técnico, seja por outros motivos, a oferta de força de trabalho tende a superar a demanda. O que faz que o estado normal do trabalhador seja o medo de ficar sem emprego. Por isso ele teme o progresso técnico, embora este o beneficie enquanto consumidor.

Visto tudo isso, qual é a essência do capitalismo? É a corrida generalizada atrás do dinheiro, é a competição cega das empresas no mercado, é a invenção de novos produtos, é a caça, pelos consumidores, do que "vai ser moda", é a incessante mudança de processos e o sucateamento precoce de homens e máquinas. E é o trabalho alienado de muitos, subordinado às ordens do capital agindo às cegas e que, ao agir assim, ora cria progresso, ora crise, ambos inadvertidamente.

Apesar de sua evidente irracionalidade enquanto sistema, o capitalismo tem sua lógica, que a nós caberá deslindar nos capítulos que se seguem. Entre as criações típicas do capitalismo está a ciência, isto é, a coleção sistemática do conhecimento e sua comprovação mediante procedimentos aceitáveis por todos. E é a ciência, com sua dialética de contínua renovação, em que verdades estabelecidas são incessantemente abaladas por novos dados e desafiadas por novas teorias, que nos permite distinguir a trama lógica que interliga os muitos aspectos paradoxais que compõem o capitalismo.

1
Economia de mercado e capitalismo

A economia de mercado anterior ao capitalismo

A economia de mercado é muito antiga. Desde os pródromos da história, diferentes sociedades organizaram sua vida econômica sob a forma de produção especializada de bens que eram intercambiados em feiras sazonais ou mercados permanentes. Nas formações sociais anteriores ao capitalismo, a economia de mercado soía coexistir com uma economia de subsistência mais ou menos extensa. *Alguns* bens eram produzidos como mercadorias, e *muitos outros* eram produzidos como valores de uso, para o consumo dos próprios produtores ou de outros membros de seu círculo doméstico.

O camponês medieval, por exemplo, produzia sua alimentação, manufaturava seus instrumentos de trabalho, construía sua casa, estábulo, celeiro etc. Não poucas vezes, produzia fibras vegetais e animais, que fiava e tecia, fabricando vestuário, roupa de cama, sacaria etc. Os nobres, naturalmente, não faziam nada disso, mas tinham, em seus domínios, servos que lhes forneciam diretamente, sem contrapartida, isto é, como valores de uso, alimentos e muitos objetos. A produção mercantil soía concentrar-se em objetos de luxo (joias, armas, carruagens, arreios, vestuário de luxo etc.) para o consumo, sobretudo, da minoria privilegiada.

No Brasil, a economia de mercado se achava sitiada por amplo setor de subsistência praticamente até o começo do atual século. Na fazenda distinguia-se a produção para o mercado (o cultivo de café, cacau, cana, algodão ou a criação de gado) da ampla e diversificada produção de subsistência. Além de horta, pomar, plantações de cereais, criação de pequenos animais, a fazenda contava com oficinas em que se trabalhava madeira, couro, fibras, metais, barro etc. O consumo de mercadorias, na fazenda, era muito limitado, reduzido a materiais não encontrados localmente e a objetos sofisticados, em geral importados. Nas choupanas dos caboclos e nas vilas do interior, a presença da economia de mercado ainda era mais restrita. A economia de mercado ocupava um espaço maior nas grandes cidades, mas, mesmo aí, era comum que a maioria das famílias criasse galinhas, cultivasse árvores frutíferas e fabricasse, em casa, vestuário, roupa de cama e mesa, conservas etc.

A vida das pessoas dependia apenas parcialmente do mercado; seu consumo básico estava ligado à economia doméstica. Em consequência, os padrões de consumo eram bastante rígidos em quantidade e qualidade. O dinheiro era importante sobretudo para adquirir bens de ostentação. Ele estava longe ainda de representar *a riqueza em geral*. Para a grande massa do povo, as necessidades a serem satisfeitas mediante o dinheiro eram limitadas e, por isso, a necessidade de dinheiro também o era. Para muitos, um trabalho remunerado ocasional bastava. O tempo dedicado a ganhar dinheiro devia ser menor do que o dedicado à produção para o autoconsumo e a atividades não econômicas de cunho religioso, recreativo etc.

A produção para o mercado era artesanal, realizada em unidades pequenas, em geral por um número reduzido de pessoas, muitas vezes ligadas por laços de parentesco. Os regimes de mercado eram muito diversos, mas o mais comum era que, em cada cidade ou região, os produtores do mesmo tipo de produto se organizassem em *corporações de ofício*, para evitar concorrência mútua. A corporação limitava o volume de produção, fixando o número de unidades de produção e o número máximo de trabalhadores por unidade. A limitação da oferta se destinava a sustentar um "preço justo" dos artigos, impedindo que um excesso de oferta o aviltasse. A corporação justificava sua utilidade para os consumidores velando pela qualidade dos produtos. Sob esse pretexto proibia inovações técnicas, pois estas tendiam a favorecer determinados mestres em detrimento dos demais. E, pelo mesmo motivo, proibia o lançamento de novos produtos, cuja qualidade não era comparável aos demais.

A organização corporativa era avessa a mudanças, valorizava a tradição e a defesa das vantagens adquiridas no passado.

Essa economia de mercado, característica da Idade Média, mas que sobrevive nas regiões intocadas pelo capitalismo até o presente, apresenta um dinamismo muito limitado. É possível demonstrar que ela também sofre transformações, geralmente por efeito de catástrofes – guerras externas ou intestinas, secas, terremotos, enchentes, epidemias –, mas seu potencial intrínseco de mudança é extraordinariamente pequeno.

O capitalismo manufatureiro

O capitalismo é uma economia de mercado também, mas de índole completamente diferente. Ele surge, no século XVI, como fruto da formação do mercado mundial, resultante das Grandes Navegações. Estas estabeleceram a interligação marítima de todos os continentes e elevaram o comércio a longa distância a um novo patamar. Acima dos mercados locais e regionais segmentados, surge um mercado mundial para produtos de grande densidade de valor, como o ouro e a prata, a pimenta e o açúcar, tecidos de algodão e seda, tabaco, perfumes, pérolas etc. O grande capital comercial e usurário se lança na expansão desse mercado mundial, levando de roldão as limitações corporativas preexistentes. O capital, que até então se limitava à circulação de mercadorias e valores, penetra na produção, tornando-se *manufatureiro*. Surgem, na Europa, empresários capitalistas que empregam grande número de artesãos e produzem em massa para mercados que crescem sobretudo pela destruição de barreiras que separavam os mercados locais e regionais.

É claro que o desenvolvimento da navegação marítima e, por consequência, da navegação fluvial, lacustre e de canais construídos pelo homem foi condição necessária para essa unificação de mercados, que constituiu a base do capitalismo manufatureiro. Mas essa condição não era suficiente. O capital manufatureiro necessitava não só do acesso físico aos mercados, mas também do acesso econômico, ou seja, da possibilidade de penetrar neles de fora para vender e comprar. E esse direito feria, obviamente, os interesses dos mestres e comerciantes locais, protegidos pelas regulações corporativas. O período de desenvolvimento do capitalismo manufatureiro, do século XVI ao século XVIII, assiste ao embate entre o capital manufatureiro (apoiado, em vários países, pelas monarquias absolutas) e as corporações, muitas vezes aliadas à nobreza local. Desse embate surgem as nações modernas, politicamente dominadas pelo poder nacional e economicamente unificadas pela abolição das barreiras ao comércio interno e pela abolição das moedas e medidas locais. Os símbolos da nação moderna são, ao lado da bandeira nacional, a moeda nacional de curso forçado e um sistema único de pesos e medidas, que atualmente tende a ser o sistema métrico decimal.

No Brasil, a luta pela unificação dos mercados foi levada a cabo pela metrópole portuguesa nos limites do Pacto Colonial, que propunha o monopólio metropolitano do comércio com a colônia. Um episódio dessa luta foi a proibição da manufatura de panos, no Brasil, em 1785. A medida se destinava a favorecer a importação de tecidos britânicos por capitais comerciais portugueses. Desse modo, o capital manufatureiro britânico, mediante os bons ofícios da diplomacia de Sua Majestade, que tinha feito com Portugal o Tratado de Methuen, ampliava o seu mercado mundial. Por esse tratado, o mercado português se abria aos tecidos britânicos, e o da Grã-Bretanha aos vinhos portugueses. Obviamente, não bastava ao capital manufatureiro britânico ter acesso ao mercado brasileiro. Precisava dominá-lo e para tanto não se hesitava em usar o poder do Estado para eliminar a concorrência da manufatura local.

Em 1785, a rainha de Portugal – dona Maria I, "a Louca" – proibiu a manufatura de panos no Brasil, para favorecer os mercadores portugueses e garantir mercado para o capital manufatureiro britânico.

Foi também mediante o colonialismo que o grande mercado da Índia foi incorporado ao mercado mundial do capital manufatureiro britânico. A Índia possuía uma tecelagem de alto padrão, cujos produtos tinham larga aceitação na Europa. O governo colonial inglês conseguiu destruir essa manufatura, assegurando tanto o mercado europeu quanto o da própria Índia aos tecidos britânicos.

De uma forma geral, o avanço do capitalismo manufatureiro foi lento e desigual, muito dependente do apoio político de que podia dispor e das vicissitudes das lutas entre as diferentes nações europeias pelo domínio das vias marítimas e dos mercados coloniais. No século XVIII, sucessivas guerras resultaram no triunfo da Grã-Bretanha sobre o seu maior rival, a França. Em consequência, o capitalismo manufatureiro alcançou maior desenvolvimento na Grã-Bretanha, criando as condições para a Revolução Industrial, que teve lugar logo a seguir.

O capitalismo manufatureiro foi capaz de explorar, em certa medida, a possibilidade de aumentar a produtividade mediante a produção em grande escala. Reunindo numerosos trabalhadores sob o mesmo teto, o capitalista manufatureiro pôde criar uma divisão técnica de trabalho dentro da manufatura, o que lhe permitiu alcançar maior produtividade do trabalho. Em lugar de cada trabalhador realizar todas as operações, cada operação passava a ser tarefa de um grupo específico de trabalhadores.

Essa nova divisão do trabalho proporcionava três formas de aumento da produtividade:

a) poupava o tempo que o operador perde quando passa de uma tarefa a outra;
b) aumentava a destreza do operador, que passava a se especializar num único tipo de trabalho;
c) ensejava a invenção de ferramentas especialmente adaptadas a cada tipo de trabalho.

A manufatura capitalista conseguiu, desse modo, reduzir os custos de produção, barateando seus artigos, que começaram a se tornar competitivos com a produção doméstica.

A economia de mercado, ao se tornar capitalista, começou a se expandir pela incorporação de atividades até então integradas à economia de subsistência. É o que acontece, na Inglaterra, com a agricultura, que se torna, ao mesmo tempo, mercantil e capitalista. Uma grande parte dos trabalhadores é expulsa da terra e, à medida que consegue alienar sua força de trabalho ao capital manufatureiro, passa a adquirir sua comida no mercado. Surge assim um mercado de bens para assalariados como corolário do surgimento de uma classe de proletários puros, totalmente dependentes do mercado para sua subsistência.

O capitalismo industrial

A dinamização da economia de mercado pelo capitalismo ganha impulso enorme com a Revolução Industrial, que tem início na Grã-Bretanha, no último quartel do século XVIII. Ela consiste essencialmente na invenção de máquinas capazes de realizar tarefas que antes requeriam a mão do homem. Na manufatura, a operação é realizada pelo trabalhador com o auxílio da ferramenta. Na maquinofatura, a ferramenta é engastada numa máquina, que substitui o trabalhador na realização da tarefa. O trabalhador, em vez de produzir, passa a ser necessário apenas para regular, carregar e acionar a máquina e depois para desligá-la, descarregá-la e pô-la novamente em condições de funcionar. De produtor, o operário é literalmente reduzido a servente de um mecanismo, com cuja força, regularidade e velocidade ele não pode competir.

Fiação: na maquinofatura, a ferramenta é engastada numa máquina, que substitui o trabalhador. Este apenas aciona, carrega e regula a máquina.

A máquina é mais "produtiva" do que o homem porque supera facilmente os limites físicos do organismo humano. Movida por força hidráulica e pouco depois pela energia do vapor, a máquina pode dar conta de trabalhos para os quais o homem é fraco demais.

O movimento da máquina é muito mais uniforme do que o do corpo humano, para o qual a monotonia aumenta a fadiga. Na produção, em grande escala, de objetos iguais, a máquina é muito superior ao homem. Além disso, ela pode ser acelerada, atingindo velocidades de movimento inalcançáveis para o homem.

Por tudo isso, a substituição do homem pela máquina apresenta vantagens inegáveis para o capital, pela redução do custo de produção que proporciona.

1829 – A Rocket, de George Stephenson, demonstrava a praticabilidade da locomotiva movida a vapor.

Com a Revolução Industrial, nasce o capitalismo industrial, que difere do capitalismo manufatureiro não só pela técnica de produção, mas pela postura que assume perante a economia de mercado.

O *capitalismo manufatureiro* inspira o *mercantilismo*: sua estratégia de expansão requer a unificação do *mercado nacional* (inclusive o das colônias) e sua dominação mediante o monopólio político. Ele necessita da intervenção do Estado nacional para eliminar seus rivais do mercado, sejam estes artesãos locais ou manufatureiros estrangeiros.

Segundo a doutrina mercantilista, cabe ao Estado promover as exportações e limitar as importações, de modo a maximizar o saldo comercial e desse modo promover a entrada de dinheiro (ouro ou prata) no país, para reforçar o Tesouro real.

O *capitalismo industrial*, por sua vez, inspira o *liberalismo*: sua estratégia de expansão requer a unificação de *todos os mercados*, locais e nacionais, sendo a competição livre para todos. Rejeita, portanto, a intervenção do Estado no mercado, mesmo que seja em seu favor. Sua superioridade produtiva dá-lhe confiança de poder vencer a competição, sem precisar da proteção estatal.

O liberalismo econômico é parte de uma doutrina maior, com desdobramento no nível político. Ele propugna a liberdade do *indivíduo*, enquanto cidadão, produtor e consumidor. A famosa palavra de ordem fisiocrata "laissez faire, laissez passer" (deixai fazer, deixai passar) proclama o direito de cada um produzir o que deseja e de comprar e vender em qualquer mercado. Esse direito, no plano econômico, se conjuga com o direito de livre expressão do pensamento, de reunião e manifestação e de participação (mediante o voto) na escolha dos governantes. Esses direitos implicam o controle do governo pelos cidadãos ou seus representantes eleitos, cumprindo notar que o direito de votar e ser votado estava restrito aos indivíduos detentores de um mínimo de propriedade ou renda. Não se supunha que a cidadania se estendesse aos pobres.

O liberalismo é o estandarte sob o qual a burguesia luta e conquista a hegemonia econômica e política. Na época do capitalismo manufatureiro, a classe capitalista procura um lugar ao sol sob a tutela do Estado monárquico, que ela não pode encarar como seu. A luta principal se trava entre a realeza e a nobreza, a primeira procurando centralizar o poder e eliminar os particularismos locais. Nessa luta, a burguesia usurária, comercial e manufatureira não passa de aliada da monarquia, de cujos propósitos unificadores se aproveita para se expandir. Com o triunfo do absolutismo e a constituição dos grandes impérios coloniais, a relação de forças muda. A burguesia, agora industrial, se torna imensamente rica e passa a enxergar no Estado absolutista um rival na disputa pelo excedente. Já no fim do século XVIII, Adam Smith, o grande clássico do liberalismo, deblatera contra o parasitismo do aparelho de Estado, contra os elevados gastos militares e contra a interferência reguladora do governo no funcionamento do mercado. A burguesia quer agora um Estado "seu", sóbrio nos gastos, avesso às aventuras guerreiras e neutro em relação à disputa pelos mercados.

O fim do século XVIII é marcado pela Revolução Industrial na Inglaterra e pela Revolução Francesa. Ambas abrem caminho ao triunfo do liberalismo, no século seguinte, primeiro na Europa ocidental e nos Estados Unidos; a seguir, na Rússia, no Japão e em diversos países da América Latina.

No Brasil, o liberalismo tem seu primeiro êxito em 1808, quando d. João VI decreta a abertura dos portos brasileiros às "nações amigas". Com a independência, em 1822, o Brasil se torna uma monarquia constitucional, nos moldes do parlamentarismo britânico. Mas a estrutura socioeconômica do país era completamente diferente, baseada ainda no escravismo colonial.

Durante o século XIX, o liberalismo serviu, no Brasil, para conciliar a unidade nacional, representada pelo governo imperial no Rio de Janeiro, com a dominação local da oligarquia escravocrata. O verdadeiro liberalismo era representado pelos abolicionistas, cuja vitória final, em 1888, criou finalmente no Brasil condições para a implantação e expansão do capitalismo industrial.

A economia de mercado se torna capitalista

A partir da Revolução Industrial, num país após o outro, o capitalismo passa a dominar a economia de mercado e esta passa a abarcar a maior parte das atividades econômicas. A ofensiva capitalista tem como motor o desenvolvimento das forças produtivas e a eliminação das barreiras institucionais à livre concorrência.

O capitalismo industrial acelera o desenvolvimento das forças produtivas mediante o progresso das ciências físicas e a sistemática aplicação dos seus resultados na atividade produtiva. A pesquisa científica é realizada em escala crescente, em universidades e instituições públicas e privadas, contando com amplo financiamento, proveniente, em parte, do orçamento governamental e, em parte, de doações privadas, estas últimas em geral estimuladas por generosas isenções fiscais. Pratica-se tanto a pesquisa pura, que visa ao conhecimento em si, como a pesquisa aplicada, que trata de encontrar conhecimentos necessários para desenvolver novos produtos ou aperfeiçoar os processos produtivos.

É interessante observar como o ensino científico foi transformado em função das necessidades do novo modo de produção.

> Até meados do século XIX, o ensino universitário da ciência na Grã-Bretanha não estava orientado para os interesses dos industriais, que tinham ganhado a liderança da sociedade britânica. Antes daquela data, o ensino universitário da ciência estava inspirado pelos mercantilistas de um período anterior ao desenvolvimento social da Grã-Bretanha. Sob sua influência, a astronomia era o ramo da ciência física de maior prestígio, porque a segurança da navegação dependia do conhecimento astronômico e o sucesso do comércio marítimo dependia da segurança da navegação. O prestígio da física nas universidades britânicas não ultrapassou o da astronomia até que a importância do industrialismo ultrapassou a do mercantilismo.
>
> A manufatura de máquinas, de motores a vapor e, mais tarde, de máquinas elétricas tornou o conhecimento exato das propriedades da matéria necessário ao progresso social. [...] Thomson e seu amigo Tait, que fora nomeado professor de Filosofia Natural em Edimburgo, decidiram escrever um *Tratado de Filosofia Natural*, em que expunham a física matemática de forma adequada à demanda contemporânea. Eles expuseram a ciência da mecânica inconscientemente, do ponto de vista de um engenheiro ideal que fosse um mestre de física matemática. [...] Thomson e Tait realizaram, para os líderes cultos da burguesia industrial, a conquista e a assimilação da cultura físico-matemática da classe mercantilista. A influência do resultado dessa luta de classes numa das regiões mais elevadas do empenho humano fez-se sentir em nível inferior, no ensino da matemática elementar. Os discípulos de Thomson, Ayrton e Perry, lideraram o movimento pelo ensino da "matemática prática". Eles explicaram que a nova classe de técnicos, criada pela indústria mecânica, queria um conhecimento mate-

mático que fosse de utilidade prática em suas tarefas. (Crowther, *British Scientists of the Nineteenth Century*, citado em Hogben, 1940, p.729.)

O extraordinário desenvolvimento das forças produtivas alcançado pelo capitalismo industrial resulta tanto do fomento da atividade científica como da estreita interligação dos laboratórios com as fábricas, estas recebendo, com rapidez, os resultados das pesquisas e os aplicando à produção e enviando de volta com igual rapidez os novos problemas suscitados pelo avanço técnico. É o que explica o contínuo crescimento da produtividade e o consequente barateamento das mercadorias produzidas pelo capital industrial. Bem ao contrário da economia de mercadoria anterior, em que os preços eram mantidos deliberadamente constantes, a capitalista fomenta a sistemática redução de custos e de preços. Nessas condições, a produção não capitalista de mercadorias, operada em pequenas unidades de caráter familiar, dificilmente poderia resistir ao avanço da produção capitalista. A partir da Revolução Industrial, a indústria de transformação, o transporte de passageiros e de carga e as comunicações se tornaram capitalistas nos vários países que se industrializaram. Na agricultura, o capital se apoderou da maior parte das plantações e da criação em grande escala. No comércio, aconteceu o mesmo com o atacado e o varejo operado em grandes unidades, como os supermercados e as lojas de departamentos. E, nos serviços, o capital explora cadeias de hotéis, de lanchonetes (locais em que se servem refeições ligeiras), além de hospitais e clínicas, escolas em todos os níveis, sem falar da rede cada vez mais extensa e diversificada de intermediação financeira (bancos, financeiras, seguradoras etc.), que desde sempre tiveram caráter capitalista.

No fim do século passado, muitos observadores estavam convictos de que a produção simples de mercadorias estava fadada a desaparecer em consequência dos ganhos de produtividade que a utilização da ciência proporcionava ao capital. Um século depois, verifica-se que, em diversos ramos da produção mercantil, a superioridade tecnológica do capital em face da produção familiar é pequena ou mesmo inexistente. Nesses ramos, a produção simples de mercadorias não só persiste mas inclusive se desenvolve. É o que ocorre na maior parte da agricultura, em que a combinação de plantio com a criação de pequenos animais não permite a mecanização de toda a atividade nem a rotinização da maioria das tarefas. Nessas circunstâncias, o trabalho do produtor autônomo tende a ser tão ou mais produtivo que o do assalariado. Outros casos são os serviços de reparação, o comércio varejista em pequena escala (particularmente de artigos caros: joalharias, butiques), certos serviços pessoais (tinturarias, cabeleireiros, salões de beleza), o transporte por caminhão etc. Apesar de a produção simples de mercadorias mostrar capacidade de resistir à concorrência do capital em determinados ramos, é inegável que este domina a maior parte da economia de mercado.

A hegemonia do capital é consequência da livre concorrência, que está longe de ser uma condição natural do mercado. A livre concorrência foi *imposta* em consequência do triunfo do liberalismo em praticamente todos os países capitalistas desenvolvidos. Mas esse triunfo quase nunca é completo, no sentido de uma exclusão total do Estado da vida econômica. O liberalismo se impôs em medida suficiente para converter em concorrenciais a maioria dos mercados, mas, em determinadas áreas da produção, a massa de pequenos operadores logra quase sempre obter alguma proteção do Estado. A agricultura, por exemplo, em que as explorações familiares predominam, é em geral subsidiada e protegida da concorrência dos produtos importados. Outros tipos de pequenas e médias empresas também têm obtido favores da política econômica: crédito a juros baixos, assistência técnica, isenções fiscais. Esses tipos de ação estatal têm sido, no entanto, suficientemente limitados para não estreitar significativamente a área de acumulação de capital, a qual sói abranger a maior parte da economia de mercado.

E esta, impulsionada pelo desenvolvimento capitalista das forças produtivas, tem se expandido mediante a criação de novos produtos, que suscitam e atendem a novas necessidades ou substituem bens e serviços produzidos no âmbito doméstico. São exemplos os alimentos em conserva ou semiprocessados, vestuário, roupa de cama e mesa, o cuidado de crianças em idade pré-escolar, de pessoas idosas ou inválidas. Nota-se a progressiva atrofia da produção para o autoconsumo, à medida que o capital oferece bens e serviços análogos a preços acessíveis. E muitas atividades que continuam a fazer parte da economia doméstica passam a ser realizadas com instrumentos produzidos pelo capital (máquina de lavar roupa, máquina de lavar louça, aspirador de pó, liquidificador, geladeira etc.). Dessa maneira, a economia capitalista de mercado está sempre se diversificando e atraindo parcelas crescentes da população – inclusive cada vez mais mulheres casadas – ao mercado de trabalho. A oferta de novos produtos suscita novas necessidades, cuja satisfação requer elevação da renda familiar. O assalariamento da dona de casa resolve frequentemente esse problema, mas não deixa de suscitar outros, particularmente o de aliviar o peso das tarefas domésticas. Mas, para estes, o capital apresenta também soluções, sob a forma de mais bens e serviços postos à venda.

Dessa maneira, o capital vai criando para si mesmo novas oportunidades de inversão, o que lhe garante expansão perene. O seu destino parece ser o de crescer sempre, transformando tendencialmente todos os membros da sociedade em vendedores de força de trabalho e compradores de suas mercadorias. A força expansiva do capital tende a homogeneizar a sociedade, tornando-a puramente capitalista. Há contratendências, como vimos. Além disso, o dinamismo do capital apresenta contradições que explodem em geral sob a forma de crises. Isso indica que a expansão do capital tem limites históricos, mas que, em países ainda pouco desenvolvidos, estão longe de ser visíveis.

2
A lógica do capitalismo

Produção simples de mercadorias e capitalismo

O produtor simples de mercadorias é um possuidor de meios de produção que os utiliza para ganhar a vida. Ele produz mercadorias (M) que vende e, com o dinheiro (D), compra outras mercadorias (M) para consumir e continuar produzindo. O seu ciclo de produção toma a forma M-D-M, em que o M final difere do M inicial em forma, mas não em valor. Ao final do ciclo, o produtor cumpriu seu propósito – satisfazer as necessidades de consumo próprias e de sua família –, mas não se tornou mais rico do que era no início.

O capitalista é um possuidor de meios de produção que emprega trabalhadores para movimentá-los. Vende a produção assim obtida e compara a soma de dinheiro recebida com a que investiu no início. A sua finalidade é que aquela soma seja maior; a diferença entre o seu capital inicial e o final constitui o lucro. Toda sua atividade visa ao maior lucro em relação ao capital inicial. Sendo a relação lucro/capital a "taxa de lucro" em determinado período (geralmente em um ano), pode-se dizer que seu objetivo é maximizar a taxa de lucro, isto é, obter o maior lucro anual possível por cada milhão de cruzados investidos em determinado negócio.

O seu ciclo de produção tem a forma D-M-D':

D é o seu capital inicial, que toma necessariamente a forma monetária (capital-dinheiro);

M é o capital transformado em meios de produção e força de trabalho (capital-mercadoria); no processo de produção, os trabalhadores transformam os meios de produção em produtos que são vendidos;

D' é a receita da venda, que reconstitui o capital-dinheiro inicial (D) acrescido de sua valorização, isto é, de seu lucro (ΔD).

Por isso, D' é, via de regra, maior do que D, sendo D' = D + ΔD, ou seja, o capital no final do ciclo de produção é igual ao capital inicial acrescido do lucro.

Ilustremos o contraste entre produtor simples de mercadorias e capitalista, mediante um exemplo. Suponhamos que o produtor simples de mercadorias seja um motorista de táxi, dono de seu carro. Esse carro, com o seu tanque cheio de combustível, é seu meio de produção M, o qual ele usa para prestar serviços de transporte. No fim do mês, ganhou uma soma de dinheiro D que ele utiliza de duas maneiras:

1. para comprar combustível, pneus e outras peças de reposição e pagar serviços de reparação, além de tributos e amortizar o valor do carro;
2. para comprar mantimentos, pagar serviços (aluguel, luz, gás etc.) e fazer outras despesas de consumo para si e seus dependentes.

O primeiro tipo de despesa reproduz o seu carro, ou seja, o seu meio de produção; o segundo tipo reproduz ele próprio e sua descendência.

No ciclo M-D-M, as condições de produção são normalmente repostas: ao fim de um mês, um ano ou uma vida, sempre ressurge um motorista de táxi e seu carro, com o tanque cheio de combustível.

No caso do capitalista, suponhamos que se trate do dono de uma frota de táxis. Esse senhor possui de início uma soma de dinheiro suficiente para comprar os carros, o combustível para eles e para assalariar um número correspondente de motoristas, além de fiscal, contador, secretária etc. O seu dinheiro também deve cobrir gastos com garagem, licenciamento dos carros etc. Este é o seu capital inicial D. À medida que a frota opera, a venda de corridas gera uma receita. Convém observar que, no processo de produção de corridas, o trabalho dos motoristas transforma os carros + combustível (capital-mercadoria) em produto que, nesse caso, é passageiros/quilômetros transportados (também capital-mercadoria). Nesse processo de produção, que podemos representar por M... M' ocorre uma mudança de valor: o total de passageiros/quilômetros transportados *vale mais* do que o seu custo, isto é, a soma dos salários pagos aos motoristas + desgaste dos carros + combustível + gastos improdutivos (ordenados do fiscal, contador etc. + garagem + tributos).

Essa mudança de valor é essencial para o funcionamento do capital.

No valor das corridas de táxi produzidas, o valor dos meios de produção – do carro e seus consertos, reposição de pneus etc. e do combustível – reaparece por inteiro, mas não aumentado. O que aumenta é o valor criado pelos trabalhadores assalariados, no caso os motoristas, em relação ao que sua força de trabalho custa ao capitalista, isto é, os salários que ele lhe paga. Digamos que um motorista ganhe 3 salários mínimos por mês e que ele transforme meios de produção (carro + combustível) em produto (corridas) no valor de outros 3 salários mínimos por mês. Isso quer dizer que cada motorista "custa" ao nosso dono de frota 6 salários mínimos por mês. Ora, é óbvio que nosso herói só dará emprego a motoristas que forem capazes de lhe entregar mensalmente uma féria *superior* a 6 salários mínimos, sendo a diferença suficiente para, somados os lucros brutos de todos motoristas da frota, pagar os gastos improdutivos (ordenados, aluguel, tributos) e ainda sobrar um lucro líquido proporcional ao capital investido.

Temos, portanto, para o dono da frota de táxis, um ciclo de produção que pode ser representado por: D-M... M'-D'. Ao fim de um ano, ele terá uma frota de carros com seus tanques cheios de gasolina e uma soma de dinheiro D'. Ao fazer seu balanço, ele apurará seu lucro da seguinte forma:

ΔD = D' + valor dos carros com combustível, depreciados por um ano de uso − D (valor do capital inicial).

Se D' acrescido do valor da frota depreciada for maior que o capital inicial D, ΔD será positivo, isto é, houve realmente lucro. Mas isso ainda não satisfará nosso capitalista. Ele quererá saber se o seu lucro foi suficiente. Para tanto, calculará a taxa de lucro ΔD/D.

Suponhamos que o capital inicial tenha sido de 10.000 salários mínimos e que o lucro anual tenha sido de 1.000 salários mínimos. Nesse caso, a taxa de lucro foi 1.000/10.000 ou 0,1 ou 10%. Então ele tratará de comparar essa taxa com as que outros capitalistas obtiveram em frotas de táxis ou em outras linhas de negócio. O nosso capitalista só continuará mantendo seu capital nessa atividade se se convencer de que, com um capital de 10.000 salários mínimos, ele dificilmente obterá um lucro anual superior a 1.000 salários mínimos em outro ramo de negócio. Se achar que o plantio de café ou a produção de microcomputadores proporcionam taxas mais elevadas de lucro, sem dúvida porá sua frota à venda e transferirá seu capital a uma dessas atividades.

A especificidade do capital como relação de exploração

É possível que nessa comparação entre a produção simples de mercadorias e o capitalismo surja a seguinte dúvida: mas por que não podemos chamar de "capital" o carro do motorista proprietário (com o tanque cheio de combustível)? Quem nos garante que sua receita D seja apenas suficiente para seus gastos de reprodução? Não poderá ele economizar algo todo mês e ao cabo de certo tempo comprar um segundo carro para entregá-lo a um motorista assalariado? Desse jeito, o produtor simples de mercadorias pode acabar como dono de uma frota de táxis, porque ele já era dono de capital desde o início, embora pequeno. Nesse caso, a diferença entre o motorista proprietário e o dono de frota é apenas de grau: ambos são afinal "capitalistas" de tamanhos diferentes.

O erro nessa apreciação está em considerar os agentes individualmente e não como membros de classes sociais. É óbvio que deve haver casos em que motoristas proprietários se tornaram donos de frotas, só que esses casos constituem exceções e não regra. Se considerarmos os milhares de taxistas proprietários que trabalham em nossas cidades, é claro que a grande maioria se esfalfa para conseguir, a muito custo, unicamente se reproduzir, pagar as prestações do carro e ao fim de determinado período comprar outro. Por isso, o seu carro não é "capital", embora eles até possam achar que é. Os meios de produção do produtor simples de mercadorias não são capital porque eles não se valorizam, ou seja, não proporcionam lucro. E os produtores simples de mercadorias não obtêm lucro porque a competição entre eles determina um valor para seus produtos que só lhes permite se reproduzir. Eles, na verdade, soem ser pobres, seu padrão de vida dificilmente é melhor do que o de um trabalhador assalariado com qualificação semelhante. Há exceções, por exemplo, entre os chamados profissionais liberais – médicos, advogados, dentistas etc. –, mas é bom lembrar que para cada profissional rico há muitos que mal conseguem ganhar a vida.

A discussão dessa dúvida permite especificar melhor o que é capital. O capital é sempre uma soma de riqueza que, para se valorizar, tem de sofrer as seguintes metamorfoses: de capital-dinheiro tem de passar a capital-mercadoria, formado por meios de produção e força de trabalho; esse capital-mercadoria tem de ser transformado, mediante o trabalho de trabalhadores assalariados, em produto, outra forma de capital-mercadoria; e este último tem de ser realizado, ou seja, transformado novamente, mediante a venda do produto, em capital-dinheiro. Capital não é, portanto, apenas riqueza, mas valor que se valoriza, riqueza que é investida para engendrar mais riqueza para seu possuidor. Um bilhão de cruzados colocado num cofre ou numa conta bancária não é capital, embora possa vir a sê-lo numa sociedade capitalista. É, portanto, apenas capital *virtual*.

Isso é fácil de entender se imaginarmos o que faríamos com um bilhão de cruzados numa ilha deserta ou se vivêssemos numa sociedade não capitalista, por exemplo, numa tribo de índios ou em Cuba. Em tais situações, nosso bilhão não poderia funcionar como capital.

Na ilha deserta, o enterraríamos até sermos resgatados. Entre os índios, poderíamos talvez usar uma pequena parte do dinheiro para comprar objetos com os quais faríamos presentes tendo em vista obter presentes em troca. Em Cuba poderíamos depositar o bilhão num banco e obter um juro modesto. Em nenhuma dessas circunstâncias, o bilhão de cruzados pode ser considerado capital.

Para que determinada soma de riqueza seja de fato capital, ela deve *poder* ser submetida às metamorfoses antes especificadas. Isso significa que tem que haver as seguintes condições:

1. dinheiro funcionando como equivalente geral da riqueza mercantil: sem dinheiro, a riqueza não pode assumir a forma de capital monetário para funcionar como meio de compra de meios de produção e de força de trabalho;

2. meios de produção colocados à venda, como mercadorias: se os meios de produção não forem propriedade privada mas coletiva ou estatal, o capital-dinheiro não pode se transformar em capital produtivo e, portanto, não pode se valorizar. Em economias centralmente planejadas, como a cubana, por exemplo, dinheiro acumulado só pode ser emprestado ao Estado, o qual paga algum juro, mas isso não o torna capital;

3. força de trabalho como mercadoria, ou seja, é preciso que uma parte significativa dos trabalhadores não possua meios de produção e por isso só tenham acesso à produção social mediante alienação de sua força de trabalho. Se todos os motoristas tivessem seu próprio táxi, não poderia haver frotas operando com motoristas assalariados.

Ora, essas condições especificam o capitalismo. Uma sociedade em que o dinheiro é o representante geral da riqueza, em que os meios de produção são produzidos e alienados como mercadorias e em que os trabalhadores, em boa parte, vendem sua força de trabalho para sobreviver é uma sociedade capitalista. E é só em sociedades com essas características que somas de valor podem ser e tendem a ser capital.

O que é então capital? Uma soma de dinheiro? Meios de produção sendo movidos pelo trabalho de assalariados? Produtos de trabalho assalariado postos à venda?

Capital é tudo isso e, sobretudo, é tudo isso *em relação*. Capital é a contínua transformação do valor através do processo de produção e de circulação. Na produção, o valor-capital se valoriza; na circulação, o capital-valor já prenhe do mais-valor, da mais-valia, se realiza. É por isso que a melhor maneira de entender o que é capital é entendê-lo como relação social. No fundo, capital é uma forma específica de relacionamento entre homens em sociedade, na qual proprietários de riqueza empregam o trabalho de não proprietários para produzir mais riqueza.

Capital é, portanto, uma relação social que se materializa em objetos: em dinheiro, em meios de produção, em trabalho pago por salário, em produtos vendidos em mercados. É claro que cada forma material do capital corporifica relações específicas que, em seu conjunto, formam a relação-capital. Dinheiro corporifica a relação entre quem paga e quem recebe. Mercadorias corporificam a relação entre quem compra e quem vende. Dessas relações específicas, a que é essencial ao capital é a de compra e venda de força de trabalho. Porque é através dessa relação que o capital se valoriza. O lucro é trabalho não pago, é produto da exploração do trabalhador assalariado. A relação-capital é essencialmente uma relação de exploração.

Valor, valor de uso e valor de troca

Vejamos agora mais de perto o que é valor numa economia de mercado.

O valor é um atributo da mercadoria que tem duas dimensões: uma é que cada mercadoria pode ser consumida, ou seja, há "alguém" que se dispõe a pagar para poder usá-la. Essa dimensão recebe o nome de *valor de uso*. Meios de produção são usados para produzir outras mercadorias, isto é, servem para *consumo produtivo*. Bens finais são usados por indivíduos e famílias, isto é, servem para o *consumo individual*. Qualquer que seja o consumo – produtivo ou individual –, ele tem por efeito destruir a mercadoria. O consumo produtivo do carro e do combustível os destroem enquanto formas físicas, fazendo surgir em seu lugar o produto "transporte de passageiros". O consumo individual de uma mesa e de uma porção de feijão destrói igualmente suas formas físicas, nada surgindo em seu lugar a não ser uma sensação no consumidor, que podemos chamar de "satisfação" ou "saciedade". O consumo do carro e da mesa é paulatino e leva tempo; o do combustível e do feijão é imediato e instantâneo. O valor de uso da mercadoria revela que ela é produzida para ser consumida (destruída) e que o consumidor se dispõe a pagar o suficiente para que a produção seja retomada.

Mas mercadorias não são apenas compradas para serem consumidas, mas também para serem revendidas. Cada mercadoria oferece ao seu possuidor a possibilidade de – mediante venda e compra – obter outra mercadoria. Essa dimensão do valor é o chamado *valor de troca*. O valor de troca das mercadorias se exprime em seus preços, é uma dimensão quantitativa. Ele pressupõe o valor de uso, pois uma mercadoria só tem preço se há consumidores que se dispõem a comprá-la. O valor de uso em si não é mensurável, pois o consumo de diferentes mercadorias não é comparável. Os partidários da teoria do valor-utilidade não entendem assim e sustentam que o valor de troca é expressão direta do valor de uso ou "utilidade" da mercadoria. Explicam que se o valor de troca de um anel de brilhantes é mil vezes maior do que o de um par de sapatos é porque o primeiro é mil vezes mais "útil" aos consumidores do que o segundo. Como a utilidade é subjetiva, variando de indivíduos a indivíduo, essa explicação é tautológica, isto é, ela só nos informa que, se o anel encontra compradores dispostos a pagar por ele mil vezes mais do que pelo par de sapatos, o anel *deve* ser mil vezes mais "útil" do que o par de sapatos. Que as diferenças de utilidade sejam refletidas pelos preços é apenas presumido e é uma presunção improvável, pois os preços são em geral fixados pelos vendedores, cabendo aos compradores decidir se desejam adquirir cada mercadoria a *esse* preço e (em caso positivo) em que quantidade.

O valor de uma mercadoria resulta do seu valor de uso e do seu valor de troca. Ele exprime o fato de que a mercadoria resulta sempre de uma ação humana deliberada – a produção de um bem ou serviço – que visa ao intercâmbio por dinheiro, a venda. O valor é a razão de ser da mercadoria para quem a suscita.

Para o produtor simples de mercadorias ou para o capitalista, a forma física da mercadoria é indiferente; o que ele visa é a receita monetária que obtém com sua venda. Nesse sentido, a mercadoria é tão somente a materialização do valor. Para o capitalista, tanto faz que seu capital assuma a forma de corridas de táxi, café ou microcomputadores. O que lhe interessa é D', o valor desses produtos, que, comparado com o seu capital inicial D, permite-lhe saber quanto lucrou.

Valor e lucro

Mas se a mercadoria não passa economicamente de uma portadora de valor, o que origina esse valor? Para responder essa questão, temos que proceder por etapas. A origem do valor de uma mercadoria é o seu custo de produção, acrescido de uma margem de lucro. O valor de uma corrida de táxi de uma hora é a soma do salário do motorista (por hora de trabalho), da depreciação do carro, do valor do combustível consumido etc. e do lucro do dono da frota. A questão passa a ser: qual a origem do lucro do capitalista? A resposta imediata é a existência do seu capital, o monopólio que a classe capitalista detém da riqueza social e especificamente dos meios de produção. A quantidade de lucro contida no valor de uma mercadoria específica (uma corrida de táxi) decorre do valor do capital aplicado (a frota de táxis, combustível etc.) e da taxa de lucro aplicada a esse capital. Em outras palavras, o capitalista calcula o preço da sua mercadoria de tal modo que ele cubra os custos e obtenha um lucro tal que, multiplicado pela quantidade de mercadorias vendidas durante o ano, proporcione a taxa de lucro almejada.

No exemplo anterior supusemos que o dono da frota tenha obtido um lucro anual de 1.000 salários mínimos. Imaginemos que a sua frota faça 250.000 horas de corrida por ano. Então, logicamente, o preço de uma corrida de uma hora inclui $\frac{1}{250}$ de salário mínimo de lucro. Com essa margem de lucro, o capitalista alcança uma taxa de lucro de 10% sobre o seu capital.

Uma frota de táxi é um empreendimento que ilustra o contraste entre a lógica do capital e a da produção simples de mercadorias. Foto: Paulo Leite/Fotovisão

Mas vimos que cada capitalista procura obter a maior taxa de lucro possível. O que impede o nosso dono de frota de incluir no preço uma margem maior de lucro, digamos de $\frac{2}{250}$ ou mesmo de $\frac{3}{250}$ de salário mínimo, para obter uma taxa de lucro de 20% ou 30%,[1] é a concorrência. O nosso capitalista não é o único a possuir táxis. Ele concorre com outros donos de frota e com motoristas autônomos. Se cobrar demais, seus carros rodarão vazios, os consumidores darão preferência a seus competidores.

Ainda não resolvemos o problema. Explicamos o valor, sob a forma de preço, pelos custos mais a margem de lucro e a margem de lucro pela taxa de lucro, condicionada pela concorrência. Mas a concorrência só iguala os preços das mesmas mercadorias e, portanto, em princípio, a taxa de lucro. Cada capitalista tem de cobrar o mesmo preço e, se os custos forem semelhantes, as taxas de lucro também o serão. Não só em cada mercado, como em todos os mercados, pois o capital é móvel e passa dos mercados em que a taxa de lucro é menor aos em

---

[1] Estamos abstraindo aqui que as tarifas de táxi são controladas pelo governo municipal. Em geral, os capitalistas têm liberdade de fixar seus preços.

que ela é maior. Mas, no mercado de que o capital sai, a oferta de mercadorias cai, o que faz subir o seu preço, portanto a margem e a taxa de lucro. No mercado em que o capital entra, acontece o oposto: a oferta de mercadorias aumenta, o que faz o preço diminuir, reduzindo a margem e a taxa de lucro. O incessante vaivém de capitais individuais entre os diversos mercados faz que flutuem a produção, os preços, as margens de lucro e as taxas de lucro. Nesse movimento, os capitais individuais elevam a taxa de lucro nos mercados em que ela estava mais baixa e a reduzem nos mercados em que ela estava mais alta. Não dá para dizer que as taxas de lucro de todos os capitais tornam-se iguais, mas a concorrência entre os capitais tende a aproximá-las. Pode-se falar de uma *taxa geral de lucro*, ao redor da qual oscilam as *taxas reais de lucro* dos capitais individuais.

A origem do lucro

Chegamos agora ao âmago do problema: o que origina a *taxa geral de lucro*, que pode ser concebida como a relação entre o lucro anual de todos os capitais individuais e o valor somado dos mesmos?

A taxa geral de lucro nos permite visualizar o capitalismo como ele realmente funciona. Temos de um lado o capital total, riqueza conjunta da classe capitalista, que aparece subdividido em inúmeros capitais individuais. De outro lado temos a classe dos trabalhadores assalariados, que transformam o capital produtivo total (M) em produto total (M'). Este se compõe de uma miríade de mercadorias diferentes, que são vendidas, ou seja, transformadas num capital monetário total (D').

Examinemos agora o valor do capital total D'. Ele se compõe de três parcelas:

1. do valor dos meios de produção consumidos na produção de M', que denominaremos de C (de capital *constante*);
2. do valor da força de trabalho total, ou seja, da soma de todos os salários pagos, que chamaremos de V (de capital *variável*);
3. do valor do lucro total, soma dos lucros de todos os capitais individuais, e que chamaremos de M (de mais-valia).

A classe capitalista começou o ano com seu capital inicial D = C + V, isto é, meios de produção e força de trabalho e chega ao fim do ano com D' = C + V + M, tendo lucrado D'− D = M. Qual a origem de M? Só pode ser o trabalho dos assalariados, graças ao qual foram produzidas as mercadorias que compõem M' e que são vendidas por D'.

Como se demonstra isso? Simplesmente perguntando qual é a origem de toda riqueza da classe capitalista. Ora, essa riqueza é composta por mercadorias, que são produto de trabalho assalariado. Cada corrida de táxi, cada quilo de café, cada microcomputador surge na posse da classe capitalista graças à atividade da classe dos trabalhadores assalariados. Há uma relação evidente de causa e efeito entre o volume de trabalho realizado pela classe trabalhadora e a quantidade de mercadorias, de formas físicas portadoras de valor.

A classe trabalhadora recebe como salários um valor V menor do que o valor total criado pelo seu trabalho, que é V + M. O valor C dos meios de produção consumidos no processo de produção só reaparece no valor M' do capital-mercadoria. Por isso, o denominamos de capital *constante*, pois no processo de produção o seu valor não varia. Mas o capital aplicado na compra de força de trabalho V tem o seu valor alterado. A classe capitalista paga V de salário para obter mercadorias no valor de V + M, que é o novo valor, criado durante o ano. Por isso chamamos o capital gasto na aquisição de força de trabalho de *variável*. Essa parte do capital aumenta de valor, a força de trabalho em funcionamento cria *mais valor* do que ela custa à classe capitalista. Esse valor a mais constitui o lucro e é por isso que o denominamos de *mais-valia*.

Os conflitos pela apropriação do valor

Demos uma volta muito grande para chegar a uma conclusão que *não* estava contida em nossas premissas. Será que não? Vejamos. Começamos por demonstrar que a mercadoria, que é o elemento da riqueza capitalista, tem um atributo, o valor, que constitui sua verdadeira razão de ser. No capitalismo, quem suscita a produção de todas as mercadorias é a classe capitalista. É ela que toma as decisões que tornam essa produção possível. Em cada empresa, o capitalista decide o que é produzido e em que quantidade. Ora, a classe capitalista toma essas decisões visando ao lucro, ou seja, o valor a ser ganho com a venda das mercadorias. O lucro decorre da diferença entre o valor da produção e o custo da produção. Essa diferença é incluída no preço de cada mercadoria e o mais difícil é explicar o que a determina.

Se cada capitalista pudesse determinar unilateralmente o lucro que irá ganhar, os preços seriam cada vez mais altos, impulsionados por margens crescentes de lucro. Obviamente, a vontade ilimitada de lucrar de cada capitalista frustrar-se-ia porque os preços de uns são os custos de outros. O superlucro do fabricante de carros ou de combustível esmagaria o lucro do dono da frota. Este naturalmente aumentaria ainda mais o preço da corrida. Teríamos uma inflação galopante, coisa que ocorre realmente quando certos preços disparam, causando a elevação dos outros.

Se deixarmos momentaneamente de lado nosso capitalista individual, obcecado em lucrar ao máximo, poderemos entender melhor o que se passa. Quando os capitalistas elevam os preços uns contra os outros, o máximo que fazem é *redistribuir entre si o mesmo lucro total*. Mas podem efetivamente *aumentar* o seu lucro total se aumentarem os seus preços contra os outros participantes do jogo do mercado. Entre estes outros, o mais importante é a classe dos trabalhadores assalariados. Se os capitalistas elevarem os preços das mercadorias consumidas pelos trabalhadores sem alterar o valor dos salários que lhes pagam, a margem de lucro total se eleva na mesma medida que a parcela do valor novo consumido pelos trabalhadores cai. *Esse tipo* de inflação aumenta M, o lucro total, em detrimento de V, e, como o capital total continua o mesmo, a taxa geral de lucro também aumenta. Através da concorrência, o aumento da taxa geral de lucro permite que as taxas de lucro de muitos capitais individuais aumentem, embora as dos capitais que produzem mercadorias especificamente para o consumo operário possam diminuir.

É claro que a classe dos trabalhadores assalariados, ao perceber que a subida dos preços deteriora seus salários, irá reagir exigindo o reajustamento dos mesmos. Conforme a força de seus sindicatos, terá mais ou menos êxito. O que essa discussão mostra é que, por mais dominante que a classe capitalista seja, ela não determina sozinha a margem de lucro total (M/(C+V+M)) nem a taxa geral de lucro (M/(C+V)). Essas magnitudes são determinadas no confronto de classes, na luta diuturna entre capitalistas e trabalhadores.

E o mesmo confronto se verifica entre a classe capitalista e o Estado, que lhe extrai uma parte do lucro total sob a forma de tributos. A inflação dos preços capitalistas desvaloriza a receita tributária, acarretando o déficit público, que os porta-vozes da classe capitalista vão atribuir à ineficiência e à corrupção na administração pública. A repartição do lucro total (ou excedente social) entre a classe capitalista e o aparelho de Estado dá lugar a variados conflitos políticos e ideológicos, dos quais, por falta de espaço, não nos ocuparemos aqui. Apenas mencionaremos os conflitos distributivos que se produzem entre a classe capitalista e os produtores simples de mercadorias (que constituem a pequena burguesia) e entre as classes capitalistas de diferentes nações. Em todos esses conflitos, preços são esgrimidos como armas, acarretando contínuas mudanças na apropriação do valor embutido nas mercadorias.

Cumpre notar que os conflitos pela apropriação do valor gerado na produção das mercadorias assume forma de inflação frequentemente, mas esta não é sua única forma. Os mesmos conflitos podem ser travados mediante a baixa de alguns preços e a alta de outros, de tal modo que a média dos preços se mantenha constante, o que significa ausência de inflação.

A lógica do capital: aparência e realidade

O capitalista individual tem uma consciência muito imperfeita de que pertence a uma classe e que o seu capital não passa de uma parcela do capital total. Envolvido na concorrência com outros capitalistas, ele mal entrevê que a taxa de lucro que logra é determinada, em boa medida, pela taxa geral de lucro. E os seus interesses o cegam totalmente perante o fato de que o lucro é valor criado pelo trabalho assalariado que não é pago pelos salários.

Não obstante, as regras de jogo da economia capitalista o coagem a atuar conforme a lógica do capital. Essas regras se manifestam através da concorrência. Para subsistir como capitalista, o empresário tem de acumular capital, isto é, tem de reinvestir grande parte do lucro para modernizar seu equipamento, tendo em vista elevar a produtividade do trabalho como meio de reduzir seus custos. Na luta concorrencial, o lucro é fim e meio.

É fim porque uma "boa" taxa de lucro é o atestado do êxito empresarial, de que a empresa foi competentemente conduzida. A honra e o prestígio da empresa e de quem se encontra à sua frente decorrem de seu balanço anual, particularmente sua conta de "lucros e perdas". Uma empresa com prejuízo é rapidamente abandonada pelos credores, que passam a considerá-la um mau risco. Os investidores naturalmente fazem o mesmo. Perdendo o acesso a capital novo, a empresa fica impedida de continuar na corrida tecnológica e em breve pode se encontrar falida. Uma empresa bastante lucrativa recebe tratamento oposto: é cortejada por credores e investidores, o prestígio dos seus produtos cresce no mercado. Ter ou não ter lucro é, portanto, uma questão de vida ou morte para o capital individual.

Mas o lucro também é meio, pois constitui a principal fonte de acumulação do capital. O lucro *não* tem por finalidade principal proporcionar ao seu detentor um elevado padrão de consumo. Este acaba sendo um subproduto, de importância secundária. Não é que o capitalista enquanto pessoa não goste de luxo e pompa. Ele até que gosta, mas não tem tempo para se dedicar a eles. O verdadeiro requinte exige esforço e dedicação de quem deseja desfrutá-lo. E um apanágio das classes ociosas, no capitalismo, dos que vivem de rendas de propriedades, herdeiros de grandes fortunas, com tempo de se devotar ao mecenato ou à filantropia. O verdadeiro capitalista dedica todo o seu tempo à atividade empresarial e pouco lhe importa a fatia do lucro que usa para o seu consumo pessoal. Em empresas de porte médio e grande essa fatia é desprezível, a não ser que haja grande número de herdeiros. No fundo, o usufruto parasitário do capital como fonte de renda é contrário à lógica do capital e leva à ruína empresas antigas, cujo lucro é apropriado por uma quantidade excessiva de herdeiros.

O lucro tem de ser acumulado, ou seja, transformado em novo capital. O nosso dono da frota de táxis pode consumir um terço ou um quarto do seu lucro anual de 1.000 salários mínimos. O restante ele tem de usar para ampliar a frota ou, digamos, instalar rádios nos carros, transformando sua empresa em uma empresa de radiotáxis. Se não o fizer, seus concorrentes o ultrapassarão e, possivelmente, no ano seguinte seu lucro cairá, podendo até se tornar prejuízo.

O capitalista não imagina que o lucro provenha do trabalho de seus empregados. Ele pensa, ao contrário, que por "dar-lhes" emprego é ele, capitalista, quem os sustenta. Ocasionalmente, ele proclama (sobretudo para obter favores do poder público) que de sua empresa dependem X trabalhadores e suas famílias. Mas a realidade logo lhe ensina que as classes existem e se confrontam. Os trabalhadores se sindicalizam e apresentam reivindicações na negociação do contrato coletivo de trabalho.

Essas reivindicações podem até lhe parecer justas, mas infelizmente elas sempre elevam os custos e ameaçam o sacrossanto lucro da empresa. Portanto, ele se opõe a elas com toda a força, aliando-se a seus concorrentes para impedir que os salários sejam aumentados, que a jornada de trabalho seja reduzida ou que a segurança no trabalho seja reforçada. Ao agir, unidos, os capitalistas confirmam que efetivamente os lucros de cada um são parcelas do lucro total, fruto da exploração da classe trabalhadora pela classe capitalista.

A lógica do capital não se impõe apenas aos capitalistas, mas também aos trabalhadores. Como vendedores individuais de força de trabalho, encontram-se à mercê do capital, que trata de fomentar a concorrência entre eles.

Dentro da empresa, os trabalhadores são escalonados em níveis hierárquicos de mérito e responsabilidade, em grande medida artificiais. Essa hierarquia salarial tem por fim oferecer ao trabalhador um simulacro de carreira. A grande maioria deles encontra-se na base da pirâmide e deve conformar-se com salários baixos em troca da perspectiva de ascender no futuro a níveis mais altos. As promoções por mérito devem induzir os trabalhadores a se esforçarem ao máximo na produção e a se submeterem à disciplina da empresa. Mas os trabalhadores logo descobrem que, unidos, ganham poder e podem conquistar concessões do capital. Organizados em sindicato, usam a paralisação coletiva do trabalho para conquistar o aumento dos salários mais baixos, achatando a pirâmide e destruindo o incentivo à competição entre eles. A solidariedade de classe se impõe como imperativo ético e como meio prático de luta. Em lugar de se submeterem às chefias, os trabalhadores se protegem mutuamente (ocultando, por exemplo, da direção da empresa, a identidade de seus líderes) e assim conseguem se apropriar de uma parcela maior do valor criado pelo seu trabalho.

Greve dos metalúrgicos do ABC. A lógica do capital leva ao confronto das classes: os trabalhadores apresentam reivindicações que, por mais justas que pareçam, sempre ameaçam o lucro. Por isso, o capital se opõe a elas, em ação conjunta dos empregadores.

A lógica do capital desemboca na luta de classes e esta passa do plano econômico ao social e político. Como veremos adiante, a luta de classes põe em perigo as bases institucionais do capitalismo. Viver perigosamente parece ser a sina histórica do capital.

3
A dinâmica do capitalismo

O ciclo de conjuntura

Com a Revolução Industrial, no final do século XVIII, o capitalismo se transforma paulatinamente de "manufatureiro" em "industrial", adquirindo muitas de suas características atuais: dinamismo tecnológico, centralização do capital em grandes firmas, generalização da economia de mercado e do trabalho assalariado. Uma dessas características tem sido sumamente importante: a instabilidade, a sucessão de fases de prosperidade, crise e depressão. É o chamado *ciclo de conjuntura*, que marca o capitalismo desde o começo do século XIX.

Essa instabilidade da economia é peculiar ao capitalismo, não ocorrendo em nenhum outro modo de produção. Obviamente, qualquer economia está sujeita a períodos de prosperidade e de escassez, mas – exceto no capitalismo – esses altos e baixos da vida econômica são ocasionados em geral por fatores extraeconômicos: alterações meteorológicas que suscitam boas e más colheitas, guerras, mudanças políticas, religiosas etc.

No capitalismo, a instabilidade é recorrente, causada por fatores inerentes ao modo de produção. Numa fase de crise ou depressão, boas colheitas, por exemplo, tendem a agravar a superprodução, em vez de contribuir para recuperar a economia. A crise contrapõe à abundância de recursos penúria de produtos, como se um surto de inapetência, de anorexia tivesse se assenhoreado do organismo econômico. O espetáculo recorrente de fábricas paradas, matérias-primas sobrando, trabalhadores desempregados, enquanto grande parte da população não pode satisfazer suas necessidades básicas, tem sido um dos grandes enigmas a desafiar a argúcia dos estudiosos.

Até a Segunda Guerra Mundial (1939-1945), o grande divisor de águas da época contemporânea, o ciclo de conjuntura apresentava grande regularidade: ocorria em intervalos aproximadamente decenais e se caracterizava por uma nítida sequência de fases. O ciclo se iniciava por uma fase de *alta* ou *prosperidade*, durante a qual o crescimento econômico se acelerava cada vez mais. A acumulação de capital se intensificava, a procura por todas as mercadorias se expandia, o emprego se elevava, a especulação florescia no mercado financeiro até chegar à euforia.

Subitamente, quando a prosperidade estava no auge, estourava a *crise*. A acumulação cessava, a procura pelas mercadorias sofria quedas dramáticas, os estoques invendáveis deprimiam os preços, as empresas despediam operários, muitas faliam. No mercado financeiro a euforia era substituída pelo pessimismo mais atroz, os papéis se desvalorizavam vertiginosamente, arruinando tanto especuladores vorazes como aplicadores prudentes.

Depois da crise vinha a *baixa* ou *depressão*. A economia prostrada funcionava a meia carga, em níveis ínfimos de acumulação, com consumo reduzido e extenso desemprego. Porém, pouco a pouco, a atividade econômica revivia, a acumulação retomava fôlego, a procura nos mercados voltava a se expandir, novas empresas surgiam, o emprego se recuperava. Era o início de uma nova fase de prosperidade, marcando a passagem da economia a um outro ciclo de conjuntura, em que a mesma sequência voltaria a se repetir.

A regularidade do fenômeno impressionou os observadores. Daí a noção de "ciclo", que tem a mesma origem da palavra "círculo" e se refere a um movimento que inevitavelmente retoma ao seu ponto de partida. Essa característica do ciclo de conjuntura deu lugar a muitas teorias, que se preocupavam em explicar sua periodicidade, através de uma visão mecanicista da dinâmica capitalista. Mas, a partir dos anos 1930, o ciclo de conjuntura mudou de forma, perdendo sua regularidade.

O ano de 1929 presenciou o início da pior crise da história do capitalismo. Durante quatro anos, a produção, o consumo e o emprego baixaram sem cessar. A amplitude da perda econômica, a dimensão do empobrecimento foram inéditas. A essa crise excepcional seguiram-se quatro anos de depressão e lenta recuperação, que desembocaram em nova crise violenta (1938), seguida por outra depressão, que terminaria poucos anos depois, por causa das condições excepcionais, suscitadas pela Segunda Guerra Mundial.

A partir dessa época, o Estado passou a regular a conjuntura econômica, através de políticas fiscais e creditícias. Graças a essa regulação, denominada de "anticíclica", o capitalismo conheceu o seu mais longo período de prosperidade. Durante pelo menos um quarto de século (1945-1970), a economia dos países capitalistas desenvolvidos se expandiu intensamente. Essa expansão só foi interrompida por recessões de curta duração (de dois ou três trimestres) e pouca profundidade. O contraste com a traumática experiência dos anos 1930 foi tão grande que muitos dos estudiosos se convenceram de que o capitalismo tinha superado de vez a instabilidade conjuntural. No começo dos anos 1970, a Associação Internacional de Economia convocou uma reunião sobre o tema: "Tornou-se o ciclo obsoleto?".

Mas, precisamente a partir dos anos 1970, o ciclo de conjuntura retorna, embora com forma muito menos regular. Em 1974-1975, a economia mundial capitalista sofre uma crise profunda e prolongada e, após uma recuperação precária, outra ainda mais grave em 1980-1982. Essas crises, embora não se comparem à de 1929-1933, marcam a volta da instabilidade, apesar, ou talvez, por causa das políticas de regulação estatal. É indiscutível que os Estados capitalistas são incapazes de assegurar à economia um crescimento contínuo, equilibrado e, como dizem os economistas, "autossustentado". O capitalismo volta a se encontrar periodicamente dominado pela inapetência, mostrando-se impotente para utilizar os recursos produtivos de que dispõe e para atender as necessidades que suscita.

O ciclo "regular"

É fundamental lembrar aqui que, no capitalismo, as unidades produtivas – as empresas – agem de forma autônoma, mantendo entre si relações antagônicas de competição. Não obstante, essas unidades compõem ramos que são mutuamente complementares. Firmas de construção dependem de outras que produzem cimento, tijolos, guindastes, e estas últimas dependem ainda de outras que lhes fornecem igualmente matérias-primas e instrumentos de trabalho. As atividades de todas elas são coordenadas unicamente pelo mercado, o qual indica a cada firma se produziu demais ou de menos. Se produziu demais, ela não consegue vender toda sua produção a um preço que lhe proporcione o lucro almejado. Nessas condições, ela é obrigada a liquidar a produção a preços baixos ou ficar com estoques de mercadorias invendáveis. Se produziu de menos, a firma pode vender sua produção a preços mais altos do que tinha planejado, o que lhe proporciona lucros extraordinários. A firma prejudicada por falta de demanda deve reduzir a produção; a firma beneficiada por excesso de demanda deve ampliá-la.

O mecanismo de mercado regula a produção das diversas mercadorias com razoável eficiência, quando as empresas podem elevar e baixar o nível de produção de forma flexível e rápida, adaptando-se às oscilações da demanda. Ora, essas possibilidades desaparecem quando a produção requer equipamento custoso, que leva muito tempo para ser instalado e tem de ser utilizado em grau elevado para poder ser amortizado. O progresso do capitalismo industrial tem por efeito exatamente alcançar produtividade cada vez maior mediante equipamento especializado, de alto custo e que exige grandes escalas de produção para ser lucrativo.

O ciclo de conjuntura se explica por essas características do capitalismo industrial. A fase de alta pode ser desencadeada mediante o lançamento de novos produtos e/ou abertura de novos mercados. A transformação do automóvel em artigo de consumo de massa, por Ford, no início do século XX, é um exemplo clássico. A descoberta de minas de ouro na Califórnia e na Austrália, em meados do século passado, é outro. Uma vez iniciada a prosperidade, ela se autoalimenta mediante o ritmo crescente da acumulação de capital. As empresas que se defrontam com aumento da demanda por seus produtos encomendam novos equipamentos e adquirem maior volume de matérias-primas. As empresas produtoras de bens de capital empregam mais trabalhadores e adquirem, por sua vez, novos equipamentos e mais matérias-primas. A elevação do emprego aumenta o poder aquisitivo da classe operária, o que acarreta maior demanda por bens e serviços de consumo em geral. A classe capitalista, beneficiada por lucros maiores, faz a mesma coisa. Dessa maneira, a prosperidade contamina um ramo de produção após o outro.

Mediante o comércio internacional, a alta se difunde dos países centrais, de maior peso no mercado mundial, aos da periferia. O crescimento da produção industrial no centro eleva a demanda pelos produtos primários exportados pela periferia. Esta, por sua vez, em função de receitas crescentes de exportação, aumenta a importação de produtos industriais do centro.

O auge da fase de prosperidade é assinalado por intensa acumulação de capital. As firmas, tantos nos países centrais como nos periféricos, inauguram plantas novas e renovam o equipamento das antigas, tendo em vista aumentar tanto a capacidade de produzir quanto a produtividade. A alta se manifesta, a partir de certo momento, no chamado *Departamento I*, o setor que produz meios de produção, particularmente maquinaria. E a elevação do emprego no Departamento I realimenta, naturalmente, a expansão da demanda pelos produtos do *Departamento II*, o setor que produz bens e serviços de consumo.

Para renovar e expandir a capacidade de produção, as firmas aumentam sua demanda por crédito ou emitem ações, o que acarreta, em geral, altas especulativas nos mercados financeiros. A lucratividade efetivamente acrescida das empresas provoca expectativas de lucros futuros ainda maiores. Essas expectativas acarretam a valorização imediata das ações nas bolsas de valores, para onde se dirigem, em quantidade cada vez maior, os capitais especulativos. Desse modo, as novas emissões são facilmente colocadas, e os especuladores, que chegaram antes à bolsa, revendem suas ações com ganhos avultados. Ganhar dinheiro para quem já o tem parece cada vez mais fácil, o que não passa do reflexo exagerado (nas mentes dos jogadores nos mercados financeiros) do fato real de que o capital está se valorizando em ritmo crescente.

De repente a prosperidade é interrompida por violenta crise: nos mercados de mercadorias, as vendas caem, as empresas reduzem a produção, despedem trabalhadores, as mais fracas vão à falência; nos mercados financeiros, os títulos se desvalorizam, a maioria dos especuladores procura convertê-los urgentemente em dinheiro para pagar dívidas vencidas. A crise financeira alcança os bancos, muitos podem falir, acarretando a ruína de seus depositantes, entre os quais estão muitas firmas industriais, agrícolas etc. Desse modo, crise econômica e crise financeira se condicionam e se reforçam reciprocamente.

A questão que se coloca é: por quê? É óbvio que a prosperidade teria de, mais cedo ou mais tarde, bater no teto de suas possibilidades materiais. Nenhuma economia pode crescer indefinidamente em ritmo cada vez mais acelerado. O recurso central de qualquer economia – o montante de trabalho social – não é inesgotável. Depois que o último desempregado encontrou emprego, por assim dizer, a economia se encontra em *pleno emprego* e, desse momento em diante, só pode crescer ao ritmo de expansão da população ativa e de aumento da produtividade do trabalho. Mas, mesmo antes de a economia se encontrar nessa situação, o crescimento acelerado já terá suscitado numerosos *pontos de estrangulamento*: plena utilização das terras agricultáveis, saturação de certas vias de transporte, esgotamento de certas fontes de energia, falta de mão de obra qualificada etc. Alguns desses pontos de estrangulamento são contornados mediante a importação das mercadorias faltantes do exterior, o que desequilibra a balança comercial. Devendo o déficit ser pago em ouro, o volume de moeda *dentro* do país se contrai, o que, por si só, constitui novo ponto de estrangulamento.

Isso demonstra que a prosperidade não poderia continuar se acelerando indefinidamente. Mas por que ela não cessa paulatinamente sua aceleração, mantendo o crescimento dentro de suas possibilidades materiais? Por que, em vez de ajustar o crescimento a um ritmo sustentável, a economia o eleva até a exacerbação para, de repente, cair na crise, em que a atividade produtiva não só cessa de crescer mas, na realidade, se contrai?

Há uma grande variedade de respostas a essas perguntas, cujo elemento comum é a *anarquia da produção*, isto é, a ausência de qualquer centro coordenador da atividade econômica que impeça o capital de se acumular em excesso, o que implicaria superar a competição entre os capitais individuais, soldando-os numa entidade única, o capital social. O mercado certamente não pode exercer esse papel, pois não passa de ação descentralizada e propositalmente desinformada de uma multidão de capitais autônomos. Em face de um ponto de estrangulamento, o mercado eleva o preço da mercadoria faltante, sinalizando a necessidade de aumentar sua produção. Se esse aumento, por alguma razão, não puder ser realizado a curto prazo, o preço continua se elevando, e os compradores o repassarão ao preço que cobram pelo que vendem, dando lugar a certa pressão inflacionária, a qual, porém, não desencoraja a demanda pelo produto escasso nem reduz a acumulação nos setores que o utilizam como insumo. Uma economia em crescimento vigoroso usufrui, via de regra, o aumento generalizado da produtividade e consequente queda dos custos, podendo por isso absorver a elevação de certos custos que os pontos de estrangulamento acarretam.

O ponto de estrangulamento central é naturalmente o esgotamento da reserva de força de trabalho. À medida que a economia se aproxima da situação de pleno emprego, é natural que os salários se elevem. Nesse caso, como se trata de um custo geral, que incide em proporções diferentes sobre todos os produtos, o repasse dos aumentos salariais aos preços se traduz em inflação geral. Antes de 1930, o regime monetário em vigor – o chamado "padrão-ouro" – reagia a tensões inflacionárias mediante rigidez da oferta de moeda e elevação consequente das taxas de juros. Conforme as circunstâncias, o estrangulamento monetário poderia desencadear a crise financeira ou frear a acumulação de capital produtivo. De uma maneira ou de outra, a prosperidade seria cortada subitamente por uma crise, em que os mecanismos realimentadores agem com vigor redobrado em sentido contrário ao da fase anterior.

Seja como for, a inversão da conjuntura é ocasionada pela queda da acumulação, isto é, da demanda pelos produtos do Departamento I.

É este que começa por cair na crise, reduzindo a produção e despedindo parte da força de trabalho que ocupa. Cai, em consequência, a demanda dos trabalhadores do Departamento I pelos produtos do Departamento II. Assim, a crise alcança a produção de bens e serviços de consumo, o que faz que as firmas do Departamento II deixem de comprar equipamentos novos, agravando a crise no Departamento I. E assim por diante.

A instabilidade conjuntural é causada portanto pela instabilidade da acumulação. Como o equipamento produtivo tem determinada "vida útil", ao término da qual ele tem de ser reposto, a duração regular do ciclo pode ser explicada pelo ritmo da sua reposição. É razoável supor que a vida útil da maquinaria seja em média de dez anos, o que condicionaria a extensão do ciclo. Suponhamos, por exemplo, que em determinada fase de alta, 30% do total da maquinaria tenha sido instalada, digamos em 1846, e 50% em 1847. Em 1848 estoura a crise, e a acumulação cessa. Em 1856, a reposição de 30% do equipamento total intensificará a acumulação e, no ano seguinte, a reposição de mais 50% acelerará o ritmo de acumulação ainda mais. Mas em 1858 nada haverá a repor, pois, em 1848, ano de crise, não se instalou equipamento novo. Isto seria um fator poderoso para reduzir a demanda pelos produtos do Departamento I em 1858 induzindo a irrupção de nova crise, dez anos depois da anterior.

Esta é uma das teorias mecanicistas do ciclo de conjuntura, mencionadas anteriormente. Ela se baseia no fato de que o ritmo de instalação do chamado "capital fixo" (equipamento e instalações produtivas) de certa maneira condiciona e reproduz o ritmo de reposição ao cabo de sua vida útil. Como muitas outras, essa teoria isola e magnifica um elemento explicativo do ciclo de conjuntura, sem dúvida verdadeiro em si, mas que interage com outros.

Uma teoria rival, por exemplo, privilegia como explicação do ciclo o "subconsumo", isto é, o fato de que, ao longo da fase de alta, a capacidade de produção do Departamento II cresce mais do que a demanda pelos seus produtos. Isso ocorre porque a maior parte da demanda por bens e serviços de consumo provém dos assalariados e a massa de salários, embora crescente, deve aumentar menos que a parcela acumulada dos lucros. Essa teoria se baseia na tendência, que efetivamente se verifica, de que, na fase de alta, lucros e salários crescem, os primeiros bem mais do que os últimos; na crise e depressão, lucros e salários decrescem, os primeiros também bem mais do que os últimos. Se a capacidade de produção instalada no Departamento II aumentar no mesmo ritmo em que aumenta o valor do equipamento (é o que significa "ritmo de acumulação"), é muito provável que uma proporção cada vez maior dessa capacidade tenha de ficar ociosa por falta de demanda pelas mercadorias que seriam produzidas, caso fosse utilizada. Obviamente, crescente falta de utilização do capital fixo é motivo mais do que suficiente para que a acumulação cesse, tendo por consequência o desencadeamento da crise no Departamento I.

A teoria do ciclo de reposição não é nem mais nem menos verdadeira do que a teoria do subconsumo. Dada a anarquia da produção e a lógica da competição entre capitais individuais, um ou outro desses mecanismos – ou mesmo ambos – podem ser responsáveis pela reversão de conjuntura em determinadas circunstâncias concretas. Só a investigação dessas circunstâncias em cada ciclo pode revelar eventualmente (em função dos dados de que se dispõe) qual foi o caráter da crise. Mas o que realmente importa é que o capitalismo produz *crescente* instabilidade porque possui como mecanismo regulador apenas a interação das forças de mercado, enquanto o progresso técnico (engendrado pelo mesmo capitalismo) torna cada vez mais difícil o ajustamento da produção de meios de produção, ou seja, a acumulação, às variações da demanda.

Essa conclusão merece ser aprofundada. À medida que a instalação de usinas de energia elétrica, metalúrgicas, químicas etc. requer inversões cada vez maiores, ou seja, imobilizações cada vez maiores de lucros transformados em capital, a economia capitalista torna-se menos flexível, necessita cada vez mais de uma demanda em constante expansão. Ora, como nada garante tal demanda, as fases de alta que são, como vimos, fases de acumulação acelerada, não só são interrompidas por crises, mas estas tendem a se tornar mais profundas e mais prolongadas. O próprio progresso do capitalismo agrava, portanto, sua instabilidade.

A retomada (cada vez mais difícil) da acumulação

Deve ficar claro que toda crise é no fundo consequência de "superacumulação", ou seja, os capitalistas, estimulados pela competição e ignorando os efeitos globais de suas ações individuais, formam mais capital fixo do que podem utilizar lucrativamente. A eles pouco importa se da capacidade de produção, instalada em suas usinas, fábricas, frotas de veículos etc., apenas metade ou menos é utilizada, desde que os lucros anuais cresçam ao menos na mesma proporção que o valor do capital que têm investido. Mas é óbvio que, se uma parcela cada vez maior desse capital não é usada, o lucro anual não pode acompanhar o aumento do valor do capital investido. Suponhamos, por exemplo, que determinada empresa aumente em 30% o valor do seu capital, mas só consiga aumentar suas vendas em 15%. Se a margem de lucro não se alterar (suposição razoável), sua taxa de lucro diminui, o que é um sinal inequívoco para os capitalistas de que superacumularam. Sua reação será logicamente parar de acumular, ou seja, não expandir mais o capital da empresa. E se a maioria dos capitalistas se encontrar nessa situação, a acumulação cessa em geral, desencadeando-se a crise.

Mas a crise provoca bancarrota de empresas e desemprego, com redução generalizada da demanda por quase todas as mercadorias (escapam dessa tendência apenas os bens de primeira necessidade). A crise, portanto, em vez de resolver agrava a superacumulação. Os lucros caem verticalmente e em relação ao valor do capital, o que reduz a taxa de lucro a níveis ínfimos. O capital previamente acumulado pesa como uma maldição sobre o conjunto da economia, mantendo-a prostrada.

É verdade que, com a queda dos lucros, o capital das empresas se desvaloriza, porque o seu valor é dado em certa medida pela expectativa dos lucros futuros que deve proporcionar. Essa desvalorização do capital acelera a ruína das pequenas e médias empresas, que perdem acesso ao crédito bancário à medida que passam a valer menos. Grande parte da capacidade de produção das empresas falidas é sucateada, desaparecendo. Mas isso em geral não é suficiente para restabelecer o equilíbrio entre demanda efetiva e capacidade de produção, porque o efeito da crise é reduzir a demanda a níveis baixíssimos. Daí a depressão, que é o prolongamento da crise, caracterizada pela manutenção da atividade em grau mínimo, quase sem haver formação de capital fixo, nem mesmo para repor aquele que alcançou o fim de sua vida útil.

A depressão é tanto mais longa quanto mais durável for o equipamento já instalado. E essa durabilidade cresce com o progresso técnico. Máquinas de ferro duram mais do que as de madeira, e máquinas de aço, mais do que as de ferro. Além disso, a partir da segunda metade do século XIX, as máquinas começam a ser integradas em sistemas de grande complexidade e elevado custo. É de se esperar que tais sistemas sejam reparados e parcialmente remodelados, muito antes de serem completamente repostos, o que provavelmente prolonga a vida útil do capital fixo como um todo.

O grande abreviador da vida útil do equipamento produtivo é o progresso tecnológico, que gera máquinas mais aperfeiçoadas, capazes de reduzir drasticamente os custos de produção. Tais máquinas tornam as que estão em uso *tecnicamente obsoletas*, apressando sua reposição. Uma determinada máquina pode, por exemplo, ter quinze anos de vida útil, mas, se no seu quinto ano de utilização surgir outra, mais aperfeiçoada, ela pode vir a ser substituída, não obstante seu estado físico permitir que ela ainda continue a funcionar durante dez anos. A aceleração do progresso técnico pode, portanto, contrariar e em certa medida anular o aumento da durabilidade dos elementos do capital fixo.

Mas, em períodos de depressão, a incidência do obsoletismo tecnológico é limitada pelas condições desfavoráveis do mercado. As máquinas mais aperfeiçoadas tendem em geral a ter maior capacidade de produção e exigem, portanto, escalas maiores de produção efetiva para serem lucrativas. Se a demanda existente não permite sequer o aproveitamento da capacidade menor da máquina obsoleta, não faz sentido substituí-la por outra mais aperfeiçoada, mas mais cara e de maior capacidade. Por isso, o efeito positivo do obsoletismo tecnológico sobre o ritmo de acumulação é provavelmente bem menor na fase de depressão do que na fase de prosperidade, na qual o crescimento da demanda reduz os riscos inerentes à reposição antecipada do equipamento produtivo.

A longa depressão dos anos 1930 foi em grande medida causada por tais fatores. O Departamento I manteve-se em semiletargia, apesar de prosseguir o avanço tecnológico, porque as empresas sobreviventes careciam de recursos e motivação para fazer inversões. A prova de que, nesse período, inovações tecnológicas em profusão se amontoaram nas prateleiras está no que ocorreu no período seguinte, quando as necessidades suscitadas pela Segunda Guerra Mundial exigiram rápido aumento da produção e da produtividade. A economia dos Estados Unidos, a única das economias industrializadas não afetada pela destruição bélica, apresentou então fulminante recuperação. O produto nacional bruto dos Estados Unidos cresceu, em termos reais, 14,6% entre 1929-1940 e 51,9% entre 1940-1950. O contraste é ainda maior em relação à produtividade do trabalho (medida pelo produto por trabalhador), que aumentou somente 1,6% entre 1929-1940 e 32,2% entre 1940-1950 (Kuznets, 1966, tabela 9).

Wall Street, Nova York, 1929. O colapso da Bolsa de Valores de Nova York desencadeou a mais longa e profunda crise e depressão da história do capitalismo.

A estagnação da produtividade do trabalho durante o período de crise e depressão (1929-1940) mostra que a aplicação de inovações técnicas deve ter sido mínima; contudo, o aumento explosivo da produtividade na década seguinte (maior do que em qualquer outra década, entre 1880 e 1960) indica que tais inovações foram criadas nos anos 1930, mas só puderam ser incorporadas ao processo produtivo nos anos 1940. O estrangulamento tecnológico durante a chamada Grande Depressão leva a crer que o capitalismo tinha chegado a um impasse. Caso a instabilidade econômica continuasse se agravando com o aprofundamento das crises e o prolongamento das depressões, a própria sobrevivência do modo de produção estaria em jogo, pois o sofrimento imposto às mais amplas camadas da população erodiria as suas bases de sustentação social, criando condições favoráveis para sua substituição por algum modo de produção centralmente regulado ou planejado pelo Estado.

Nos ciclos anteriores de conjuntura, a passagem a uma nova fase de alta se fazia de modo gradual, à medida que o capital fixo requeria reposição em volume crescente (o que poderia ser acelerado pelo lançamento de novos produtos, descobertas minerais etc.). A retomada do investimento provocava um círculo virtuoso: o Departamento I elevava a produção e o emprego, o volume acrescido de salários estimulava as compras de produtos do Departamento II (bens de consumo); este também ampliava a produção e para tanto tinha de investir mais, o que voltava a repercutir favoravelmente sobre o Departamento I. As empresas que renovavam o capital fixo desgastado faziam-no com equipamentos tecnicamente mais avançados, o que obrigava os concorrentes a também substituir seu maquinário obsoleto. A contínua aceleração do investimento, provocada pelo progresso técnico, impelia a economia como um todo para uma fase de prosperidade, mediante a qual se inaugurava um novo ciclo de conjuntura.

Nos anos 1930, esse mecanismo de recuperação não funcionou. A depressão se alongou demais e gerou condições sociais e políticas que fortaleceram correntes adversas ao capitalismo liberal. Na Europa, as burguesias, assustadas pelo crescimento eleitoral dos partidos comunistas, passaram a financiar partidos fascistas. A grande virada se deu em 1933, com a ascensão de Hitler ao poder, na Alemanha. No mesmo ano, nos Estados Unidos, tinha início o New Deal, com a posse de Franklin Delano Roosevelt na presidência.

Tanto na Alemanha nazista como nos Estados Unidos democratas, os governos deixaram de esperar passivamente que as economias nacionais se recuperassem por si e passaram a adotar políticas econômicas ativas, destinadas a combater a depressão. Em diversos outros países, o exemplo foi imitado, embora o êxito dessas políticas tenha sido bastante desigual. A recuperação da economia capitalista mundial, como um todo, só acontece com o início da Segunda Guerra Mundial. A guerra suscita enorme aumento da procura não só por armamentos de toda espécie, mas também por uniformes, provisões, meios de transporte, de comunicações etc. Essa elevação da demanda acabou por liquidar a depressão, fazendo o capitalismo mundial ingressar num longo período de prosperidade.

Lord Keynes e a política de pleno emprego

A traumática experiência dos anos 1930, coroada por destrutiva e sangrenta guerra mundial não teria sido suficiente para alterar a regulação do capitalismo. Para tanto era preciso também que a ortodoxia teórica fosse reformulada, de modo a eliminar os temores dos detentores do capital em relação a políticas econômicas destinadas a neutralizar o ciclo de conjuntura. A ortodoxia até então em vigor preconizava rigoroso equilíbrio fiscal e política monetária passiva, regida pelas entradas e saídas de ouro do país. Coube ao economista britânico John Maynard Keynes comandar a revolução teórica que tornou possível a regulação estatal da conjuntura, sobretudo no período posterior à Segunda Guerra Mundial.

Muitas das ideias que fundamentaram a chamada revolução keynesiana foram, na verdade, antecipadas por outros autores, como o sueco Gunnar Myrdal e o polonês Michael Kalecky. Mas somente Keynes tinha prestígio acadêmico e político suficiente para transformá-las na nova ortodoxia.

As proposições essenciais da então nova teoria podem ser sintetizadas na relação entre nível de produção e de emprego, de um lado, e demanda efetiva, de outro. A ortodoxia antiga sustentava que o nível de produção era determinado simultaneamente pela demanda por bens de consumo e por bens de produção, esta última sendo igual ao investimento. Essa demanda conjunta (ou "efetiva", nos termos de Keynes) decorria das preferências dos consumidores e automaticamente produziria um nível de produção máximo ou de pleno emprego. Logo, crises e depressões eram impossíveis e se teimavam em acontecer só podiam ser causadas por fatores extraeconômicos (sobre os quais a "ciência" econômica, a rigor, nada tinha a dizer).

Keynes sustentava, no entanto, que, em determinadas circunstâncias, a demanda efetiva podia ser insuficiente para manter a economia em pleno emprego e nesse caso poder-se-ia produzir um equilíbrio com capacidade de produção ociosa e ponderável desemprego. Possibilidade que a depressão dos anos 1930 comprovava perfeitamente. A razão desse equilíbrio recessivo era basicamente o fato de os consumidores gastarem uma parcela pequena demais de sua renda em consumo, poupando excessivamente em relação ao desejo de os capitalistas realizarem inversões.

Este último ponto é crucial no raciocínio keynesiano. No mercado de capitais, a oferta é constituída pela poupança (renda não gasta), cujo volume é determinado pelo excesso de renda em face das necessidades de consumo do conjunto da população. A demanda, nesse mercado, é constituída pelas necessidades de as empresas absorverem capitais para financiar inversões. O volume da demanda é determinado pela expectativa de lucro futuro (que Keynes chamava de "eficiência marginal do capital") em comparação com a taxa de juros, que é o "custo" do capital para o empresário. De acordo com Keynes, a demanda por capitais podia ser insuficiente para absorver a oferta dos mesmos. Para a ortodoxia antiga, isso ocasionaria apenas a queda da taxa de juros. Mas Keynes argumentava que a taxa de juros não era determinada pela demanda por capitais mas pela demanda por moeda (que ele denominava "preferência pela liquidez"). Assim, o excesso de poupança não a faria cair. Na realidade, excesso de poupança nada mais seria do que falta de consumo, ou seja, os consumidores estavam deixando de gastar uma parcela suficiente para assegurar o pleno emprego da força de trabalho disponível e da capacidade de produção instalada. A insuficiência da demanda por bens de consumo desencorajaria os investimentos, de modo que estes seriam menores do que a poupança.

Obviamente, excesso de poupança é o mesmo que subconsumo ou superprodução. Mercadorias que não são vendidas deixam de ser produzidas. O desequilíbrio entre poupança e investimento se resolve portanto pela queda da produção e do emprego, com a consequente redução da renda dos consumidores. Keynes achava que a baixa da renda induziria os consumidores a reduzir antes a poupança do que o consumo, pois este último está condicionado por hábitos que não se alteram a curto prazo. A produção e a renda social cairiam, pois, até o ponto em que a poupança deixasse de ser maior do que o volume total de inversão, quando se instauraria novo equilíbrio.

A conclusão mais importante dessa teoria é que uma economia em depressão pode ser levada a crescer mediante elevação da demanda. Essa elevação poderia ser obtida por exemplo redistribuindo renda dos ricos aos pobres. É óbvio que os pobres gastam muito mais de sua renda do que os ricos. Mas essa solução é inaplicável no capitalismo, basicamente porque assusta os capitalistas, os quais, em vez de investir, preferirão retirar seus capitais do país ou convertê-los em ouro, o que no fundo dá no mesmo. Se os ricos usam a poupança para comprar ouro, este sai do Banco Central e, portanto, deixa de lastrear a moeda. Tanto faz se o ouro permanece fisicamente no país ou não. Sua saída do circuito monetário exigia uma redução do meio circulante, o que elevaria a taxa de juros, desencorajando ainda mais os investimentos. Keynes, que conhecia bem a mentalidade dos capitalistas, ignorou a redistribuição da renda como meio de elevar a demanda efetiva, preferindo propor que o Estado fosse encarregado dessa tarefa.

O Estado pode elevar a demanda efetiva fazendo gastos de consumo (por exemplo, contratando mais policiais ou professores) ou investimentos (basicamente obras públicas). De uma ou de outra maneira, a demanda estatal se soma à privada e faz crescer o nível de produção e de emprego. Keynes demonstrou que esse crescimento é um múltiplo da elevação da própria demanda estatal, pois o dinheiro a mais gasto pelo Estado representa renda a mais de consumidores, os quais também elevam em algo seus gastos, gerando novas rendas e assim por diante.

J. M. Keynes (1883-1946). Coube a Keynes comandar a revolução teórica que tornou possível a regulação estatal da conjuntura.

Um problema delicado naturalmente é como o Estado consegue o dinheiro para elevar seus gastos de consumo ou de investimentos. Keynes propunha que, para acabar com a depressão, o governo deveria gastar mais do que arrecadava em tributos, produzindo deliberadamente déficits em seu orçamento. Os ortodoxos opunham-se a essa proposta, insistindo que tais déficits causariam inflação, sem alterar o nível de produção, o qual sempre estaria em pleno emprego. Keynes argumentava, no entanto, que era possível elevar o nível de produção e que essa elevação expandiria a receita tributária, eventualmente cobrindo os déficits orçamentários. Ele admitia que alguma inflação poderia haver em função da necessidade de reduzir os salários reais para poder expandir o emprego. Nessa questão ele comungava com a ortodoxia antiga: o crescimento do nível de emprego sempre implicaria queda da produtividade e, portanto, requereria baixa dos salários reais. E como havia muita resistência sindical à baixa dos salários nominais, Keynes se resignava em desvalorizá-los mediante alguma inflação. Embora fosse radicalmente contrário à inflação, ele a considerava um mal menor do que a depressão.

O que importa em tudo isso é que a teoria de Keynes foi rapidamente aceita nos meios acadêmicos e acabou sendo adotada também por tecnocratas governamentais e por dirigentes de grandes empresas. Os detentores do capital abandonaram seu viés antiestatal e verificaram deliciados que a expansão dos gastos públicos efetivamente fazia a produção crescer, acarretando a elevação da taxa de lucro e da acumulação de capital. A inflação decorrente das práticas keynesianas era pequena e estável, servindo para estimular os gastos dos consumidores, segundo a lógica de que, quando os preços sobem, "não deixe para amanhã o que você pode comprar hoje".

A longa prosperidade do pós-guerra

É indiscutível que, entre 1945 e 1970, o capitalismo gozou da mais longa e intensa prosperidade de sua história. No conjunto das economias capitalistas adiantadas (e em várias em desenvolvimento), a produção cresceu quase ininterruptamente e o pleno emprego foi mantido por mais de duas décadas e meia. Países como o Brasil, México, Espanha, Itália, Coreia do Sul, Taiwan etc. industrializaram-se em certa medida e o ciclo de conjuntura parecia ter sido superado.

No entanto, esse magnífico resultado dificilmente pode ser atribuído apenas à implementação de políticas anticíclicas de cunho keynesiano. Na realidade, a necessidade de tais políticas mostrou-se muito menor do que se antecipava. No pós-guerra imediato, a maioria dos economistas temia a volta da depressão, supondo que as circunstâncias bélicas tinham-na apenas interrompido. Mas nada disse sucedeu. A economia capitalista cresceu contínua e intensamente, estimulada por uma redistribuição da renda favorável aos assalariados e pela generalização de consumo de novos produtos: automóveis, aparelhos eletrodomésticos, televisores, aparelhos de som etc. Um dos novos produtos que mais se desenvolveram foi a aviação civil, possibilitando, juntamente com o automobilismo, a prática do turismo em massa, com a consequente multiplicação de hotéis, motéis etc.

A redistribuição da renda, que sustentou o crescimento da demanda de consumo, resultou de um novo equilíbrio de forças entre capital e trabalho. Com a derrota do nazifascismo na guerra, houve um fortalecimento, em todos países adiantados, das forças democráticas e populares e mais particularmente dos sindicatos, que se tornaram capazes de conquistar aumentos salariais mais ou menos proporcionais ao aumento da produtividade do trabalho. Por esse motivo, a fase de prosperidade do pós-guerra *não* se caracterizou, como as anteriores, por uma elevação dos lucros maior do que dos salários. Na maioria dos países industrializados, lucros e salários cresceram em ritmos aproximadamente iguais, o que permitiu que a demanda de consumo não ficasse defasada da acumulação do capital. Dessa maneira, a sustentação da demanda efetiva não se deu inicialmente pelo gasto público, mas pela redistribuição da renda.

Mas como foi possível isso, sem que os capitalistas se assustassem e promovessem a temida fuga de capitais? A resposta se encontra principalmente no campo político. A redistribuição de renda ocorreu no âmbito da "Guerra Fria", sob governos anticomunistas, solidamente unidos sob a liderança dos Estados Unidos. Os sindicatos eram dirigidos por correntes social-democratas, trabalhistas ou "liberais" (nos Estados Unidos) cuja lealdade ao capitalismo estava acima de qualquer suspeita. Mas, mesmo na França e na Itália, em que o sindicalismo estava majoritariamente ligado aos partidos comunistas, as lutas operárias em momento algum chegaram a provocar fugas de capitais, o que se explica, em parte pelo menos, pelo fato de que a movimentação de valores entre países estava, desde a guerra, sob o controle dos governos. E assim permaneceu até o fim dos anos 1950.

A ausência de fugas de capital também se deveu ao abandono do padrão-ouro. Em todos os países capitalistas, a moeda tomou-se "fiduciária", ou seja, destituída de lastro, sendo sua quantidade regulada pelos governos. Com tais regimes monetários, a fuga dos capitais para o ouro ou para divisas estrangeiras (dólar, por exemplo) não acarreta crise de liquidez e elevação dos juros. A possibilidade de controlar moeda e crédito deu ao Estado maior capacidade de influir sobre a acumulação de capital, sobretudo mediante crédito subsidiado dos investimentos considerados prioritários. Esse instrumento teve importância particularmente grande nos países que estavam se industrializando. No Brasil, a realização do Programa de Metas do presidente Juscelino Kubitschek baseou-se sobretudo em créditos do BNDE, além dos investimentos feitos pelo poder público.

Posteriormente, deu-se nova redistribuição da renda, dessa vez via Estado. Em praticamente todos os países capitalistas adiantados houve acentuada expansão dos gastos sociais, particularmente em saúde, educação e previdência social. Nos Estados Unidos houve, além disso, aumento ponderável do gasto público devido à Guerra do Vietnã (1965-1975) e à corrida espacial. Nos outros países também cresceu o dispêndio governamental em pesquisa científica, telecomunicações, energia nuclear etc. Desse modo, a continuação da prosperidade resultou da ampliação do gasto público, mas esta não obedeceu à prescrição keynesiana, pois não se destinava a combater nenhuma depressão, antes resultando de diversas demandas de caráter social e político.

Ao longo de todo o período 1945-1970, o setor público cresceu, na maioria dos países capitalistas, em termos absolutos e relativos. Isto se deu, em parte, pelo desejo dos governos de controlar os serviços de infraestrutura (energia, transporte, comunicações) e de outros setores básicos, no intuito de planejar o desenvolvimento econômico. E, em parte, ocorreu também em resposta a demandas das classes trabalhadoras, que lograram conquistar, nesses países, a socialização da medicina, a generalização do ensino médio e o aperfeiçoamento da previdência social.

A acumulação do capital foi mantida em nível elevado pela expansão tanto do consumo privado como do gasto público. Essa feliz conjunção foi possibilitada por extensa e variada inovação tecnológica, que frutificou em diversificada gama de novos produtos e em intensa mudança de processos produtivos, que ocasionaram grande aumento da produtividade do trabalho. O crescimento da produtividade permitiu conciliar elevação de salários, de receita tributária e de lucros, compatibilizando expansão do consumo privado, do dispêndio público e da acumulação de capital. Nessas condições, o problema que preocupou Keynes, de deficiência crônica da demanda efetiva, parecia ter sumido da face da Terra. A ortodoxia keynesiana aparentemente assegurava ao capitalismo crescimento autossustentado, sem que a prática de políticas keynesianas fosse requerida.

Convém a esse respeito ser preciso: as prescrições de Keynes para arrancar uma economia nacional de uma depressão não encontraram aplicação porque essa eventualidade não se apresentou durante o primeiro quarto de século após a Segunda Guerra Mundial. A ampla presença do Estado, como regulador e como empresário, na economia foi uma herança da luta contra a depressão, nos anos 1930, e do planejamento bélico, na primeira metade dos anos 1940. Entre 1945 e 1970, tornaram-se de praxe políticas de apoio ao investimento, como crédito abundante a juros baixos, subsídios e fomento público de certas atividades, consideradas prioritárias. Essa ação dos principais Estados capitalistas permitiu a extraordinária expansão das empresas multinacionais e constitui um dos principais fatores de sustentação da longa prosperidade do pós-guerra.

Um dos fatores que explicam a ausência de crises e depressões durante esse período foi esse suporte estatal à acumulação de capital. Os aumentos generosos de salários, proporcionais ao crescimento da produtividade do trabalho, levaram a uma expansão perene da demanda de consumo, enquanto as políticas estatais de apoio à acumulação expandiam a demanda pelos meios de produção. A intensa inovação tecnológica acarretou amplo obsoletismo do equipamento já instalado, acelerando a renovação do capital fixo e impedindo a aparição de um ciclo de reposição do mesmo. E a maciça exportação de capitais aos países periféricos em industrialização contribuiu para expandir o mercado mundial, o que também contou com o indispensável apoio político-militar das grandes potências capitalistas, sobretudo dos Estados Unidos.

A longa prosperidade do pós-guerra não se deveu, portanto, a uma conjunção de circunstâncias excepcionais, como creem alguns, mas a transformações institucionais sofridas pelo capitalismo, a partir dos anos 1930. A nova simbiose entre Estados nacionais e capitais multinacionais, suportada e pressionada, ao mesmo tempo, por um movimento operário politicamente forte, constitui o que pode ser chamado de característica central do novo capitalismo, que floresce na segunda metade do século XX.

A crise do capitalismo contemporâneo

A prosperidade aparentemente indestrutível do pós-guerra foi socavada, a partir do fim dos anos 1960, pela diminuição dos ganhos de produtividade do trabalho, nos Estados Unidos primeiro e depois nos outros países industrializados. Essa diminuição está ligada à crescente insatisfação com as condições de trabalho, por parte de um operariado recrutado não mais das levas de migrantes rurais (como tinham sido seus pais e avós), mas dos que terminam cursos de nível médio e não se conformam facilmente com a execução de tarefas repetitivas e maçantes, ainda que bem pagas. Além disso, o aumento da produtividade tinha sido obtido, em boa parte, pela intensificação do ritmo do trabalho, tornando-o mais extenuante. A partir da segunda metade dos anos 1960 (período em que ocorreram notáveis transformações políticas e culturais em todo o mundo), as tentativas de continuar aumentando a produtividade por essa via passaram a encontrar crescente resistência, que tomava a forma de aumento das faltas ao serviço, de contínuas mudanças de emprego e de ondas de greves "selvagens", isto é, não autorizadas pelos sindicatos.

As empresas e as direções sindicais tentavam apaziguar os trabalhadores, concedendo-lhes melhoras salariais, mas sem grande êxito. Os salários passaram a crescer mais do que a produtividade do trabalho, acarretando elevação dos custos de produção e, portanto, reduzindo os lucros. As grandes empresas reagiram a essa queda de sua lucratividade de duas maneiras:

1. aumentando os preços de seus produtos, o que acelerou a inflação nos países industrializados, até então contida em nível muito baixo;
2. transferindo linhas de produção para países que já contavam com uma base industrial razoável, mas cuja mão de obra ainda era barata e bem disciplinada. Entre esses países se destacava o Brasil, ao lado do México, da Coreia do Sul, Taiwan etc.

As duas reações tiveram efeitos negativos sobre a balança comercial dos países industrializados, sobretudo dos Estados Unidos, em que os salários eram mais altos e a rebeldia operária estava ligada à luta dos negros contra a discriminação e à resistência contra a Guerra do Vietnã (entre 1965 e 1975, os americanos tentaram debalde impedir a unificação daquele país sob a égide do regime comunista do Vietnã do Norte). Os produtos americanos, caros demais, eram cada vez menos exportados, ao passo que crescia a importação, inclusive de mercadorias produzidas pelas multinacionais americanas em outros países. A superioridade econômica dos Estados Unidos em face dos demais países industrializados estava sendo pouco a pouco arruinada.

Quando um país importa persistentemente mais do que exporta, sua dívida com o resto do mundo cresce e sua participação na produção mundial regride. Era o que acontecia com os Estados Unidos, cujas multinacionais expandiam sua produção em outros países, em prejuízo dos trabalhadores e dos pequenos capitais americanos. O governo daquele país procurou deter essa tendência, colocando barreiras à exportação de capital, o que evidentemente contrariava os interesses das multinacionais. Estas contornaram os obstáculos governamentais à inversão no exterior depositando as receitas de suas subsidiárias no chamado "euromercado", um mercado internacional de capitais não controlado por nenhum governo. Dentro de cada país, o governo controla o total de depósitos bancários e a base das taxas de juro com o objetivo tanto de estabilizar o nível de preços, isto é, impedir que haja inflação ou deflação excessivas, como de manter em equilíbrio as contas externas (importação × exportação de mercadorias e de capitais, entrada × remessa de rendimentos). No euromercado, que funciona *entre* os países numa espécie de "terra de ninguém", tal controle não existe. Dessa maneira, as multinacionais passaram a fugir cada vez mais do controle dos governos dos países em que se situam tanto suas sedes como suas subsidiárias.

O confronto entre governos nacionais e capitais multinacionais está na raiz da crise e, finalmente, da destruição do sistema internacional de pagamentos, que tinha sido estabelecido em Bretton Woods (EUA), no fim da Segunda Guerra Mundial. Esse sistema tinha por base o compromisso de os vários governos manterem estável o câmbio, ou seja, o valor de sua moeda em relação às demais. A moeda-chave do sistema era o dólar, cujo valor em ouro seria mantido constante pelo governo dos Estados Unidos. Isto significava que o governo americano trocaria ouro por dólares a um preço fixo, dando uma garantia aos possuidores de dólares de que o valor (em ouro) de suas reservas jamais cairia. Graças a essa garantia, tanto governos de outros países como particulares puderam manter reservas monetárias em dólares (que, ao contrário do ouro, rendiam juros, porque essas reservas eram muitas vezes mantidas sob a forma de títulos do Tesouro dos EUA).

O sistema funcionou a contento até que o balanço de pagamentos dos Estados Unidos começou a ficar cronicamente deficitário, como vimos, e o governo americano perdeu o controle sobre o movimento de capitais para fora do país. Vários governos europeus trocaram seus dólares por ouro, começando a exaurir as reservas metálicas dos Estados Unidos. Isso abalou a confiança no dólar, o que desencadeou sucessivas ondas especulativas contra a moeda americana, nas quais as próprias multinacionais daquele país tomaram parte.[1]

Em agosto de 1971, o presidente Nixon (dos Estados Unidos) repudiou o compromisso de manter a equivalência entre o dólar e o ouro, dando assim um gigantesco calote nos que tinham amealhado aquela moeda, confiantes na estabilidade do seu valor. Após sucessivas conferências e acordos internacionais, que malograram, o sistema de "paridades fixas" entre todas as moedas foi abandonado. A relação de câmbio entre elas passou a ser estabelecida por demanda e oferta nos mercados de dinheiro, dominados essencialmente pela especulação financeira. Essa mudança teve efeitos graves sobre o capitalismo contemporâneo, dada a crescente integração das principais economias capitalistas.

Nos anos 1950, os países europeus estabeleceram o Mercado Comum Europeu, eliminando entre eles todas as barreiras comerciais. Nos anos 1960 e 1970, o comércio entre os Estados Unidos, o Mercado Comum Europeu e o Japão também foi sendo paulatinamente liberado, o que tornou suas economias cada vez mais interdependentes. As multinacionais aproveitaram o ensejo para criar subsidiárias em todos eles, produzindo em cada país determinados produtos e os exportando aos demais. Convém notar que os países menos desenvolvidos

---

[1] Os especuladores, temerosos de que o dólar pudesse ser desvalorizado, trocavam-no por outras moedas, de países com superávit no balanço de pagamentos.

não participam desse processo de integração. O Brasil, por exemplo, mantém seu mercado interno reservado aos produtores nacionais, importando unicamente produtos sem similar feito no país.

A interdependência econômica tende a enfraquecer o controle de cada governo sobre a conjuntura de seu país. O grande capital, tornado multinacional, encontrou no euromercado uma forma de se subtrair à ação governamental, desde que esta lhe contrarie os interesses. Depois que essa possibilidade se tornou conhecida na prática, enorme número de bancos de todos países passou a operar no euromercado, cujas dimensões cresceram explosivamente nos últimos quinze anos. Até mesmo bancos centrais – entidades oficiais de administração da moeda e do crédito – de vários países passaram a aplicar suas reservas, ou parte delas, no euromercado. A crise do capitalismo contemporâneo é, em grande medida, resultado da ruína do sistema de regulação *nacional* das economias capitalistas, sem que ele fosse substituído, ao menos até agora, por algum sistema de regulação *internacional*.

Vimos, na seção anterior, que a prosperidade do período 1945-1970 foi possibilitada por uma redistribuição da renda a favor dos assalariados e a favor do Estado, sem prejuízo do capital, isto é, das empresas privadas, graças à expansão acelerada da produtividade do trabalho. Quando essa expansão se desacelera, surge um sério conflito distributivo entre trabalho, capital e Estado, cujo efeito é aumentar a inflação, desequilibrar a balança comercial e intensificar a saída de capitais privados ao exterior, nos países em que a força política do trabalho e do Estado impõe perdas de lucratividade ao capital. É o que se verifica em todos os países capitalistas adiantados, em que a prática da democracia política fortaleceu o movimento operário. Esses sintomas de crise são menos evidentes no Japão, no entanto, cujos sindicatos são menos poderosos e cujo Estado não sustenta forças armadas (proibidas pela constituição nipônica) e realiza gastos sociais em nível relativamente modesto.

Em fins de 1973, os principais países exportadores de petróleo (formando a Organização dos Países Exportadores de Petróleo – Opep) triplicaram o seu preço. Foi o chamado primeiro choque do petróleo, que desencadeou a primeira crise conjuntural séria do pós--guerra. O países-membros da Opep são todos pouco desenvolvidos, e do petróleo por eles exportado dependem as principais economias capitalistas. O aumento enorme do custo do combustível tinha por efeito elevar nessas economias a inflação (pois o aumento do preço da energia se transmite a praticamente todos os demais preços) e aumentar o seu déficit comercial, ao elevar o valor das importações. Em suma, o choque do petróleo agravou imensamente os sintomas de crise que se tinham feito sentir nos anos precedentes. Os governos de quase todas as nações capitalistas adiantadas, diante dessas circunstâncias, decidiram adotar políticas recessivas: cortaram o gasto público e restringiram o crédito. Desse modo, a demanda efetiva sofreu forte redução, o que fez cair as vendas no mercado interno e, portanto, as importações. A queda das vendas restringiu o repasse do aumento da energia aos demais preços, detendo a escalada inflacionária. E a queda das importações moderou o aumento do déficit comercial. Mas, como efeito "colateral", a economia capitalista mundial caiu em severa recessão durante dois anos – 1974 e 1975 –, com forte diminuição do nível de produção e de emprego. Pela primeira vez desde os anos 1930, os países industrializados tiveram ponderável desemprego e que tende a aumentar sempre.

Em 1979-1981 se dá o segundo choque do petróleo, quando a Opep volta a impor grande aumento do preço do combustível. Os mesmos efeitos se fazem sentir novamente, com os diversos governos voltando a adotar políticas que produzem outra recessão. Dessa vez ela dura três anos – 1980, 1981 e 1982 – e é mais profunda, registrando queda mais acentuada da produção e do nível de emprego. Na realidade, os dois choques do petróleo funcionam mais como detonadores das recessões do que como suas causas básicas. O ônus imposto pelos choques aos países importadores de petróleo somente agrava um conflito distributivo que já estava colocado e dá aos governos motivação suficiente para "resolver" o referido conflito a favor do capital e contra os assalariados. O desemprego, produzido pelas recessões, enfraquece os sindicatos e sufoca a rebeldia operária contra as condições de trabalho. Os salários deixam de subir e a lucratividade do capital se recupera.

Convém observar que mesmo no período 1976-1979, quando as principais economias capitalistas voltam a crescer, o desemprego continua se expandindo. Isto se explica, em parte, pela revolução tecnológica produzida pela invenção do microprocessador (em 1970), que barateou imensamente todo tipo de "automação". Seguiu-se amplo sucateamento de instalações e máquinas obsoletas e a adoção de processos de produção que requerem pouquíssima participação do trabalho humano. O desemprego atingiu principalmente os antigos bastiões do sindicalismo, como Detroit (Estados Unidos) ou Turim (Itália), devido tanto à automação como à fuga dos capitais, que se deslocaram para regiões mais atrasadas do mesmo país ou para países mais atrasados. Nos últimos anos, o número total de sindicalizados tem caído nos Estados Unidos, acarretando sensível perda de poder de barganha do movimento operário. Algo semelhante ocorreu também nos países europeus. Não há dúvida de que o preço do reajustamento da economia desses países foi pago pelos trabalhadores, menos em termos de perdas salariais (que não foram grandes) do que em termos de um desemprego maciço e permanente, de caráter estrutural.

As recessões provocadas pelos choques do petróleo não chegaram a atingir os países em desenvolvimento, importadores de petróleo, como o Brasil e outros da América Latina, Ásia e África. É que os referidos choques provocaram grande aumento nas receitas de exportação dos países-membros da Opep e estes depositaram grande parte dos chamados "petrodólares" no euromercado. O mesmo fizeram as multinacionais ligadas à exploração do petróleo. Subitamente, os bancos, que operavam no euromercado, viram seus depósitos crescer rapidamente, enquanto a recessão reduzia a demanda por empréstimos nos países industrializados. Os banqueiros ampliaram então sua oferta de crédito aos países em desenvolvimento, que puderam assim sustentar grandes déficits comerciais (causados pelo encarecimento do petróleo) sem ter que amputar a demanda efetiva em seus mercados internos. Acumularam, em compensação, enorme dívida externa, que em 1985 alcançou 700 bilhões de dólares!

Entre 1974 e 1981, o Brasil, por exemplo, obteve grande volume de capital monetário no euromercado, que foi investido em boa parte em programas energéticos: Proálcool, exploração de novas jazidas de petróleo, mineração de carvão etc. Mas, antes que essas inversões dessem seus frutos, a crise no euromercado cortou o fluxo de créditos, lançando o país no superendividamento. Aquela crise ocorreu em agosto de 1982, quando o México (que igualmente tomou grandes empréstimos) se declarou incapaz de continuar pagando os juros sobre sua dívida. Já no ano anterior, outro grande devedor – a Polônia – tinha sido obrigado a fazer o mesmo. Essas situações – denominadas "inadimplência" – tornaram-se inevitáveis pela desproporção entre os juros a serem pagos pelos países devedores e sua disponibilidade de dólares. A taxa de juros internacional tinha, desde 1979, subido a níveis elevadíssimos em consequência da política de contenção do crédito adotada pelo governo dos Estados Unidos. De 1979 em diante, o Brasil, assim como muitos outros países devedores, só pôde pagar juros fazendo novos empréstimos. Desse modo, nossa dívida externa crescia aos saltos, mas isso passava despercebido dos operadores do euromercado, em que não há banco central nem estatísticas globais dos estoques de dívidas.

A inadimplência da Polônia, em 1981, foi causada por uma crise política; a do México, em 1982, por uma fuga especulativa de capitais.[2] Como o México, grande exportador de petróleo, era considerado devedor seguríssimo, a suspensão do serviço de sua dívida externa causou pânico entre os banqueiros, que imediatamente deixaram de fazer novos empréstimos a *todos* os países latino-americanos, inclusive ao Brasil. E como esses países só podiam servir suas enormes dívidas externas mediante novos empréstimos, logicamente *todos* se tornaram inadimplentes.

A crise do superendividamento foi causada pelo descontrole reinante no mercado internacional de capitais, após a destruição do sistema de Bretton Woods. No euromercado, não há banco central que garanta os bancos privados contra a inadimplência de grandes devedores. Em 1982, a crise no euromercado colocou em sério risco de bancarrota os principais estabelecimentos de crédito dos Estados Unidos e de outros países. Tal só não se deu porque o governo americano interveio com empréstimos de emergência, que salvaram os bancos credores e induziram os governos devedores a adotar medidas de "reajustamento" de suas economias, que as lançaram em severa e prolongada recessão. Desse modo, o Brasil e mais uns quarenta países menos desenvolvidos acabaram sofrendo, alguns anos depois

---

2 Os mexicanos ricos, com medo que sua moeda – o peso – se desvalorizasse, passaram a trocá-lo por dólares, que eram depositados nos Estados Unidos. A saída desses dólares impediu que o México pudesse pagar os juros de sua dívida externa.

e com rigor redobrado, a recessão que as facilidades internacionais de crédito lhes tinham poupado quando do primeiro e do segundo choques do petróleo.

Essa crise revela a irracionalidade da economia capitalista enquanto sistema internacional. Cada país superendividado procura reduzir sua demanda interna para diminuir suas importações e expandir suas exportações, visando alcançar um amplo saldo comercial, com o qual possa pagar o serviço da dívida externa. Ora, é impossível a um grande número de países *ao mesmo tempo* importar menos e exportar mais, pois as importações de uns são as exportações de outros. O esforço conjunto de "reajustamento" de dezenas de países superendividados e de países adiantados também (enfrentando o segundo choque do petróleo) só teve por efeito a queda de importações *e* exportações, ou seja, a depressão do comércio internacional. O preço dos produtos primários (agrícolas e minerais) caiu verticalmente, o que agravou a balança comercial dos países menos desenvolvidos, que dependem da exportação dos mesmos.

Protesto contra o FMI e a dívida externa. O esforço de "reajustamento" de dezenas de países superendividados só teve por efeito agravar a depressão econômica e prejudicar o comércio internacional. Foto: Nair Benedicto/Agência F4

As sucessivas crises, a partir do primeiro choque do petróleo, não se assemelham às ocorridas antes da Segunda Guerra Mundial, pois não resultam de um colapso espontâneo da acumulação, mas de políticas econômicas deliberadamente recessivas, impostas aos governos pelo grande capital internacionalizado, que se move livremente na "terra de ninguém" do euromercado. Desse modo, até mesmo governos eleitos com os votos da classe operária (social-democratas, trabalhistas, populistas) se viram induzidos a punir os trabalhadores com elevação do desemprego e redução dos salários, para reter os capitais dentro de suas fronteiras. A política econômica de cada país perdeu sua autonomia e foi obrigada a alinhar-se às políticas do conjunto dos países capitalistas, condicionadas pela política do mais forte deles, os Estados Unidos. Quando o governo americano resolve "reajustar" sua economia, cortando a demanda efetiva, a recessão se torna geral; e quando o governo americano decide que o "reajustamento" já foi alcançado e toma medidas para elevar a demanda efetiva, os demais países podem adotar políticas semelhantes e também sair da recessão.

Assim se delineia um novo modo de regulação do capitalismo, formulado ideologicamente como retorno ao liberalismo mediante a eliminação dos controles estatais sobre o capital. Essa reação ideológica se iniciou nos anos 1970, com diversas ditaduras militares no Cone Sul (Chile, Uruguai, Argentina) pondo em prática a "desestatização" da economia. O mesmo se verificou após a subida ao poder dos conservadores, sob a liderança de Margaret Thatcher, na Grã-Bretanha, culminando com a vitória de Ronald Reagan em 1980 nos Estados Unidos. Os resultados foram pouco animadores. Na América do Sul, a experiência neoliberal terminou em fiasco. Na Inglaterra, acelerou a decadência. Nos Estados Unidos, logrou deter a inflação, mas à custa de um militarismo exacerbado e de imenso endividamento externo.

Na realidade, o neoliberalismo não revogou em lugar algum os controles sobre a economia exercidos através de amplo setor público, avultados gastos sociais e militares. Nem abriu mão do controle estatal da moeda e do crédito. Para que a economia voltasse a ser regulada basicamente por mecanismos de mercado, seria necessário a volta ao padrão-ouro. Como foi visto anteriormente, esse regime monetário, que esteve em vigor no século XIX, faz o volume de meios de pagamento e de crédito depender das variações das reservas de ouro do banco central e estas são determinadas pelas flutuações do saldo do balanço de pagamentos. Dessa maneira, o câmbio, os juros e a própria conjuntura passam a ser determinados, em cada país, pelo seu desempenho no mercado mundial. Ora, não há nenhum sinal, em país algum, de volta ao automatismo do padrão-ouro. Os governos continuam praticando política monetária e fiscal, embora com fortes restrições impostas pela conjuntura mundial.

As políticas de "choque heterodoxo", postas em prática em Israel, Argentina e Brasil, entre outros países, para debelar crises inflacionárias indicam enorme reforço da regulação estatal da economia. O seu êxito se deve ao fato de concentrar nas mãos do governo poderes ditatoriais para fixar preços, salários, juros, câmbio etc. A sua provável difusão mostra que a vaga neoliberal cumpre muito mais funções ideológicas do que de guia para políticas efetivas. A utopia reacionária de uma volta ao capitalismo liberal de antanho se tornou atraente em face do fracasso do "keynesianismo", que desaguou na "estagflação", isto é, na concomitância da estagnação produtiva e inflação. Mas o futuro se encontra na direção oposta. Desde 1985, as grandes potências (o chamado Grupo dos 5: Estados Unidos, Japão, Alemanha Ocidental, Grã-Bretanha e França) conseguiram estabelecer certo controle sobre o câmbio e a taxa internacional de juros. Esse controle resulta de acordos duramente negociados, mas ele indica que a economia mundial poderá ser regulada, no futuro, pelos governos agindo em uníssono. Criam-se desse modo perspectivas de superação da anarquia financeira que a internacionalização do grande capital instaurou desde o começo dos anos 1970.

A iniciativa coube, por enquanto, às grandes economias capitalistas credoras. Mas aos países superendividados não cabe outra alternativa a não ser coordenar em conjunto suas próprias políticas econômicas, único modo de se opor à recessão crônica que lhes impõem os credores, via Fundo Monetário Internacional (FMI, agência intergovernamental de crédito, que "vigia" a política econômica dos países superendividados). O possível êxito da regulação interestatal no polo dominante torna provável sua adoção no polo dominado.

Uma possível regulação interestatal não supera as contradições do capitalismo, mas as recoloca em condições de serem manejadas com menos irracionalidade pelas partes em conflito. A consolidação de blocos interestatais contrapostos – bloco capitalista desenvolvido, bloco capitalista semidesenvolvido, bloco "soviético" – poderá ser o principal resultado da crise do capitalismo contemporâneo. Nesse caso, a multinacionalização do capital privado terá encontrado instâncias reguladoras, capazes de limitar suas tendências autodestrutivas.

Uma crise de dimensões históricas, como a atual, nunca apresenta uma única saída provável. Pode-se imaginar também que ela desembocará num novo conflito mundial ou então na instauração de um modo de produção superior, no socialismo. Sem confundir nossos temores ou nossos desejos com a realidade, cumpre reconhecer que nem o pior nem o melhor se colocam por ora na ordem do dia.

4
O capitalismo no Brasil

As origens do capitalismo brasileiro

Durante os três séculos como colônia e mesmo na maior parte do primeiro século após a Independência, o capitalismo, enquanto modo de produção, não existiu no Brasil. O modo de produção dominante era o escravismo colonial, ao lado do qual havia extensa economia de subsistência (veja Capítulo 1).

Não obstante, a colonização portuguesa do território brasileiro foi parte da constituição do mercado mundial, matriz do capitalismo manufatureiro na Europa. Desde o estabelecimento dos primeiros engenhos de açúcar, a presença do capital comercial holandês se fazia sentir. O Brasil colônia foi, sem dúvida, um dos sustentáculos da expansão do capitalismo em sua fase pré-industrial, na Holanda primeiro e na Grã-Bretanha depois.

Por causa de tudo isso, certos autores sustentam que o capitalismo veio ao Brasil praticamente nas naus de Pedro Álvares Cabral. O que estaria certo em relação ao *capitalismo comercial*, o qual, no entanto, *não* constitui um modo de produção. O capitalismo comercial, como o nome já indica, é um modo de circulação de mercadorias provenientes de diversos modos de produção. Desde a Antiguidade, o capital comercial se acumula e adquire importância no intercâmbio a longa distância, pondo em contato povos distantes, em diferentes estágios de desenvolvimento das forças produtivas. O papel conspícuo do capital comercial em Roma, por exemplo, não tornou o escravismo antigo capitalista assim como sua importância na Idade Média não fez que o feudalismo se tornasse capitalista. Do mesmo modo, o fato de no Brasil os engenhos de açúcar e mais tarde as minas de ouro e as plantações de café, cacau etc. produzirem para o mercado mundial, em estreita colaboração com o capital comercial, não confere ao escravismo colonial (magnificamente estudado por Jacob Gorender, 1978) caráter capitalista.

Em todos os ciclos da economia brasileira, a produção foi sempre realizada pelo braço escravo. A escravidão predominou não apenas nos empreendimentos agrícolas, agromanufatureiros e minerais, mas também no mundo urbano, em que proprietários alugavam seus escravos a empreiteiros de obras públicas, donos de manufaturas etc. e em que até mesmo as atividades artesanais e o comércio de varejo estavam em sua maior parte a cargo de cativos. Sendo o capitalismo um modo de produção caracterizado pela alienação da força de trabalho por indivíduos livres em troca de salários, está claro que ele é incompatível com a escravidão e só adquire significado no Brasil após a abolição da mesma.

Na verdade, desde o encerramento do tráfico negreiro, em 1850, houve tentativas de substituir o trabalhador escravo tornado escasso pelo trabalhador livre assalariado. Mas essas experiências iniciais tiveram pouco êxito. O único modo de integrar trabalhadores imigrantes na economia brasileira era o de lhes ceder terras e permitir que se estabelecessem como camponeses autônomos. Na segunda metade do século passado, certas regiões do Rio Grande do Sul e de Santa Catarina foram assim colonizadas por alemães e italianos, constituindo uma espécie de oásis de trabalho livre no seio da sociedade brasileira. Mas, mesmo nessa área, o que pôde então se desenvolver não foi o capitalismo, mas apenas a produção simples de mercadorias em âmbito local. O Brasil escravocrata carecia de um mercado interno capaz de dar sustento à produção capitalista.

Após 1888, a escravatura foi substituída pelo colonato na cafeicultura, que era então o principal ramo de produção mercantil do país. O colonato (veja Spindel, 1979) já constituía uma forma protocapitalista de organizar a produção. O colono era uma combinação de assalariado e arrendatário, sendo pago para cuidar do cafezal e ao mesmo tempo sendo autorizado a plantar entre os pés de café ou em terras não aproveitadas.

A produção capitalista propriamente surge nas cidades, na indústria e na manufatura. Na última década do século XIX começou um vigoroso processo de substituição de importações industriais, com o surgimento de numerosos estabelecimentos capitalistas na capital federal e nas capitais dos estados. A maioria deles era de proporções modestas e com toda probabilidade utilizavam processos artesanais de produção. Eram, na realidade, *manufaturas* que aproveitavam a disponibilidade de artífices vindos da Europa para produzir para o consumo local artigos até então importados. No entanto, na mesma época também se constituíram as primeiras *indústrias* brasileiras, sobretudo no ramo têxtil. Essas indústrias operavam com equipamento importado e muitas vezes com matérias-primas importadas. Como empregavam também trabalhadores importados (imigrantes), eram tachadas de "artificiais", pois não pareciam articular-se com o resto da economia. Muito vulneráveis à concorrência do produto estrangeiro, careciam de proteção aduaneira, o que lhes era frequentemente negado pela coligação de interesses anti-industriais, formada pelo capital comercial importador, pela oligarquia agroexportadora e pela classe média urbana, que dava clara preferência ao artigo estrangeiro.

Durante a Primeira República, esse capitalismo voltado para o mercado interno logrou desenvolver-se sobretudo durante os períodos de crise da economia mundial, quando o comércio internacional decrescia e a falta do produto importado lhe proporcionava uma "reserva de mercado". Este foi indiscutivelmente o nosso período de aprendizado industrial, durante o qual, ao lado das fábricas, se construíam vilas operárias, cujos moradores eram paternalisticamente assistidos e vigiados pelo capitalista empregador e locador. Mas, ao mesmo tempo, surgiram as primeiras manifestações de protesto e de luta do movimento operário, constituído predominantemente por anarquistas e anarcossindicalistas. Em 1906, reuniu-se um congresso operário com a presença de 43 delegados representando 28 sindicatos operários (entre outros, de gráficos, mineiros de carvão, marmoristas, estivadores, ferroviários, chapeleiros, "artistas sapateiros" etc.). Entre as muitas resoluções adotadas destacam-se as seguintes:

Tema 1 – O sindicato de resistência deve ter como única base a resistência ou aceitar conjuntamente o subsídio de desocupação, de doença ou de cooperativismo? "[...] O Congresso aconselha, sobretudo, resistência, sem outra caixa a não ser a destinada a esse fim e que, para melhor sintetizar o seu objetivo, as associações operárias adotem o nome de sindicato."

Sobre ação operária:
Tema 1 – Quais os meios de ação que o operariado, economicamente organizado, pode usar vantajosamente? "[...] O Congresso aconselha como meios de ação das sociedades da resistência ou sindicatos todos aqueles que dependem do exercício direto e imediato de sua atividade, tais como a greve geral ou parcial, a boicotagem, a sabotagem, o labéu, as manifestações públicas etc. [...]" (Pinheiro e Hall, 1979, p.48 e 51).

A primeira das resoluções citadas aponta para o dilema com que se defrontam os sindicatos brasileiros desde seu nascimento: devotar-se à luta contra o capital (resistência) ou combinar a luta de classes com a ajuda mútua ou assistência social. O Congresso opta pela dedicação exclusiva à resistência e aconselha as associações operárias, "para melhor sintetizar seu objetivo", a adotarem o nome de sindicato. O nome certamente pegou, mas seu sentido tornou-se com o tempo mais ambíguo. A história do sindicalismo brasileiro registra tanto soberbas tradições de luta quanto extensas assistencialistas, sobretudo quando esteve mais subordinado ao controle do Estado.

A segunda resolução citada revela com clareza como o então nascente movimento operário se encontrava marginalizado do mundo político e submetido à dura repressão patronal e policial. O Congresso, na melhor tradição anarquista, aconselha unicamente a "ação direta" dos próprios trabalhadores, lançando mão dos recursos mais extremos, como a greve e a sabotagem. As primeiras três décadas do presente século representam o período heroico do movimento operário brasileiro, em que os referidos meios de ação foram intensa e frequentemente aplicados. É de notar que o recurso à ação política é explicitamente colocado fora de cogitação.

Constituíram-se nessa época os primeiros "impérios industriais", dos quais ainda sobrevivem as Indústrias Reunidas Francisco Matarazzo, entre outros. Tais "impérios" reuniam, na verdade, dezenas de estabelecimentos de médio porte, muitos possivelmente meio industriais e meio artesanais. Apesar da oposição da oligarquia latifundiária, a burguesia industrial cresce, acumula capital e ganha progressivamente mais espaço na economia brasileira. Após a Primeira Guerra Mundial (1914-1918), a importação ampliada de tecidos ingleses (legal e ilegal) lança a indústria têxtil nacional numa crise. Trava-se uma longa luta ao redor da proteção da indústria nacional contra a concorrência do produto importado. Em 1928, finalmente, o Parlamento aprova o aumento das tarifas aduaneiras, que gravam os tecidos importados, o que representou uma vitória histórica da burguesia industrial. O episódio mostra que, no seio das classes dominantes, os interesses industriais capitalistas estavam começando a alcançar uma posição hegemônica.

A hegemonia capitalista no Brasil

O governo, na Primeira República, estava basicamente ligado aos interesses da cafeicultura, que constituía, como vimos, um ramo semicapitalista. O capital que se acumulava no cultivo do café era, em geral, reinvestido na expansão dos cafezais ou em atividades complementares: transporte ferroviário, fabricação de sacaria etc. A oligarquia cafeicultora não havia logrado constituir um mercado de capitais, através do qual a acumulação pudesse sistematicamente conquistar novos ramos de produção. É verdade que parte do capital cafeeiro se encaminhou, diretamente ou via sistema bancário, a outras atividades, inclusive à industrial. Mas sempre que se colocava o dilema de promover a exportação ou estimular a substituição de importações, o peso decisivo da oligarquia cafeicultora inclinava a balança a favor da exportação. A industrialização era assim subordinada aos interesses hegemônicos da agricultura dirigida ao mercado externo, no seio da qual ainda sobreviviam elementos servis. A dominação social e política, na Primeira República, se apoiava numa vasta camada de trabalhadores rurais, que carecia da autonomia do proletariado urbano, devido à sua dependência do latifúndio. Enquanto, nas cidades, o nascente proletariado industrial formava sociedades de resistência e enfrentava o capital em lutas por direitos básicos – como a limitação a oito horas da jornada de trabalho –, no campo, os trabalhadores se deixavam arrebanhar em "currais eleitorais" e constituíam as tropas com que os coronéis travavam suas "guerras do sertão".

A grande importância da Revolução de 1930 foi ter dado início à destruição desse tipo de dominação. O Estado deixou de depender do latifúndio e, portanto, deixou de lhe dar apoio irrestrito. Isso não quer dizer que o governo instaurado pela Revolução e presidido por Getúlio Vargas se empenhasse em alguma reforma agrária que ameaçasse a própria existência do latifúndio ou que praticasse políticas econômicas adversas aos interesses da oligarquia agroexportadora. Antes, pelo contrário, Getúlio, no início dos anos 1930, se preocupou em defender a cafeicultura paulista assim como a agroindústria açucareira do Nordeste. Mas, ao mesmo tempo, também procurou defender os interesses do capital industrial e até mesmo do proletariado industrial. Nesse sentido, criou o Ministério do Trabalho, da Indústria e do Comércio e promoveu a criação de sindicatos oficiais, aos quais concedeu o direito legal de representação das várias categorias profissionais e industriais.

O surgimento de uma estrutura sindical oficializada teve, para o governo revolucionário, uma dupla finalidade: marginalizou, no movimento operário, as lideranças anarquistas e socialistas (que naturalmente boicotaram a oficialização dos sindicatos) e constituiu uma força social e política nova, que se antepunha ao binômio latifúndio--coronelismo. Como os sindicatos oficiais eram manipulados pelo Ministério do Trabalho, sua ideologia deixou de ser de resistência ao capital. Em seu lugar, cresceu um ideário nacionalista e industrializante, que tendia a transformar o operariado em base de massas do capital industrial.

Desfile operário (1º de maio de 1942). Getúlio Vargas, ao criar uma estrutura sindical oficializada, procurou ao mesmo tempo marginalizar as lideranças anarquistas e socialistas do movimento operário e tornar o operariado base de massas do capital industrial.

Durante a primeira metade dos anos 1930, a indústria brasileira se expandiu vigorosamente, em virtude da "reserva de mercado" que a crise econômica mundial lhe proporcionava. Nesse período, se completava a substituição de importações de produtos do Departamento II, promovida tanto por indústrias como por manufaturas capitalistas. O governo brasileiro agia pragmaticamente, dando apoio direto às atividades atingidas pela crise e assim praticava inconscientemente política keynesiana de sustentação da demanda efetiva. Diga-se, de passagem, que algo semelhante estava sendo tentado em outros países (Alemanha, Estados Unidos, Suécia) e constituía a alternativa natural à ortodoxia econômica, que recomendava política fiscal de austeridade, agravadora da crise. No Brasil dos anos 1930, a ortodoxia continuava dominante no plano ideológico, mas na situação revolucionária criada não havia como aplicá-la. Apesar dos propósitos, sempre reiterados pelas autoridades fazendárias, de manter o orçamento federal equilibrado, as despesas acabavam excedendo os valores previstos, e o saldo orçamentário foi durante toda década dos 1930 negativo (Villela e Suzigan, 1973, cap. 6.2), O efeito desses déficits foi estimular o crescimento do mercado interno, do que se aproveitou a indústria para se expandir.

Com o avanço da industrialização, que poderíamos chamar de "espontânea", suas debilidades estruturais começaram a aparecer. O Brasil dispunha de um amplo Departamento II, isto é, de produção de bens de consumo, mas carecia quase inteiramente do Departamento I, isto é, de um parque produtor de meios de produção. Para se prover de equipamentos e matérias-primas e auxiliares, a indústria nacional dependia de importações. Ora, a crise tinha reduzido drasticamente a capacidade de importar do Brasil, de modo que a continuidade da industrialização estava ameaçada pela impossibilidade de expandir a importação de bens de capital e bens intermediários. Convém notar que a expansão dos serviços de infraestrutura – transporte, energia, telecomunicações etc. – também dependia da importação de equipamentos e *know-how*.

O mais lógico de se esperar seria que o capital industrial promovesse a seguir a substituição das importações de equipamento, componentes, matérias-primas etc., por produção nacional. Mas isso era mais difícil devido ao elevado grau de concentração do capital que caracteriza os ramos componentes do Departamento I. A produção de aço, energia elétrica e autoveículos exigia montantes de capital muito maiores do que as empresas brasileiras da época tinham capacidade para mobilizar. Essa nova etapa da substituição de importações só poderia ser realizada pelo capital monopólico estrangeiro ou pelo Estado. Como as inversões estrangeiras estavam em refluxo, no mundo inteiro devido à crise econômica, a única alternativa que restava era o Estado.

A questão começou a ser discutida seriamente no governo brasileiro a partir da segunda metade dos anos 1930, quando as esperanças de rápida recuperação da economia mundial já tinham se desvanecido e a possibilidade de nova guerra mundial ameaçava reduzir ainda mais os suprimentos do exterior. Após a instauração do Estado Novo, em novembro de 1937, o governo suspendeu o pagamento da dívida externa, justificando a medida com a necessidade de preparar o país para a eventualidade de uma nova conflagração mundial. A instauração da ditadura aumentou o peso político da cúpula militar, que se aliou à corrente industrializante dentro do governo. A partir desse momento, o Estado passou a participar diretamente do processo de industrialização, promovendo a substituição das importações de aço e de autoveículos, com a fundação da Companhia Siderúrgica Nacional e da Fábrica Nacional de Motores.

A hegemonia capitalista se instaura no Brasil a partir dessa época, em que o fomento da industrialização – ou seja, da acumulação de capital industrial – passou a ser a prioridade máxima dos sucessivos governos. Os interesses dos outros modos de produção presentes na formação social brasileira – a produção agromanufatureira semisservil semicapitalista e a produção simples de mercadorias – foram, desde então, consistentemente subordinados aos do capital, em suas várias formas: público e privado, nacional e multinacional. O que implicou favorecer não só o capital, mas também o proletariado, cuja formação e reprodução passam a merecer o amparo institucional e financeiro do Estado. Datam do Estado Novo (1937-1945) a decidida ampliação do sistema de previdência social e da legislação do trabalho, inclusive com a concessão de algumas das principais reivindicações do movimento operário, como a jornada de oito horas e a instauração do salário mínimo.

É importante notar que o reconhecimento legal dos sindicatos operários, a imposição de limites à exploração da classe operária pela legislação do trabalho e o subsidiamento da reprodução da força de trabalho por fundos públicos são momentos cruciais da implantação do capitalismo em todos os países. Na Grã-Bretanha, medidas nesse sentido começaram a ser adotadas a partir das primeiras décadas do século passado, mas o processo só se completou no governo trabalhista, eleito após o término da Segunda Guerra Mundial.

Nos outros países hoje industrializados, esse processo se desenrolou em ritmos diferentes, mas em todos eles essas conquistas levaram décadas e foram realizadas sob pressão do movimento operário, que pôde preservar sua independência do Estado. No Brasil, medidas a esse respeito começam a ser adotadas na década de 1920 e principalmente de 1930, também sob pressão do movimento operário. Mas sua implantação sistemática se dá sob o Estado Novo, quando o sindicalismo se encontra manietado e controlado pela burocracia do Ministério do Trabalho. A legislação sindical brasileira se inspira na dos regimes fascistas da Polônia e da Itália e trata de integrar os órgãos de representação de classe no próprio aparelho de Estado.

Em 1945, a ditadura de Getúlio Vargas é derrubada e o Brasil se redemocratiza. A nova constituição, aprovada em setembro de 1946, consagra novos direitos da classe operária, inclusive o direito de greve. Mas a legislação inspirada no fascismo e sistematizada na Consolidação das Leis do Trabalho (CLT) de 1943 não é alterada.

Sob o regime democrático, que perdura até 1964, a hegemonia do capitalismo se consolida com o pleno uso dos poderes e dos recursos financeiros do Estado para apoiar a acumulação. A substituição de importações prossegue com a formação de um Departamento I em que empresas públicas têm papel fundamental: CSN, Cosipa e Usiminas na grande siderurgia integrada; Petrobras na exploração e refino de petróleo; Companhia Vale do Rio Doce na exploração, processamento, transporte e comercialização de minérios; Eletrobras na exploração, transmissão e distribuição de energia elétrica, além de companhias de transporte ferroviário, marítimo e aéreo, de telefonia etc. Mas importantes ramos do mesmo Departamento I são entregues pelo Estado ao capital estrangeiro, que, mediante sua implantação no Brasil primeiro e em outros países do Terceiro Mundo depois, se multinacionaliza. Estão nesse caso a indústria automobilística, mecânica, de material elétrico e química, entre outras.

O capitalismo monopólico no Brasil

Não é fácil datar a passagem do capitalismo à sua fase monopólica nos países desenvolvidos. As companhias ferroviárias, que surgem ainda na primeira metade do século XIX, são as primeiras empresas capitalistas produtivas que adotam a forma de sociedade por ações, reunindo numerosos capitais e sendo geridas por administradores profissionais. Elas constituem, por assim dizer, as predecessoras do capitalismo monopolista.

O processo de concentração de capital sofre uma mudança qualitativa por efeito da Segunda Revolução Industrial, que inaugura a era do aço, da eletricidade, do motor a explosão e da indústria química. Essa revolução tem lugar nas décadas finais do século passado e se estende às décadas iniciais do presente século, principalmente nos Estados Unidos, na Alemanha e na Grã-Bretanha. Os novos ramos industriais, criados pela referida revolução, caracterizam-se pelas grandes dimensões da unidade produtiva, que se tornam condição de sua viabilidade econômica.

O novo avanço das forças produtivas requer imensa inversão de capital fixo, a qual só pode ser amortizada pela produção em massa. Consequentemente, impõe-se a formação de firmas gigantescas, que reúnem grande número de capitais, sob a forma de sociedades anônimas. Nos Estados Unidos e na Grã-Bretanha, essa reunião de capitais ocorre no quadro de um mercado de capitais constituído pelas bolsas de valores, cujos leilões diários de ações atraem enormes montantes de recursos para a capitalização das grandes firmas. Já na Alemanha e um pouco mais tarde no Japão, o surgimento dos capitais monopólicos se faz sob o patrocínio mais ou menos direto do Estado.

O que distingue o capitalismo monopólico do da fase anterior – denominado de "competitivo" ou "liberal" – é, antes de mais nada, a mudança nas regras da competição. Nos mercados competitivos, numerosas empresas disputam a preferência dos compradores mediante preços mais baixos ou vantagens análogas, tais como prazos mais longos de pagamento, descontos etc. Nos mercados monopólicos, a preferência dos compradores é disputada por pequeno número de grandes firmas mediante diferenciação dos produtos, prestígio da marca e publicidade. O público consumidor é persuadido de que a marca e a aparência do produto representam qualidade superior e, portanto, justificam o pagamento de um preço mais alto.

Embora os diversos produtos satisfaçam a mesma necessidade, os consumidores são docemente coagidos pela sugestão hipnótica da propaganda a aderir a uma ou outra marca, tornando-se incapazes de comparar preço e qualidade para efetuar escolhas "racionais".

Outra mudança significativa ocorre na gestão das empresas. No capitalismo competitivo, cada firma era dirigida por seu dono ou por reduzido número de sócios-proprietários. A forma típica assumida pelo capital individual era a "empresa familiar", que passava de pais a filhos, como continua acontecendo com as firmas de porte médio e pequeno. Mas, obviamente, essa forma era e é incompatível com a presença de milhares de sócios-proprietários nas sociedades anônimas, que constituem os capitais monopólicos. Nessas empresas, um grupo majoritário de acionistas – o chamado "grupo controlador" – forma um conselho de administração, ao qual são submetidas as principais decisões, inclusive a de escolher os administradores diretos do empreendimento, conhecidos como "executivos". Estes são administradores de carreira e só excepcionalmente participam do capital da firma. Surge assim uma nova burguesia, a "burguesia gerencial", que se encarrega da gestão dos capitais amalgamados de pessoas físicas e de pessoas jurídicas, públicas e privadas.

Finalmente, é preciso notar que os capitais monopólicos tendem a dominar os mercados em que vendem e os mercados em que se suprem, administrando os preços que cobram e os que pagam e *planejando* suas inversões, tendo em vista mudanças futuras de processos produtivos e lançamento futuro de novos produtos. A situação monopólica que desfrutam é justificada pela necessidade de reduzir riscos, dado o enorme volume de capitais que movimentam. O gigantismo da planta produtiva, imposto pela tecnologia, multiplica o gigantismo da firma, que controla numerosas plantas em diferentes locais do país e, mais recentemente, em dezenas de mercados nacionais diferentes.

No Brasil, o estabelecimento de ferrovias, desde a segunda metade do século passado, e de serviços de infraestrutura – redes de energia elétrica, de telefonia, de distribuição de gás, de transporte por bonde –, a partir do início deste século, pode ser considerado o pródromo do capitalismo monopolista no país. Enquanto o Brasil não internalizou os frutos da Segunda Revolução Industrial, no entanto, esses monopólios não chegaram a alterar o caráter essencialmente competitivo (e em boa medida ainda pré-industrial) do nosso capitalismo.

Como vimos, as primeiras empresas industriais monopólicas foram criadas, na década de 1940, pelo Estado: a Companhia Siderúrgica Nacional, a Fábrica Nacional de Motores, a Companhia Nacional de Álcalis e a Companhia Vale do Rio Doce. Mas foi na década de 1950 que o capitalismo monopolista entra em plena expansão no Brasil, dominando a acumulação do capital e modificando profundamente a fisionomia econômica e social do país. Inicialmente, ainda foi com capital estatal que se criaram a Petrobras, a Companhia Siderúrgica Paulista (Cosipa), a Usiminas e diversas companhias de eletricidade (Companhia Hidrelétrica do São Francisco (Chesf), Furnas etc.). Mas, no quadro de uma industrialização acelerada pela execução do Plano de Metas do presidente Juscelino Kubitschek (1956-1961), capitais multinacionais foram atraídos em grande escala ao país, tornando a hegemonia do capital monopólico definitiva no Brasil.

A implantação da indústria automobilística ilustra bem a forma com que se deu no Brasil a passagem do capitalismo de competitivo a monopólico. A era automobilística tem início no Brasil após a Primeira Guerra Mundial, quando se inicia a construção de rodovias e se criam as primeiras indústrias montadoras, de capital estrangeiro. Desse período em diante, se expande rapidamente o uso do automóvel e o transporte por caminhão, com material rodante e combustível importados. Dadas as limitações da capacidade de importar no período de crise e de conflito mundial (1930-1945), surge uma diversificada indústria de peças de reposição, constituída por empresas médias e pequenas. Durante a Segunda Guerra Mundial, a escassez de petróleo leva à sua substituição pelo "gasogênio", solução energética inteiramente nacional, que comprova a incrível capacidade de improvisação da indústria brasileira. Houve também ampla substituição de matérias-primas importadas por produtos nativos, alguns dos quais se revelaram economicamente superiores aos similares estrangeiros (Lima, 1970, p.362-3).

O Plano de Metas do presidente Juscelino Kubitschek atraiu multinacionais ao país e tornou definitiva a hegemonia do capital monopólico no Brasil.

Após a guerra, a importação de veículos volta a ser praticada, pondo em perigo o parque industrial criado anteriormente. O governo brasileiro decide então promover a implantação de uma indústria automobilística completa, capaz de produzir e montar veículos quase sem depender de componentes importados. Essa decisão implicava o estabelecimento de um certo número de capitais monopólicos – sobretudo as empresas montadoras – que exercessem a liderança tecnológica no setor, definindo os modelos a serem produzidos e os seus componentes.

Para tanto, o governo JK abre uma espécie de concurso internacional, convidando empresas do mundo inteiro a apresentar projetos, dentro das especificações que exigiam a nacionalização em poucos anos da produção de automóveis, utilitários, caminhões, ônibus etc. Em 1956, os capitais monopólicos americanos estavam em vias de se multinacionalizar mediante fortes inversões sobretudo na Europa ocidental. Os capitais monopólicos europeus estavam acuados em seus próprios mercados nacionais, em face do que seria chamado de "desafio americano". Para os capitais americanos, a atitude do governo brasileiro deve ter parecido pretensiosa, ao querer impor condições a quem dominava tranquilamente o mercado automobilístico mundial. Mas, para os capitais europeus e japoneses, o convite brasileiro representava uma boa oportunidade de se multinacionalizar num país com grande potencial de crescimento e com pleno apoio logístico e financeiro do Estado.

Por isso, foram sobretudo capitais da Alemanha Ocidental, França, Japão e Suécia que atenderam ao convite do governo JK, além de uma empresa americana (Willys Overland) que não era especializada na produção de automóveis. A vinda desses capitais monopólicos acarretou uma reorganização completa do ramo. As empresas brasileiras fabricantes de peças e componentes foram satelizadas pelas indústrias montadoras, que as obrigaram a se modernizar tecnicamente de modo a reduzir seus custos e a adequar seus produtos aos padrões internacionais.

Posteriormente, as grandes multinacionais dos Estados Unidos (GM e Ford) e a Fiat da Itália se integraram à indústria automobilística brasileira, substituindo empresas mais fracas, como a Simca e a DKW-Vemag. Dessa maneira, esse segmento do capitalismo brasileiro (assim como outros) se multinacionalizou quase por completo. Nos anos 1970, o governo ofereceu às empresas do ramo incentivos extraordinários para exportar seus produtos. Como nessa época (veja item "A crise do capitalismo contemporâneo") as indústrias automobilísticas nos Estados Unidos e na Europa se defrontavam com fortes pressões salariais e intensos conflitos trabalhistas, suas subsidiárias brasileiras foram utilizadas para punir os operários nas matrizes, substituindo-os pelos brasileiros. As multinacionais passaram a suprir crescentemente o mercado mundial de autoveículos a partir do Brasil, o que implicou transferir para cá linhas inteiras de produção e os respectivos empregos. O proletariado barato e disciplinado, pelo regime militar no poder, de São Bernardo, São José dos Campos e Contagem substituía com vantagem, para os capitais multinacionais, os trabalhadores reivindicativos e rebeldes de Detroit, Wolfsburg e Turim.

O caso da indústria automobilística revela diversas características gerais do capitalismo monopólico num país em desenvolvimento retardado, como o Brasil. Em primeiro lugar, a estreita inter-relação dos capitais monopólicos com o Estado. No caso das multinacionais, sua implantação no país praticamente sempre depende de apoio governamental explícito, seja para viabilizar financeiramente a inversão mediante subsídios fiscais e creditícios, seja para regular a inserção das novas empresas nos mercados locais. O Estado desempenha, portanto, uma certa supervisão sobre os mercados monopólicos, redividindo-os periodicamente entre os diferentes competidores. A implantação da Fiat, por exemplo, foi precedida por prolongadas negociações políticas, que envolveram o governo federal e diversos governos estaduais. Quando se decidiu, afinal, implantar a fábrica da Fiat em Minas Gerais, o governo desse estado se tornou sócio majoritário do empreendimento.

No período do regime militar, a associação direta entre capital brasileiro público e privado com capital multinacional tornou-se uma estratégia preferencial para o desenvolvimento do capitalismo monopólico no país. Desse modo, estreitaram-se deliberadamente os laços entre o capital monopólico nacional e o multinacional e entre o público e o privado. É interessante observar que, em consequência, o governo brasileiro exerce maior controle sobre o capital monopólico inserido na economia nacional do que ocorre em países de industrialização mais antiga (particularmente os Estados Unidos), onde o capital em geral retém mais autonomia em face do Estado. Não obstante, as *joint-ventures* entre capital estatal e multinacional não garantem que conflitos de interesse entre o governo brasileiro e as matrizes de certas multinacionais não possam surgir. Elas reforçam, no entanto, o controle do Estado brasileiro sobre os fluxos de capitais para dentro e para fora do país, o que, em épocas de crise, pode se mostrar essencial para a preservação da soberania nacional.

Um outro aspecto digno de nota, que a história da indústria automobilística revela, é que a internacionalização do capital produtivo coloca para os trabalhadores a necessidade de coordenar internacionalmente suas lutas. É indiscutível que o subdesenvolvimento do sindicalismo brasileiro (assim como de outros países em posição semelhante, como o México, Coreia do Sul, Taiwan etc.) tem sido usado pelos capitais multinacionais para enfraquecer o movimento operário nos países de industrialização mais antiga. Quando, a partir de 1978, o movimento sindical retomou as lutas grevistas no Brasil, ele contou, de imediato, com a solidariedade dos sindicatos dos países em que estão as matrizes das multinacionais aqui implantadas. Atualmente, os sindicatos brasileiros estão aprofundando o relacionamento com seus congêneres de outros países, tendo em vista não só o intercâmbio de informações e experiências, mas a futura coordenação internacional de movimentos reivindicativos. Convém observar, no entanto, que ainda há um longo caminho a percorrer para que os empregados de cada multinacional, nos muitos países em que ela se faz presente, consigam negociar acordos globais de trabalho.

Finalmente, a indústria automobilística também ilustra o fato de que a hegemonia do capital monopólico não tende a eliminar os capitais de menor porte, mas trata de subordiná-los. A maior parte da indústria nacional de autopeças compõe-se de empresas pequenas e médias, obrigadas a competir em mercados monopsônicos (em que há um único comprador) ou oligopsônicos (em que há poucos grandes compradores). Ela depende das grandes montadoras multinacionais, as quais lhe ditam as condições de produção e os preços, comprimindo sua taxa de lucro e forçando-a a pagar salários achatados. Este é o relacionamento típico entre o capital monopólico e os pequenos capitais que lhe vendem ou compram os produtos. Satelização semelhante pode ser observada, por exemplo, dos plantadores de fumo, tomate, uvas etc. pelas indústrias processadoras ou dos empreiteiros de obras pelas empresas construtoras.

Essa situação, no entanto, não pode ser generalizada. Existem ramos em que predominam empresas pequenas e médias que servem diretamente o grande público e que não dependem de capitais monopólicos. Mas a tendência é de que estes últimos penetrem nos mercados ainda competitivos, seja para tomar o lugar dos pequenos capitais e dos produtores autônomos (como está acontecendo, por exemplo, no comércio varejista) ou para subordiná-los, mediante o monopólio ou o monopsônio.

5
O futuro do capitalismo

Toda a história do capitalismo não conta mais de cinco séculos, três dos quais ocupados pelo capitalismo manufatureiro. Embora desde o seu início o capitalismo tenha manifestado inequívoca vocação de se tornar mundial, atualmente a maioria dos países ou ainda se encontra no limiar do capitalismo ou parece ter enveredado por uma via alternativa de desenvolvimento das forças produtivas – o planejamento centralizado. Em termos históricos, parece cedo demais para se poder fazer vaticínios sobre o destino futuro do capitalismo.

A irrupção do capitalismo industrial, no século passado, causou mudanças sociais tão traumáticas – principalmente a proletarização em massa de ex-camponeses, arrancados da noite para o dia de seu modo tradicional de vida – que inspirou a ideia de que esse sistema socioeconômico só poderia ter vida breve, apenas suficiente para preparar a base material de um modo de produção superior – o socialismo. Diga-se de passagem que essa ideia mostrou-se tão poderosa que não somente polarizou os movimentos sociais como está na origem das ciências sociais, inclusive da economia política. A ideia do fim próximo do capitalismo inspira tanto as obras de Marx e Engels como as de Schumpeter e Keynes.

A tese do fim previsível do capitalismo tem duas vertentes: a clássica, que pensa esse fim como resultante de um colapso econômico nos centros mais adiantados, seguido de revoluções vitoriosas; e a do confronto, que concebe o capitalismo perecendo em face da multiplicação de regimes socialistas na periferia não desenvolvida. A primeira vertente teve seu auge por ocasião da grande crise econômica mundial dos anos 1930, quando o esperado colapso parecia ter se materializado. Mas sua consequência não foi a sucessão de revoluções proletárias, mas o nazifascismo de um lado e o New Deal e o keynesianismo do outro. Após a Segunda Guerra Mundial, a perspectiva de colapso e revolução nos centros hegemônicos do capitalismo se desvaneceu por completo. O movimento operário, que efetivamente se formou nesses centros, inspirado pelo ideal do socialismo, parece ter se tornado conservador, preocupando-se apenas em preservar conquistas passadas e se mostrando (ao menos nos tempos que correm) incapaz de formular uma alternativa convincente ou uma utopia mobilizadora em face da Terceira Revolução Industrial, a da microeletrônica, já em pleno curso.

A vertente do confronto ganhou credibilidade com a série de revoluções anticapitalistas vitoriosas após a Segunda Guerra Mundial, na China, no Vietnã, em Cuba e em numerosas ex-colônias africanas. Ela se baseia na teoria de que, mediante o imperialismo, o capitalismo explora os países periféricos, sem neles desenvolver as forças produtivas. Essa teoria tem um elemento de verdade: o desenvolvimento do capitalismo na periferia requer uma ação positiva do Estado e se este se mantém passivo, restringindo-se a desempenhar o papel de guardião dos interesses estabelecidos, a economia fica estagnada num estágio colonial. O caso do Brasil comprova isso de maneira exemplar. Mas a teoria ignora a possibilidade de que, em consequência das próprias crises internacionais do capitalismo, o Estado oligárquico seja substituído por um Estado desenvolvimentista, capaz de promover a industrialização do país. Ora, essa possibilidade tem se realizado em um número de países certamente não inferior ao dos que adotaram o planejamento centralizado. Se este último revelou sua capacidade industrializadora na União Soviética, na China, na Coreia do Norte, em Cuba e em vários países da Europa oriental, não é menos verdade que regimes desenvolvimentistas capitalistas se mostraram igualmente capazes no Brasil, no México, na Coreia do Sul e em outros países do sudeste da Ásia e da periferia da Europa ocidental.

O fato histórico inegável é que o capitalismo industrial de modo algum ficou confinado em seu berço histórico. Na verdade, ele tem demonstrado notável capacidade de expansão para além das fronteiras da Europa e da América do Norte, exatamente como Marx e seus principais discípulos previram. Ora, esse fato despe a vertente do confronto de seu caráter inelutável, reduzindo-a à mera possibilidade histórica.

Na discussão do futuro do capitalismo, não há como fugir da constatação de que as tentativas de constituir regimes socialistas em determinados países fracassaram em seu intento maior, que é o de superar o capitalismo em seu grau mais elevado de desenvolvimento. A vertente do confronto fundamentava nessa conquista a sua melhor esperança. A comparação entre os logros do capitalismo e do socialismo, nos campos da economia, da política e da cultura, deveria atestar a superioridade do último e decretar o fim do primeiro. Não foi obviamente o que aconteceu.

Todas as experiências de desenvolvimento via planejamento centralizado se deram em regimes opressivamente autoritários quando não totalitários. A ausência de democracia, de liberdade de crítica e de oposição, a imposição de partido único, ideologia única e opções únicas perante todos os problemas fundamentais da sociedade, frustraram desde a origem a pretensão socialista dessas experiências. Não há como superar o capitalismo mediante a anulação de todas as conquistas democráticas da humanidade dos últimos dois séculos. A democracia política não é um complemento automático do capitalismo como querem tanto os adeptos deste último quanto os partidários do "socialismo" realmente existente. A história recente registra inúmeros casos de capitalismo sem democracia. Mas é impossível haver socialismo sem democracia, pela simples e boa razão de que a ideia essencial do socialismo é a extensão dos princípios democráticos à gestão de *todas* as instituições, inclusive e sobretudo às unidades de produção e de distribuição.

É perfeitamente possível abolir o capitalismo mediante a substituição do gestor capitalista da empresa por um gestor que represente uma outra lógica, que não a da maximização do lucro. Mas, se esse outro gestor não representar a vontade coletiva dos trabalhadores – o que requer democracia na empresa e na sociedade –, o capitalismo terá sido abolido, mas em seu lugar surge um regime que não possui nenhum atributo do socialismo. Não se pode supor que, além da lógica do lucro, a única outra lógica possível seja a da necessidade, de modo que se a produção deixa de visar ao lucro ela só pode se pautar pelas preferências manifestas dos consumidores. Na verdade, há uma grande variedade de lógicas possíveis da produção, e só o debate livre das diferentes propostas pode definir qual delas corresponde realmente à preferência majoritária dos trabalhadores. Só para exemplificar, pense-se nas alternativas entre mais consumo presente *versus* mais investimento para mais consumo futuro, entre mais trabalho e consumo *versus* mais lazer, entre consumo individual diversificado *versus* consumo coletivo (automóvel *versus* metrô; cozinha individual *versus* refeitório etc.).

Na verdade, a ausência de democracia nas experiências de planejamento centralizado não somente frustra seu pretenso caráter socialista, mas esteriliza também o seu potencial de desenvolvimento das forças produtivas. Partindo de um nível em geral baixo de desenvolvimento, essas experiências conseguiram êxitos apreciáveis na tarefa de se apossar das forças produtivas criadas pelo capitalismo, mostrando-se capazes de superar em prazo relativamente curto o atraso histórico de suas economias. Mas, uma vez atingido um estágio mais avançado de desenvolvimento, as economias centralmente planejadas não foram capazes de competir com o capitalismo na criação de *novas* forças produtivas, o que requer um clima de *liberdade cultural* de que elas simplesmente não dispõem. No terreno cultural, no sentido mais amplo da expressão, que vai da moda no vestir, comer, morar etc. até as artes, ciências, filosofias e religiões, os "socialismos" realmente existentes têm sido indubitavelmente mais conservadores do que o capitalismo. Só assim se explica que os regimes soviéticos mais antigos e consolidados continuem, nesses campos, tributários dos países capitalistas.

Obviamente, nessas condições, a comparação entre o capitalismo e o "socialismo" realmente existente só poderia dar no que deu, no fortalecimento político e ideológico do capitalismo e na crise do socialismo como projeto histórico alternativo. Para os trabalhadores das grandes democracias capitalistas, a perspectiva de um "socialismo" análogo aos hoje existentes, digamos na União Soviética, Tchecoslováquia ou Alemanha Oriental (países igualmente industrializados) só pode aparecer como autêntico retrocesso. Esse fato contribui, ao lado de outras circunstâncias, para a postura conservadora do movimento operário na maioria dos países capitalistas.

Varsóvia, 1983. Simpatizantes do Solidariedade promovem manifestação por ocasião do Dia do Trabalho. A luta dos trabalhadores poloneses demonstra a falência do "socialismo" realmente existente como alternativa ao capitalismo.

A falência das posições teóricas que prediziam o fim próximo do capitalismo não significa que esse modo de produção tenha sua sobrevivência assegurada para todo o sempre. Como vimos (no item "A crise do capitalismo contemporâneo"), o capitalismo contemporâneo está mergulhado em grave crise da qual, por enquanto, não se enxerga saída. Claro está que o capitalismo ainda tem potencialidades de mudança e de adaptação, e a própria ausência de alternativas indica que o seu esgotamento não é iminente.

A característica básica do capitalismo é o dinamismo tecnológico, que ocasiona periodicamente transformações revolucionárias dos processos de trabalho, da organização da produção e das normas de consumo. Um modo de produção que gera mudanças tão amplas quase continuamente não pode deixar de ser flexível no plano institucional. O capitalismo superou crises que pareciam ser "finais" exatamente porque sempre encontrou um novo tipo de regulação de sua dinâmica, que permitiu o seu reerguimento. Mas, nessa trajetória, o Estado tem assumido crescentes poderes de intervenção nos mecanismos de mercado, além de presidir um setor público de produção e circulação cada vez mais amplo. É possível que, nessa linha de evolução, o capitalismo esteja alcançando o limite de adaptação, além do qual ele corre o perigo de perder sua identidade.

A forte reação neoliberal à chamada "estatização" indica que certa consciência dessa possibilidade também já se apossou dos partidários intelectuais do capitalismo. Só que suas propostas, de volta ao capitalismo liberal do século XIX, são muito pouco viáveis.

Nessas condições, um dos futuros possíveis do capitalismo estaria em sua transformação, gradual e indolor, numa espécie de economia internacional semirregulada por órgãos intergovernamentais, em conjunção e/ou conflito, com os governos das grandes potências. Nessa economia, o capital individual estaria subsistindo, mas sem desempenhar o papel de condicionador geral da vida econômica e social, que estaria muito mais com entidades político-administrativas de caráter público. A dominação capitalista cederia espaço a uma dominação burocrática que, durante muito tempo, poderia ser exercida em nome da primazia da iniciativa privada.

O outro cenário, naturalmente, parte do renascimento do movimento anticapitalista, capaz de reunir sob as mesmas bandeiras a grande maioria de oprimidos e explorados. Esse movimento, em vez de procurar acabar com o capitalismo de uma vez por todas, mediante a expropriação dos meios privados de produção pelo Estado, solaparia a autocracia do capital na empresa, substituindo-a gradativamente pela direção coletiva dos trabalhadores. A crescente influência dos trabalhadores sobre os movimentos do capital produziria mudanças tecnológicas com o fim de eliminar dos processos de trabalho as tarefas mais alienantes e embrutecedoras. Criar-se-ia, desse modo, maior igualdade básica entre os participantes na produção e na distribuição, em termos de conhecimentos e de capacidade de intervir nos processos decisórios. Com isso, lançar-se-iam as bases de uma sociedade muito mais igualitária, na qual a prática da democracia em todos os níveis seria o corolário natural da ausência de estruturas hierarquizantes.

Sugestões de leitura

DEAN, Warren. *A industrialização de São Paulo: 1880-1945*. São Paulo: Difel, 1971.
GORENDER, Jacob. *O escravismo colonial*. São Paulo: Ática, 1978.
HOGBEN, Lancelot. *Science for lhe Citizen*: A Self-Educator Based on the Social Background of Scientific Discovery. 2.ed. Londres: Allen & Unwin, 1940.
HYMER, Stephen. *Empresas multinacionais*: a internacionalização do capital. Rio de Janeiro: Graal, 1983.
KUZNETS, Simon. *O crescimento econômico do pós-guerra*. Rio de Janeiro: Fundo de Cultura, 1966.
LIMA, Heitor Ferreira. *História político-econômica e industrial do Brasil*. São Paulo: Nacional, 1970.
MANDEL, Ernest. *O capitalismo tardio*. São Paulo: Abril Cultural, 1983.
MARX, Karl. *O capital*. São Paulo: Abril Cultural, 1983.
PINHEIRO, Paulo Sérgio & HALL, Michael M. *A classe operária no Brasil 1889-1930*: documentos. São Paulo: Alfa Ômega, 1979.
SINGER, Paul. *Aprender economia*. São Paulo: Brasiliense, 1983.
_____. *A formação da classe operária*. São Paulo: Atual, 1985.
SPINDEL, Cheywa R. *Homens e máquinas na transição de uma economia cafeeira*. Rio de Janeiro: Paz e Terra, 1979.
VILLELA, Anibal & SUZIGAN, Wilson. *Política do governo e crescimento da economia brasileira 1889-1945*. Rio de Janeiro: Ipea-Inpes, 1973.

SOBRE O LIVRO

FORMATO
13,5 x 21 cm

MANCHA
24,9 x 41,5 paicas

TIPOLOGIA
Coranto 10/14

PAPEL
Off-white 80 g/m² (miolo)
Cartão Triplex 250 g/m² (capa)

1ª Edição Editora Unesp: 2024

EQUIPE DE REALIZAÇÃO

EDIÇÃO DE TEXTO
Tulio Kawata (Copidesque)
Claudia Andreoti (Revisão)

CAPA
Quadratim

EDITORAÇÃO ELETRÔNICA
Eduardo Seiji Seki

ASSISTENTE DE PRODUÇÃO
Erick Abreu

ASSISTÊNCIA EDITORIAL
Alberto Bononi
Gabriel Joppert

Rua Xavier Curado, 388 • Ipiranga - SP • 04210 100
Tel.: (11) 2063 7000
rettec@rettec.com.br • www.rettec.com.br